임동석중국사상100

오월춘추

吳越春秋

趙曄 撰 / 林東錫 譯註

象犀珠玉珍怪之物有悦於人之耳目而不適於用金石草木絲麻五穀六材有適於用而用之則弊取之則竭悦於人之耳目而適於用用之而不弊取之而不竭賢不肖之所得各因其才仁智之所見各隨其分而求無不獲者惟書乎

丁亥菊秋錄東坡李氏山房藏書記 丘堂 呂元九

"상아, 물소 뿔, 진주, 옥, 진괴한 이런 물건들은 사람의 이목은 즐겁게 하지만 쓰임에는 적절하지 않다. 그런가 하면 금석이나 초목, 실, 삼베, 오곡, 육재는 쓰임에는 적절하나 이를 사용하면 닳아지고 취하면 고갈된다. 그렇다면 사람의 이목을 즐겁게 하면서 이를 사용하기에도 적절하며, 써도 닳지 아니하고 취하여도 고갈되지 않고, 똑똑한 자나 불초한 자라도 그를 통해 얻는 바가 각기 그 자신의 재능에 따라주고, 어진 사람이나 지혜로운 사람이나 그를 통해 보는 바가 각기 그 자신의 분수에 따라주되 무엇이든지 구하여 얻지 못할 것이 없는 것은 오직 책뿐이로다!"

《소동파전집》(34) 〈이씨산방장서기〉에서 구당(丘堂) 여원구(呂元九) 선생의 글씨

책머리에

《오월춘추》는 춘추시기 끝 무렵 장강長江 남방의 오吳나라와 월越나라 역사를 서술한 것이며 동시에 두 나라가 중원中原을 상대로 패자가 되고자 몸부림 치던 내용을 생동감 있게 기록한 것이다. 오나라는 멀리 주周나라 초기 고공단보古公亶甫의 첫째 아들 태백(泰伯, 太伯)을 시조로 하며 지금의 강소성江蘇省을 중심으로 오(지금의 蘇州)에 도읍을 두고 오왕료吳王僚, 합려(闔閭, 闔廬), 부차夫差로 이어지는 걸출한 지도자와 그 아래 오자서伍子胥, 백비伯嚭라는 신하로 구성되어 있었고, 월나라는 아득한 옛날 우禹임금의 후손 소강少康의 서자 무여(無余, 無餘)를 시조로 하여 지금의 절강성浙江省 소흥(紹興, 옛 지명 會稽)이 도읍이며 구천勾踐을 중심으로 범려范蠡와 문종文種이 보필하였다. 이들은 마치 정확하게 대칭을 이루듯이 왕, 보필하는 신하, 그들의 성격, 능력, 문제해결 방식, 고난 극복의 의지 등이 판에 박은 듯 쌍을 이루고 있다.

이들 두 나라는 춘추시대 후기까지 거의 존재 자체도 드러내지 않다가 마침내 나타나 춘추 후반기에 이르러 보란 듯이 천하 무대를 장식한 특이한 주연 배우들이다. 장강 중류에는 초楚나라라는 대국이 이미 크게 번성하여 장왕莊王 때는 오패五霸의 걸출한 패자가 되는 등 역사 속에 간단間斷 없이 이어져 왔으나 장강 하류의 이 두 나라는 그간 잠룡潛龍처럼 숨어 있다가 이때에 '비룡재천飛龍在天', '일명경인一鳴驚人', '일비충천一飛衝天'의 기세로 천하를 호령하였으니 참으로 신기한 일이다. 특히 이웃한 나라이며 발전 시기나 속도도 엇물려 우리가 아는 '오월동주吳越同舟'니 '와신상담臥薪嘗膽'이니 '서시습보西施蹙步'니 하는 수많은 고사와 성어까지 낳았으니 역사 속에 그 존재의 대단함은 그 뒤 속에 두고두고 입에 오르내리게 하는 찬란함을 제공하고 있다. 아울러 장강 하류를 역사의 중심지로 만들어 삼국(三國, 東吳), 동진東晉, 남조(南朝: 宋, 齊, 梁, 陳)를 거쳐 남송(南宋, 杭州), 명(明, 南京), 민국(民國, 南京)의 도읍이 그 지역이 되도록 끌어올린 공헌도 이때에 시작되었다 할 것이다.

그런가 하면 남방 문화, 문학, 연극의 중심지가 되어 당唐의 《오자서변문伍子胥變文》, 송원대 화본소설話本小說 《오월춘추련상평화吳越春秋連像評話》, 명대 전기傳奇 양진어梁辰魚의 《완사기浣絲記》, 명청의 역사소설 풍몽룡馮夢龍과 채원방蔡元放의 《동주열국지東周列國志》, 근대의 《오월춘추설창고사吳越春秋說唱鼓詞》, 현대 창작 화극話劇 조우曹禺의 《담검편膽劍篇》과 소군蕭軍의 《오월춘추사화吳越春秋史話》 등은 모두 이 《오월춘추》의 고사를 저본으로 하고 있다.

아울러 이 책은 전투와 남방 궁궐의 구체적 사실과 물명, 동식물, 무기, 병법, 문학, 시 등이 구체적으로 서술되어 있어 당시 사회상을 알아보기에 더없는 자료도 제공해 주고 있다.

아울러 이 책을 끝까지 읽어보면 월왕 구천과 오왕 부차, 그리고 오나라 오자서와 백비, 월나라 범려와 문종의 인물 묘사는 그 어떤 창작 소설보다 뛰어나며 아울러 두 집단의 사건 전개 과정은 복선을 깔아 놓은 인위적 이야기보다 더욱 치밀함을 발견하게 된다. 물론 실제 그러한 역사였음도 분명하지만 그 복잡한 사건을 재구성하여 서술한 능력은 가히 혀를 내두를 정도이다.

그럼에도 나는 승리자 월왕 구천의 냉혹함과 오왕 부차의 판단 착오, 범려의 선견지명, 나아가 오자서의 지나친 강직함에 안타까움을 느낀다.

역사 속의 인물이지만 가공의 성격과 인간 유형들의 집합체 같은 느낌을 떨칠 수 없다. 이에 우리는 어떻게 살아야 하는가의 문제까지 찾아볼 수 있다. 과연 승리는 마지막 도달점인가? 성공은 성취감보다 앞서는 것인가? 피도 눈물도 없는 승자가 옳은 것인가? 덕과 은혜란 결국 허황된 교훈적 단어에 멈추고 마는 것인가? 원수 사이는 함께 살 수 없는 것인가? 단순히 역사서로 끝나지 않고 온갖 상념을 자아내게 하는 이 책의 본래 의미는 여기에 있지 않을까?

立夏에 莎浦 林東錫이 負郭齋에서 적음.

일러두기

1. 이 책은 〈四部叢刊〉(徐天祐 注)의 《吳越春秋》를 저본으로 하고 〈四庫全書〉
   (文淵閣)본과 〈四部備要〉본을 참조, 교정하여 전체를 완역한 것이다.
2. 현대 백화어 역주본도 수집하여 참고하였으며 큰 도움을 받았다. 특히
   《新譯吳越春秋》(黃仁生 三民書局 1996 臺北)와 《吳越春秋全譯》(張覺 貴州
   人民出版社 2008 修訂版 貴陽) 등은 구체적인 주석이 세밀하여 번역에 많은
   참고가 되었음을을 밝힌다.
3. 총 195장으로 분장하였으나 이는 절대적인 것이 아니며 필자가 임의로
   나눈 것이다. 아울러 매 장마다 일련번호를 부여하고 괄호 안에 해당
   편별 번호도 제시하여 찾아보기 쉽도록 하였다.
4. 각 장마다 제목을 달았으나 이는 그 장의 전체를 아우를 수 있는 것은
   아니며 필자가 임의로 작성하여 읽기에 편하도록 한 것일 뿐이다.
5. 해석은 가능한 한 직역을 위주로 하였으나 일부 의역한 곳도 있다.
6. 원문을 싣고 해석을 실었으며 원문은 줄바꾸기 등을 통하여 시각적으로
   순통하도록 구성하였고, 문장 부호는 중국 현대 표점법을 따랐다.
7. 주석은 인명, 지명, 사건명, 역사 내용 등을 위주로 하되 이미 거론한
   표제어도 반복하여 실었으며 이는 읽는 이로 하여금 다시 찾는 번거
   로움을 피하기 위한 것이다.
8. 매 장마다 여러 전적에 전재되거나 혹 이미 알려져 있는 고사, 문장, 내용
   등은 여러 사서史書 및 제자서諸子書, 유서類書 등에서 일일이 찾아내어
   해당 부분 말미 「참고 및 관련 자료」 난에 실어 대조와 연구에 도움이
   되도록 하였다.
9. 부록으로 서발序跋 등 《오월춘추》 관련 자료를 가능한 한 모두 찾아
   실어 연구에 도움을 삼을 수 있도록 하였다.

10. 이 책의 역주에 참고한 문헌은 대략 다음과 같다.

● 참고문헌

1. 《吳越春秋》四部叢刊本
2. 《吳越春秋》四部備要本 臺灣中華書局(印本) 1977 臺北
3. 《吳越春秋》四庫全書本
4. 《吳越春秋全譯》張覺(譯) 貴州人民出版社 1995 貴陽
5. 《吳越春秋全譯》張覺(譯) 貴州人民出版社 2008 貴陽
6. 《新譯吳越春秋》黃仁生(注譯) 三民書局 1996 臺北
7. 《吳越春秋》朴光敏(譯註) 景仁文化社 2004 서울
8. 《越絶書》東漢 袁康(撰) 四部備要本, 四庫全書本, 四部叢刊本
9. 《越王勾踐》梁仁遠(著) 陽明出版社 1960 臺北
10. 《國語》林東錫(譯注) 東西文化社 2009 서울
11. 《左傳》林東錫(譯註) 東西文化社 2013 서울
12. 《韓詩外傳》林東錫(譯註) 東西文化社 2009 서울
13. 《帝王世紀》晉 皇甫謐(撰), 陸吉(校點) 齊魯書社 2010 濟南
14. 《世本》撰者未詳, 周渭卿(點校) 齊魯書社 2010 濟南
15. 《逸周書》撰者未詳, 袁宏(點校) 齊魯書社 2010 濟南
16. 《竹書紀年》撰者未詳, 張潔, 戴和冰(點校) 齊魯書社 2010 濟南
17. 《尙書》十三經注疏本 藝文印書館 印本
18. 《禮記》十三經注疏本 藝文印書館 印本

19.《藝文類聚》文光出版社 標點本 1979 臺北

20.《北堂書鈔》學苑出版社 印本 2003 北京

21.《初學記》鼎文書局 標點本 1976 臺北

22.《太平御覽》中華書局 印本 1995 北京

23.《事類賦注》(印本 6冊) 宋, 吳淑(撰) 江蘇廣陵古籍刻印社 1989 江蘇 揚州

24.《三才圖會》上海古籍出版社 印本 2005 上海

25.《水經注疏》後魏 酈道元(注) 楊守敬(疏) 江蘇古籍出版社 1989 邗江

26.《詩經直解》陳子展(選述) 范祥雍(校閱) 復旦大學出版社 1991 上海

27.《穀梁傳》十三經注疏本 藝文印書館印本

28.《公羊傳》十三經注疏本 藝文印書館印本

29.《戰國策》林東錫(譯註) 東西文化社 2009 서울

30. 기타 工具書는 기재를 생략함.

해제

1.《오월춘추》의 찬자撰者 문제

《오월춘추》는 후한 때 조엽趙曄이 지은 역사서이다.《월절서越絶書》와 쌍벽을 이루고 있으며 주로《좌전左傳》,《국어國語》,《사기史記》 등을 근거로 하고 있다. 그러나 이러한 자료에 얽매이지 않고 기록에 없던 일문逸聞, 전설傳說 등까지 고르게 싣고 있다. 이 때문에 일부 창작된 부분도 있으며, 아울러 사건의 기승전결을 완정하게 하기 위하여 많은 부분 재구성도 시도되었던 것으로 여기고 있다. 이 때문에 이《오월춘추》는 흔히 역사 연의소설演義小說의 남상濫觴으로 삼기도 한다. 즉 명대 천계天啓 초 녹천관 주인綠天館主人 풍몽룡馮夢龍의 《고금소설古今小說》 서문에 "史統散而小說興. 始乎周季, 盛於唐, 而寖淫於宋. 韓非, 列禦寇諸人, 小說之祖也.《吳越春秋》 等書, 雖出炎漢, 然秦火之後, 著述猶希"운운한 것이 바로 그것이다. 그러나 일반적으로《오월춘추》는 잡사雜史에 열입시키고 있다. 이 때문에《수서 隋書》 경적지經籍志에는 "後漢趙曄又爲《吳越春秋》. 其屬辭比事, 皆不與《春秋》, 《史記》,《漢書》相似, 蓋率爾而作, 非史策之正也. 靈, 獻之世, 天下大亂, 史官 失其常守. 博達之士, 湣其廢絶, 各記聞見, 以備遺亡. 是后群才景慕, 作者甚衆. 又自后漢已來, 學者多鈔撮舊史, 自爲一書, 或起自人皇, 或斷之近代, 亦各其志, 而體制不經. 又有委巷之說, 迂怪妄誕, 眞虛莫測. 然其大抵皆帝王之事, 通人 君子, 必博采廣覽, 以酌其要, 故備而存之, 謂之雜史"라 한 것이다.

한편 《수서》 경적지와 《구당서舊唐書》 경적지, 《신당서新唐書》 예문지藝文志, 《군재독서지郡齋讀書志》 등에 의하면 조엽이 지은 이 《오월춘추》는 12권으로 되어 있으나 지금 전하는 것은 10권으로 되어 있으며, 일부 다시 조정하여 6권으로 된 판본도 있다. 따라서 본래의 《오월춘추》는 아닐 것으로 보고 있다. 그 외 《수서》에는 다시 양방楊方의 《오월춘추삭번吳越春秋削煩》 5권과 황보준皇甫遵의 《오월춘추전吳越春秋傳》 10권이 있어 이러한 책은 조엽의 이 책과 어떤 관계가 있었을 것으로 보고 있다. 즉 《숭문총목崇文總目》(3)에는 《오월춘추》(10권)와 《오월춘추전》(10권)의 안어按語에 "唐, 皇甫遵注. 初, 趙曄爲《吳越春秋》十卷. 其後有楊方者, 以曄所撰爲煩, 又刊削之爲五卷, 遵乃合二家之書考定而注之"라 하였다. 그렇다면 지금 전하는 《오월춘추》 10권은 황보준의 고정본考定本일 것이다. 원저자는 조엽이지만 양방과 간삭본刊削本과 황보준의 고정본은 원저와 달랐을 것이므로 《수서》에 저록된 '황보준찬'은 조엽의 원본을 황보준이 고정한 판본을 가리킨다.

그러나 《숭문총목》의 이러한 기술에 대해 마단림馬端臨은 《문헌통고文獻通考》(經籍考)에서 완전히 동의하였으나 뒷사람들은 많은 이의를 제기하며 논란을 벌여왔다.

우선 서천호徐天祜는 "지금 전하는 것은 조엽의 원본이며 양방과 황보준의 책은 지금 전하지 않는다"라 하였고, 양신楊愼은 《단연여록丹鉛餘錄》(14)에서 "《漢書》趙曄撰《吳越春秋》.《晉書》楊方亦撰《吳越春秋》. 今世所行, 曄耶? 方耶?"라 하여 둘 모두에게 의문을 표시하였다.

송대宋代 호응린胡應麟은 지금 전하는 것은 조엽이 지은 것이며 양방이 지은 것이 아니라고 보아 그의 《소실산방필총少室山房筆叢》(5)의 《단연신록丹鉛新錄》에서 "按隋唐諸志. 楊方撰名《吳越春秋削煩》, 南渡尙存見. 《通考》蓋以曄所撰太繁, 故芟削之, 若劉孝標《九州春秋鈔》之類耳. 夫東京, 六代文體迥異, 卽二書并行, 豈能惑其眼哉?"라 하였다. 그런가 하면 요제항姚際恒은 《고금위서고古今僞書考》에서 양신의 설을 그대로 존중하였고, 여가석余嘉錫은 《사고전서변증四庫全書辨證》에서 "지금 전하는 《오월춘추》는 황보준의 책"이라 하였으며, 황운미黃雲眉는 《고금위서고보증古今僞書考補證》에서 "양방의 책"이라 하였다.

이처럼 의견이 분분하여 확정을 지을 수는 없으나 아마 조엽이 짓고 황보준이 산정한 것이 아닌가 한다. 즉 처음 《오월춘추》를 지은 것은 조엽임에는 틀림이 없으며 양방과 황보준은 이를 바탕으로 산삭刪削하거나 고정考定한 것에 불과하다는 주장이다. 《진서晉書》(68) 양방전에 의하면 "著《五經鉤沉》, 更撰《吳越春秋》"라 하여 '고쳐 찬하였다(更撰)'라 밝히고 있어 혹 새롭게 《오월춘추》를 지은 것이 아닌가 하며, 이것이 《수서》와 《당서》에 서목으로 올라 있는 것으로 보이며, 《송사宋史》 예문지의 "趙曄《吳越春秋》十卷, 皇甫遵注《吳越春秋》十卷"은 주석 유무가 달라 따로 목록을 나열한 것이 아닌가 한다.

2. 趙曄

　　조엽이 《오월춘추》를 처음 저술한 것은 틀림없다고 여겨진다. 조엽은 《후한서後漢書》 유림전儒林傳에 의하면 자는 장군長君, 회계會稽 산음현(山陰縣, 지금의 浙江 紹興) 사람이다. 젊은 나이에 현縣의 소리로써 일찍이 군의 독우督郵를 영접하는 일을 맡았으나 굽실거려야 하는 임무에 적응하지 못하여 그만 그 직책을 버리고 군자郡資 중현(中縣, 지금의 四川 資中)으로 가서 그곳의 학자 두무杜撫에게 《한시韓詩》를 배웠다. 그는 학문에 열중하느라 20여 년 동안 고향에 소식을 전하지 않아 집에서는 그가 죽었을 것으로 여겼다고 할 정도였다. 두무가 죽은 뒤 그가 고향으로 돌아오자 그곳 관아에서 그를 불러 벼슬을 권하였으나 역시 응하지 않아 선거選擧를 거쳐 유도징사有道徵士라는 칭호를 얻었을 뿐이었다. 그때 《오월춘추》를 지었을 것으로 보이며 그 외 그의 《시세력신연詩細歷神淵》은 당시 채옹蔡邕에게 큰 칭송을 받아 왕충王充의 《논형論衡》 못지않다는 평가를 받기도 하였다. 《수서隋書》 경적지經籍志에 의하면 그 외 그의 저술로는 《한시고韓詩考》 2권, 《시신천詩神泉》 1권 등이 있었던 것으로 되어 있으나 지금은 전하지 않는다. 그가 죽은 해는 기록이 없으나 그가 두무를 찾아간 나이를 20여 세로 보고 그로부터 20년 뒤 두무가 죽었으며, 《후한서》 유림전에 의하면 두무는 건초(建初: 76~83) 연간에 공거령公車令을 지내다가 수개월 뒤 생을 마친 것으로 되어 있어 이를 근거로 추산해보면 조엽은 40년(漢 光武帝 建武 16년)쯤에 태어났으며, 채옹(132~192)으로부터 숭앙을 받은 것은 그가 죽은 뒤의 일이므로 125년쯤의 일로 볼 수 있다. 따라서 조엽은 동한東漢 명제明帝, 장제章帝, 화제和帝, 상제殤帝, 안제安帝 때에 생존했던 인물이었을 것이다. 한편 〈문연각사고전서文淵閣四庫全書〉에는 '조욱趙煜'으로 되어 있으며 이는 청淸 성조聖祖 강희康熙 애신각라愛新覺羅 현엽玄燁의 이름 '燁'을 피하여 '煜'으로 적은 것이다.

참고로 《후한서》 조엽전을 전재하면 다음과 같다.

　　趙曄字長君, 會稽山陰人也. 少嘗爲縣吏, 奉檄迎督郵, 曄恥於斯役, 遂棄車
馬去. 到犍爲資中, 詣杜撫受《韓詩》, 究竟其術. 積二十年, 絶問不還, 家爲發喪
制服. 撫卒乃歸. 州召補從事, 不就. 擧有道. 卒於家. 曄著《吳越春秋》,《詩細
历神淵》. 蔡邕至會稽, 讀《詩細》而歎息, 以爲長於《論衡》. 邕還京師, 傳之,
學者咸誦習焉.

3. 《吳越春秋》의 流傳과 版本

《후한서》(79)에 조엽이 《오월춘추》를 지었다 하였으니 이 책은 분명 후한 때 완성되었으며 《진서》(68)에 다시 양방의 "更撰《吳越春秋》"라는 기록으로 보아 진나라 때 개편본이 나왔으며, 《수서》와 《당서》 및 정초鄭樵의 《통지通志》(65)의 황보준의 이름이 등장하는 것으로 보아 수隋, 당唐, 북송北宋 때 조엽 원본 12권, 양방 산절본刪節本 5권, 황보준 참정주석본參定注釋本 10권 등 3종류의 전본傳本이 있었을 것으로 보인다. 조공무晁公武의 《군재독서지》(2上)에는 "《吳越春秋》十二卷"이라 하고 "右後漢趙曄撰. 吳起太伯, 壽夫差; 越起無余, 盡勾踐. 内吳外越, 本末咸備"라 하여 지금의 내용과 같다. 한편 《예문유취藝文類聚》와 《초학기初學記》, 《문선文選》주, 《사기史記》注, 《태평어람太平御覽》 등에 인용된 문장들은 현존 《오월춘추》에 없는 문장들이 적지 않아 당, 북송 때까지도 원본이 존재했던 것으로 보인다. 아울러 진진손陳振孫의 《직재서록해제直齋書錄解題》에는 이 책이 저록되어 있지 않고 《송사宋史》(203)에도 "趙曄《吳越春秋》十卷, 皇甫遵注《吳越春秋》十卷"이라 한 것으로 보아 조엽의 12권 원본과 양방이 초략한 5권짜리는 송말원초에 이미 사라지고, 오직 황보준의 10권만이 남았던 것으로 보인다. 그러나 청대 고광기顧廣圻가 보았다는 송초본宋鈔本과 건륭乾隆 갑인(甲寅, 1794)에 그가 교정하였다는 명각본明刻本, 그리고 장광후蔣光煦가 영인하고 교감을 거친 송본宋本 등은 지금은 이미 사라져서 알 수가 없다. 지금 전하는 《오월춘추》 중에 가장 이른 간본은 원元 대덕大德 10년 병오(丙午, 1306)에 소흥로紹興路 유학儒學에서 판각한 명수본明修本이며 이를 '대덕본'으로 부른다. 이는 원대 소흥로총관제조학교관紹興路總管提調學校官 유극창劉克昌의 도움으로 간행된 것이며 전前 송국자감서고관宋國子監書庫官 서천호徐天祐의 서문이 있고 음주音注가 있다. 이 책은 지금 북경도서관北京圖書館에 소장되어 있으며 유일본으로 알려져 있다.

명대에는 많은 각본이 쏟아졌으며 그 중 대덕본을 근거로 한 홍치弘治 14년(1501)의 광정서鄺廷瑞와 풍익馮弋이 간행한 판본이 있다. 이 책은 10권 상하로 되어 있으며 상해上海 함분루涵芬樓에서 1919년에 각인한 사부총간 四部叢刊본이 바로 이 판본이며 가장 쉽게 접할 수 있는 것이기도 하다. 이 외에 명대 번각본飜刻本 10권이 있으나 간기刊記가 없어 알 수는 없으나 막우지莫友芝는 이것이 대덕 원판본의 중인본重印本일 것이라 하였다. 그러나 이는 명각본明刻本으로 청대 서내창徐乃昌이 광서光緒 32년(1906)에 〈수암서씨 총서隨庵徐氏叢書〉에 수록한 것이 바로 이것이다.

한편 명 만력萬曆 병술(丙戌, 1586) 풍념조馮念祖가 와룡산방臥龍山房에서 대덕본 10권을 번각한 판본도 있다. 이는 현재 널리 퍼져 있으나 오자가 많은 점이 흠이다. 명대 판본으로 그 외 권수를 조정하여 6권으로 합간한 판본이 있는데 이는 서천호의 주를 그대로 싣고 있으나 서천호의 서문과 말미의 이름 등을 모두 제거하였으며 글자도 이동異同이 심하다. 오관吳琯이 집교輯校한 〈고금일사古今逸史〉에 들어 있는 《오월춘추》와 하윤중何允中이 집간한 〈광한위총서廣漢魏叢書〉의 《오월춘추》는 모두 이를 실은 것이다.

다음으로 청대에 이르러 많은 간본이 있으나 대체로 육권본六卷本이 많다. 왕사한汪士漢이 강희康熙 7년(1668)에 〈고금일사〉 잔본을 근거로 중인한 〈비서 입일종秘書卄一種〉본이 있으나 이는 1권부터 5권까지 첫 페이지를 임의로 고친 것 외에 다른 부분은 〈고금일사〉본과 같으며, 가경嘉慶 9년(1804) 다시 중간하기도 하였다. 한편 우민중于敏中 등이 건륭乾隆 38년(1773) 집록한 〈이조당사고전서회요摛藻堂四庫全書薈要〉본이 있으며 이는 초본鈔本으로 지금은 대북고궁박물원臺北故宮博物院에 소장되어 있다. 다음으로 건륭 〈흠정사고전서 欽定四庫全書〉본 역시 초본이며 〈사고전서총목四庫全書總目〉에 의하면 10권이라 하였으나 1986년 대만상무인서관臺灣商務印書館에서 영인 출판한 문연각사고 전서文淵閣四庫全書본은 도리어 6권으로 되어 있으며, 〈사고전서회요四庫全書 薈要〉본과 같다. 〈문연각〉본은 건륭 46년(1781)에 간행된 것으로 비록 어제御製라 하였으나 도리어 오탈자가 많다. 그리고 왕모王謨가 건륭 56년 (1791)에 집간한 〈증정한위총서增訂漢魏叢書〉본이 있으며 광서 2년(1876)의 〈홍행산방紅杏山房〉간본, 광서 6년(1880) 〈삼여당三餘堂〉간본, 광서 17년(1891) 〈예문서국藝文書局〉간본, 선통宣統 3년(1911)의 상해대통서국上海大通書局 석인본 石印本 등 다양하다. 육권본 이외에 청대 역시 10권본도 매우 널리 전하고 있다. 이를테면 서유칙徐維則이 광서 20년(1894)에 집간한 〈회계서씨초학당 군서집록會稽徐氏初學堂群書輯錄〉에 들어 있는 《오월춘추》가 있으며 이는 원고본原稿本으로 상해사범대학上海師範大學 도서관에 소장되어 있고, 서내창의 〈수암서씨총서본〉도 있다.

청말 이후 간본으로는 정국훈鄭國勛의 〈용계정사총서龍谿精舍叢書〉본 10권 (1917)이 있으며 이는 1982년 북경중국서점北京中國書店에서 영인 출간되었다. 그리고 장원제張元濟 등이 1919년에 편집하여 영인한 〈사부총간四部叢刊〉본, 상해상무인서관上海商務印書館에서 펴낸 〈총서집성叢書集成〉 초편본初編本이 있으며 이는 〈고금일사〉본을 영인한 6권본이다. 그 외 상해상무인서관에서 1936년 풍념조馮念祖본을 영인한 〈사부비요四部備要〉본 10권이 있으며, 상해 사무인서관에서 1937년 간행한 〈만유문고萬有文庫〉 제2집 〈국학기본총서 國學基本叢書본 6권이 있다. 역시 같은 해 상해상무인서관에서 펴낸 〈경인원

명선본총서십종景印元明善本叢書十種〉은 〈고금일사〉본을 영인한 것으로 육권본이다. 그리고 대만상무인서관에서 1986년 영인한 〈문연각사고전서文淵閣四庫全書〉본 6권, 대만세계서국臺灣世界書局에서 1986년 영인한 〈이조당사고전서회요摛藻堂四庫全書薈要〉본 6권, 강소고적출판사江蘇古籍出版社에서 1986년 펴낸 묘록苗麓 점교본點校本 10권이 있으며 이는 대덕본을 저본으로 한 것이다. 한편 현대에 이르러서는 황인생黃仁生 주역注譯의 《신역오월춘추新譯吳越春秋》가 대만 삼민서국(三民書局, 1996)에서 나왔으며 장각張覺 역주의 《오월춘추전역吳越春秋全譯》(貴州人民出版社, 1995)이 2008년에 판형을 달리하고 수정을 가해 재판되었다. 한국에서는 박광민朴光敏 역주의 《오월춘추》가 경인문화사景仁文化社에서 2004년에 출간되기도 하였다.

4.《吳越春秋》의 注釋

역대《오월춘추》에 대한 주석은 많지 않다. 앞서 밝힌 황보준皇甫遵의 주석은 송대 이미 사라졌고, 서천호徐天祜가 대덕본大德本을 저본으로 하여 주석과 음주音注를 더한 것은 지금까지 전하고 있기는 하나 여러 면에서 충분하다고 할 수 없다. 그 뒤 무려 7백 년이 되도록 새로운 주석은 나오지 않고 있다. 한편 서천호는 남송 때 소흥紹興 산음山陰 사람으로 자는 수지受之, 혹 사만斯萬이며 남송 이종理宗 경정景定 3년(1262)에 진사에 올라 대주교수大州教授를 지냈다. 강론에 뛰어나 많은 사람들이 그의 강의에 탄복하였다 하며 그 뒤 공제恭帝 덕우德祐 2년(1275) 국고서감國庫書監의 직책으로 부름을 받았으나 나가지 않고 향리에 묻혀 문을 걸어 잠그고 독서에만 전념하였다. 그 때 이《오월춘추》에 주석을 더한 것으로 알려졌다. 이에 사방 학자들이 그곳에 이르면 반드시 예방하였다 한다. 한편《송사익宋史翼》(35)과 〈사부총간四部叢刊〉본에는 그의 이름이 서천우徐天祐로 표기되어 있다.

5. 《吳越春秋》의 내용

《오월춘추》는 전반 5권은 오나라 역사를 싣고 있다. 1권은 주나라 시조 후직后稷 설화로부터 오태백吳太伯이 남으로 내려와 오나라를 세운 과정이며, 2권은 그로부터 19대 이후 수몽壽夢에 이르러 나라의 면모를 갖추기 시작한 내용, 3권은 왕료王僚와 공자公子 광光을 거치면서 권력투쟁과 오자서伍子胥의 등장 및 계찰季札의 덕행, 4권은 합려闔廬, 闔閭의 등단으로 인한 오나라의 발전 및 오자서와 백비伯嚭의 갈등, 5권은 부차夫差에 이르러 월왕 구천勾踐과의 투쟁 및 오나라의 멸망까지를 다루고 있다.

다음으로 후반 5권은 월나라 역사이다. 6권은 우禹임금의 후손 하夏나라 소강少康의 서자 무여(無余, 無餘)가 등장하여 나라 면모를 갖추기 시작한 내용, 7권은 구천이 오나라에 입신入臣하여 고생한 이야기, 8권은 구천이 귀국하여 오나라에 대한 보복을 위해 절치부심하는 내용, 9권은 오나라를 치기 위한 온갖 음모를 꾸미면서 범려范蠡, 문종文種과 계책을 세우는 내용, 10권은 오나라를 벌하여 승리를 거두고 나서 범려의 도피, 그리고 월나라의 쇠락 등을 기록하고 있다.

이에 오나라와 월나라의 역사를 개략적으로 정리하면 다음과 같다.

(1) 오吳

춘추 말기에 패자를 이루었던 희성姬姓의 제후국으로 고공단보古公亶父의 아들 태백(泰伯, 太伯)과 중옹(仲雍, 虞仲)이 아우 계력季歷을 통해 문왕(文王, 姬昌)

에게 왕통을 잇게 하고자 남쪽으로 도망하여 세운 나라이다. 무왕이 뒤에 그 후손 주장周章을 오군吳君으로 세워 장강長江 하류 일대를 다스리도록 하였다. 그로부터 오나라는 희미하게 이어오다가 춘추 중기에 이르러 비로소 초楚나라와 접촉이 시작되었으며 그 뒤 진晉나라가 초나라를 칠 때 이 오나라를 연합함으로써 군비를 개혁하기에 이르렀다. 오나라는 이때부터 급격히 성장하여 그 지역의 풍부한 구리와 주석을 활용, 신흥 무기를 개발하고 병제兵制를 개혁, 천하에 무력을 떨치게 되었다. 그러다가 B.C.585년 태백의 19세 손인 수몽壽夢에 이르러 비로소 왕을 칭하게 되었고 그 아들 저번諸樊이 오(吳, 지금의 江蘇 蘇州) 고소성姑蘇城을 도읍으로 하고 합려(闔廬, 闔閭)가 오자서伍子胥와 손무孫武 등을 기용하여 재위 9년째에 초나라와의 싸움에 크게 이겨 초나라 도읍 영郢까지 점령하였다. 이듬해 마침 월나라가 오나라 국경을 들어오고 진秦나라가 초나라를 구원하기에 나섰고, 게다가 합려의 아우 부개왕夫槩王이 반란을 일으키자 할 수 없이 퇴각한 큰 전쟁과 변혁을 치르게 되었다. 그러다가 합려 19년 오나라가 월나라 정벌에 나섰으나 크게 패하여 합려는 상처를 입고 죽었으며, 태자 부차夫差가 뒤를 이어 왕위에 올라 절치부심 월나라 보복에 나서게 된다. 오왕 부차는 즉위 2년(B.C.494) 다시 월나라를 쳐 대승을 거두었으며 회계(會稽, 지금의 浙江 紹興)에서 월왕 구천句踐의 화해를 허락하였다. 부차는 이에 월나라에 대하여 앙심을 품고 그를 뒤로한 채 중원으로의 진출을 꾀하여 노魯나라와 제齊나라 정벌에 나서고자 성을 쌓고 장강과 회수淮水를 준설하는 등 공사를 벌였다. 뒤에 황지黃池에서 제후들을 모아 회맹하면서 진晉나라와 패자를 다투는 사이 월왕 구천의 기습을 받아 도읍이 위태로워지고 태자가 포로가 되자 급거 귀국하였으나 결국 23년 도성이 함락되고 부차는 자살하여 나라가 망하고 말았다.

춘추 말기 오나라와 월나라와의 쟁패는 역사상 그 유례를 찾을 수 없을 정도로 극적인 전개와 반전을 거듭하여 수많은 일화와 고사를 남겼으며, 춘추오패에도 역시 합려와 구천이 오르내리는 등 신흥 국가의 급격한 부상과 순식간의 멸망을 잘 보여주는 역사적 사례로도 널리 회자되고 있다.

수몽부터 춘추시대 말기까지(B.C.585~B.C.473)의 오나라 임금 세계는 대략 다음과 같다. ( ) 안은 재위 기간.

壽夢(25) → 諸樊(13) → 餘祭(17) → 餘昧(4) → 僚(12) → 闔閭(19) → 夫差(23)

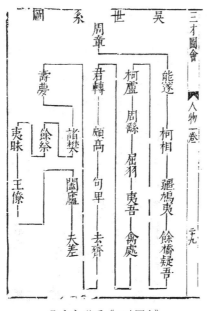

吳나라 世系《三才圖會》

(2) 월越

　춘추 말기의 회계(會稽, 지금의 浙江 紹興)를 중심으로 크게 떨쳤던 신흥 패국霸國이다. 《사기》에 의하면 하夏 왕조 소강少康의 묘예苗裔이며 사성姒姓이라 하였고, 《세본世本》에는 우성芋姓이라 하는 등 그 근원은 자세히 알려져 있지 않다. 춘추 중기에 비로소 초나라와 회맹을 한 사실이 보이며 오나라와 잦은 싸움으로 초나라가 오나라를 제압하기 위해 연맹으로 끌어들인 책략의 대상이기도 하였다. 이에 따라 월나라는 오나라와 대대로 원수지간이 되어 춘추 말기를 극적으로 장식한 나라이기도 하였다. 주로 장강 남쪽 회계를 근거지로 발전하였으며 B.C.506년 오왕 합려闔廬가 오자서伍子胥의 책략에 따라 초나라를 쳐서 도읍인 영郢까지 들어가자 월나라는 이 틈을 노려 오나라를 쳐 초나라를 돕기도 하였다. 월왕 구천句踐이 즉위하자마자(B.C.496) 오왕 합려가 월나라를 공격하였으나 오나라는 패하고 합려는 상처를 입고 죽고 말았다. 이에 그 아들 부차夫差는 복수의 뜻을 품고 구천을 공격하였다. 3년 구천은 할 수 없이 5천의 군사를 이끌고 회계산會稽山으로 들어가 치욕을 무릅쓰고 살아나 와신상담臥薪嘗膽 끝에 국력을 회복하고 내정을 개혁하였으며 생산을 늘려 15년 뒤 마침내 오나라가 중원으로 진출한 틈을 타서 오나라 도읍 고소姑蘇를 포위하고 태자를 사로잡았다. 부차는 급히 귀국하여 화해를 요청하였지만 이를 들어주지 않은 채, 24년 다시 오나라 도읍을 3년간 포위, 마침내 부차는 자살하고 오나라는 종말을 고하게 된다.

　구천은 오나라를 멸한 다음 역시 북상하여 제후국을 넘보았으며 이에 송宋, 정鄭, 노魯, 위衛 등 제후국이 월나라에게 신복하였다. 이에 구천은 도읍을 낭야(琅琊, 지금의 山東 膠南 남쪽)로 옮기고 제齊, 진晉 등과 회맹을 가져 주周 원왕元王이 정식으로 패주霸主로 인정하게 된다. 그러나 전국시대 들어서면서 월나라는 급격히 약화되어 월왕 예翳가 다시 오(지금의 강소 소주)로 되돌아왔으며 초 위왕威王 때 월왕 무강無彊이 초나라를 쳤다가 대패하고 결국 초나라에 병탄되고 말았다.

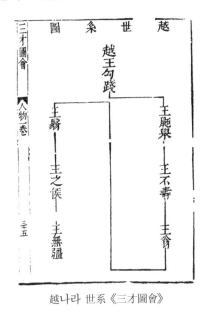

越나라 世系《三才圖會》

끝으로 《吳越春秋》의 연구에 주요 문헌을 열거하면 다음과 같다.

1. 〈四部叢刊〉本《吳越春秋》

上海涵芬樓 1919년 影印本. 明 洪治 14년(1501) 鄺璠, 馮弌의 刻本.

2. 〈馮念祖〉本《吳越春秋》

明 萬曆 丙戌1586 馮念祖의 臥龍山房 刻本.

3. 〈汪士漢〉本 《吳越春秋》

　　淸 康熙 7년(1668) 汪士漢이 수집한 《古今逸史》의 殘板 총 6권. 1~5권은 "新安汪士漢考校"로 되어 있고 6권은 "明吳琯校"로 되어 있음.

4. 〈四庫全書〉本 《吳越春秋》

　　臺灣商務印書館 1986년 영인본. 〈文淵閣四庫全書〉. 乾隆 46년(1781)본

5. 〈徐乃昌〉本 《吳越春秋》

　　光緖 32년(1906) 徐乃昌이 明나라 때 복각한 元 大德本. 〈隨庵徐氏叢書〉에 들어 있음.

6. 顧廣圻 手寫의 〈宋鈔本〉《吳越春秋》

　　葉昌熾 手錄에 의하면 顧廣圻가 乾隆 甲寅(1794)에 手寫한 것임.

7. 蔣光煦 引用의 〈송본〉《吳越春秋》

　　〈斠補偶錄〉에 들어 있으며 현재 淸 光緖 9년(1883) 蔣廷黻의 重刊本이 있음.

8. 〈四部備要〉本 《吳越春秋》

　　中華書局에서 〈馮念祖本〉을 1936 영인 출판한 것.

9. 《水經注》引文

　　北魏 酈道元의 《水經注》에 인용된 《吳越春秋》引文.

10. 《北堂書鈔》引文

　　唐 虞世南 輯撰의 《北堂書鈔》에 인용된 《吳越春秋》引文.

11. 《藝文類聚》引文

　　唐 歐陽詢 등 輯撰의 《藝文類聚》에 인용된 《吳越春秋》引文.

12. 《初學記》引文

　　唐 徐堅 등 輯撰의 《初學記》에 인용된 《吳越春秋》引文.

13. 《文選》注 引文

　　唐 李善 등의 《文選》注에 인용된 《吳越春秋》 引文.

14. 《吳地記》 引文

　　唐 陸廣微의 《吳地記》에 인용된 《吳越春秋》 引文.

15. 《太平御覽》 引文

　　宋 李昉 등 輯撰의 《太平御覽》에 인용된 《吳越春秋》 引文.

16. 《事類賦注》 引文

　　宋 吳淑이 편찬 주석한 《事類賦注》에 인용된 《吳越春秋》 引文.

17. 《吳郡志》 인문

　　宋 范成大의 《吳郡志》에 인용된 《吳越春秋》 인문.

18. 《說郛》 引文

　　元 陶宗儀가 편집한 《說郛》에 인용된 《吳越春秋》 인문.

19. 《吳越春秋逸文》

　　顧觀光 편집. 淸 光緖 癸未(1883) 莫祥芝가 출간한 〈武陵山人遺書〉에
　　들어 있음.

20. 《左傳》

　　吳, 越 관련 記事.

21. 《國語》

　　〈吳語〉와 〈越語〉 및 韋昭의 注.

22. 《史記》

　　〈吳太伯世家〉, 〈越王句踐世家〉, 〈伍子胥列傳〉 및 〈正義〉, 〈集解〉, 〈索隱〉 등.

23. 《越絶書》

　　東漢 袁康이 편찬한 越나라 역사.

吳太伯傳第一

漢　趙煜　撰

吳之前君太伯者后稷之苗裔也后稷其母台
氏之女姜嫄為帝譽元妃年少未孕出遊於野見大人跡而
觀之心中欣然喜其形像因履而踐之身動意若為人
所感後姙娠恐被淫泆之禍遂祭祀以求謂無子履上
帝之跡顧帝武是也天猶令有之姜嫄怪而棄於阨
狹之巷牛馬過者折易而避之
復棄於林中適會伐木之人多復置於
澤中冰上眾鳥以羽覆之后稷遂得不
死姜嫄以為神收而養之因名棄為兒時好種樹亦
也種禾黍桑麻五穀相去五土之宜青赤黃黑陵地水高

下稷禾黍麥豆稻各得其理堯遭洪水人民泛濫
遂遷逐邑當高而居堯聘棄使教民山居隨地造區妍之
營種之術三年餘行人無飢乏之色乃拜棄為農師封之
夯戎狄之間其孫公劉避夏桀於戎狄變易風
不窋生草運車以避葭葦公劉避於戎狄
俗民化其政公劉卒子慶節立其後八世而得古公亶
甫慶節子皇僕皇僕子差弗差弗子毀隃
八世脩公劉后稷之業積德行義為狄人所慕薰鬻戎
姤而伐之欲得土地古公曰君子不以養人者害人
馬牛羊其伐不止事以皮幣金玉重寶而亦伐之不止
古公問何所欲曰欲其土地古公曰君子不以所養害所
所養孟子曰君子不以其國所以亡也古公乃杖策去
不居也古公乃杖策去邠踰梁山而處岐周

《吳越春秋》(四庫全書 文淵閣本)

《吳越春秋》(四部叢刊本)

吳越春秋吳太伯傳第一

後漢　趙曄　撰

吳之前君太伯者[論語作泰伯]，后稷之苗裔也。后稷其
母台氏之女姜嫄[韓詩章句姜姓嫄字也晉語曰黃帝以姬炎帝以姜是姜炎帝之姓史記姜嫄作原]，
姜水成故黃帝為姬，姬封邰國在京兆武功縣所治斄城者黃帝之姓斄與邰同爲
帝譽元妃年少未孕出浴於野見大人跡而觀
之中心歡然喜其形像因履而踐之身動意若
爲人所感後姙娠恐被淫泆之禍遂祭祀以求
謂無子履上帝之跡[詩生民篇所謂履帝武是也]生民所謂天猶令有之姜

四部叢刊　　　　吳越春秋

嫄怪而棄于阨狹之巷牛馬過者折[折疑當作辟易而]
避之[詩云誕置之隘巷牛羊腓字之]復棄于林中適會伐木之人多
[詩云誕置之平林會伐平林]復置于澤中冰上眾鳥以羽覆之[詩云誕置之寒冰鳥覆翼之]
后稷遂得不死姜嫄以為神收而養之
長因名棄兒時好種樹[樹亦種也]
相[去聲]五土之宜青赤黃黑陵[地陸]水高下粢黍
禾蕖麥豆稻各得其理堯遭洪水人民泛濫遂
[遂疑當作逐]高而居堯聘棄使教民山居隨地造區研
[研疑當作耕]營種之術三年餘行人無飢乏之色乃拜棄
也[窮]

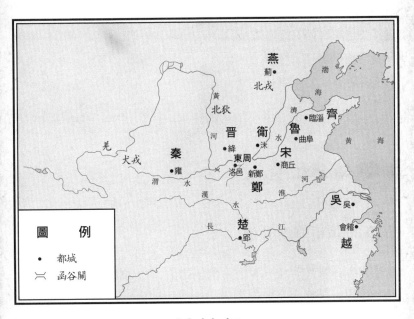

춘추시대 지도

차례

吳越春秋 틀

卷第六 越王無余外傳

卷第七 句踐入臣外傳

卷第十 句踐伐吳外傳

● 부록

吳越春秋 上

卷第一 吳太伯傳

卷第二 吳王壽夢傳

卷第三 王僚使公子光傳

卷第四 闔閭內傳

卷第五 夫差內傳

卷第六 越王無余外傳

《오월춘추》후반부 제 6권부터 10권까지는 월나라 역사이며 이 6권은 월나라 시조 무여(無余, 無餘)의 사적을 기록한 것으로, '外傳'이라 한 것은 역시 월나라를 '外'로 본 것이다. 우禹임금으로부터 시작되었음을 강조하여 우의 사적에 대한 기록이 주를 이루고 있다.

〈吊人銅矛〉(서한) 1956 雲南 晉寧縣 滇王墓 출토

105(6-1)
월나라 선군先君 무여無余

월越나라 선군 무여無余는 하우씨夏禹氏씨의 말봉末封이었다.

우禹의 아버지 곤鯀은 제帝 전욱顓頊의 후손이다.

곤은 유신씨有莘氏의 딸에게 장가를 들었는데 이름은 여희女嬉였다.

여희는 나이가 들도록 잉태하지 못하였는데 지산砥山에서 놀다가 율무薏苡를 얻어 이를 삼키자 마치 남에게 감을 받은 느낌이 들었으며 이로 인하여 아이를 갖게 되었고 옆구리를 베고 고밀高密을 낳게 되었다.

집은 서강西羌에 있었으며 그곳은 석뉴石紐라고 불렀다.

석뉴는 촉蜀의 서천西川이다.

越之前君無余者, 夏禹之末封也.

禹父鯀者, 帝顓頊之後.

鯀娶於有莘氏之女, 名曰女嬉.

年壯未孳, 嬉於砥山, 得薏苡而吞之, 意若爲人所感, 因而妊孕, 剖脅而産高密.

家於西羌, 地曰石紐.

石紐在蜀西川也.

【越】지금의 浙江 紹興에서 흥했던 나라. 紹興의 옛 지명은 會稽였음. 夏禹氏의
後裔로 알려짐.

【無余】越나라 始祖.《越絶書》에는 '無餘'로 표기되어 있음. 大禹의 6대손 少康의
庶子로 越땅에 봉해졌음. 徐天祜는 "無余, 禹之六世孫少康之庶子也, 初受封
於越.《越舊經》作無餘"라 함.

【夏禹】禹. 中國 최초의 왕조 夏나라의 시조. 夏后氏 부락의 領袖였으며 姒姓.
大禹, 夏禹 등으로도 불리며 이름은 文命. 鯀의 아들. 鯀이 물을 막는 방법으로
治水에 실패하여 죽임을 당한 뒤 禹는 물을 소통시키는 방법으로 성공을 거둔
다음 舜임금으로부터 천하를 물려받아 夏王朝를 세움. 뒤에 천하를 순시하다가
會稽에서 생을 마침. 그는 益에게 천하를 물려주려 하였으나 아들 啓의 무리가
난을 일으켜 益을 죽이고 世襲王朝를 시작함. 이로부터 禪讓(公天下)의 제도가
마감되고 世襲(家天下)의 역사가 시작됨. 이를 "傳子而不傳賢"이라 함.《史記》
에서는 五帝本紀 다음 첫 왕조로 夏本紀가 시작됨.《史記》夏本紀에 "夏禹,
名曰文命. 禹之父曰鯀, 鯀之父曰帝顓頊, 顓頊之父曰昌意, 昌意之父曰黃帝. 禹者,
黃帝之玄孫而帝顓頊之孫也. 禹之曾大父昌意及父鯀皆不得在帝位, 爲人臣"이라
하였으며,《十八史略》(1)에 "夏后氏禹: 姒姓, 或曰名文命, 鯀之子, 顓頊孫也.
鯀湮洪水, 舜擧禹代鯀, 勞身焦思, 居外十三年, 過家門不入"이라 함.

【末封】끝에 봉해짐. 越나라는 禹의 6세손 夏나라 왕 少康의 庶子가 봉해진 것
이므로 이렇게 표현한 것. 여기서는 그 후손임을 뜻함.

【鯀】'鮌'으로도 표기하며 夏나라 시조 禹의 아버지. 사악의 추천으로 요를 도와
治水에 나섰으나 물을 막는 방법으로 하다가 실패하여 羽山에서 처형을 당하였
으며 禹가 아버지의 직무를 이어받아 성공함으로써 舜으로부터 천하를 물려
받음.《史記》夏本紀 등을 참조할 것.

【顓頊】古代 五帝의 하나. 호는 高陽氏, 黃帝의 후손이며 昌意의 아들. 若水에서
태어나 帝丘(지금의 河南 濮陽)을 근거지로 있었음.《十八史略》(1)에 "顓頊
高陽氏: 昌意之子, 黃帝孫也. 代少昊而立. 少昊之衰, 九黎亂德, 民神雜糅, 不可
方物. 顓頊受之, 乃命南正重, 司天以屬神; 火正黎, 司地以屬民, 使無相侵瀆.
始作曆, 以孟春爲元"이라 함. 한편 五帝는《史記》五帝本紀에는 黃帝(軒轅氏,
有熊氏), 顓頊(高陽氏), 帝嚳(高辛氏), 帝堯(陶唐氏), 帝舜(有虞氏)을 들고 있으며
《十八史略》에는 少昊(金天氏), 顓頊(高陽氏), 帝嚳(高辛氏), 帝堯(陶唐氏), 帝舜
(有虞氏)」을 들고 있음.

【帝顓頊之後】徐天祜는 "《帝王世紀》曰: 「鯀, 帝顓頊之子, 字熙.」《連山易》曰:

「鯀封於崇.」故《國語》謂之「崇伯鯀」.《史記》曰:「鯀之父, 帝顓頊.」《世本》亦以鯀爲顓頊子.《漢》律曆志則曰:「顓頊五世而生鯀.」《通鑑外紀》從之.《古史》曰: 「太史公以鯀爲顓頊之子, 其世太迫. 班固以爲五世孫, 近得之.」此書以爲顓頊之後, 曰'後'字, 可以通子孫言之也」라 하여 그 世譜에 대한 이론이 분분함.

【有莘氏】古代 部落 이름. '有辛', '有侁', '有㜪' 등으로도 표기하며 지금의 陝西 郃陽縣 동남쪽이었다 함.

【女嬉】有莘氏 부락 출신으로 鯀의 아내이며 禹의 어머니. 女志, 脩己 등으로도 불림.

【年壯未孳】壯은 30세를 넘긴 나이. '孳'는 '字'와 같으며 字는 本義가 生子, 生肉을 의미하던 글자였음.

【嬉】'游戲'의 뜻. 놀이를 나감.

【砥山】砥柱山, 三門山이라고도 하며 원래 河南 三門峽市 동북 黃河 중류에 있었으나 三門峽 댐을 지을 때 폭파하여 없어짐.《水經注》에 "昔禹治洪水, 山陵當水者鑿之, 故破山以通河. 河水分流, 包山而過, 山見水中若柱然, 故曰砥柱也"라 함.

【薏苡】율무. 雙聲連綿語의 물명. 그러나 식용과 약용으로 사용하였으며 껍질을 제거한 것을 '薏仁'이라 함. 그러나 당시 율무는 지금의 율무가 아닌 유사한 곡물이었을 것으로 보이며《帝王世紀》에 '神珠薏苡'라 하여 이를 귀하게 여겨 토템으로 받들었을 가능성이 있음. 그 때문에 夏王朝는 姒姓으로 '以'자에서 글자의 聲符를 얻은 것임. 한편 율무는 동한 때에 남방에서 처음 들여온 것으로 되어 있음.《後漢書》馬援傳에 "初, 援在交阯, 常餌薏苡實, 用能輕身省慾, 以勝瘴氣. 南方薏苡實大, 援欲以爲種, 軍還, 載之一車. 時人以爲南土珍怪, 權貴皆望之. 援時方有寵, 故莫以聞. 及卒後, 有上書譖之者, 以爲前所載還, 皆明珠文犀. 馬武與於陵侯侯昱等皆以章言其狀, 帝益怒. 援妻孥惶懼, 不敢以喪還舊塋, 裁買城西數畝地槀葬而已. 賓客故人莫敢弔會. 嚴與援妻子草索相連, 詣闕請罪. 帝乃出松書以示之, 方知所坐, 上書訴冤, 前後六上, 辭甚哀切, 然後得葬"라 하였고 같은 곳 〈吳祐傳〉에도 연관 기록이 있으며《蒙求》에도 "後漢, 馬援在交阯, 常餌薏苡實, 能輕身省慾, 以勝瘴氣. 南方薏苡實大, 援欲以爲種, 軍還載之一車. 時人以爲南土珍怪, 權貴皆望之. 援時方有寵, 故莫以聞. 卒後有人上書譖之者, 以爲: 「前所載還, 皆明珠文犀.」"라 함.

【高密】鯀의 아들. 禹의 별명, 혹은 字.《帝王世紀》에 "父鯀妻脩己, 見流星貫昴, 夢接意感, 又吞神珠薏苡, 胸坼而生禹. 名文命, 字密, 身九尺二寸長, 本西夷人也"

라 하였고, 《世本》에는 "鯀娶有辛氏女, 謂之女志, 是生高密"이라 함. 혹 高密은
禹가 봉해졌던 나라 이름이라고도 함.

【西羌】 서부 일대에 분포하였던 민족 이름. 지금의 四川 茂汶 羌足自治縣 일대.

【石紐】 지명. 지금의 四川 汶川縣 北泉縣이라 함.《括地志》에 "茂州汶川縣
石紐山, 在縣西北七十三里"라 함. 지금의 汶川에 石紐村이 있음.

【蜀】 지금의 四川 成都 일대. 고대 蜀郡 益州라 불렀음. 譙周의《蜀本紀》에 "禹本
汶山郡廣柔縣人, 生於石紐"라 함.

【西川】 지금의 四川 汶川縣.

참고 및 관련 자료

1.《史記》越王句踐世家

越王句踐, 其先禹之苗裔, 而夏后帝少康之庶子也. 封於會稽, 以奉守禹之祀.
文身斷髮, 披草萊而邑焉. 後二十餘世, 至於允常. 允常之時, 與吳王闔廬戰而
相怨伐. 允常卒, 子句踐立, 是爲越王.

106(6-2)
옛날 요堯임금 시절

제요帝堯 때에 홍수를 만나 도도滔滔히 천하가 물에 잠기고 구주九州가 막히고 사독四瀆이 막혀 닫혀버렸다.

제요는 이에 중국이 평강하지 못함을 걱정하고 백성들이 재앙에 걸려든 것을 불쌍히 여겨 사악四嶽에게 명하여 현량賢良한 사람을 추천토록 하여 장치 치수의 임무를 맡길 참이었다.

그런데 중국으로부터 조방條方에 이르기까지 추천할 만한 자가 없어 제요는 임무를 맡길 수가 없었다.

사악들은 이에 곤鯀을 천거하여 요임금에게 추천하였다.

그러자 제요는 이렇게 말하였다.

"곤은 명령을 어기고 족속을 훼멸한 자로써 불가하다."

사악이 말하였다.

"다른 신하들과 비교하면 곤만 한 자가 아직 없습니다."

요임금도 그를 등용하여 치수의 일을 맡겼으나 명을 받은 지 9년이 되도록 아무런 성과를 이루지 못하는 것이었다.

제요가 노하여 말하였다.

"짐은 그가 해내지 못할 것임을 알고 있었다."

이에 다시 다른 사람을 찾아 순舜을 얻게 되었으며 그로 하여금 천자의 행정을 돕도록 하였다.

순은 순수하면서 곤이 하는 치수의 방법을 보았더니 아무런 성과도 없는 것이었다. 이에 곤을 우산_{羽山}에서 죽여버렸다.

곤은 물 속으로 뛰어들어 누런 세발 자라로 변해 우연_{羽淵}의 신이 되었다.

帝堯之時, 遭洪水滔滔, 天下沈漬, 九州閼塞, 四瀆壅閉.

帝乃憂中國之不康, 悼黎元之罹咎, 乃命四嶽, 乃擧賢良, 將任治水.

自中國至於條方, 莫薦人, 帝靡所任.

四嶽乃擧鯀而薦之於堯.

帝曰:「鯀, 負命毀族, 不可.」

四嶽曰:「等之群臣, 未有如鯀者.」

堯用治水, 受命九載, 功不成.

帝怒曰:「朕知不能也.」

乃更求之, 得舜, 使攝行天子之政.

巡狩, 觀鯀之治水, 無有形狀, 乃殛鯀於羽山.

鯀投於水, 化爲黃能, 因爲羽淵之神.

【帝堯】堯임금. 전설상 上古시대 五帝의 하나. 陶唐氏. 唐堯로도 부름. 伊祁姓이며 이름은 放勳. 帝嚳(高辛氏)의 아들. 都邑은 平陽.《十八史略》(1)에 "帝堯陶唐氏: 伊祁姓, 或曰名放勳, 帝嚳子也. 其仁如天, 其知如神, 就之如日, 望之如雲, 都平陽. 茆茨不剪, 土階三等. 有草生庭, 十五日以前, 日生一葉, 以後日落一葉, 月小盡, 則一葉厭而不落, 名曰蓂莢, 觀之以知旬朔"이라 함.《史記》五帝本紀를 볼 것.

【沈漬】漬는 '지'로 읽으며 '물에 잠기다'의 뜻. '浸', '泡'의 뜻.

【九州】옛날 禹가 治水에 성공한 후 나라를 九州로 나누어 다스림.《千字文》
에는 "九州禹跡"이라 함. 한편 九州는《尚書》禹貢에는 冀州, 兗州, 靑州, 徐州,
揚州, 荊州, 豫州, 雍州를 들고 있으나《爾雅》釋地에는 冀州, 豫州, 雝州, 荊州,
揚州, 幽州, 營州를 들고 있음. 그런가 하면《周禮》職方에는 揚州, 荊州, 豫州,
靑州, 兗州, 雍州, 幽州, 冀州를 들고 있음.

【闕塞】막힘. 홍수로 인해 사방이 다닐 수 없게 된 것. '闕'은 '遏'과 같음.

【四瀆】長江, 黃河, 淮水, 濟水를 가리킴.《爾雅》釋水에 "江, 河, 淮, 濟爲四瀆.
四瀆者, 發源注海者也"라 하였고,《說苑》辨物篇에 "四瀆者, 何謂也? 江, 河,
淮, 濟也. 四瀆何以視諸侯? 能蕩滌垢濁焉, 能通百川於海焉, 能出雲雨千里焉,
爲施甚大, 故視諸侯也"라 함.

【中國】中原의 다른 말. 華夏族이 살고 있는 黃河 중류. 그 밖의 사방 이민족은
東夷, 南蠻, 北狄, 西戎으로 불렀음.

【黎元】黎는 '검다'의 뜻이며 '元'은 '首'의 뜻. 머리가 검은 일반 백성을 가리킴.
黎民, 黔首와 같음.

【罹咎】'罹'는 '걸리다'의 뜻. '咎'는 災害나 재앙.

【四嶽】中央 이외의 사방 지역을 分掌하여 다스리던 직책 이름.《尚書》孔安國
傳에 "四嶽卽上義和四子, 分掌四嶽之諸侯, 故稱焉"이라 하였고,《國語》韋昭 注
에는 "四嶽, 官名, 主四方之祭, 爲諸侯伯"이라 함. 이들은 고대 각기 사방의 산,
즉 泰山(東嶽), 華山(西嶽), 衡山(南嶽), 恒山(北嶽)의 제사를 맡았던 이들이어서
사악이라 부른 것임.《帝王世紀》에는 "命義和四子, 義仲, 義叔, 和仲, 和叔, 分掌
四時方嶽之職, 故名曰四嶽也"라 함.

【條方】사방 먼 곳.《禮記》樂記 "感條暢之氣"의 疏에 "條, 遠也"라 함. 그러나
鳴條로 보기도 함. 鳴條는 지금의 黃河 하류 山東 경내.《孟子》離婁(下) "舜生
於諸馮, 遷於負夏, 卒於鳴條, 東夷之人也. 文王生於岐周, 卒於畢郢, 西夷之
人也"의 注에 "諸馮, 負夏, 鳴條, 皆地名, 在東方夷服之地"라 함.

【靡】'無', '未', '亡' 등과 같은 不定詞로 쓰임. 雙聲互訓.

【負命毀族】天子의 敎命을 져버리고 同族을 괴롭힘.《尚書》堯典에 "方命圯族"
이라 하였고,《史記》五帝本紀 "負命毀族"의〈正義〉에 "負, 音佩, 違也. 鯀性狠戾,
違負敎命, 毀敗善類, 不可用也"라 함.

【等之】등급을 따져 비교해 봄.

【九載】九年. 載는 歲, 年과 같음.

【舜】 고대 五帝의 하나. 有虞氏. 姓은 姒氏, 이름은 重華. 虞舜으로도 부름. 堯
임금으로부터 천하를 물려받아 帝位에 오름. 瞽瞍의 아들로 孝誠이 뛰어났던
것으로도 널리 알려져 있으며 儒家에서 聖人으로 추앙함. 뒤에 禹에게 선양
하고 남쪽을 순행하다 蒼梧의 들에서 죽었으며 九疑山에 묻혔다 함.《史記》
五帝本紀에 "虞舜者, 名曰重華. 重華父曰瞽叟, 瞽叟父曰橋牛, 橋牛父曰句望,
句望父曰敬康, 敬康父曰窮蟬, 窮蟬父曰帝顓頊, 顓頊父曰昌意: 以至舜七世矣.
自從窮蟬以至帝舜, 皆微爲庶人. 舜父瞽叟盲, 而舜母死, 瞽叟更娶妻而生象, 象傲.
瞽叟愛後妻子, 常欲殺舜, 舜避逃; 及有小過, 則受罪. 順事父及後母與弟, 日以
篤謹, 匪有解"라 하였으며,《十八史略》(1)에 "帝舜有虞氏: 姚姓, 或曰名重華,
瞽瞍之子, 顓頊六世孫也. 父惑於後妻, 愛少子象, 常欲殺舜. 舜盡孝悌之道, 烝烝
乂不格姦"이라 함.

【攝行】 舜은 帝堯의 보좌가 되어 천자의 행정을 실행하고 있었음.

【巡狩】 天子가 諸侯들이 任地를 돌아보며 그 果績을 살피고 視察하는 것.《孟子》
梁惠王(下)에 "天子適諸侯曰巡狩, 巡狩者, 巡所守也"라 함.

【無有形狀】 그 결과로 나타난 형태나 상황이 전혀 없음. 구체적인 成果나
實績이 없음을 말함.

【殛】 죽임.《尙書》舜典 "流共工于幽洲, 放驩兜于崇山, 竄三苗于三危, 殛鯀于
羽山. 四罪而天下咸服"의 傳에 "殛, 竄, 放, 流, 皆誅也"라 하였고, 疏에 "流者,
移其居處; 放者, 使之自活; 竄者, 投棄之名; 殛者, 誅責之稱, 俱是流徙"라 함.

【羽山】 산 이름. 徐天祜는 "《地志》: 在東海郡祝其縣南.」今海州朐山縣"이라 하였
으며 朐山縣은 唐宋시대에는 지금의 江蘇 連雲港 일대였으며 지금의 江蘇
贛榆縣과 山東 郯城縣 사이까지였음. 혹은 山東 蓬萊縣 동남쪽이라고도 함.

【黃能】 '能'은 '웅'으로 읽을 경우 '熊'과 같으나 '내'로 읽을 경우 '熊'와 같은 글자로
三族鱉이며 이는 전설 속의 水中動物임. 따라서 곰의 일종으로 보기도 하고
혹은 세 발 자라의 일종으로 보기도 함.《左傳》昭公 7년 "晉侯有疾, 夢黃熊入
於寢門. 子産曰:「昔堯殛鯀於羽山, 其神化爲黃熊, 以入於羽淵」"의 釋文에 "黃熊,
音雄, 獸名. 亦作能, 如字. 一音奴來反, 能, 三足鱉也. 解者云: 獸非入水之物,
故是鱉也. 一曰: 旣爲神, 何妨是獸? 案《說文》及《字林》, 皆云「能, 雄屬, 足似鹿」.
然則能旣熊屬, 又爲鱉類. 今本作能者, 勝也. 東海人祭禹廟, 不用熊白及鱉爲膳,
斯豈鯀化爲二物乎?"라 하여 東海 會稽 지역에서는 우임금 사당에 제사를 올릴
때 곰과 자라는 제물로 사용하지 않고 있음을 들고 있으며 '熊'으로 보는 편이
낫다고 하였음. 그러나《史記》夏本紀〈正義〉에는 "鯀之羽山, 化爲黃熊, 入於

羽淵, 熊, 音乃來反, 下三點, 爲三足也. 束晳《發蒙紀》云:「鼈三足曰熊.」라 하여
'熊'로 보았음. 여기에서는 잠정적으로 "세 발 자라"로 풀이함.

【羽淵】羽澤, 羽泉이라고도 하며 지금의 江蘇 바닷가라 함.《太平寰宇記》海州
胸山縣을 참조할 것.

┌─────────────────┐
│ 참고 및 관련 자료 │
└─────────────────┘

1.《尙書》舜傳

流共工于幽洲, 放驩兜于崇山, 竄三苗于三危, 殛鯀于羽山. 四罪而天下咸服

2.《史記》五帝本紀

堯曰:「誰可順此事?」放齊曰:「嗣子丹朱開明.」堯曰:「吁! 頑凶, 不用.」堯又
曰:「誰可者?」讙兜曰:「共工旁聚布功, 可用.」堯曰:「共工善言, 其用僻, 似恭
漫天, 不可.」堯又曰:「嗟, 四嶽, 湯湯洪水滔天, 浩浩懷山襄陵, 下民其憂, 有能
使治者?」皆曰鯀可. 堯曰:「鯀負命毀族, 不可.」嶽曰:「异哉, 試不可用而已.」
堯於是聽嶽用鯀. 九歲, 功用不成. 堯曰:「嗟! 四嶽, 朕在位七十載, 汝能庸命,
踐朕位?」嶽應曰:「鄙德忝帝位.」堯曰:「悉舉貴戚及疏遠隱匿者.」衆皆言於堯
曰:「有矜在民間, 曰虞舜.」堯曰:「然, 朕聞之. 其何如?」嶽曰:「盲者子. 父頑,
母嚚, 弟傲, 能和以孝, 烝烝治, 不至姦.」堯曰:「吾其試哉!」於是堯妻之二女,
觀其德於二女. 舜飭下二女於嬀汭, 如婦禮. 堯善之, 乃使舜愼和五典, 五典能從.
乃遍入百官, 百官時序. 賓於四門, 四門穆穆, 諸侯遠方賓客皆敬. 堯使舜入山
林川澤, 暴風雷雨, 舜行不迷. 堯以爲聖, 召舜曰:「女謀事至而言可績, 三年矣.
女登帝位.」舜讓於德不懌. 正月上日, 舜受終於文祖. 文祖者, 堯大祖也. 於是帝
堯老, 命舜攝行天子之政, 以觀天命. 舜乃在璿璣玉衡, 以齊七政. 遂類于上帝,
禋于六宗, 望于山川, 辯于群神. 揖五瑞, 擇吉月日, 見四嶽諸牧, 班瑞. 歲二月,
東巡狩, 至於岱宗, 柴, 望秩於山川. 遂見東方君長, 合時月正日, 同律度量衡,
脩五禮五玉三帛二生一死爲摯, 如五器, 卒乃復. 五月, 南巡狩; 八月, 西巡狩;
十一月, 北巡狩: 皆如初. 歸, 至于祖禰廟, 用特牛禮. 五歲一巡狩, 群四朝. 徧告
以言, 明試以功, 車服以庸. 肇十有二州, 決川. 象以典刑, 流宥五刑, 鞭作官刑,
扑作教刑, 金作贖刑. 眚災過, 赦; 怙終賊, 刑. 欽哉, 欽哉, 惟刑之靜哉! 讙兜
進言共工, 堯曰不可而試之工師, 共工果淫辟. 四嶽舉鯀治鴻水, 堯以爲不可,
嶽彊請試之, 試之而無功, 故百姓不便. 三苗在江淮, 荊州數爲亂. 於是舜歸而

言於帝, 請流共工於幽陵, 以變北狄; 放讙兜於崇山, 以變南蠻; 遷三苗於三危, 以變西戎; 殛鯀於羽山, 以變東夷: 四罪而天下咸服.

3.《史記》夏本紀

當帝堯之時, 鴻水滔天, 浩浩懷山襄陵, 下民其憂. 堯求能治水者, 群臣四嶽皆曰鯀可. 堯曰:「鯀爲人負命毀族, 不可」四嶽曰:「等之未有賢於鯀者, 願帝試之」於是堯聽四嶽, 用鯀治水. 九年而水不息, 功用不成. 於是帝堯乃求人, 更得舜. 舜登用, 攝行天子之政, 巡狩. 行視鯀之治水無狀, 乃殛鯀於羽山以死. 天下皆以舜之誅爲是. 於是舜舉鯀子禹, 而使續鯀之業.

4.《左傳》昭公 7年 傳

晉侯有疾, 韓宣子逆客, 私焉, 曰:「寡君寢疾, 於今三月矣, 並走羣望, 有加而無瘳. 今夢黃熊入于寢門, 其何厲鬼也?」對曰:「以君之明, 子爲大政, 其何厲之有? 昔堯殛鯀于羽山, 其神化爲黃熊, 以入于羽淵, 實爲夏郊, 三代祀之. 晉爲盟主, 其或者未之祀也乎!」韓子祀夏郊. 晉侯有間, 賜子產莒之二方鼎.

107(6-3)
《산해경山海經》

순舜과 사악四嶽은 곤鯀의 아들 고밀高密을 천거하였다.

사악이 우禹에게 말하였다.

"순은 곤鯀이 치수에 공을 세우지 못하였다 하여 너를 추천하였으니 너는 아버지의 공훈을 이어받도록 하라."

우가 말하였다.

"예! 제가 감히 돌아가신 아버지의 공적을 다 모은다 해도 하늘의 뜻을 관할할 수 있겠습니까? 단지 위임을 받을 뿐이지요."

우는 아버지가 성공하지 못한 것을 안타깝게 여기며 강수江水를 따라 내려갔다가 하수河水를 거슬러 올라와 보기도 하며 제수濟水를 다 살피고 회수淮水를 시찰하면서 노신초사勞身焦思하며 7년을 돌아다녔다.

음악도 듣지 아니하고, 자신의 집 앞을 지나면서도 들어가 보지 못하였으며 모자가 나무에 걸려 벗겨져도 돌아보지도 않았으며, 신발이 벗겨져도 신을 신지 못하도록 열심을 다했지만 공을 이루지 못하며 수심에 찬 채 깊은 생각에 골똘하였다.

이에 《황제중경력黃帝中經曆》을 살펴보았더니 대체로 성인이 기록한 바로 이렇게 씌어 있었다.

"구의산九疑山 동남쪽에 천주天柱가 있어 이름을 완위산宛委山이라 하며 적제赤帝의 궁궐이 있다. 그 바위 꼭대기에 문옥文玉으로 받치고 반석磐石으로 덮어놓은 것이 있다. 그 책은 금간金簡이며 청옥青玉에 글씨를 쓰고 백은白銀으로 엮었으며 그 문장은 모두가 전서瑑書로 씌어 있다."

우는 이에 동쪽으로 순행하여 형악衡嶽에 올라 백마 피로써 제사를 올렸으나 찾던 바를 얻을 수 없었다.

우는 산꼭대기에 올라 하늘을 우러러 큰 휘파람 소리를 내다가 홀연히 눕게 되었는데 꿈에 붉은 수를 놓은 옷을 입은 남자가 나타나 스스로 이렇게 칭하는 것이었다.

"나는 현이창수玄夷蒼水의 사자로서 환제께서 문명文命을 이곳에 보내셨다는 말을 듣고 나를 보내어 살펴보게 하였소. 지금은 그것을 볼 수 있는 시기가 아니므로 장차 그 날짜를 일러드리겠소. 희음戱吟의 소리가 나지 않기에 그 때문에 복부산覆釜山에 기대어 노래를 부르고 있었던 것이오."

그리고 동쪽을 돌아보더니 우에게 이렇게 말하였다.

"나의 산에서 신서神書를 얻고자 한다면 황제黃帝산 바위 암봉 아래에서 재계하고 3월 경자庚子 날에 산에 올라 바위를 열어보면 금간서金簡書가 있을 것이오."

우는 물러나 재계하고 3월 경자날 완위산에 올라 금간서를 찾아내어 금간의 옥글씨를 살펴보고 물을 소통시키는 원리를 터득하게 되었다.

우는 다시 형산으로 되돌아와서 네 가지 운행 도구를 타고 하천을 순행하여 곽산霍山을 시작으로 오악五嶽을 돌아 머물렀다.

그래서 《시詩》에 "펼쳐진 저 남산이여, 우가 그 사이를 다스렸네"라고 한 것이다.

드디어 사독四瀆을 순행하면서 익益과 기夔와 더불어 치수의 계획을 세우게 되었다.

명산대택名山大澤에 이르면 그곳 신神을 불러 산천의 맥脈과 지리, 금옥의 유무, 조수와 곤충의 종류 및 팔방 백성들의 풍속, 다른 나라와 지역의 토지 거리와 넓이 등을 물어보고 익으로 하여금 이를 분류하여 기록하도록 하였으며 그 때문에 그 책이름을 《산해경山海經》이라 한 것이다.

舜與四嶽擧鯀之子高密.

四嶽謂禹曰:「舜以治水無功, 擧爾嗣考之勳.」

禹曰：「俞！小子敢悉考績以統天意？惟委而已！」

禹傷父功不成，循江泝河，盡濟甄淮，乃勞身焦思，以行七年．

聞樂不聽，過門不入，冠掛不顧，履遺不躡；功未及成，愁然沉思．

乃案《黃帝中經曆》，蓋聖人所記，曰：「在於九疑山東南天柱，號曰宛委，赤帝在闕．其巖之巔，承以文玉，覆以磐石．其書金簡，青玉爲字，編以白銀，皆瑑其文．」

禹乃東巡登衡嶽，血白馬以祭，不幸所求．

禹乃登山，仰天而嘯，忽然而臥，因夢見赤繡衣男子，自稱：「玄夷蒼水使者，聞帝使文命於斯，故來候之．非厥歲月，將告以期，無爲戲吟，故倚歌覆釜之山．」

東顧謂禹曰：「欲得我山神書者，齋於黃帝巖嶽之下，三月庚子，登山發石，金簡之書存矣．」

禹退又齋，三月庚子，登宛委山，發金簡之書，案金簡玉字，得通水之理．

復返歸嶽，乘四載而行川，始於霍山，徊集五嶽．

《詩》云：『信彼南山，惟禹甸之．』

遂巡行四瀆，與益、夔共謀．

行到名山大澤，召其神而問之山川脈理，金玉所有，鳥獸昆蟲之類及八方之民俗，殊國異域土地里數，使益疏而記之，故名之曰《山海經》．

【高密】 鯀의 아들. 禹의 별명, 혹은 字. 文命.《帝王世紀》에 "父鯀妻脩己, 見流
星貫昴, 夢接意感, 又呑神珠薏苡, 胸坼而生禹. 名文命, 字密, 身九尺二寸長,
本西夷人也"라 하였고,《世本》에는 "鯀娶有辛氏女, 謂之女志, 是生高密"이라 함.
혹 高密은 禹가 봉해졌던 나라 이름이라고도 함.

【舜】 堯에게 선양을 받아 天子가 되었으며 鯀에게 治水를 맡겼다가 업적을
이루지 못하자 鯀의 아들 禹(高密)에게 그 임무를 대신하도록 함.

【以治水無功】 "以鯀治水無功"이어야 함.

【爾嗣考之勳】 '爾'는 너(你). 考는 아버지. 뒤에는 돌아가신 아버지만을 지칭하는
말로 한정됨.

【俞】 呦, 唯, 喩 등과 같음. 대답하는 말.

【統天意】 '統'은 統御함. 統領함. 이해함. 알아차림. 管掌함. 操縱함. 管轄함.
統制함. 根本을 삼음.《周易》乾卦 "乃統天"의〈釋文〉에 "統, 本也"라 함.

【循江泝河】 長江을 따라 내려가기도 하고 黃河를 거슬러 올라보기도 함. '泝'는
'溯'와 같음.

【盡濟甄淮】 濟水를 다 살펴보고 淮水도 관찰해봄. '甄'은 '察'과 같음. 직접 답사
하여 鑑別함.《抱朴子》"甄無名之士於草萊, 指未剖之璞於丘園"의 '甄'과 같음.

【勞身焦思】 '勞心焦思'와 같음. 몸이 닳도록 고생하고 마음이 타도록 생각함.

【七年】《孟子》滕文公(上)에는 "禹八年于外"라 하였고,《史記》夏本紀에는 "居外
十三年"이라 하여 각기 다름.

【黃帝中經曆】 黃帝의 이름을 의탁하여 만든 術數類의 책.

【蓋聖人之所記】 이 5자는 本文(正文)이 아니라 撰者의 自注文일 가능성이 있음.
한편 '蓋'는 "아마도, 생각건대"의 뜻이며 다른 인용문에는 모두 '見'으로 되어
있음.

【九疑山】〈四部叢刊〉에는 '九山'으로 되어 있으나《初學記》에 의해 수정함.
九疑山은 '九嶷山'으로도 표기하며 지금의 湖南 寧遠縣 남쪽에 있음. 한편
'九山'일 경우《淮南子》地形訓에 "하위구산? 會稽, 泰山, 王屋, 首山, 太華,
岐山, 太行, 羊腸, 孟門"이라 하여 9개의 산을 들고 있음.

【天柱】 하늘 기둥. 즉 높이 솟은 봉우리. 天柱峰. 구체적으로 宛委山을 가리킴.
지금의 浙江 紹興 동남쪽 會稽山의 主峰. 꼭대기에 石匱가 있으며《十道志》에
"石匱山, 一名宛委, 一名玉笥, 一名天柱. 昔禹得金簡玉字於此"라 함.

【宛委】《括地志》에 "石簣山, 一名玉笥山, 又名宛委山. 即今會稽山一峰也. 在會
稽縣東南十八里"라 함.

【赤帝】南方의 天帝. 신화 속의 五帝의 하나이며 남방을 관장함. 赤은 五行으로 火, 방위로는 南, 五色으로는 赤에 해당함. 史記 天官書 "赤帝行德"의 〈正義〉에 "赤帝, 南方赤, 熛怒之帝也"라 함.

【承以文玉】文彩나는 玉돌로 받쳐 놓음.

【編以白銀】책을 白銀으로 만든 실로 묶음.

【瑑其文】《說文》玉部에 "瑑, 圭璧上起兆瑑也"라 함. 옥기에 요철의 무늬를 조각한 것. 혹 '瑑'을 '篆'으로 보아 '篆書로 기록하다'의 뜻으로도 봄.《太平寰宇記》(96)에는 '篆'으로 되어 있음.

【衡嶽】衡山. 여기서는 會稽山을 가리킴.《史記》封禪書 "禹封泰山, 禪會計"의 〈正義〉에 "《括地志》云:「會計山, 一名衡山, 在越州會稽東南一十二里也.」"라 함. 그 위에 禹穴(禹井)이 있으며 이곳이 禹가 金簡玉字를 묻어둔 곳이라 하며 일설에는 우임금을 묻은 곳이라고도 함.

【不幸所求】찾던 것을 얻지 못함. '幸'은 '遇'와 같음.《華嚴經音義》(上)에《公羊傳》劉兆의 注를 인용하여 "幸, 遇也"라 함.

【仰天而嘯】이 구절이《初學記》에는 "仰天而嘯, 忽然而臥, 因夢見赤繡文衣男子"로 되어 있음. '赤繡文衣'는 붉은 색 수를 놓고 무늬를 넣은 옷.《說文》糸部에 "繡, 五彩備也"라 하였고,《毛傳》에는 "五色備謂之繡"라 함. '赤'은 남방을 뜻함. 한편 '嘯'는 '휘파람을 불다'이나 무슨 이유로 휘파람을 불었는지에 대해서는 구체성이 없음.

【玄夷蒼水】神仙의 이름. '玄夷'는 東夷 九族의 하나. 蒼水는 물을 관장하는 선인으로 여겨짐.《後漢書》東夷傳에 "夷有九種曰畎夷, 于夷, 方夷, 黃夷, 白夷, 赤夷, 玄夷, 風夷, 陽夷"라 함.

【戲吟】괴로울 때 중얼거리는 소리라 함. 이 부분의 내용은 구체성이 결여되어 있어 자세히 알 수 없음.

【倚歌】'歌'는 한탄할 때 내는 소리로 보기도 함.

【覆釜山】會稽山의 별명. '釜'는 '鬴'와 같음.《輿地志》에 "會稽山有石, 狀如覆鬴, 謂之覆鬴山. 一名釜山, 鬴亦作釜.《史》黃帝本紀曰:「合符釜山.」〈索隱〉以爲合諸侯符契圭璋而朝之於釜山. 在嬀州懷戎縣北三里, 非此之釜山也"라 함.

【黃帝】중국 상고시대의 帝王. 中原 각 부족의 共同 先祖. 公孫氏이며 姬水 가에 살아 姬姓으로도 부름. 軒轅의 언덕을 근거지로 발전하여 軒轅氏로도 불리며 나라를 有熊이라 하여 有熊氏로도 부름. 姜姓의 炎帝(神農氏)와 九黎族의 受領 蚩尤를 물리치고 각 부락의 聯盟 首領이 되었으며 土德으로 왕이 되었다 하여

黃帝로 칭함. 道家의 시조로 여겨 黃老術의 원조가 되기도 함. 《十八史略》(1)에 "黃帝: 公孫姓, 又曰姬姓, 名軒轅, 有熊國君, 少典子也. 母見大電繞北斗樞星, 感而生帝. 炎帝世衰, 諸侯相侵伐, 軒轅乃習用干戈以征不享, 諸侯咸歸之. 與炎帝戰于阪泉之野, 克之. 蚩尤作亂, 其人銅鐵額, 能作大霧, 軒轅作指南車, 與蚩尤戰於涿鹿之野禽之, 遂代炎帝爲天子. 土德王, 以雲紀官, 爲雲師. 作舟車以濟不通, 得風后爲相, 力牧爲將. 受河圖. 見日月星辰之象, 始有星官之書. 師大撓占斗建作甲子, 容成造曆, 隷首作算數. 伶倫取嶰谷之竹, 制十二律筩, 以聽鳳鳴. 雄鳴六, 雌鳴六. 以黃鐘之宮生六律六呂, 以候氣應, 鑄十二鐘, 以和五音. 嘗晝寢, 夢遊華胥之國, 怡然自得. 其後天下大治, 幾若華胥. 世傳: 黃帝釆銅鑄鼎, 鼎成, 有龍垂胡䯔下迎. 帝騎龍上天, 羣臣後宮從者七十餘人, 小臣不得上, 悉持龍䯔, 䯔拔, 墮弓, 抱其弓而號. 後世名其處曰鼎湖; 其弓曰烏號. 黃帝二十五子, 其得姓者十四"라 함. 여기서는 會稽山에 있는 '黃帝巖'이라는 바위를 가리키는 듯함.

【庚子】 六十甲子의 庚子日에 해당하는 날.

【通水之理】 물을 소통시키는 원리. 그러나 徐天祜 注에 "禹未嘗兩至越, 在會計之時, 非治水時也. 〈禹貢〉記南方山川多與今不合, 禹治水時未嘗親至南方故也. 孟子曰「禹八年于外」而〈禹貢〉云: 「作十有三載, 乃同.」 或者以爲比禹治水之年, 通緣九載言之也. 馬融曰: 「禹治水三年而八州平, 是十二年而八州平, 十三年而克州平. 克州平載巡狩終之年.」 然則禹之成功不過三四年間耳. 此書謂「勞身焦思七年, 功未及成, 乃東巡登宛委, 發金簡之書, 得通水之理.」 使禹之治水七年而後得神書, 始知通水之理, 不已脫(晚)乎? 諸若此類, 蓋傳疑尙矣"라 함.

【四載】 네 종류의 탈 것. 徐天祜 注에 "陸行乘車, 水行乘船, 泥行乘橇, 山行乘檋"이라 함. 그러나 《說文解字》에는 "水行乘舟, 陸行乘車, 山行乘欙, 澤行乘軌"이라 하였고, 《史記》 夏本紀에는 "陸行乘車, 水行乘船, 泥行乘橇, 山行乘輂"이라 함.

【霍山】 南嶽 衡山, 天柱山, 衡嶽을 가리킴. 徐天祜 注에 "南嶽衡山, 又名霍山, 泰與岱, 衡與霍, 皆一山二名"이라 함. 그러나 고대 霍山으로 불린 곳은 매우 많았음.

【五嶽】 '五岳'으로도 표기하며, 고대 제왕이 숭배하여 제사를 지내던 산으로 漢宣帝 때에는 泰山을 東嶽, 華山(陝西省)을 西嶽, 天柱山(霍山, 安徽省)을 南嶽, 恒山(河北省)을 北嶽, 嵩山(河南省)을 中嶽으로 삼았음. 그러나 隋代에는 衡山(湖南省)을 南嶽으로 고쳤으며, 明代에는 恒山(山西省)을 北嶽으로 하였음. 《幼學瓊林》에 "東嶽泰山, 西嶽華山, 南嶽衡山, 北嶽恒山, 中嶽嵩山, 此爲天下之五嶽"이라 함. 한편 《說苑》 辨物篇에는 "五嶽者, 何謂也? 泰山, 東嶽也;

霍山, 南嶽也; 華山, 西嶽也; 常山, 北嶽也; 嵩高山, 中嶽也. 五嶽何以視三公? 能大布雲雨焉, 能大斂雲雨焉; 雲觸石而出, 膚寸而合, 不崇朝而雨天下, 施德博大, 故視三公也."라 함.

【詩】《詩經》 小雅 新南山의 구절. "信彼南山, 維禹甸之. 畇畇原隰, 曾孫田之. 我疆我理, 東南其畝. 上天同雲, 雨雪雰雰. 益之以霢霂, 旣優旣渥, 旣霑旣足, 生我百穀. 疆場翼翼, 黍稷彧彧. 曾孫之穡, 以爲酒食. 畀我尸賓, 壽考萬年. 中田有廬, 疆場有瓜. 是剝是菹, 獻之皇祖. 曾孫壽考, 受天之祜. 祭以淸酒, 從以騂牡, 享于祖考. 執其鸞刀, 以啓其毛, 取其血膋. 是烝是享, 苾苾芬芬, 祀事孔明. 先祖是皇. 報以介福, 萬壽無疆"이라 함. '信'은 '伸'과 같으며 '南山'은 終南山을 가리킴. '甸'은 治와 같음.

【益】伯益. 원래 舜의 신하로서 東夷部落의 領袖. 畜牧과 狩獵에 뛰어났으며 禹의 治水를 도와 공을 세움. 이에 따라 禹가 그에게 천하를 禪讓하였으나 禹의 아들 啓가 이를 거부하여 투쟁을 벌이다가 畀에게 죽임을 당하였다 함. 嬴氏이며 秦나라 시조가 됨.《山海經》을 저술한 것으로도 알려짐.

【夔】舜임금 때 음악을 담당하던 大臣.

【疏】조목별로 나누어 설명함.

【山海經】《漢書》藝文志에는 術數略 刑法類에 속해 있으며 禹와 伯益이 지었다고 전해지고 있으나 대체로 戰國시대 이루어졌으며 秦漢시대를 거치면서 增刪됨. 지금 18권이 있으며 山川, 道路, 部族, 物産, 祭祀, 醫藥, 巫俗, 原始風物, 志怪, 異物 등을 기록하여 神話 연구의 중요한 자료로 널리 이용됨. 그러나 '百不一眞'이라 하여 한 가지도 사실이라 믿을 수 없는 내용이며, 이에 따라 巫書가 아닌가 함. 林東錫 譯註《山海經》을 참조할 것.《史記》大宛列傳에 "故言九州山川,《尙書》近之矣. 至《禹本紀》,《山海經》所有怪物, 余不敢言之也"라 함.

(참고 및 관련 자료)

1.《史記》夏本紀

當帝堯之時, 鴻水滔天, 浩浩懷山襄陵, 下民其憂. 堯求能治水者, 群臣四嶽皆曰鯀可. 堯曰:「鯀爲人負命毁族, 不可.」四嶽曰:「等之未有賢於鯀者, 願帝試之.」於是堯聽四嶽, 用鯀治水. 九年而水不息, 功用不成. 於是帝堯乃求人, 更得舜.

舜登用, 攝行天子之政, 巡狩. 行視鯀之治水無狀, 乃殛鯀於羽山以死. 天下皆
以舜之誅爲是. 於是舜舉鯀子禹, 而使續鯀之業. 堯崩, 帝舜問四嶽曰:「有能
成美堯之事者使居官?」皆曰:「伯禹爲司空, 可成美堯之功.」舜曰:「嗟, 然!」
命禹:「女平水土, 維是勉之.」禹拜稽首, 讓於契, 后稷, 皋陶. 舜曰:「女其往
視爾事矣.」禹爲人敏給克勤; 其德不違, 其仁可親, 其言可信; 聲爲律, 身爲度,
稱以出; 亹亹穆穆, 爲綱爲紀. 禹乃遂與益, 后稷奉帝命, 命諸侯百姓興人徒以
傅土, 行山表木, 定高山大川. 禹傷先人父鯀功之不成受誅, 乃勞身焦思, 居外
十三年, 過家門不敢入. 薄衣食, 致孝于鬼神. 卑宮室, 致費於溝淢. 陸行乘車,
水行乘船, 泥行乘橇, 山行乘樏. 左準繩, 右規矩, 載四時, 以開九州, 通九道,
陂九澤, 度九山. 令益予衆庶稻, 可種卑溼. 命后稷予衆庶難得之食. 食少, 調有
餘相給, 以均諸侯. 禹乃行相地宜所有以貢, 及山川之便利. 禹行自冀州始. 冀州:
旣載壺口, 治梁及岐. 旣脩太原, 至于嶽陽. 覃懷致功, 至於衡漳. 其土白壤. 賦上
上錯, 田中中, 常, 衛旣從, 大陸旣爲. 鳥夷皮服. 夾右碣石, 入于海. 濟, 河維沇州:
九河旣道, 雷夏旣澤, 雍, 沮會同, 桑土旣蠶, 於是民得下丘居土. 其土黑墳, 草繇
木條. 田中下, 賦貞, 作十有三年乃同. 其貢漆絲, 其篚織文. 浮於濟, 漯, 通於河.
海岱維青州: 堣夷旣略, 濰, 淄其道. 其土白墳, 海濱廣潟, 厥田斥鹵. 田上下,
賦中上. 厥貢鹽絺, 海物維錯, 岱畎絲, 枲, 鉛, 松, 怪石, 萊夷爲牧, 其篚檿絲.
浮於汶, 通於濟. 海岱及淮維徐州: 淮, 沂其治, 蒙, 羽其藝. 大野旣都, 東原厎平.
其土赤埴墳, 草木漸包. 其田上中, 賦中中. 貢維土五色, 羽畎夏狄, 嶧陽孤桐,
泗濱浮磬, 淮夷蠙珠臮魚, 其篚玄纖縞. 浮于淮, 泗, 通于河. 淮海維揚州: 彭蠡
旣都, 陽鳥所居. 三江旣入, 震澤致定. 竹箭旣布. 其草惟夭, 其木惟喬, 其土塗泥.
田下下, 賦下上上雜. 貢金三品, 瑤, 琨, 竹箭, 齒, 革, 羽, 旄, 島夷卉服, 其篚
織貝, 其包橘, 柚錫貢. 均江海, 通淮, 泗. 荊及衡陽維荊州: 江, 漢朝宗于海.
九江甚中, 沱, 涔已道, 雲土, 夢爲治. 其土塗泥. 田下中, 賦上下. 貢羽, 旄, 齒,
革, 金三品, 杶, 榦, 栝, 柏, 礪, 砥, 砮, 丹, 維箘簬, 楛, 三國致貢其名, 包匭菁茅,
其篚玄纁璣組, 九江入賜大龜. 浮于江, 沱, 涔, (于)漢, 踰于雒, 至于南河. 荊河
惟豫州: 伊, 雒, 瀍, 澗旣入于河, 滎播旣都, 道荷澤, 被明都. 其土壤, 下土墳壚.
田中上, 賦雜上中. 貢漆, 絲, 絺, 紵, 其篚纖絮, 錫貢磬錯. 浮於雒, 達於河. 華陽
黑水惟梁州: 汶, 嶓旣藝, 沱, 涔旣道, 蔡, 蒙旅平, 和夷厎績. 其土青驪. 田下上,
賦下中三錯. 貢璆, 鐵, 銀, 鏤, 砮, 磬, 熊, 羆, 狐, 貍, 織皮. 西傾因桓是來,
浮于潛, 踰于沔, 入于渭, 亂于河. 黑水西河惟雍州: 弱水旣西, 涇屬渭汭. 漆,
沮旣從, 灃水所同. 荊, 岐已旅, 終南, 敦物至于鳥鼠. 原隰厎績, 至于都野. 三危

既度, 三苗大序. 其土黃壤. 田上上, 賦中下. 貢璆, 琳, 琅玕. 浮于積石, 至于龍門西河, 會于渭汭. 織皮昆侖, 析支, 渠搜, 西戎卽序. 道九山: 汧及岐至于荊山, 踰于河; 壺口, 雷首至于太嶽; 砥柱, 析城至于王屋; 太行, 常山至于碣石, 入于海; 西傾, 朱圉, 鳥鼠至于太華; 熊耳, 外方, 桐柏至于負尾; 道嶓冢, 至于荊山; 內方至于大別; 汶山之陽至衡山, 過九江, 至于敷淺原. 道九川: 弱水至於合黎, 餘波入于流沙. 道黑水, 至于三危, 入于南海. 道河積石, 至于龍門, 南至華陰, 東至砥柱, 又東至于盟津, 東過雒汭, 至于大邳, 北過降水, 至于大陸, 北播爲九河, 同爲逆河, 入于海. 嶓冢道瀁, 東流爲漢, 又東爲蒼浪之水, 過三澨, 入于大別, 南入于江, 東匯澤爲彭蠡, 東爲北江, 入于海. 汶山道江, 東別爲沱, 又東至于醴, 過九江, 至于東陵, 東迤北會于匯, 東爲中江, 入于梅. 道沇水, 東爲濟, 入于河, 泆爲滎, 東出陶丘北, 又東至于荷, 又東北會于汶, 又東北入于海. 道淮自桐柏, 東會于泗, 沂, 東入于海. 道渭自鳥鼠同穴, 東會于灃, 又東北至于涇, 東過漆, 沮, 入于河. 道雒自熊耳, 東北會于澗, 瀍, 又東會于伊, 東北入于河. 於是九州攸同, 四奧旣居, 九山栞旅, 九川滌原, 九澤旣陂, 四海會同. 六府甚脩, 衆土交正, 致愼財賦, 咸則三壤成賦. 中國賜土姓:「祇台德先, 不距朕行」

2.《孟子》滕文公(上)

當堯之時, 天下猶未平, 洪水橫流, 氾濫於天下; 草木暢茂, 禽獸繁殖; 五穀不登, 禽獸偪人; 獸蹄鳥跡之道, 交於中國. 堯獨憂之, 舉舜而敷治焉. 舜使益掌火, 益烈山澤而焚之, 禽獸逃匿. 禹疏九河, 瀹濟漯, 而注諸海; 決汝漢, 排淮泗, 而注之江. 然後中國可得而食也. 當是時也, 禹八年於外, 三過其門而不入, 雖欲耕, 得乎?

3.《山海經》劉歆〈山海經表〉

《山海經》者, 出於唐虞之際. 昔洪水洋溢, 漫衍中國, 民人失據, 崎嶇於丘陵, 巢於樹木. 鯀起無功, 而帝堯使禹繼之. 禹乘四載, 隨山栞木, 定高山大川. 蓋與伯翳主驅禽獸, 命山川, 類草木, 別水土. 四嶽佐之, 以周四方, 逮人跡之所希至, 及舟輿之所罕到. 內別五方之山, 外分八方之海, 紀其珍寶奇物, 異方之所生, 水土草木禽獸昆蟲麟鳳之所止, 禎祥之所隱, 及四海之外, 絕域之國, 殊類之人. 禹別九州, 任土作貢, 而益等類物善惡, 著《山海經》. 皆賢聖之遺事, 古文之著明者也.

4.《博物志》(1)

余視《山海經》及《禹貢》·《爾雅》·《說文》·地志, 雖曰悉備, 各有所不載者,作略說. 出所不見, 粗言遠方, 陳山川位象, 吉凶有徵. 諸國境界, 犬牙相入. 春秋之後, 幷相侵伐. 其土地不可具詳, 其山川地澤, 略而言之, 正國十二. 博物之士, 覽而鑒焉.

5.《藝文類聚》(11)

禹案黃帝中經, 見聖人所記曰:「在九疑山東南天柱, 號曰宛委. 承以文玉, 覆以盤石, 其書金簡, 青玉爲字, 編以白銀, 皆璱其文.」禹乃東巡, 登衡山求之, 赤繡文衣男子, 自稱玄夷倉水使者, 來候禹, 令齋三月. 更求之, 禹乃三日齋, 登宛委山, 取得書, 得通水之理. 遂周行天下, 使益疏記之, 名《山海經》也.

6.《太平御覽》(39)

禹傷父功不成, 登衡山, 血白馬以祭之, 忽然而臥夢, 赤繡文衣男子, 稱玄夷蒼水使者, 謂禹曰:「欲得我山書者, 齋於黃帝之嶽.」禹乃退齋三日, 登宛委, 發石, 得金簡玉字之書, 得治水之要也.

7.《太平御覽》(51)

禹案《黃帝中經》, 見聖人所記, 曰:「在乎九疑上, 東南號曰宛委, 承以文玉覆以盤石, 其書金簡玉字.」禹乃退齋三日, 發石取書.

8. 기타 참고 자료

《北堂書鈔》(160),《事類賦注》(7),《初學記》(5)

108(6-4)
도산가陶山歌

우禹는 서른이 되도록 장가를 들지 못한 채 도산塗山에 이르러 나이가 저물었으니 혼인의 제도制度를 놓칠까 걱정하여 이에 이렇게 사양하였다.

"내가 장가들 때에는 틀림없이 어떤 응험이 있을 것이다."

이에 흰 구미호九尾狐가 우에게 다가오자 우가 말하였다.

"흰 것은 나의 옷, 아홉 개 꼬리는 왕의 징조로다. 〈도산가塗山歌〉에

'홀로 정신없이 떠도는 흰 여우여
구미호의 꼬리 크고 크도다.
편안하고 즐거운 우리 집 꾸미면
오신 손님들 왕으로 여기시리.
집안을 이루고 가정을 이루어
내 떠나지만 자손은 창성하리.
하늘과 사람 사이에
이러한 법칙 따라 순종하리라.'

라고 하였는데 틀림없구나!"

우는 이에 도산의 여자에게 장가를 들었는데 그 여자의 이름은 여교女嬌라 하였으며 신일辛日, 임일壬日, 계일癸日, 갑일甲日에만 함께 하였다.

우가 떠나고 열 달 뒤 여교는 아들 계啓를 낳았다.

계는 태어나면서 아버지의 얼굴을 보지 못하여 밤낮으로 고고呱呱하고
울었다.

　禹三十未娶, 行到塗山, 恐時之暮, 失其度制, 乃辭云:
「吾娶也, 必有應矣.」
　乃有白孤九尾造於禹, 禹曰:「白者, 吾之服也. 其九尾者,
王之證也. 塗山之歌曰:

『綏綏白孤, 九尾厐厐.
　我家嘉夷, 來賓爲王.
　成家成室, 我造彼昌.
　天人之際, 於茲則行.』

明矣哉!」
禹因娶塗山女, 謂之女嬌, 取辛, 壬, 癸, 甲.
禹行, 十月, 女嬌生子啓.
啓生不見父, 晝夕呱呱啼泣.

【塗山】 지명. 지금의 安徽 懷遠縣 동남쪽, 혹은 지금의 重慶市 巴縣, 혹은 浙江
紹興 등 여러 설이 있음. 徐天祜는 “《會稽志》:「塗山在山陽縣西北四十五里.」
蘇鶚《演義》:「塗山有四: 一會稽, 二渝州巴南舊江州, 三濠州, 四當塗縣.」
按《左氏》昭公四年:「穆有塗山之會.」哀公七年傳:「禹合諸侯於塗山.」杜預解
幷云:「在壽春東北.」說者曰:「今濠州也.」柳宗元〈塗山銘序〉曰:「周穆遐追遺法,
復會於是山.」然則禹與穆王皆嘗會諸侯於塗山矣. 然非必皆壽春也. 若禹之所娶,

則未詳何地.《水經注》:「江州縣水北岸有塗山, 南有夏禹廟, 塗君祠. 廟銘存焉.」常據, 庾仲雍幷言禹娶於此.《越絶》等書乃云:「禹娶于會稽塗山.」應劭曰:「在永興北.」永興, 今蕭山縣也, 又與郡志所載不同. 蓋會稽實禹會侯計功之地, 非所娶之國, 下文兼載白狐九尾之異, 尤爲可疑」라 함.

【恐時之暮】나이가 저무는 때. 즉 결혼 적령기를 넘기게 되는 나이임을 걱정함.

【制度】《禮記》內則에 "三十而有室"이라 하였고,《穀梁傳》文公 12년에 "丈夫三十而娶, 女子, 二十而嫁"라 하여 남자의 경우 서른이면 장가를 들어야 한다는 혼인 제도를 뜻함.

【吾娶也】《初學記》(29)에는 "吾之娶也"로 되어 있음.

【應】應驗. 先兆. 徵兆. 豫兆.

【白九尾狐】白은 夏나라가 숭상하던 색깔이며, 九尾狐는 꼬리가 아홉인 여우. 唐 이전에는 여우를 瑞獸로 보았으나 宋代 이후 이를 妖魅하여 사람을 홀리는 동물로 상징하였음.《封神榜》에는 紂 姐己를 구미호가 化身한 것이라 함. 여기서는 상서로운 동물로 본 것. 여기서는 塗山氏의 토템이 白狐였을 가능성이 있음.

【造】'만나다, 찾아가다, 마주치다'의 뜻.

【白】夏나라의 상징 색.

【九尾】홀수(奇數)는 陽을 상징하며 '九'는 가장 높은 數이므로 王을 상징함.

【塗山之歌】《太平御覽》(909)에는 '塗山人歌'로 되어 있음.

【綏綏】수컷이 짝을 찾아 헤매는 모습.《詩經》衛風 有狐에 "有狐綏綏, 在彼淇梁. 心之憂矣, 之子無裳. 有狐綏綏, 在彼淇厲. 心之憂矣, 之子無帶. 有狐綏綏, 在彼淇側. 心之憂矣, 之子無服"이라 함.

【厖厖】많고 무성한 모습.《太平御覽》에는 '龐龐'으로, 〈四部叢刊〉에는 '痝痝'으로 되어 있으나 〈四庫全書〉의 표기를 따름.

【嘉夷】즐겁고 화락함. '夷'는 '怡'와 같음.《詩》鄭風 風雨 "雲胡不夷"의 〈箋〉에 "夷, 說(悅)也"라 함. 그러나 '夷'를 '夷族', 즉 '外族'으로 보기도 함. 塗山氏의 女嬌는 越族이며 禹는 羌族으로 서로 다른 족속이 혼인을 맺음을 뜻함.

【來賓爲王】밖에서 온 빈객, 즉 신랑 禹가 王이 됨.

【成家成室, 我造彼昌】家室은 假定과 같음. 고대 남자는 아내를 室로, 여자는 남편을 家로 여겼음. 이 구절은《初學記》에는 "成子家室, 我都攸昌"으로,《태평어람》에는 "成子家室, 我都彼昌"으로 되어 있음. '造'는 '떠나다'의 뜻으로 治水의 임무를 위해 아내에게 오래 머물 수 없음을 말함.

【辛壬癸甲】辛日, 壬日, 癸日, 甲日 등 네 날짜. 徐天祜는 "《呂氏春秋》曰: 「禹娶
塗山氏女, 不以私害公, 自辛至甲四日, 復往治水.」"라 하였으나 지금의 《呂氏
春秋》에는 이러한 구절이 없음.

【女嬌】《史記》夏本紀 索隱에 《系本》을 인용하여 '女媧'로, 《漢書》古今人表
에는 '女趫'로 되어 있음.

【啓】禹의 아들. 禹는 夏나라를 세우고 원래 伯益에게 천하를 넘겨주려 하였
으나 啓를 따르는 이들이 啓를 옹립하여 군주에 오름. 이에 하나라 제2대
군주가 되었으며 그 뒤를 太康, 仲康, 相, 少康이 이어져 중국 최초의 世襲
王朝가 됨.

【呱呱】어린 아이의 울음을 표현하는 象聲語.

참고 및 관련 자료

1.《呂氏春秋》音初篇

禹行功, 見塗山之女, 禹未之遇而巡省南土. 塗山氏之女乃命其妾候禹于塗山之陽,
女乃作歌, 歌曰「候人兮猗」, 實始作爲南音. 周公及召公取風焉, 以爲〈周南〉,
〈召南〉.

2.《太平御覽》(909)

禹年三十未娶, 行塗山, 恐時暮失辭, 曰:「吾之娶也, 必有應已矣.」乃有白狐
九尾而造於禹, 禹曰:「白者, 吾服也; 九尾者, 王證也.」於是塗山人歌曰:「綏綏
白狐, 九尾龐龐, 成于家室, 我都彼昌.」禹乃娶塗山女.

3.《太平御覽》(571)

禹年三十未娶, 有行塗山, 恐時日暮:「吾娶必有應也.」乃有白狐九尾而造禹,
禹曰:「白者, 吾服也; 九尾, 其證也.」塗山人歌曰:「綏綏白狐, 九尾龐龐, 成家
成室, 我都彼昌.」禹因娶塗女.

4. 기타 참고 자료

《初學記》(29)

109(6-5)
우禹의 치수사업

　　우는 순시를 하며 태장太章에게는 동서의 거리를 재어보도록 하고, 수해堅亥에게는 남북의 길이를 재어보도록 하여 팔극八極을 통틀어 알 수 있게 되었고 천지의 수치를 두루 파악할 수 있게 되었다.

　　우가 강을 건너 강남의 물길을 살필 때에 황룡黃龍이 배를 떠받쳐 배 안에 타고 있던 사람들이 크게 두려워 놀라자 우는 아연啞然히 웃으며 이렇게 말하였다.

　　"나는 하늘로부터 명을 받아 온힘을 다하여 만민을 위해 힘쓰고 있다. 생生이란 천성이며, 죽음이란 천명이다. 너희들은 어찌 이렇게 두려워하는가?"

　　그러고는 얼굴색 하나 변하지 않으면서 배 안의 사람들에게 이렇게 말하였다.

　　"이는 하늘이 나에게 사용하도록 내려 준 것이란다."

　　용은 꼬리를 끌고 배를 놓아준 다음 가버렸다.

　　남쪽에 도착하여 창오蒼梧에서 업적을 평가할 때 오랏줄에 묶인 자를 보자 우는 그의 등을 두드려주며 울었다.

　　그러자 백익伯益이 말하였다.

　　"이 사람은 법을 어겨 스스로 이렇게 되는 것이 합당한데 무슨 까닭에 우는 것입니까?"

　　우가 대답하였다.

〈禹王治水圖〉

"천하에 도가 있으면 백성은 잡혀야 할 죄를 짓지 않는 것이며, 천하에 도가 없으면 착한 사람에게도 죄가 미치게 된다. 내 듣기로 '사나이 하나가 농사를 짓지 아니하면 누군가가 그 때문에 주림을 당하게 되고, 한 여자가 뽕을 따지 않아도 누군가가 그 때문에 추위에 떨게 된다'라 하였다. 나는 임금을 위해 물과 땅을 다스리는 것은 백성을 조절하여 편안히 살게 하고, 그들로 하여금 각기 있을 바를 얻도록 하기 위한 것이다. 그런데 지금 법에 걸려 이와 같은 자가 있다니! 이는 내 덕이 얇아 백성을 교화시키지 못하고 있다는 증거이다. 그 때문에 슬피 우는 것일 뿐이다."

禹行, 使大章步東西, 竪亥度南北, 暢八極之廣, 旋天地之數.

禹濟江南省水理, 黃龍負舟, 舟中人怖駭, 禹乃啞然而笑, 曰:「我受命於天, 竭力以勞萬民. 生, 性也; 死, 命也. 爾何爲者?」

顔色不變, 謂舟人曰:「此天所以爲我用.」

龍曳尾舍舟而去.

南到計於蒼梧, 而見縛人, 禹摭其背而哭.

益曰:「斯人犯法, 自合如此, 哭之何也?」

禹曰:「天下有道, 民不罹辜; 天下無道, 罪及善人. 吾聞:
『一男不耕, 有受其飢; 一女不桑, 有受其寒.』吾爲帝統
治水土, 調民安居, 使得其所. 今乃罹法如斯! 此吾德薄
不能化民證也. 故哭之悲耳.」

【大章, 竪亥】둘 모두 禹의 신하. '大'는 '太'와 같음. 徐天祜는 《淮南子》: 禹使
　　太章步自東極至於西垂, 竪亥步自南極盡於北垂.」許愼曰:「大章, 竪亥, 善行人,
　　皆禹臣"이라 함.

【步, 度】모두 '측량하다'의 뜻. 步는 걸음으로 거리나 길이를 재는 것, 度는
　　기구로 재는 것.

【八極】天地四方 먼 끝. 淮南子 地形訓에 "九州之大, 純方千里. 九州之外, 乃有
　　八殯, 亦方千里. 八殯之外, 而有八紘, 亦方千里, 八紘之外, 乃有八極"이라 하여
　　온 宇宙를 뜻함.

【旋】'한 바퀴 돌다'의 뜻으로 '전체, 두루두루'의 의미.

【啞然】웃는 모습이나 소리.

【性】하늘로부터 받은 본래의 稟性.《論語》陽貨篇에 "性相近也, 習相遠也"라고
　　하였고《荀子》正名篇에는 "生之所以然者謂之性"이라 함.

【計】計功의 줄인 말. 그 동안의 실적과 업적 등을 계산하여 평가함. 考覈함.

【蒼梧】일명 九嶷山(九疑山)이라고도 하며 지금의 湖南 寧遠縣. 徐天祜는 〈檀弓〉:
　　「舜葬于蒼梧之野.」《史記》:「舜死於蒼梧之野, 葬於九疑.」今九疑山, 在道州寧
　　遠縣南六十里, 亦名蒼梧山"이라 함.

【縛人】罪囚. 묶여 있는 사람.

【摭】어루만짐. 두드려줌.

【德薄】〈四部叢刊〉에는 '德'이 '得'으로 되어 있으나 〈馮念祖本〉에 의해 수정함.
 고대에는 '德'과 '得'을 함께 사용하였음.
【罹辜】'罹'는 '遭'와 같으며 '辜'는 '罪'와 같음.

참고 및 관련 자료

1. 《淮南子》地形訓

闔四海之內, 東西二萬八千里, 南北二萬六千里. 水道八千里, 通谷其, 名川
六百, 陸陘三千里. 禹乃使太章步自東極至於西極, 二億三萬三千五百里七十五步;
使豎亥步自北極, 至於南極, 二億二萬三千五百里七十五步. 凡鴻水淵藪, 自三百
仞以上, 二億三萬三千五百五十有九. 禹乃以息土, 塡洪水以爲名山. 掘崑崙虛以
下地, 中有增城九重, 其高萬一千里百一十四步二尺六寸, 上有木禾, 其修五尋.
珠樹, 玉樹, 琁樹, 不死樹在其西, 沙棠, 琅玕在其東, 絳樹在其南, 碧樹, 瑤樹
在其北. 旁有四面四十門, 門間四里, 里間九純, 純丈五尺. 旁有九井, 玉橫維
其西北之隅, 北門開以內不周之風. 傾宮, 旋室, 縣圃, 涼風, 樊桐在崑崙閶闔之中,
是其疏圃. 疏圃之池, 浸之黃水, 黃水三周復其原, 是謂丹水, 飮之不死.

110(6-6)
요堯임금의 칭찬

이에 천하를 두루 돌아다니면서 동쪽으로는 사람들의 발길이 끊어진 곳까지 가고 서쪽으로는 적석積石까지 갔고 남쪽으로는 赤岸적안은 넘고 북쪽으로는 한곡寒谷을 지나 곤륜산崑崙山을 돌아 육호六扈를 살펴보아 지리地理의 맥脉을 살피며 금석金石에 이를 새겼다.

유사流沙를 흘려 서쪽 귀퉁이에서 없어지게 하였고, 약수弱水를 터서 북한北漢으로 흘려보냈으며 청천淸泉과 적연赤淵을 나누어 동혈洞穴로 흘러들게 하여 장강長江을 동쪽으로 흐르도록 소통시켜 갈석碣石에 이르도록 하였으며, 구하九河을 소통시켜 혼연溷淵으로 흐르게 하였고, 오수五水를 개통하여 동북으로 흐르게 하였으며, 용문龍門을 뚫고 이궐伊闕을 파내어 땅을 평평하게 하며 흙을 살피고, 땅을 관찰하여 주州로 나누고 서로 다른 지방마다 공물을 바치게 하였으며 백성들로 하여금 험난한 곳을 버리고 중국中國으로 모여들도록 하였다.

그러자 요堯임금이 말하였다.

"옳도다! 진실로 중토中土는 이렇게 되어야 하느니라!"

이에 우에게 백우伯禹라는 호를 내리고 사공司空의 관직을 내리며 사씨姒氏의 성을 하사하고 주백州伯을 통솔하여 12부部를 순시하도록 하였다.

於是, 周行寓內, 東造絶跡, 西延積石, 南踰赤岸, 北過寒谷, 徊崑崙, 察六扈, 脉地理, 名金石.

寫流沙於西隅, 決弱水於北漢; 青泉, 赤淵, 分入洞穴, 通江東流, 至於碣石, 疏九河於涽淵, 開五水於東北; 鑿龍門, 闢伊闕; 平易相土, 觀地分州; 殊方各進, 有所納貢; 民去崎嶇, 歸於中國.

堯曰:「兪! 以固冀於此!」

乃號禹曰伯禹, 官曰司空, 賜姓姒氏, 領統州伯, 以巡十二部.

【寓內】宇宙內. 온 天下. '寓'는 '宇'와 같음.《淮南子》齊俗訓에 "往古來今謂之宙, 四方上下謂之宇"라 함.《左傳》昭公 4년 "失其守宇"의 注에 "於國則四垂爲宇"라 함.

【絶迹】사람의 발길이 끊어진 곳. 바닷가.

【積石】산 이름. 지금의 靑海 남부 大雪山, 즉 大積石山이라고도 하며, 혹 지금의 甘肅 臨夏 동북 小積石山, 즉 古唐述山이라고도 함.

【赤岸】徐天祜 注에《水經注》(澗水)를 인용하여 "新安縣南白石山名廣陽山, 水曰 赤岸水"라 함. 赤岸水는 石子河, 澗水라고도 하며 洛水의 지류.《水經注》河水에 "大河又東逕赤岸北, 卽河夾岸也"라 하였으나 문의로 보아 赤岸은 물이 아니며 산이어야 함.《文選》(37) 曹植의〈求自試表〉 "臣昔從先武皇帝, 南極赤岸, 東臨滄海, 西望玉門, 北出玄塞"의 注에《徐州記》曰:「京江, 〈禹貢〉北江, 有大濤, 濤至乘北, 激赤岸, 尤更迅猛.」"이라 하였고, 같은《文選》(12) 郭璞의〈江賦〉 "鼓洪濤於赤岸"의 注에 "或曰: 赤岸在廣陵輿縣"이라 하였으며,《輿地紀勝》에는 "其山巖與江岸數里, 土色皆赤"이라 하여 赤岸山이어야 함.

【寒谷】黍谷山, 燕谷山이라고도 하며 지금의 河北 密雲縣이라 함. 徐天祜의 注에는 "劉向《別錄》: 燕有黍谷, 地美而寒, 不生五穀, 鄒子居之, 吹律而溫氣至"라 함.

【崑崙】지금의 新疆과 西藏 사이에 있으며 黃河와 長江의 發源地. 카라코룸의 중국식 표기라고도 함.

【六扈】물 이름. 徐乃昌은 '六'은 '玄'의 오류라 하였음. 陝西 洛南縣 남쪽에 있는

玄扈水를 가리킴. 玄扈水는 玄扈山에서 발원하여 陽虛山 아래에 이르러 洛水가
이 물과 합류하여 그곳을 洛汭로도 부름.《山海經》中次五經에 "又東十二里,
曰陽虛之山. 多金, 臨于玄扈之水"라 하였고, 中次四經에는 "又西三百五十里,
曰讙舉之山. 雒水出焉, 而東北流注于玄扈之水, 其中多馬腸之物. 此二山也,
洛閒也"라 하고 郭璞 注에《河圖》를 인용하여 "蒼頡爲帝, 南巡狩, 登陽虛之山,
臨于玄扈洛汭"라 함.

【名金石】'名'은 '銘'과 같음. 금석에 명문을 새김. 金은 鐘鼎 따위. 石은 돌, 비석.
공이나 업적을 金石에 새김. 湖南 衡山縣 密峰에 夏禹의 治水를 새긴 '岣嶁碑'가
있었으며 '禹碑'라 했다고도 함. 모두 77字이며 繆篆과 비슷하고, 符籙과도
비슷하였다 하며 지금은 사라지고 없으나 成都와 紹興 등지에 摹刻이 남아
있는데 이는 위조된 것임.

【寫】'瀉'와 같음. 管子 白心 "臥名利者寫生危"의 注에 "寫, 猶除也"라 함. 사라지게
함. 없어지게 함. 지금의 타림강은 사막에서 사라지며 바다로 흘러들지 못함.

【流沙】사막. 지금의 감숙과 신강위구르 일대의 사막지대를 가리킴. 徐天祜는
《地理志》:「流沙在居延西北.」 杜佑曰:「在沙州西八十里, 其沙隨風流行, 故曰
流沙.」라 함.

【弱水】지금의 甘肅 張掖河. 黑河라고도 부르며 祁連山 아래서 發源하여 居延海로
흘러들어감.《尚書》禹貢에 "導弱水至于合黎, 餘波入於流沙"라 함. 徐天祜 注에
《地理志》:「弱水在張掖郡刪丹縣.」 柳宗元曰:「水散渙無力, 不能負芥, 投之則
委靡墊沒, 及底而後止, 故曰弱.」"이라 함.

【北漢】'漢'은 '漠'이 아닌가 함. 북쪽 사막이라는 뜻.

【青泉】古代 물 이름. 지금의 江蘇 南京市 鍾山 서남쪽에서 발원하여 秦淮河로
흘러드는 물로 지금은 없어짐.

【赤淵】古代 호수 이름. 지금의 江蘇 句容縣 서남쪽에 있었으며 위로는 九源,
아래로는 秦淮河와 연결되었으나 지금은 이미 말라 없어짐.

【洞穴】물이 굴 속으로 들어가 지하로 흐르도록 함.

【碣石】山名. 지금의 河北 昌黎縣 서북쪽.《尚書》禹貢에 "夾右碣石入於河. ……
太行, 恆山, 至于碣石, 入于海"라 함.

【九河】古代 黃河가 孟津 북쪽에서 아홉 갈래로 흘러 九河라 하였음.《尚書》
禹貢에 "九河既道"라 하였으며 지금의 山東 德州市로부터 天津市 사이 일대의
扇狀地帶. 한편《爾雅》釋水에는 徒駭, 太史, 馬頰, 覆釜, 胡蘇, 簡, 絜, 鉤盤, 鬲津을
九河라 하였음.

【潴淵】 더러운 물구덩이.

【五水】《水經注》蘄水와《南史》夷貊傳(下)에 의하면 長江 北岸의 支流인 巴水, 蘄水, 希水(浠水), 西歸水(倒水), 赤亭水(擧水)를 들고 있음.

【龍門】 龍門山. 지금의 陝西 韓城縣과 山西 河津縣 사이. 지금 그곳에 禹門口가 있음. 그러나 문의로 보아 伊闕과 가까운 河南 洛陽市 남쪽이어야 龍門石窟과 연관된 물이어야 함.《尚書》禹貢에 "導河積石, 至於龍門"이라 함.《漢書》溝洫志에 "昔大禹治水, 山陵當路者毀之, 故鑿龍門, 闢伊闕"이라 함.

【伊闕】 지금의 河南 洛陽市 남쪽 五十里를 흐르는 물이며 협곡.《水經注》伊水에 "昔大禹疏以通水, 兩山相對, 望之若闕, 伊水歷其間北流, 故謂之伊闕矣"라 함.

【平易相土】 땅을 평평하게 하여 농지를 만들었으며 흙의 肥沃度를 9등급으로 나누어 부세를 정했음.《尚書》禹貢 참조. '易'는 '治'와 같음.《孟子》梁惠王(上) "深耕易耨"의 注에 "易, 治也. 耨, 耘也"라 함.

【分州】 천하를 九州로 나눔. 禹가 治水에 성공한 후 나라를 九州로 나누어 다스림.《千字文》에는 "九州禹跡"이라 함. 한편 九州는《尚書》禹貢에는 冀州, 兗州, 靑州, 徐州, 揚州, 荊州, 豫州, 雍州를 들고 있으나《爾雅》釋地에는 冀州, 豫州, 雝州, 荊州, 揚州, 幽州, 營州를 들고 있음. 그런가 하면《周禮》職方에는 揚州, 荊州, 豫州, 靑州, 兗州, 雍州, 幽州, 冀州를 들고 있음.

【崎嶇】 험해서 사람이 살기 어려운 곳.

【歸於中國】 中原의 평지로 모여들도록 함. 中國은 中原을 가리킴.

【冀】 中土, 中國을 가리킴. 冀州는 중국의 중심.《淮南子》地形訓에 "正中冀州, 曰中土"라 하였고,《孔子家語》正論解 "在此冀方"의 注에 "中國爲冀"라 함. 지금은 河北省을 '冀'로 약칭함. 그러나 혹 願, 望 등과 같은 뜻으로도 봄.

【司空】 六卿의 하나. 治水와 土木, 營建, 工程 등을 담당하는 장관.

【賜姓姒氏】 夏禹에게 姒氏 성을 하사함. 고대 '姓'과 '氏'는 구분되었으며 姓은 母系社會를 나타내는 지표이며 동시에 血緣을 뜻하는 것으로서 姬, 姒, 嬀, 姜, 嬴, 姚 등 '女'자가 함께 들어 있었음. 氏는 씨족 부락 집단으로 地緣을 나타내며 다른 부락과의 구분에 사용되었음. 戰國시대 이후 氏와 姓을 섞어 혼동하여 오늘에 이름.

【統州伯】 九州 諸侯를 統率하는 우두머리.

【十二部】 12개 부락. 혹 12州라고도 함. 앞에 든 九州에서 舜이 冀州에서 幽州와 幷州를 분리하고, 靑州에서 營州를 분화하여 모두 12州가 되었다 함.

1. 《尙書》 禹貢

禹敷土, 隨山刊木, 奠高山大川. 冀州, 旣載壺口. 治梁及岐, 旣修太原, 至于岳陽.
覃懷厎績, 至于衡漳. 厥土惟白壤, 厥賦惟上上錯. 厥田惟中中, 恒衛旣從, 大陸
旣作. 島夷皮服. 夾右碣石, 入于河. 濟河惟兗州. 九河旣道, 雷夏旣澤, 灉沮會同,
桑土旣蠶, 是降丘宅土. 厥土黑墳, 厥草惟繇, 厥木惟條. 厥田惟中下, 厥賦貞.
作十有三載, 乃同. 厥貢漆絲, 厥篚織文. 浮于濟漯, 達于河. 海岱惟靑州. 嵎夷
旣略, 濰淄其道. 厥土白墳, 海濱廣斥. 厥田惟上下, 厥賦中上. 厥貢鹽絺, 海物
惟錯. 岱畎絲枲, 鈆松怪石. 萊夷作牧, 厥篚檿絲. 浮于汶, 達于濟. 海岱及淮
惟徐州. 淮沂其乂. 蒙羽其藝. 大野旣豬, 東原厎平. 厥土赤埴墳, 草木漸包. 厥田
惟上中, 厥賦中中. 厥貢惟土五色. 羽畎夏翟, 嶧陽孤桐. 泗濱浮磬, 淮夷蠙珠
曁魚. 厥篚玄纖縞. 浮于淮泗, 達于河. 淮海惟揚州. 彭蠡旣豬. 陽鳥攸居. 三江
旣入, 震澤厎定, 篠簜旣敷, 厥草惟夭, 厥木惟喬, 厥土惟塗泥. 厥田惟下下, 厥賦
下上錯, 厥貢惟金三品. 瑤琨篠簜. 齒革羽毛惟木. 島夷卉服. 厥篚織貝. 厥包橘
柚錫貢. 沿于江海, 達于淮泗. 荊及衡陽惟荊州. 江漢朝宗于海. 九江孔殷. 沱潛
旣道. 雲土夢作乂. 厥土惟塗泥, 厥田惟下中, 厥賦上下. 厥貢羽毛齒革, 惟金三品.
杶榦栝柏. 礪砥砮丹. 惟箘簬楛, 三邦厎貢厥名. 包匭菁茅. 厥篚玄纁璣組. 九江
納錫大龜. 浮于江沱潛漢, 逾于洛, 至于南河. 荊河惟豫州. 伊洛瀍澗, 旣入于河.
滎波旣豬. 導菏澤, 被孟豬. 厥土惟壤, 下土墳壚. 厥田惟中上, 厥賦錯上中. 厥貢
漆枲絺紵, 厥篚纖纊. 錫貢磬錯. 浮于洛, 達于河. 華陽黑水惟梁州. 岷嶓旣藝.
沱潛旣道. 蔡蒙旅平. 和夷厎績. 厥土靑黎. 厥田惟下上, 厥賦下中三錯. 厥貢
璆鐵, 銀鏤砮磬. 熊羆狐狸織皮. 西傾因桓是來, 浮于潛, 逾于沔. 入于渭, 亂于河.
黑水西河惟雍州. 弱水旣西. 涇屬渭汭. 漆沮旣從. 灃水攸同. 荊岐旣旅. 終南
惇物, 至于鳥鼠. 原隰厎績, 至于豬野. 三危旣宅, 三苗丕敍. 厥土惟黃壤. 厥田
惟上上, 厥賦中下. 厥貢惟球琳琅玕. 浮于積石, 至于龍門西河. 會于渭汭. 織皮
崑崙, 析支渠搜, 西戎卽敍. 導岍及岐, 至于荊山, 逾于河. 壺口雷首, 至于太岳.
厎柱析城, 至于王屋. 大行恒山, 至于碣石, 入于海. 西傾朱圉鳥鼠. 至于太華.
熊耳外方桐柏, 至于陪尾. 導嶓冢, 至于荊山. 內方, 至于大別. 岷山之陽, 至于
衡山. 過九江, 至于敷淺原. 導弱水, 至于合黎. 餘波入于流沙. 導黑水, 至于三危,
入于南海. 導河積石, 至于龍門. 南至于華陰, 東至于厎柱, 又東至于孟津. 東過
洛汭, 至于大伾. 北過降水, 至于大陸. 又北播爲九河, 同爲逆河, 入于海. 嶓冢

導漾, 東流爲漢. 又東爲滄浪之水. 過三澨, 至于大別, 南入于江, 東匯澤爲彭蠡, 東爲北江, 入于海. 岷山導江, 東別爲沱. 又東至于澧. 過九江, 至于東陵. 東迤北, 會于匯. 東爲中江, 入于海. 導沇水, 東流爲濟. 入于河, 溢爲滎. 東出于陶丘北. 又東至于菏, 又東北會于汶, 又北東入于海. 導淮自桐柏. 東會于泗沂, 東入于海. 導渭自鳥鼠同穴. 東會于澧, 又東會于涇, 又東過漆沮, 入于河. 導洛自熊耳, 東北會于澗瀍, 又東會于伊, 又東北入于河. 九州攸同, 四隩旣宅. 九山刊旅, 九川滌源, 九澤旣陂. 四海會同. 六府孔修, 庶土交正, 厎愼財賦, 咸則三壤, 成賦中邦. 錫土姓. 祇台德先, 不距朕行. 五百里甸服. 百里賦納總. 二百里納銍. 三百里納秸服. 四百里粟, 五百里米. 五百里侯服. 百里采. 二百里男邦. 三百里諸侯. 五百里綏服. 三百里揆文教. 二百里奮武衞. 五百里要服. 三百里夷, 二百里蔡. 五百里荒服. 三百里蠻. 二百里流. 東漸于海, 西被于流沙, 朔南暨聲教, 訖于四海. 禹錫玄圭, 告厥成功.

111(6-7)
사도司徒에 올라

요堯임금이 죽자 우禹는 3년 동안 상복喪服을 입고 마치 부모님 상을 당한 듯이 여겨 낮에는 곡哭을 하고 밤에는 눈물을 흘리며 숨 쉬는 기가 말소리로 이어지지 못할 정도였다.

요가 순舜에게 자리를 선양하자 순은 대우大禹를 추천하여 그의 관직도 바꾸어 사도司徒로 삼고 안으로는 우씨(虞氏, 舜)를 보좌하고 밖으로는 구백九伯을 순시하며 다스리도록 하였다.

堯崩, 禹服三年之喪, 如喪考妣, 晝哭夜泣, 氣不屬聲.
堯禪位於舜, 舜薦大禹, 改官司徒, 內輔虞位, 外行九伯.

【堯崩】堯임금이 죽음. 천자의 죽음을 崩이라 함.
【三年喪】고대 임금, 부모, 남편의 상에 신하, 자녀, 아내가 치르는 상복기간.
【考妣】考는 돌아가신 아버지, 妣는 돌아가신 어머니. 여기서는 부모를 가리킴.
【氣不屬聲】哭을 하느라 숨소리를 뻗 때 말소리로 연결되지 못함.
【禪位】禪讓과 같음. 고대 천하를 公으로 여겨 살아 있을 때 추천을 받아 현능한 자에게 천하를 물려주는 것. 이 시대를 公天下의 禪讓時代라 하며, 그 뒤 禹로 부터는 천하를 家로 여겨 嫡子에게 물려주는 家天下의 世襲時代(王朝)가 됨.

【司徒】古代 敎化를 담당하던 관직 이름. 舜임금이 天子가 되기 전 司徒의
　職任을 받았었음.
【虞】虞舜, 有虞氏, 姚姓. 즉 舜임금을 가리킴. 有虞氏 부락은 蒲坂(지금의 山西
　永濟縣 서쪽 蒲州鎭)에 살았었음.
【九伯】구주의 우두머리.

112(6-8)
순舜임금의 뒤를 이어

순舜임금은 죽으면서 우禹에게 자리를 선양할 것을 명하였다.

우는 3년 동안 상복을 입어 몸은 여위어 바짝 마르고, 얼굴과 눈빛은 검고 검었다.

우는 자리를 상균商均에게 양보하고 물러나 양산陽山 남쪽 그늘진 북쪽 언덕에 살았다.

그러자 백성들은 상균을 따르지 않고 우가 살고 있는 곳으로 달려왔는데 그 모습이 마치 새들이 놀라 하늘로 날아오르듯, 놀란 물고기가 떼를 지어 연못으로 뛰어들 듯하면서 낮에는 노래를 부르고 밤이면 읊조리며 높은 곳에 올라 이렇게 소리치는 것이었다.

"우께서 우리를 버리시면 우리는 누구를 추대해야 합니까!"

우는 3년의 복상을 마치고 백성들을 불쌍히 여겨 부득이 천자의 자리에 올랐다.

舜崩, 禪位命禹.

禹服喪三年, 形體枯槁, 面目黎黑.

讓位商均, 退處陽山之南, 陰阿之北.

萬民不附商均, 追就禹之所, 狀若驚鳥揚天, 駭魚入淵;

畫歌夜吟, 登高號呼, 曰:「禹棄我, 如何所戴!」
禹三年服畢, 哀民不得已, 卽天子之位.

【枯槁】憔悴와 같음. 흔히 주리거나 고생을 하여
　　몸이 마르는 상태.
【黎黑】얼굴색이 검게 변함. '黎'는 '黧'와 같음.
【商均】舜임금의 아들.〈四部叢刊〉에는 적균(商均)
　　으로 되어 있으나 '商'은 '商'의 오기.《國語》楚語
　　注에 "均, 舜子, 封於商"이라 하였고,《史記》
　　五帝本紀에는 "舜子商均亦不肖, 舜乃豫薦禹于天"
　　이라 함.
【陽山之南】陽山은 陽城山. 지금의 河南 登封縣
　　동남 告成鎭《史記》夏本紀에는 "禹辭辟舜之子
　　商均於陽城"이라 하였고,〈集解〉에 "劉熙曰: 今頴
　　川陽城是也"라 함.
【陰阿】그늘진 산기슭. 陰은 산의 북쪽. 지금의 河南
　　嵩縣에서 禹縣 사이의 산지.

〈大禹像〉山東 嘉祥縣 武梁祠
（東漢 畫像石）

참고 및 관련 자료

1.《史記》夏本紀

帝舜薦禹於天, 爲嗣. 十七年而帝舜崩. 三年喪畢, 禹辭辟舜之子商均於陽城.
天下諸侯皆去商均而朝禹. 禹於是遂卽天子位, 南面朝天下, 國號曰夏后, 姓姒氏.

2.《太平御覽》(82)

禹服喪三年, 朝夕號泣, 形體枯槁.

113(6-9)
모임에 늦은 방풍씨防風氏

3년마다 공적功績을 살피고 5년마다 정책을 결정하였다.

이에 천하를 두루 순행하여 대월大越로 돌아와 모산茅山에 올라 사방의 신하들의 조회를 받고 중주中州 제후들을 불러 자신의 정치를 보여줄 참이었다.

그런데 방풍씨防風氏가 늦게 도착하자 이를 참수하여 무리에게 보여 천하가 모두 우禹에게 복종하고 있음을 보여주었다.

이에 치국의 도리를 모여 계책을 짜면서 안으로는 부산釜山에서 신이 자신에게 신서神書를 보여주어 주州를 안정시킨 공을 찬미하고, 밖으로는 성덕聖德이 천심天心에 응하여 널리 퍼지도록 하기 위하여 모산의 이름을 바꾸어 회계산會稽山이라 하였다.

전수받은 대로 나라가 안정되자 백성을 쉬도록 하고 나라 이름을 하후夏后라 하였다.

공을 세운 이들은 봉지를 주고 덕이 있는 자에게는 작위를 주되 악행은 아무리 미세하다 해도 주벌하지 않음이 없었고, 공은 아무리 작은 것이라 해도 상을 주지 않음이 없었다.

그러자 천하는 그의 덕을 칭송하는 소리로 가득하여 마치 어린 아이가 어머니를 그리워하듯, 어린 자식이 아버지에게로 돌아가듯 모두가 월에 머물렀다.

그러자 신하들이 자신을 따르지 않을까 걱정하여 이렇게 말하였다.

"내 듣기로 '그 열매를 먹는 자는 그 가지를 꺾지 아니하며, 물을 마시는 자는 그 물을 더럽히지 않는다' 하였다. 나는 복부산覆釜山의 신서神書를 얻어 천하의 재앙을 제거할 수 있었으며 백성들로 하여금 그 마을로 돌아가도록 해 주었으니 그 덕이 빛나기가 이와 같도다. 어찌 가히 잊을 수 있겠는가?"

이에 남의 말과 간언을 귀담아 듣고 받아주며 백성들로 하여금 가정을 이루어 편히 살 수 있도록 해 주었으니 산에서는 나무를 베어 읍을 건설하고 그림을 그려 믿음의 표지로 삼아 그 나무를 옆으로 세워 문을 만들었다.

그리고 저울대를 조절하고 말과 곡斛을 공평하게 하며 정井을 만들어 백성들에게 보여주어 이를 표준 법도로 삼았다.

그러자 봉황鳳凰이 나무에 모여들어 자리를 잡고, 난조鸞鳥가 그 곁에 둥지를 틀었으며 기린麒麟이 궁정 뜰을 걷고, 온갖 새들이 못에 날아들어 농사를 돕는 것이었다.

三載考功, 五年政定.

周行天下, 歸還大越, 登茅山, 以朝四方群臣, 觀示中州諸侯.

防風後至, 斬以示衆, 示天下悉屬禹也.

乃大會計治國之道, 內美釜山州愼之功, 外演聖德以應天心, 遂更名茅山曰會稽之山.

因傳國定, 休養萬民, 國號曰夏后.

封有功, 爵有德; 惡無細而不誅, 功無微而不賞.

天下喁喁, 若兒思母, 子歸父而留越.

恐群臣不從, 言曰:「吾聞:『食其實者, 不傷其枝; 飮其水者, 不濁其流.』吾獲覆釜之書, 得以除天下之災, 令民歸於里閭, 其德彰彰若斯, 豈可忘乎?」

乃納言聽諫, 安民治室居, 靡山伐木爲邑, 畫作印, 橫木爲門.

調權衡, 平斗斛, 造井示民, 以爲法度.

鳳凰棲於樹, 鸞鳥巢於側, 麒麟步於庭, 百鳥佃於澤.

【三載考功】3년마다 實績을 考覈함.《書經》舜典에 "三載考績, 三考, 黜陟幽明, 庶績咸熙, 分北三苗"라 하였고 〈傳〉에 "三年有成, 故以考功"이라 함.

【大越】지금의 浙江 紹興 지역의 옛 이름.《史記》越王句踐世家 〈正義〉에 "還歸大越"이라 함.

【茅山】會稽山의 다른 이름. 苗山. 徐天祜 注에 "《史記》注:「禹到大越上苗山.」 《十道志》:「會稽山, 本名茅山, 一名苗山.」"이라 함.

【中州】고대 豫州(지금의 河南省)을 九州의 중앙이라 하여 '中州'라 불렀음. 여기서는 中原 일대를 가리킴.

【防風】防風氏. 고대 부락의 이름.《國語》魯語(下)에 "昔禹致群神於會稽之山, 防風氏後至, 禹殺而戮之, 其骨節專車"라 하여 골격이 특이하게 컸던 민족. 注에 "防風, 汪芒氏之君名也. 汪芒, 長狄之國名也. 封, 封山. 嵎, 嵎山. 今在吳郡永安縣也. 周世其國北遷, 爲長狄也"라 함. 防風氏는 漆姓이며 지금의 浙江 德淸縣 서쪽 武康 일대였다 함.

【會計】정기적으로 모여 功課와 財政을 계산함.《周禮》天官 小宰 "聽出入以要會"의 注에 "月計曰要, 歲計爲會"라 함. 그러나 여기서의 '會'는 '모이다'의 뜻임. 史記 夏本紀에 "或言禹會諸侯江南, 計功而崩, 因葬焉"이라 함.

【釜山州愼之功】'愼'은 '鎭'의 오기. 徐天祜 注에 "愼, 當作鎭"이라 함. 그러나 〈萬曆本〉에는 '中愼'으로 되어 있어 '신중히 근신함'을 뜻함. 즉 당시 재계를 신중히 했던 일을 가리킴. 釜山은 覆釜山(覆鬴山). 神書를 얻어 치수의 이치를 터득하게 되었던 곳.《輿地志》에 "會稽山有石, 狀如覆鬴, 謂之覆鬴山, 一名釜山"이라 함.

【會稽】'모여서 계책을 세우다'의 뜻.《史記》夏本紀에 "會稽者, 會計也"라 함.

【夏后】《史記》五帝本紀에 "自黃帝至舜, 禹, 皆同姓而異其國號, 以章明德. 故黃帝爲有熊, 帝顓頊爲高陽, 帝嚳爲高辛, 帝堯爲陶唐, 帝舜爲有虞. 帝禹爲 夏后而別氏, 姓姒氏. 契爲商, 姓子氏. 棄爲周, 姓姬氏"라 하였고, 〈夏本紀〉에는 "帝舜薦禹於天, 爲嗣. 十七年而帝舜崩. 三年喪畢, 禹辭辟舜之子商均於陽城. 天下諸侯皆去商均而朝禹. 禹於是遂卽天子位, 南面朝天下, 國號曰夏后, 姓姒氏" 라 함.

【飮其水者】〈四部叢刊〉에는 "飮其氷者"로 되어 있음.

【覆釜之書】覆釜山(覆䰨山), 즉 釜山. 天柱山. 金簡靑玉의 神書를 얻었던 곳. 107을 참조할 것.

【里閭】사람이 사는 마을 단위. 고대 "五家爲鄰, 五鄰爲里, 二十五家爲閭"라 하여 家口와 戶數에 따라 단위를 정하여 불렀음.

【靡山】'靡'는 隨와 같음. 산을 따라 그 지역의 목재를 벌목하여 사용함.《漢書》 楚元王傳 集註에 晉灼의 말을 인용하여 "靡, 隨也"라 함.

【室居】집을 마련하여 가정을 형성함.

【邑】國都.《左傳》莊公 28年에 "凡邑, 有宗廟先君之主曰都, 無曰邑"이라 함.

【畫作印, 橫木爲門】나무에 그림을 그려 印證으로 삼아 이를 가로로 세워 문으로 만듦. 신분제도를 만든 것으로 보임.

【權衡】權은 저울대. 衡은 저울이 평형을 이루도록 함. 무게의 단위를 표준화 하였음을 말함.

【斗斛】斗는 말. 10升. 斛은 十斗. 들이의 度量衡을 통일하였음을 말함.

【造井】8家를 一井으로 하는 기초 행정단위를 제정하여 賦稅의 기준을 삼은 것.《說文》에 "井, 八家一井. 古者伯益初作井"이라 함. 그러나 '井'은 '刑'과 같은 뜻으로 刑法을 제정한 것이 아닌가 함.《一切經音義》(20)에《易說》을 인용하여 "井, 爲刑法也"라 함.

【鳳凰, 鸞鳥】모두 고대 상상의 神鳥, 瑞鳥로써 太平聖代에 나타난다고 믿었음. 《說文》에 "鸞, 亦神靈之精也. 亦色五彩鷄形, 鳴中五音"이라 함.

【麒麟】역시 태평성대에 나타나는 瑞獸.《史記》司馬相如列傳〈索隱〉에 "雄曰麒, 雌曰麟, 其狀麋身, 牛尾, 狼蹄, 一角"이라 함.

【佃於澤】새들이 못에서 먹이 사냥을 함. 그러나 佃은 耕田으로 보아 당시 새들이 모여들어 백성들의 농사일을 도운 것을 말하는 것이라고 함.《二十四孝》에 "虞舜, 瞽瞍之子, 性至孝, 父頑母嚚, 弟象傲. 舜耕於歷山, 有象爲之耕, 有鳥爲之耘, 其孝感如此. 帝堯聞之, 事以九男, 妻以二女. 遂以天下讓焉"이라 하였으나

이는 전설에 불과하며, 王充의 《論衡》偶會篇에도 "鴻鵠集於會稽, 去避碣石之寒, 來遭民田之畢, 蹈履民田, 啄食草糧. 糧盡食索, 春雨適作, 避熱北去, 復之碣石. 象耕靈陵, 亦如此焉. 傳曰:「舜葬蒼梧, 象爲之耕. 禹葬會稽, 鳥爲之佃.」失事之實, 虛妄之言也"라 함.

참고 및 관련 자료

1. 《國語》魯語(下)

吳伐越, 墮會稽, 獲骨焉, 節專車. 吳子使來好聘, 且問之仲尼, 曰:「無以吾命.」賓發幣於大夫, 及仲尼, 仲尼爵之. 旣徹俎而宴, 客執骨而問曰:「敢問骨何爲大?」仲尼曰:「丘聞之: 昔禹致羣神於會稽之山, 防風氏後至, 禹殺而戮之, 其骨節專車. 此爲大矣」客曰:「敢問誰守爲神?」仲尼曰:「山川之靈, 足以紀綱天下者, 其守爲神; 社稷之守者, 爲公侯. 皆屬於王者」客曰:「防風何守也?」仲尼曰:「汪芒氏之君也, 守封, 嵎之山者也, 爲漆姓. 在虞, 夏, 商爲汪芒氏, 於周爲長狄, 今爲大人.」客曰:「人長之極幾何?」仲尼曰:「僬僥氏長三尺, 短之至也. 長者不過十之, 數之極也.」

2. 《越絶書》(8)

昔者, 越之先君無餘, 乃禹之世, 別封於越, 以守禹冢. 問:「天地之道, 萬物之紀, 莫失其本. 神農嘗百草, 水土甘苦, 黃帝造衣裳, 后稷產稑, 制器械. 人事備矣. 疇糞桑麻, 播種五穀, 必以手足, 大越海濱之民, 獨以鳥田, 小大有差, 進退有行, 莫將自使, 其故何也?」曰:「禹始也, 憂民救水, 到大越, 相茅山, 大會計, 爵有德, 峰有功, 更名茅山曰會稽. 及其王也, 巡狩大越, 見耆老, 納詩書, 審銓衡, 平斗斛.

3. 《說苑》辨物篇

吳伐越, 墮會稽, 得骨專車, 使使問孔子曰:「骨何者, 最大?」孔子曰:「禹致群臣會稽山, 防風氏後至, 禹殺而戮之, 其骨節專車, 此爲大矣」使者曰:「誰爲神?」孔子曰:「山川之靈, 足以紀綱天下者, 其守爲神. 社稷爲公侯, 山川之祀爲諸侯, 皆屬於王者」曰:「防風氏何守?」孔子曰:「汪芒氏之君守封嵎之山者也, 其神爲釐姓, 在虞夏爲防風氏, 商爲汪芒氏, 於周爲長狄氏, 今謂之大人.」使者曰:「人長幾何?」孔子曰:「僬僥氏三尺, 短之至也; 長者不過十, 數之極也.」使者曰:「善哉! 聖人也.」

4.《孔子家語》辨物篇

吳伐越, 堕會稽, 獲巨骨一節. 專車焉. 吳子使來聘於魯. 且問之孔子, 命使者曰:
「無以吾命也.」賓既將事, 乃發幣於大夫, 及孔子, 孔子爵之. 既徹俎而燕, 客執
骨而問曰:「敢問骨何如爲大?」孔子曰:「丘聞之, 昔禹致群臣於會稽之山, 防風
氏後至, 禹殺而戮之, 其骨專車焉. 此爲大矣.」客曰:「敢問誰守爲神?」孔子曰:
「山川之靈, 足以紀綱天下者, 其守爲神 諸侯社稷之守爲公侯, 山川之祀者爲
諸侯, 皆屬於王.」客曰:「防風氏何守?」孔子曰:「汪芒氏之君, 守封 嵎者也,
爲漆姓. 在虞夏爲防風氏, 商爲汪芒氏, 於周爲長翟氏, 今曰: 大人」客曰:「人長
之極幾何?」孔子曰:「焦僥氏長三尺, 短之至也, 長者不過十, 數之極也.」

5.《史記》孔子世家

吳伐越, 堕會稽, 得骨節專車. 吳使使問仲尼:「骨何者最大?」仲尼曰:「禹致群
神於會稽山, 防風氏後至, 禹殺而戮之, 其節專車, 此爲大矣.」吳客曰:「誰爲神?」
仲尼曰:「山川之神足以綱紀天下, 其守爲神, 社稷爲公侯, 皆屬於王者.」客曰:
「防風何守?」仲尼曰:「汪罔氏之君守封禺之山, 爲釐姓. 在虞夏商爲汪罔, 於周
爲長翟, 今謂之大人.」客曰:「人長幾何?」仲尼曰:「焦僥氏長三尺, 短之至也.
長者不過十之, 數之極也.」於是吳客曰:「善哉聖人!」

6.《博物志》(2)

禹致群臣於會稽, 防風氏後至, 戮而殺之, 其骨專車. 長狄喬如, 身橫九畝, 長五丈
四尺, 或長十丈.

7.《史記》夏本紀

太史公曰: 禹爲姒姓, 其後分封, 用國爲姓, 故有夏后氏, 有扈氏, 有男氏, 斟尋氏,
彤城氏, 褒氏, 費氏, 杞氏, 繒氏, 辛氏, 冥氏, 斟(氏)戈氏. 孔子正夏時, 學者多傳
夏小正云. 自虞, 夏時, 貢賦備矣. 或言禹會諸侯江南, 計功而崩, 因葬焉, 命曰
會稽. 會稽者, 會計也.

114(6-10)
회계산會稽山에 묻힌 우임금

우임금도 마침내 나이가 들어 늙자 이렇게 탄식하였다.

"나도 나이가 들어 저문 나이가 되어 목숨이 장차 다할 것이며 여기에 그쳐 죽게 되겠구나."

그리하여 신하들에게 이렇게 명하였다.

"내가 삶을 마친 후 나를 회계산會稽山에 묻어다오. 갈대로 엮어 곽을 쓰며 오동나무로 관을 만들되 무덤 깊이는 일곱 자를 파고 아래에는 샘에 닿지 않도록 하며 봉분의 높이는 석 자, 그 앞은 세 단의 계단으로 하라. 묻은 뒤에 농지를 묘역으로 하지 말라. 그러한 자리를 차지할 나를 즐겁게 하기 위한 것이겠지만 뒤에 농사를 짓는 이들은 괴롭게 느낄 것이기 때문이니라."

우임금이 죽은 후 여러 가지 상서롭던 모습들이 함께 사라지고 말았다.

다만 하늘은 우임금의 덕을 아름답게 여기고 그의 공로를 위로하여 온갖 새들로 하여금 백성들 농사짓는 곳으로 돌아가게 하였는데 크고 작은 새들이 차이가 있었으며 다가오고 물러남에 행렬이 갖추어져 있었고, 많이 올 때와 적게 올 때가 있는 등 그 왕래에 일정한 규칙이 있었다.

遂已耆艾將老, 歎曰:「吾晏歲年暮, 壽將盡矣, 止絶斯矣.」
命群臣曰:「吾百歲之後, 葬我會稽之山. 葦椁桐棺, 穿

壙七尺, 下無及泉, 墳高三尺, 土陛三等, 葬之後, 田無
改畝, 以爲居之者樂, 爲之者苦.」

　禹崩之後, 衆瑞並去.

　天美禹德而勞其功, 使百鳥還爲
民田.

　大小有差, 進退有行, 一盛一衰,
往來有常.

〈大禹陵〉浙江 紹興 會稽山

【耆艾】늙은 나이. '耆'는 60, '艾'는 50세를 뜻함.《禮記》曲禮(上)에 "人生十年
曰幼, 學. 二十曰弱, 冠. 三十曰壯, 有室. 四十曰强, 而仕. 五十曰艾, 服官政.
六十曰耆, 指使. 七十曰老, 而傳. 八十九十曰耄, 七年曰悼, 悼與耄, 雖有罪, 不加
刑焉. 百年曰期, 頤"라 함.

【晏歲年暮】'晏'은 '晚'과 같음. 저문 나이. 年暮 역시 늙은 나이.

【百歲之後】죽은 이후를 대신하는 말.

【葦椁桐棺】갈대로 엮은 椁과 오동나무 '棺'. '椁'은 槨과 같음. 外棺. 薄葬, 節葬을
　지시하였음을 뜻함. 지금의 浙江 紹興 동남쪽 會稽山 입구에 禹陵이 있으며
　明大 南大吉의 글씨 '大禹陵'의 큰 비석이 있음. 한편 徐天祐 注에는 "《皇覽》曰:
　「禹冢在會稽山上.」"이라 함.

【壙】'壙'은 墓穴.

【田無改畝】〈四部叢刊〉에는 '田'이 '曰'로 되어 있음.〈宋本〉에 의해 수정함.
　墓域은 一畝 이상으로 바꾸지 말 것을 뜻함. 묘역을 넓게 하느라 농지를 침해
　하는 일이 없도록 하라는 뜻.《越絶書》에는 "延袤一畝"로 되어 있음.

【衆瑞】앞장에서 말한 鳳凰, 鸞鳥, 麒麟 등이 나타났던 모습을 말함.

【爲民田】鳥耘, 鳥田, 鳥佃, 禹田이라고도 하며 새들이 봄에는 풀뿌리를 뽑아먹고
　가을에는 남은 찌꺼기를 먹어 백성들 농사에 도움이 되도록 함.《地理志》
　南山에 "山上有禹井, 禹祠, 相傳下有群鳥耘田也"라 하였고,《水經注》浙江水에
　"昔大禹卽位, 十年, 東巡狩, 崩於會稽, 因而葬之. 有鳥來爲之耘, 春拔草根, 秋啄
　其穢"라 하였으며,《論衡》書虛篇에 "實者, 蒼梧多象之地, 會稽衆鳥所居.《禹貢》

曰:「彭蠡旣瀦, 陽鳥攸居.」 天地之情, 鳥獸之行也. 象自蹈土, 鳥自食萃(草), 土蹶草盡, 若耕田狀, 壤靡泥易, 人隨種之, 世俗則謂爲舜, 禹田. 海陵糜田, 若象耕狀, 何嘗帝王葬海陵者耶?'라 함.《越絶書》(8)에도 "大越海濱之民, 獨以鳥田, 小大有差, 進退有行"이라 함.

참고 및 관련 자료

1.《墨子》節葬(下)

禹東敎乎九夷, 道死, 葬會稽之山, 衣衾三領, 桐棺三寸, 葛以緘之, 絞之不合, 通之不埳, 土地之深, 下毋及泉, 上毋通臭. 旣葬, 收餘壤其上, 壟若參耕之畝, 則止矣. 若以此若三聖王者觀之, 則厚葬久喪, 果非聖王之道. 故三王者, 皆貴爲天子, 富有天下, 豈憂財用之不足哉?

2.《越絶書》(8)

疇糞桑麻, 播種五穀, 必以手足, 大越海濱之民, 獨以鳥田, 小大有差, 進退有行, 莫將自使, 其故何也?」曰:「禹始也, 憂民救水, 到大越, 相茅山, 大會計, 爵有德, 峰有功, 更名茅山曰會稽. 及其王也, 巡狩大越, 見耆老, 納詩書, 審銓衡, 平斗斛, 因病亡死, 葬會稽, 葦槨棟棺, 穿壙七尺, 上無漏泄, 下無卽水. 壇高三尺, 土階三等, 延袤一畝. 尚以爲居之者樂, 爲之者苦, 無以報民功, 敎民鳥田, 一盛一衰.

115(6-11)
백익伯益과 계啓

우禹임금은 죽으면서 백익伯益에게 자리를 물려주었다.

백익은 3년 동안 복상하면서 우임금을 그리워하며 하루도 입에 그의 이름을 외우지 않은 적이 없었다.

상을 마치자 백익은 우의 아들 계啓를 피해 기산箕山의 남쪽으로 가서 살았다.

제후들은 백익을 떠나 계를 찾아뵙고 이렇게 말하였다.

"우리가 모실 임금은 선제 우의 아들입니다."

계는 드디어 천자의 자리에 나아가 하夏에서 나라를 다스렸다.

그는 〈우공禹貢〉의 훌륭함을 준수하여 구주九州의 토지를 오곡五穀을 심기에 맞는 것으로 감별하여 여러 해를 두고 끊어지지 않도록 하였다.

계는 사자를 월越 땅에 보내어 해마다 봄여름의 때에 맞추어 그곳에서 우임금의 제사를 올리도록 하고 남산南山 위에 종묘宗廟를 세우도록 하였다.

禹崩, 傳位與益.

益服三年, 思禹未嘗不言.

喪畢, 益避禹之子啓於箕山之陽.

諸侯去益而朝啓, 曰:「吾君, 帝禹子也.」

啓遂卽天子之位, 治國於夏.

遵〈禹貢〉之美, 悉九州之土以種五穀, 累歲不絕.

啓使使以歲時春秋而祭禹於越, 立宗廟於南山之上.

【益】伯益. 원래 舜의 신하로써 東夷部落의 領袖. 畜牧과 狩獵에 뛰어났으며
禹의 治水를 도와 공을 세움. 이에 따라 禹가 그에게 천하를 禪讓하였으나
禹의 아들 啓가 이를 거부하여 투쟁을 벌이다가 界에게 죽임을 당하였다 함.
嬴氏이며 秦나라 시조가 됨.《山海經》을 저술한 것으로도 알려짐.

【啓】禹의 아들. 禹는 夏나라를 세우고 원래 伯益에게 천하를 넘겨주려 하였으나
啓를 따르는 이들이 啓를 옹립하여 군주에 오름. 이에 하나라 제2대 군주가
되었으며 그 뒤를 太康, 仲康, 相, 少康이 이어져 중국 최초의 世襲王朝가 됨.

【箕山之陽】箕山의 남쪽. 箕山은 지금의 河南 登封縣 동남쪽. 堯임금 때 許由가
천하 선양을 피해 이곳에 숨어살아 '許由山'이라고도 함.《孟子》에는 "益避禹
之子於箕山之陰"으로 되어 있음.

【夏】지금의 河南 禹縣. 舜이 禹를 처음 봉했던 곳. 혹은 山西 夏縣이라고도 하며
啓가 夏나라를 세워 정치를 시작했던 곳이라 함.

【禹貢】《尙書》의 편명. 禹의 治水 功績을 기록한 내용임.

【九州】옛날 禹가 治水에 성공한 후 나라를 九州로 나누어 다스림.《千字文》
에는 "九州禹跡, 百郡秦幷"이라 함. 한편 九州는《尙書》禹貢에는 冀州, 兗州,
靑州, 徐州, 揚州, 荊州, 豫州, 雍州를 들고 있으나《爾雅》釋地에는 冀州, 豫州,
雝州, 荊州, 揚州, 幽州, 營州를 들고 있음. 그런가 하면《周禮》職方에는 揚州,
荊州, 豫州, 靑州, 兗州, 雍州, 幽州, 冀州를 들고 있음.

【五穀】麻, 菽, 麥, 稷, 黍. 혹은 黍, 稷, 菽, 麥, 稻를 넣기도 함.

【南山之上】終南山. 지금의 浙江 紹興市 동남쪽.《詩經》小雅 信南山에 "信彼
南山, 維禹甸之. 畇畇原隰, 曾孫田之. 我疆我理, 東南其畝"라 함.

【宗廟】지금의 浙江 紹興 禹陵 오른 쪽에 禹廟가 있음. 이는 실제 南朝 梁 大同
11년(545)에 처음 세운 것이며 그 뒤 여러 차례 중수를 거침. 그 南門(午門)에
岣嶁亭이 있으며 이는 衡山 岣嶁碑를 번각하여 세운 것임.

1.《孟子》萬章(上)

萬章問曰:「人有言:『至於禹而德衰, 不傳於賢而傳於子.』有諸?」孟子曰: 「否, 不然也. 天與賢, 則與賢; 天與子, 則與子. 昔者, 舜薦禹於天, 十有七年, 舜崩. 三年之喪畢, 禹避舜之子於陽城. 天下之民從之, 若堯崩之後, 不從堯之子而從 舜也. 禹薦益於天, 七年, 禹崩. 三年之喪畢, 益避禹之子於箕山之陰, 朝覲訟 獄者不之益而之啓, 曰:『吾君之子也.』謳歌者不謳歌益而謳歌啓, 曰:『吾君 之子也.』丹朱之不肖, 舜之子亦不肖. 舜之相堯, 禹之相舜也, 歷年多, 施澤於 民久. 啓賢, 能敬承繼禹之道. 益之相禹也, 歷年少, 施澤於民未久. 舜, 禹, 益相 去久遠, 其子之賢不肖, 皆天也, 非人之所能爲也. 莫之爲而爲者, 天也; 莫之 致而至者, 命也. 匹夫而有天下者, 德必若舜禹, 而又有天子薦之者, 故仲尼不 有天下. 繼世而有天下, 天之所廢, 必若桀紂者也, 故益, 伊尹, 周公不有天下. 伊尹相湯以王於天下. 湯崩, 太丁未立, 外丙二年, 仲壬四年. 太甲顚覆湯之典刑, 伊尹放之於桐. 三年, 太甲悔過, 自怨自艾, 於桐處仁遷義; 三年, 以聽伊尹之訓 己也, 復歸于亳. 周公之不有天下, 猶益之於夏, 伊尹之於殷也. 孔子曰:『唐虞禪, 夏后, 殷, 周繼, 其義一也.』」

2.《韓非子》外儲說右下

古者, 禹死, 將傳天下於益, 啓之人因相與攻益而立啓. 今王信愛子之, 將傳國 子之, 太子之人盡懷印, 爲子之之人無一人在朝廷者. 王不幸棄群臣, 則子之亦 益也.

3.《史記》夏本紀

十年, 帝禹東巡狩, 至于會稽而崩. 以天下授益. 三年之喪畢, 益讓帝禹之子啓, 而辟居箕山之陽. 禹子啓賢, 天下屬意焉. 及禹崩, 雖授益, 益之佐禹日淺, 天下 未洽. 故諸侯皆去益而朝啓, 曰:「吾君帝禹之子也」. 於是啓遂卽天子之位, 是爲 夏后帝啓. 夏后帝啓, 禹之子, 其母塗山氏之女也. 有扈氏不服, 啓伐之, 大戰於甘. 將戰, 作甘誓, 乃召六卿申之. 啓曰:「嗟! 六事之人, 予誓告女: 有扈氏威侮五行, 怠棄三正, 天用勦絶其命. 今予維共行天之罰. 左不攻于左, 右不攻于右, 女不 共命. 御非其馬之政, 女不共命. 用命, 賞于祖; 不用命, 僇于社, 予則帑僇女.」 遂滅有扈氏. 天下咸朝.

116(6-12)
우禹의 제사를 담당한 무여無余

우禹임금 이하 6세世가 흘러 소강少康이 제위에 올랐다.

소강은 우임금의 제사가 끊어질 것을 걱정하여 이에 그 서자를 월越에 봉하였는데 그 이름이 무여無余였다.

무여가 처음 월에 봉해졌을 때 사람들은 산에서 살고 있었으며 비록 새들이 도와주는 농사의 이로움은 있었지만 그들의 조세로는 겨우 종묘의 제사에 그칠 비용 정도였다.

이에 다시 구릉 위의 평지를 따라 농사를 짓도록 하면서 더러는 사슴을 쫓아다니며 이를 잡아 식량을 삼을 뿐이었다.

무여는 질박質朴하여 궁실宮室을 꾸미지도 않았으며 백성들이 하는 대로 따라하면서 봄가을로 회계會稽에서 우임금 묘에 제사를 받들었다.

禹以下六世而得帝少康.

少康恐禹祭之絶祀, 乃封其庶子於越, 號曰無余.

余始受封, 人民山居, 雖有鳥田之利, 租貢纔給宗廟祭祀之費.

乃復隨陵陸而耕種, 或逐禽鹿而給食.

無余質朴, 不設宮室之飾, 從民所居, 春秋祠禹墓於會稽.

【六世】夏나라는 禹, 啓, 太康, 仲康(中康), 相을 거쳐 6대째 少康에 이름.

【少康】夏나라 中興 임금. 有窮后羿와 寒浞에게 빼앗겼던 夏나라를 다시 찾아 하나라를 중흥시킴. 啓가 죽자 啓의 아들 太康이 이었으나 사냥과 놀이에 빠졌다가 有窮氏의 수령 后羿에게 붙들려 태강의 아우 仲康(中康)이 뒤를 이음. 仲康을 이어 그의 아들 相이 이었다가 后羿가 그 부하 寒浞에게 죽임을 당하자 그 아들 少康이 다시 자신의 씨족 有虞氏의 도움으로 寒浞을 몰아내고 夏나라를 되찾음.《史記》夏本紀를 참조할 것.

【庶子】嫡長子가 아님을 말함. 여러 아들들 중에 어떤 하나.

【無余】少康의 庶子이며 越에 봉해져 越나라의 시조가 됨.《越絶書》에는 '無餘'로 표기되어 있음. 徐天祐는 "無余, 禹之六世孫少康之庶子也, 初受封於越.《越舊經》作無餘"라 함.

【鳥田之利】앞서 새들이 농사를 도운 고사를 말함. 114를 참조할 것.

【租貢】租稅. 夏나라 때는 租稅를 '貢'이라 불렀음.《孟子》滕文公(上)에 "夏后氏五十而貢; 殷人七十而助; 周人百畝而徹: 其實皆什一也. 徹者, 徹也; 助者, 藉也"라 함.

【纔】'才'와 같으며 副詞로 '겨우'의 뜻.

【陵陸】구릉이나 산지 위의 평지.

浙江 紹興 會稽山 입구 大禹陵

117(6-13)
끊어진 제사와 무임無壬

무여無余로부터 10여 세世를 지나 말군末君들이 미약하고 열등하여 스스로 자립할 수가 없어, 많은 무리를 따라 전전하다가 일반 백성의 호적에 편입되었으며 우임금에 대한 제사도 그만 끊어지고 말았다.

10여 세歲가 지나 어떤 아이가 태어나면서 말을 하였는데 그 말은 "새들이 부른다! 연첩연첩嚥喋嚥喋"하는 것이었다.

그러면서 손으로 하늘을 향해 우임금 묘가 있는 곳을 가리키며 이렇게 말하는 것이었다.

"나는 무여군無余君의 후손이다. 나는 바야흐로 선군의 제사를 다시 닦고 우리 우임금의 묘에 제사를 다시 올려 백성들을 위해 하늘에 복을 청할 것이며 귀신의 도와 소통할 수 있도록 할 것이다."

백성들이 모두 기꺼워하며 우임금에게 제사를 드리는 것을 도와 사시에 공물을 바쳤다.

이렇게 함께 받들어 세워 월나라 군주의 후손을 이어가게 하여 하왕夏王의 제사가 복원된 것이다.

그러자 새들이 안정을 찾아 모여들어 농사를 돕는 상서로움이 나타나 백성들은 하늘의 명을 청하였기 때문이라 여기게 되었다.

이로부터 조금씩 군신지의君臣之義가 갖추어지게 되었으며 그를 무임無壬이라 불렀다.

無余傳世十餘, 末君微劣, 不能自立, 轉從眾庶爲編戶
之民, 禹祀斷絕.

十有餘歲, 有人生而言語, 其語曰:「鳥禽呼! 嚇喋嚇喋.」

指天向禹墓曰:「我是無余君之苗末. 我方修前君祭祀,
復我禹墓之祀, 爲民請福於天, 以通鬼神之道.」

眾民悅喜, 皆助奉禹祭, 四時致貢.

因共奉立, 以承越君之後.

復夏王之祭, 安集鳥田之瑞, 以爲百姓請命.

自後稍有君臣之義, 號曰無壬.

【十餘世】越나라는 無余(無餘) 이후 世譜가 끊어져 기록이 없음. 따라서 대강의
  세대를 말한 것임.
【末君】대를 이은 각 군주 다음의 군주들.
【編戶之民】일반 백성의 家戶(戶籍)에 편입됨.
【十有餘歲】歲는 年과 같아 10여 년 후는 실제 논리에 맞지 않음. 따라서 마지막
  끊어진 이후의 10여 년 뒤이거나 혹 '歲'는 '世'여야 함.
【其語曰】〈四部叢刊〉에는 '曰'자가 '曰'로 되어 있음.
【嚇喋】새들이 지저귀는 소리를 音寫한 것. 동시에 無壬의 어릴 때 이름이기도 함.
【無壬】越나라 군주의 이름. 無餘를 뒤이어 越나라 王統을 다시 잇기 시작한
  인물. 嚇喋의 王號.

118(6-14)
원상元常의 중흥

무임은 무역無睪을 낳았으며, 무역은 마음을 다하여 나라를 지키고 위로 하늘의 사명을 잃지 않았다.

무역이 죽고 혹 부담夫譚이 그 뒤를 이었다고도 한다.

부담은 원상元常을 낳았는데 원상이 왕위에 올랐을 때가 바로 오왕吳王 수몽壽夢, 저번諸樊, 합려闔閭의 시대였으며 월越나라가 흥하여 일어나기 시작한 것은 원상 때로부터였다.

壬生無睪, 睪專心守國, 不失上天之命.

無睪卒, 或爲夫譚.

夫譚生元常, 常立, 當吳王壽夢, 諸樊, 闔閭之時, 越之興霸自元常矣.

【無睪】無壬의 아들이며 越나라 군주.

【夫譚】《越絶書》에는 '夫鐔'으로 되어 있으며 '或爲夫譚'이라 한 것은 夫譚을 이은 無睪의 아들인지 확실치 않아 그렇게 표현한 것으로 보임.

【元常】古代 越나라 군주. 句踐의 아버지.《史記》와《左傳》,《越絶書》에는 모두 '允常'으로 표기되어 있음. 徐天祜 注에도 "元, 當作允"이라 함.《史記》越王

句踐世家에 "其先禹之苗裔而夏后帝少康之庶子也. ……後二十餘世, 至於允常"
이라 함.

【壽夢】吳나라 君主. 吳나라는 수몽 때부터 歷年이 시작됨.

【諸樊】春秋時代 吳나라 군주. 수몽의 맏아들. 公子光(闔閭)의 아버지.

【闔閭】公子光. 諸樊의 아들. 王僚를 죽이고 군주의 자리에 올라 霸者가 되었
으나 欈李에서 越에게 패하여 陘에서 생을 마침. 그러나 壽夢으로부터 闔閭
까지는 諸樊, 餘祭, 餘眜, 僚가 있었으며 壽夢 즉위(B.C.585)부터 闔閭 사망
(B.C.496)까지 90여 년이 되어 允常이 이토록 장수했을지는 의문임. 《史記》
에는 "允常之時, 與吳王闔閭戰而相怨伐. 允常卒, 子句踐立"이라 하였음.

【興霸】《越絶書》에 "越王夫鐔以上至無餘, 久遠, 世不可紀也. 夫鐔子允常, 允常
子句踐, 大霸稱王"이라 함. 徐天祜 注에는 "〈越世家〉:「二十餘世, 至於允常.」
高氏《越史》曰:「夏自少康至桀, 凡十二世.」按少康元年壬午, 至周敬王元年壬午,
凡一千五百六十一年. 吳之伐越, 見《春秋》昭公三十二年, 敬王十年也. 至是一千
五百七十年矣. 越之傳國至於允常, 何止二十餘世耶?"라 하여 의문을 표시함.

> ## 참고 및 관련 자료

1.《史記》越王句踐世家

越王句踐, 其先禹之苗裔, 而夏后帝少康之庶子也. 封於會稽, 以奉守禹之祀.
文身斷髮, 披草萊而邑焉. 後二十餘世, 至於允常. 允常之時, 與吳王闔廬戰而
相怨伐. 允常卒, 子句踐立, 是爲越王. 元年, 吳王闔廬聞允常死, 乃興師伐越.
越王句踐使死士挑戰, 三行, 至吳陳, 呼而自剄. 吳師觀之, 越因襲擊吳師, 吳師
敗於欈李, 射傷吳王闔廬. 闔廬且死, 告其子夫差曰:「必毋忘越.」

2.《越絶書》(8)

越王夫鐔以上至無餘, 久遠, 世不可紀也. 夫鐔子允常, 允常子句踐, 大霸稱王,
徙琅琊都也. 句踐子與夷, 時霸. 與夷子子翁, 時霸. 子翁子不揚, 時霸. 不揚子
無疆, 時霸, 伐楚, 威王滅無疆. 無疆子之侯, 竊自立爲君長. 之侯子尊, 時君長.
尊子親, 失衆, 楚伐之, 走南山. 親以上至句踐, 凡八君, 都琅琊二百二十四歲.
無疆以上, 霸, 稱王. 之侯以下微弱, 稱君長.

卷第七 句踐入臣外傳

　　월왕越王 구천勾踐이 吳나라와의 전투에 패하여 오나라에 들어가
노역勞役을 당하는 내용을 주로 담고 있으며 범려范蠡의 충절과 구천의
신중함은 뒷날 구천의 승리를 위한 복선으로 깔아놓은 것으로 역시
소설小說과 같은 구성을 이루고 있다.

〈靑瓷四繫螭耳天雞尊〉(隋) 1956 湖北 武漢 隋墓 출토

119(7-1)
월왕 구천句踐

월왕 구천句踐 5년(B.C.492) 5월, 월왕은 대부 문종文種, 범려范蠡 등과 함께 장차 오吳나라에 입신入臣하기 위해 떠남에 신하들이 모두 절강浙江에 모여 보내주면서 물가에 임하여 전별餞別을 행하고 군대는 고릉固陵에 진을 치고 있었다.

대부 문종이 앞으로 나서면서 축원하였는데 그 가사는 이러하였다.

"황천께서 도우심에
앞선 자는 침몰하고 뒤선 자는 뜨게 하시리.
화禍란 덕의 근본이 되고
근심은 복의 집이 될 것이로다.
남에게 위세 부리는 자는 망할 것이요
남에게 복종하는 자는 흥하게 될 것이로다.
왕께서 비록 끌려가시지만
그 뒤에는 아무런 재앙이 없으리로다.
임금과 신하 생이별할지라도
저 높은 상제를 감동시키리.
많은 사나이들 슬픔에 복받치니
애처로움에 젖지 않는 자 없도다.

저는 청컨대 말린 포脯를 안주로
술 두 잔을 받쳐 올리나이다.”

월왕은 하늘을 향해 크게 탄식하며 잔을 들고 눈물을 흘리며 묵묵히
아무말도 하지 못하였다.
문종이 다시 앞으로 나서며 이렇게 축원하였다.

“우리 대왕 덕과 장수를
　가도 없고 끝도 없이 내려주소서.
　하늘과 땅의 영험함을 내려주시고
　귀신들의 보살핌을 베푸시옵소서.
　우리 왕께서는 후덕하시니
　복과 신의 보살핌이 그 곁에 있으리로다.
　덕은 모든 재앙을 녹여 없애고
　이익은 그 복을 다 받으시리라.
　저 오나라 궁정을 벗어나
　우리 월나라로 돌아오게 해주소서.
　그리하여 잔에 술을 부어 올려드리며
　청컨대 만세를 부르게 해주시옵소서.”

　越王句踐五年五月, 將與大夫種, 范蠡入臣於吳, 群臣
皆送至浙江之上, 臨水祖道, 軍陣固陵.
　大夫文種前爲祝, 其詞曰:

　『皇天祐助, 前沉後揚.
　　禍爲德根, 憂爲福堂.

威人者滅, 服從者昌.
　王雖牽致, 其後無殃.
　君臣生離, 感動上皇.
　衆夫哀悲, 莫不感傷.
　臣請薦脯, 行酒二觴.』

越王仰天太息, 擧杯垂涕, 黙無所言.
種復前祝曰:

『大王德壽, 無疆無極.
　乾坤受靈, 神祗輔翼.
　我王厚之, 祉祐在側.
　德鎖百殃, 利受其福.
　去彼吳庭, 來歸越國.
　觴酒旣升, 請稱萬歲.』

越王 勾踐 銘文과 銅劍

【越王】 勾踐, 句踐. B.C.496~B.C.465년까지 재위하였으며 范蠡와 文種을 등용
하여 吳越抗爭에서 승리, 南方의 패자가 됨.《史記》越王句踐世家 및《國語》
越語 등을 참조할 것. 한편 1965년 湖北 江陵 楚墓에서 越王 鳩淺의 靑銅劍이
발견되었으며 鳥篆文의 銘文이 있었음. '鳩淺'은 '句踐'의 다른 표기. 일부
春秋五霸에서 宋 襄公 대신 句踐을 넣기도 함.《左傳》宣公 8년 孔穎達 疏에
"濱在南海, 不與中國通. 後二十餘世至於允常, 魯定公五年始伐吳. 允常卒, 子句
踐立, 是爲越王. 越王元年, 魯定公之十四年也. 魯哀公二十二年, 句踐滅吳, 霸
中國, 卒. 春秋後七世, 大爲楚所破, 遂微弱矣"라 함. 楚나라에게 망함.

【五年】 이 해는 吳王 夫差 4년이었음. 《左傳》과 《史記》에 의하면 句踐 원년
(B.C.496) 吳王 闔閭가 允常(元常)의 죽음을 듣고 군사를 일으켜 越나라를
치자 월왕 句踐은 樵李에서 오나라 군사를 패배시켜 越王 闔閭가 발을 다쳐
陘에서 죽었으며, 2년 뒤 越王 句踐 3년(B.C.493)에 이번에는 구천이 오나라를
공격하자 오왕 夫差가 夫椒에서 월나라를 패배시키고 오나라 국경으로 밀고
들어갔음. 이에 월왕 구천은 잔여 병사 5천 명을 이끌고 會稽山으로 들어가
버티면서 대부 文種으로 하여금 吳나라 太宰嚭(伯嚭)를 통해 강화를 청하면서
구천 자신과 부인이 오나라 노비가 되겠노라 굴복함. 그 결과 강화가 이루어
졌으며 句踐이 약속대로 신복의 임무를 하고자 오나라로 들어가는 과정을
본장에서 기술한 것임.

【將與】 〈四部叢刊〉에는 '將'자가 없으나 《太平御覽》에 의해 보입함.

【大夫種】 文種. 원래 楚나라 사람으로 越王 句踐을 섬겨 會稽之恥를 씻도록
모책을 세운 인물. 吳나라를 멸한 뒤 范蠡는 물러났으나 그는 그대로 있다가
구천에게 꺼림을 받아 죽임을 당함. 徐天祜 注에 "大夫種, 姓文氏, 字會. 楚之
鄕人"이라 함.

【范蠡】 越나라 大夫. 字는 少伯. 文種과 함께 越나라를 승리로 이끈 대신. 越나라가
吳나라에 패했을 때 3년을 臣僕으로 고생하다가 돌아와 句踐을 도와 吳나라를
멸하는데 큰 공을 세웠음. 그리고 즉시 句踐을 피해 이름을 鴟夷子皮로 바꾸고
몸을 숨겨 三江口를 거쳐 五湖로 나서 齊나라 陶 땅으로 옮겨가 陶朱公이라
칭하였으며 장사에 뛰어들어 큰 부자가 됨. 그의 많은 일화는 《國語》越語(下),
《左傳》,《史記》越王句踐世家, 貨殖列傳,《越絶書》등에 자세히 실려 있음.
徐天祜 注에 "范蠡, 楚三尸人也. 字少伯"이라 함.

【入臣於吳】《國語》越語(下)에는 "令大夫種守於國, 與范蠡入臣於吳"라 하였으며
句踐 자신은 會稽에서 돌아와 농사를 지으며 나라는 文種에게 맡기고 范蠡와
柘稽를 吳나라에 인질로 보낸 것으로 되어 있어 이곳과는 다름.

【浙江】 錢塘江. 지금의 浙江省 경내를 흘러 杭州灣으로 들어가는 강. 상류에
물굽이가 심해 浙江이라 불렸으며 新安江과 蘭溪가 합류하여 浙江, 桐江,
富春江, 錢塘江 등으로 불렸음.

【祖道】 祖餞, 餞行, 餞別의 행사. 먼 길을 떠나보낼 때 여는 잔치나 의식. 고대 黃帝의
아들 유조(纍祖)가 먼 길을 떠나 도중에 죽자 사람들이 그를 '路神'으로 여겨 길
떠나는 자를 보호해 달라는 뜻으로 제를 올리기 시작한 것에서 유래되었다 함.
《四民月令》《幼學瓊林》에 "請人遠歸, 曰洗塵; 携酒送行, 曰祖餞"이라 함.

【固陵】월나라 地名. 지금의 浙江 蕭山. 范蠡가 이곳에 성을 쌓아 굳게 지킬 수 있는 곳이라 하여 固陵이라 칭했다 함. 徐天祜는 "范蠡敎兵城也.《水經注》:「浙江又逕固陵城北, 昔范蠡築城於浙江之濱, 言可以固守, 謂之固陵. 今之西陵也.」卽今西興"이라 함.

【皇天】하늘. 許愼의《五經異義》에《尙書說》을 인용하여 "天有五號: 尊而君之, 則曰皇天; 元氣廣大, 則稱昊天; 仁覆閔下, 則稱旻天; 自上監下, 則稱上天; 據遠視之蒼蒼然, 則稱蒼天"이라 함.

【薦脯】脯는 말린 肉脯나 魚脯. 이를 술안주로 바침.

【行酒二觴】술 두 잔을 바치며 告祀를 지냄. 明代 吳琯의 校本에는 "行酒三觴"으로 되어 있음.

【乾坤受靈】乾坤은 天地. '受'는 '授'와 같음.

【神祇】神祇는 天神地祇. 모든 신들을 통칭함.

【厚之】厚德과 같음. '厚之德'의 줄인 말.《國語》晉語(6)에 "唯厚德者, 能受多福"이라 함.

> 참고 및 관련 자료

1.《國語》越語(下)

令大夫種守於國, 與范蠡入宦於吳. 三年, 而吳人遣之. 歸及至於國, 王問於范蠡曰:「節事奈何?」對曰:「節事者與地. 唯地能包萬物以爲一, 其事不失. 生萬物, 容畜禽獸, 然後受其名而兼其利. 美惡皆成, 以養其生. 時不至, 不可彊生; 事不究, 不可彊成. 自若以處, 以度天下, 待其來者而正之, 因時之所宜而定之. 同男女之功, 除民之害, 以避天殃. 田野開闢, 府倉實, 民衆殷. 無曠其衆, 以爲亂梯. 時將有反, 事將有間, 必有以知天地之恒制, 乃可以有天下之成利. 事無間, 時無反, 則撫民保敎以須之.」王曰:「不穀之國家, 蠡之國家也, 蠡其國之!」對曰:「四封之內, 百姓之事, 時節三樂, 不亂民功, 不逆天時, 五穀睦熟, 民乃蕃滋, 君臣上下交得其志, 蠡不如種也. 四封之外, 敵國之制, 立斷之事, 因陰陽之恒, 順天地之常, 柔而不屈, 彊而不剛, 德虐之行, 因以爲常; 死生因天地之刑, 天因人, 聖人因天; 人自生之, 天地形之, 聖人因而成之, 是故戰勝而不報, 取地而不反, 兵勝於外, 福生於內, 用力甚少而名聲章明, 種亦不如蠡也.」王曰:「諾.」令大夫種爲之.

2. 《**史記**》越王句踐世家

句踐之困會稽也, 喟然嘆曰:「吾終於此乎?」種曰:「湯繫夏臺, 文王囚羑里,
晉重耳奔翟, 齊小白奔莒, 其卒王霸. 由是觀之, 何遽不爲福乎?」吳既赦越, 越王
句踐反國, 乃苦身焦思, 置膽於坐, 坐臥卽仰膽, 飲食亦嘗膽也. 曰:「女忘會稽之
恥邪?」身自耕作, 夫人自織, 食不加肉, 衣不重采, 折節下賢人, 厚遇賓客, 振貧
弔死, 與百姓同其勞. 欲使范蠡治國政, 蠡對曰:「兵甲之事, 種不如蠡; 塡撫國家,
親附百姓, 蠡不如種.」於是舉國政屬大夫種, 而使范蠡與大夫柘稽行成, 爲質
於吳. 二歲而吳歸蠡.

3. 《**太平御覽**》(736)

勾踐五年夏五月, 將與大夫種, 范蠡, 入臣於吳, 群臣皆送臨水祖道. 大夫種前
爲祝, 其辭曰:「皇天祐助, 先沉後揚. 禍爲德根, 憂爲福嘗. 威人者滅, 服從者昌.
王雖牽致, 其後無殃. 君臣生離, 感動上皇. 衆夫哀悲, 莫不感傷. 臣謹再拜,
伏稱萬歲. 上酒三觴.」勾踐仰天大息, 舉杯垂涕, 嘿無所言.

4. 《**藝文類聚**》(29)

群臣送勾踐, 至於江上, 臨水祖道. 大夫種爲祝, 勾踐舉杯垂涕.

120(7-2)
하늘의 역수曆數

월왕이 말하였다.

"나는 선왕의 남기신 공덕을 이어받아 이 변방에서 나라를 지키며 다행스럽게도 여러 대부들의 모책에 힘입어 선왕의 구묘丘墓를 보전할 수 있었소. 그런데 지금 이러한 치욕을 만나 천하의 웃음거리가 되고 말았으니 이것이 나의 죄입니까? 아니면 여러 대부들의 책임입니까? 나는 그 허물을 알 수 없으니 원컨대 그대들은 그 의미를 논해보시오."

대부 부동扶同이 말하였다.

"어찌 그토록 비루하게 말씀하십니까? 옛날 탕湯이 하대夏臺에 묶이자 이윤伊尹은 그 곁을 떠나지 않았고, 문왕文王이 석실石室에 갇혔을 때 태공太公은 그 나라를 포기하지 않았습니다. 홍쇠는 하늘에 달려 있지만 존망은 사람에게 매어 있는 것입니다. 탕이 그 떳떳하던 태도를 바꾸어 우선 걸桀에게 예뻐 보이려 하였고, 문왕도 복종하는 척하며 주紂에게 사랑을 받으려 하였습니다. 하걸과 은주는 힘을 믿고 두 성인을 학대하였지만 두 성인은 자신을 굽힘으로써 천도를 터득하였습니다. 그 때문에 탕왕은 궁함을 자신의 상처로 여기지 않았고, 주 문왕은 곤핍함을 자신의 병폐로 여기지 않았던 것입니다."

월왕이 말하였다.

"옛날 요堯에서는 순舜과 우禹를 임용하여 천하가 다스려졌고, 비록 홍수의 해가 있었지만 사람에게 재앙은 되지 않았소. 변이變異가 백성에게도 미치지 않았는데 하물며 임금에게 미치겠소?"

그러자 대부 고성苦成이 말하였다.

"임금의 말씀과 같지 않습니다. 하늘에는 역수曆數가 있고 덕에는 얇고 두터움이 있습니다. 황제黃帝 때에는 선양의 제도가 없었으나 요堯는 천자의 자리를 선양하였습니다. 삼왕三王은 신하가 그 임금을 죽인 것이며, 오패五霸에는 아들이 그 아버지를 죽이기도 하였습니다. 덕에는 넓고 좁음이 있고 기품에는 높고 낮음이 있습니다. 지금과 같은 시대는 마치 사람들이 시장에서 장사를 하는 것과 같아 상품을 비치해놓고 속임수를 쓰고 모책을 숨긴 채 적을 기다립니다. 불행하게 그 함정에 빠져들었다면 몸을 펴고 빠져나오면 그만입니다. 대왕께서는 이러한 것은 살피지 아니하고 기쁨과 노함을 품고 있군요."

越王曰:「孤承前王餘德, 守國於邊, 幸蒙諸大夫之謀, 遂保前王丘墓. 今遭辱耻, 爲天下笑, 將孤之罪耶? 諸大夫之責也? 吾不知其咎, 願二三子論其意.」

大夫扶同曰:「何言之鄙也? 昔湯繫於夏臺, 伊尹不離其側; 文王囚於石室, 太公不棄其國. 興衰在天, 存亡繫於人. 湯改儀而媚於桀, 文王服從而幸於紂. 夏殷恃力而虐二聖, 兩君屈己以得天道. 故湯王不以窮自傷, 周文不以困爲病.」

越王曰:「昔堯任舜, 禹而天下治, 雖有洪水之害, 不爲人災. 變異不及於民, 豈況於人君乎?」

大夫苦成曰:「不如君王之言. 天有曆數, 德有薄厚. 黃帝不讓, 堯傳天子. 三王, 臣弒其君; 五霸, 子弒其父. 德有廣狹, 氣有高下. 今之世, 猶人之市, 置貨以設詐, 抱謀以待敵. 不幸陷厄, 求伸而已. 大王不覽於斯, 而懷喜怒.」

【前王】先王.

【丘墓】墳墓.

【扶同】《史記》에는 '逢同'으로 되어 있음. 徐天祜는 "《史記》作逢同"이라 함. 그러나《越絶書》에 보이는 '逢同'은 여기서의 扶同과 같은 인물로 보이지 않음.

【湯】商나라 始祖. 姓은 子氏. 이름은 履. 天乙, 成湯, 商湯 등으로도 불리며 夏나라 말기 商族의 領袖. 桀王에 의해 夏臺에 갇히기도 하였으며 뒤에 伊尹을 얻어 하나라를 멸하고 상나라를 세움.

【夏臺】湯이 갇혔던 夏나라 옥. 徐天祜는 "《史》夏紀:「桀曰: 吾悔不遂殺湯於 夏臺.」〈索隱〉:「夏臺, 獄名. 夏曰均臺」 皇甫謐云:「地在陽翟.」"이라 하였고, 《竹書紀年》에는 "帝癸二十二年, 商侯履來朝, 命囚履於夏臺; 二十三年, 釋商 侯履"라 함.

【伊尹】이름은 摯. 商湯의 신하.《史記》殷本紀와《墨子》尙賢篇에 의하면 伊尹은 湯의 훌륭함을 듣고 湯이 有莘氏 딸을 아내로 맞이할 때 그 딸의 媵臣이 되어 따라가 주방장의 재능을 발휘하여 탕에게 접근하였다 함. 뒤에 재상이 되어 湯을 도와 夏桀을 멸함.

【文王】周文王. 姬昌. 西伯. 商나라 말 周民族의 領袖. 季歷의 아들이며 武王 (姬發)과 周公(姬旦)의 아버지.

【石室】지하 감옥. 紂에 의해 羑里(牖里)라는 감옥에 갇혔던 것으로 유명함. 羑里는 지금의 河南 湯陰縣 북쪽에 있던 商나라 말의 감옥 이름. 徐天祜는 "《地理志》:「河內湯陰有羑里城, 西伯所拘處」 此云石室, 疑卽所囚之室也"라 함. 《竹書紀年》에도 "帝辛二十三年, 囚西伯於羑里. 二十九年, 釋西伯, 諸侯逆西伯 於程"이라 함.

【太公】姜太公. 呂氏이며 姜姓. 이름은 望, 혹은 尙. 자는 子牙. 西周 초 太師가 되어 師尙父로도 불림. 나이 70에 渭水의 潘溪에서 낚시질을 하던 중 周 文王을 만나 太師에 올랐으며 文王의 아들 武王을 도와 殷(商)을 멸함. 뒤에 齊나라에 봉을 받아 춘추시대 齊나라 시조가 됨.《史記》齊太公世家 참조.

【桀】夏나라 末王. 姒姓, 이름은 履癸. 妹喜에게 빠져 포악한 짓을 일삼았으며 紂와 함께 폭군의 전형으로 거론됨. 朝歌의 전투에서 商湯에게 망함.

【紂】殷(商)의 末王. 子姓. 이름은 受. 帝辛으로도 불림. 妲己에게 빠져 포악한 짓을 하였으며 比干을 죽이고 文王(姬昌)을 가두는 등 악행을 저지르다가 牧野之戰에서 周 武王(姬發)에게 망하여 자결함.

【文王幸於紂】文王이 紂에게 거짓으로 사랑을 받고자 함.《韓非子》外儲說
左下에 "費仲說紂曰:「西伯昌賢, 百姓悅之, 諸侯附焉, 不可不誅; 不誅, 必爲
殷禍.」紂曰:「子言, 義主, 何可誅?」費仲曰:「冠雖穿弊, 必戴於頭; 履雖五采,
必踐之於地. 今西伯昌, 人臣也, 修義而人向之, 卒爲天下患, 其必昌乎? 人人不
以其賢爲其主, 非可不誅也. 且主而誅臣, 焉有過?」紂曰:「夫仁義者, 上所以
勸下也. 今昌好仁義, 誅之不可.」三說不用, 故亡"이라 함.

【夏】禹가 세운 나라이며 그 末王은 桀. 湯에게 망함.

【殷】商으로도 불리며 湯이 夏를 멸하고 세운 나라. 末王은 紂이며 周에게
망함.

【堯】帝堯. 전설상 上古시대 五帝의 하나. 唐(지금의 山西 臨汾)에 도읍을 삼아
陶唐氏라고도 부르며 이를 묶어 唐堯로도 부름. 祁姓이며 이름은 放勳. 帝嚳의
아들. 뒤에 제위를 舜에게 선양함.《十八史略》(1)에 "帝堯陶唐氏: 伊祁姓, 或曰
名放勳, 帝嚳子也. 其仁如天, 其知如神, 就之如日, 望之如雲, 都平陽. 茆茨不剪,
土階三等. 有草生庭, 十五日以前, 日生一葉, 以後日落一葉, 月小盡, 則一葉厭
而不落, 名曰蓂莢, 觀之以知旬朔"이라 함.《史記》五帝本紀를 볼 것.

【爲病】'病'은 短點이나 缺點, 弊端, 恥辱으로 여김.《論語》雍也篇"子貢曰:
「如有博施於民而能濟衆, 何如? 可謂仁乎?」子曰:「何事於仁! 必也聖乎!
堯舜其猶病諸! 夫仁者, 己欲立而立人, 己欲達而達人. 能近取譬, 可謂仁之
方也已.」"의 注에 "病, 心有所不足也"라 하였고,《儀禮》士冠禮의 注에 "病,
猶辱也"라 함.

【舜】고대 五帝의 하나. 有虞氏. 姓은 姒氏, 이름은 重華. 虞舜으로도 부름.
堯임금으로부터 천하를 물려받아 帝位에 오름. 瞽瞍의 아들로 孝誠이 뛰어
났던 것으로도 널리 알려져 있으며 儒家에서 聖人으로 추앙함. 뒤에 禹에게
선양하고 남쪽을 순행하다 蒼梧의 들에서 죽었으며 九疑山에 묻혔다 함.
《史記》五帝本紀에 "虞舜者, 名曰重華. 重華父曰瞽叟, 瞽叟父曰橋牛, 橋牛父
曰句望, 句望父曰敬康, 敬康父曰窮蟬, 窮蟬父曰帝顓頊, 顓頊父曰昌意: 以至舜
七世矣. 自從窮蟬以至帝舜, 皆微爲庶人. 舜父瞽叟盲, 而舜母死, 瞽叟更娶妻而
生象, 象傲. 瞽叟愛後妻子, 常欲殺舜, 舜避逃; 及有小過, 則受罪. 順事父及後
母與弟, 日以篤謹, 匪有解"라 하였으며,《十八史略》(1)에 "帝舜有虞氏: 姚姓,
或曰名重華, 瞽瞍之子, 顓頊六世孫也. 父惑於後妻, 愛少子象, 常欲殺舜. 舜盡
孝悌之道, 烝烝乂不格姦"이라 함.

【禹】夏禹, 大禹. 中國 최초의 왕조 夏나라의 시조. 夏后氏 부락의 領袖였으며 姒姓. 이름은 文命. 鯀의 아들. 鯀이 물을 막는 방법으로 治水에 실패하여 죽임을 당한 뒤 禹는 물을 소통시키는 방법으로 성공을 거둔 다음 舜임금으로부터 천하를 물려받아 夏王朝를 세움. 뒤에 천하를 순시하다가 會稽에서 생을 마침. 그는 益에게 천하를 물려주려 하였으나 아들 啓의 무리가 난을 일으켜 益을 죽이고 世襲王朝를 시작함. 이로부터 禪讓(公天下)의 제도가 마감되고 世襲(家天下)의 역사가 시작됨. 이를 "傳子而不傳賢"이라 함.《史記》에서는 五帝本紀 다음 첫 왕조로 夏本紀가 시작됨.《史記》夏本紀에 "夏禹, 名曰文命. 禹之父曰鯀, 鯀之父曰帝顓頊, 顓頊之父曰昌意, 昌意之父曰黃帝. 禹者, 黃帝之玄孫而帝顓頊之孫也. 禹之曾大父昌意及

浙江 紹興 會稽山 頂上 大禹像

父鯀皆不得在帝位, 爲人臣"이라 하였으며,《十八史略》(1)에 "夏后氏禹: 姒姓, 或曰名文命, 鯀之子, 顓頊孫也. 鯀湮洪水, 舜擧禹代鯀, 勞身焦思, 居外十三年, 過家門不入"이라 함.

【苦成】越나라 大夫.《國語》吳語에는 越나라 五大夫의 하나라 하였음.

【曆數】하늘이 정해 놓은 왕조의 대수나 기간. 天道. 왕조가 교체되는 차례.

【黃帝】중국 상고시대의 帝王. 中原 각 부족의 共同 先祖. 公孫氏이며 姬水 가에 살아 姬姓으로도 부름. 軒轅의 언덕을 근거지로 발전하여 軒轅氏로도 불리며 나라를 有熊이라 하여 有熊氏로도 부름. 姜姓의 炎帝(神農氏)와 九黎族의 受領 蚩尤를 물리치고 각 부락의 聯盟 首領이 되었으며 土德으로 왕이 되었다 하여 黃帝로 칭함. 道家의 시조로 여겨 黃老術의 원조가 되기도 함.《十八史略》(1)에 "黃帝: 公孫姓, 又曰姬姓, 名軒轅, 有熊國君, 少典子也. 母見大電繞北斗樞星, 感而生帝. 炎帝世衰, 諸侯相侵伐, 軒轅乃習用干戈以征不享, 諸侯咸歸之. 與炎帝戰于阪泉之野, 克之. 蚩尤作亂, 其人銅鐵額, 能作大霧, 軒轅作指南車, 與蚩尤戰於涿鹿之野禽之, 遂代炎帝爲天子. 土德王, 以雲紀官, 爲雲師. 作舟車以濟不通, 得風后爲相, 力牧爲將. 受河圖. 見日月星辰之象, 始有星官之書. 師大撓占斗建作甲子, 容成造曆, 隷首作算數. 伶倫取嶰谷之竹, 制十二律箭, 以聽鳳鳴. 雄鳴六, 雌鳴六. 以黃鐘之宮生六律六呂, 以候氣應, 鑄十二鐘, 以和五音. 嘗晝寢, 夢遊華胥之國, 怡然自得. 其後天下大治, 幾若華胥. 世傳: 黃帝采銅鑄鼎, 鼎成, 有龍垂胡髥下迎. 帝騎龍上天, 羣臣後宮從者七十餘人, 小臣不得上, 悉持龍髥, 髥拔,

墮弓, 抱其弓而號. 後世名其處曰鼎湖; 其弓曰烏號. 黃帝二十五子, 其得姓者 十四"라 함.

【堯傳天子】盧文弨는 "天子, 疑爲天下"라 함.

【三王】夏, 殷, 周 三代의 개국군주. 禹, 湯, 文王, 武王 등 4명의 聖王을 가리키며 흔히 王道政治를 실현하여 백성의 고통을 해결해준 인물들로 거론되어 儒家 에서 성인으로 추대함.

【臣弑其君】三王은 실제 자신들이 모시고 있던 군주를 弑殺하고 나라를 세운 것임.

【五霸】春秋시대 尊王攘夷의 기치를 걸고 霸道政治로써 천하를 이끌던 제후국의 군주들. 흔히 齊桓公, 宋襄公, 晉文公, 秦穆公, 楚莊王을 들고 있으나 그 외에 昆吾, 大彭, 豕韋, 齊桓公, 晉文公을 들기도 하며, 혹 齊桓公, 晉文公, 秦穆公, 楚莊王, 吳王 闔閭를, 또는 齊桓公, 晉文公, 楚莊王, 吳王 闔閭, 越王 句踐을 들기도 함.

【子弑其父】五霸의 시대에는 자식이 아비를 弑하는 일이 비일비재하였음.《史記》 太史公自序에 "春秋之中, 弑君三十六, 亡國五十二, 諸侯奔走不得保其社稷者 不可勝數, 察其所以皆失其本已. 故《易》曰:「失之毫釐, 差以千里.」 故曰: 臣弑 君子弑父非一旦非一夕也"라 함.

> ### 참고 및 관련 자료

1.《韓非子》喩老篇

句踐入宦於吳, 身執干戈爲吳王洗馬, 故能殺夫差於姑蘇. 文王見詈於王門, 顔色不變, 而武王擒紂於牧野. 故曰:「守柔曰强.」越王之霸也, 不病宦; 武王之 王也, 不病詈. 故曰:「聖人之不病也, 以其不病, 是以無病也.」

121(7-3)
선군先君의 치욕

월왕이 말하였다.

"남을 잘 임용한 자는 그 자신이 치욕을 당하지 아니하며, 자신 뜻대로만 하는 자는 그 나라를 위태롭게 하는 법이오. 대부들은 모두가 아직 이르지도 않을 일, 즉 적을 뒤엎고 원수를 깨뜨리며 앉아서 태산泰山과 같은 큰 복이 올 것만을 앞서서 미리 꿈꾸고 있구려. 지금 과인은 궁함에서 지키느라 이와 같건만 탕湯과 문왕文王이 곤액을 치른 뒤에 반드시 패자가 되었다고 지껄이고 있으니 어찌 말이 이렇게도 예의禮儀에 어긋나오? 무릇 군자는 촌음寸陰을 다툴 뿐 주옥珠玉 따위는 버리는 것이오. 지금 과인이 바라는 것은 전쟁의 걱정에서 벗어나는 것인데 도리어 적의 손에 묶인 채 내 자신은 노예가 되고 내 아내는 복첩이 되어, 가서는 돌아오지 못하고 적국에서 객사하게 될 상황이오. 만약 혼백이 있다면 선군에게 부끄러울 것이요, 죽어서 아무것도 모른다 해도 몸과 뼈는 내팽개쳐지는 꼴을 당하게 되었소. 그런데 어찌 대부들의 말씀은 과인의 뜻에 그렇게도 부합하지 못하오?"

越王曰:「任人者不辱身, 自用者危其國. 大夫皆前圖未然之端, 傾敵破讎, 坐招泰山之福. 今寡人守窮若斯,

而云湯, 文困厄後必霸, 何言之違禮儀? 夫君子爭寸陰
而棄珠玉. 今寡人冀得免於軍旅之憂, 而復反係獲敵人
之手, 身爲傭隸, 妻爲僕妾, 往而不返, 客死敵國. 若魂
魄有, 愧於前君; 其無知, 體骨棄捐. 何大夫之言不合於
寡人之意?」

【未然之端】일어나지도 않은 먼 훗날의 事端.

【泰山之福】태산과 같은 큰 복. 혹 泰山에서 封禪을 하여 帝王이 될 큰 꿈.

【禮儀】신하로서 군주인 자신에 대한 禮와 態度를 나무란 것.

【寸陰】아주 짧은 시간. 시간을 아주 귀히 여길 때 쓰는 말. 여기서는 지금 당장의
해결책이 급함을 강조한 것.

【係獲】'係'는 '繫'와 같음. 붙들림. '獲'은 상대에게 포로가 됨. 그러나 徐天祜는
"獲, 當作於"라 하여 '係於'가 되어야 한다고 보았음.

【傭隸】남에게 고용살이나 奴隸처럼 되는 것.

【若魂魄有】徐天祜는 "此下當有知字라 하여 "若魂魄有知"로 보았음.

122(7-4)
곤액困厄을 당한 뒤에야 강해지는 법

이에 대부 문종과 범려가 말하였다.

"옛 사람의 말을 들으니 '평소 그윽하지 못하면 뜻이 넓어질 수 없고, 몸이 근심이 없으면 생각이 원대해질 수 없다' 하더이다. 성왕聖王이나 현주賢主라도 모두가 곤액의 어려움을 만날 수 있으며 용서받지 못할 치욕을 당할 수 있는 것입니다. 몸이 구속되면 그 이름이 높아지는 것이며 자신이 치욕을 당하면 명성이 영화로운 수 있는 것이니 비천한 곳에 처한다 할지라도 이를 증오로 여기지 아니하며 위험한 곳에 처하더라도 이를 박명薄命하다 여기지 않아야 합니다. 오제五帝는 덕이 풍성하여 궁액의 한스러움이 없어야 하건만 그럼에도 홍수의 우환이 있었습니다. 문왕文王은 주紂에게 포악하고 곤핍을 당하는 치욕을 지켜내었고 세 번이나 옥에 갇히는 고통이 떠나지 않았습니다. 울면서 그 원통함을 받았고 곡을 하며 다니면서 노예가 되었으나 《역易》을 풀어 괘를 만들었으니 하늘이 도와준 것입니다. 그 고통의 기간을 넘기자 비否가 끝나고 태泰가 이르러 제후들이 모두 나서서 구제해 주어 문왕의 운명은 상서로운 징조가 나타났던 것입니다. 그리하여 주렵朱鬣과 현호玄狐가 나타났고 보필하는 신하들은 마치 머리를 묶어 부부가 된 관계처럼 감옥을 헐고 차꼬를 부수어 그를 나라로 돌아와 덕을 닦도록 하여 드디어 그 원수를 칠 계책을 성공시켰던 것입니다. 해내海內를 거머쥐기가 마치 손을 뒤집는 것처럼 쉬웠으며, 천하가 그를 우두머리로 삼으니 그 공이 만세에 드리워지게 된 것입니다. 대왕께서 곤액에 처하셨으나 저희들 신하는 정성을 다해 모책을 짤 것입니다. 무릇 뼈를 절단할 수 있는 좋은 칼은 하찮은 것을 깎는 데에는 이로움이 없을 수도 있으며, 능히 철을 뚫을 수 있는 창은 머리카락이나 베는 편리함은 없을 수 있으며, 모책을 세울 선비는 그 자리에서 흥발시키는 논설을 펴지 못할 수도 있습니다. 지금 제가 천문天文을 다 따져 보고 지적地籍을 모두 들여다보았더니 천지 음양의 두 기氣가 함께 싹트고 있으며 존망이 각기 다른 곳에 있습니다. 저들이 흥하면 우리가 치욕을 입는 것이요, 우리가 제패하면 저들이 망하는 것입니다. 두 나라가 천지의 도를 두고 다투고 있으니 어디로 갈지 알 수 없습니다. 왕께서 당하는 위험은 천도의 운명인데 어찌 반드시 스스로 애처롭게만 여기십니까? 무릇 길吉이라고 하는 것은 흉凶의 문이며, 복이라고 하는 것은 화의 뿌리입니다. 지금 대왕께서 비록 곤액에 처하여 있지만 이것이 곧 창달暢達의 전조가 아닐지 누가 알겠습니까?"

대부 계예計硯가 말하였다.

"지금 왕께서는 나라를 이 회계會稽에 두신 채 궁하게 오吳나라로 가시니 말씀이 슬프고 언사가 고통스러워 신하들이 울고 있습니다. 비록 한에 맺힌 마음에 격동하지 않음이 없기는 하지만, 왕께서는 어찌 고의로 거짓말을 하여 이로써 서로를 속이게 하십니까? 저는 진실로 대왕의 태도에 동의할 수 없습니다."

於是大夫種, 范蠡曰:「聞古人曰:『居不幽, 志不廣; 形不愁, 思不遠.』聖王賢主, 皆遇困厄之難, 蒙不赦之恥, 身拘而名尊, 軀辱而聲榮; 處卑而不以爲惡, 居危而不以爲薄. 五帝德厚, 而窮厄之恨, 然尚有泛濫之憂. 三守暴困之辱, 不離三獄之囚; 泣涕而受冤, 行哭而爲隸, 演《易》作卦, 天道佑之; 時過於期, 否終則泰; 諸侯並救, 王命

見符; 朱鼈, 玄狐, 輔臣結髮, 折獄破械, 反國修德, 遂計
其雖; 擢假海內, 若覆手背; 天下宗之, 功垂萬世. 大王
屈厄, 臣誠盡謀. 夫截骨之劍, 無削剟之利; 含鐵之矛,
無分髮之便; 建策之士, 無暴興之說. 今臣遂天文, 案墜籍,
二氣共萌, 存亡異處. 彼興, 則我辱; 我霸, 則彼亡. 二國
爭道, 未知所就. 君王之危, 天道之數, 何必自傷哉? 夫吉者,
凶之門; 福者, 禍之根. 今大王雖在危困之際, 孰知其非暢
達之兆哉?」

　大夫計硯曰:「今君王國於會稽, 窮於入吳, 言悲辭苦,
群臣泣之. 雖則恨悵之心, 莫不感動, 而君王何爲謾辭
譁說, 用而相欺? 臣誠不取.」

【大夫種】大夫 文種.
【范蠡】越나라 大夫. 字는 少伯. 文種과 함께 越나라를 승리로 이끈 대신. 越나라가
　吳나라에 패했을 때 3년을 臣僕으로 고생하다가 돌아와 句踐을 도와 吳나라를
　멸하는데 큰 공을 세웠음. 그리고 즉시 句踐을 피해 이름을 鴟夷子皮로 바꾸고
　몸을 숨겨 三江口를 거쳐 五湖로 나서 齊나라 陶 땅으로 옮겨가 陶朱公이라
　칭하였으며 장사에 뛰어들어 큰 부자가 됨. 그의 많은 일화는《國語》越語(下),
　《左傳》,《史記》越王句踐世家, 貨殖列傳,《越絶書》등에 자세히 실려 있음.
　徐天祜 注에 "范蠡, 楚三尸人也. 字少伯"이라 함.
【五帝】五帝는 皇帝·顓頊·帝嚳·帝堯·帝舜.《史記》五帝本紀에는 黃帝(軒轅氏,
　有熊氏), 顓頊(高陽氏), 帝嚳(高辛氏), 帝堯(陶唐氏), 帝舜(有虞氏)을 들고 있으나
　《十八史略》에는 少昊(金天氏), 顓頊(高陽氏), 帝嚳(高辛氏), 帝堯(陶唐氏), 帝舜
　(有虞氏)」을 들고 있음.
【而窮厄之恨】徐天祜는 "而, 當作無"라 하여 '而'는 '無'의 오기임.
【尙有泛濫之憂】徐天祜는 "此下疑有闕文"이라 함.
【三守暴困之辱】뜻으로 보아 文王이 紂에게 당한 곤욕을 말함. '三'은 '王'의 오기.

文王을 가리킴.

【不離三獄之囚】 紂에 의해 羑里에 갇혔던 일을 말함.

【受寃】 文王의 長子 伯邑考가 殷나라에 인질로 가자 紂가 그를 죽여 肉湯을 만들어 文王에게 보냈다 함.

【演易作卦】 文王이 《周易》의 八卦를 늘려 64괘로 만듦.《史記》周本紀에 "西伯 蓋卽位五十年. 其囚羑里, 蓋《益》易之八卦爲六十四卦"라 함. 演은 '늘임, 발전시킴'의 뜻.《蒼頡篇》에 "演, 引之也"라 함. 한편《易》은 고대《連山易》,《歸藏易》,《周易》이 있었으며 고대 占卜書이면서 동시에 修養書였음. 지금의《周易》은 周代의《易》으로 三經, 五經, 六經, 十三經의 하나로서 伏羲가 '八卦'를 짓고 文王이 '六十四卦'로 늘였으며 孔子가 '十翼'을 지어 지금의 주역이 되었음.

【否終則泰】 '否'와 '泰'는《周易》의 卦名. 12번째의 '否'괘는 '비'로 읽으며 비색(否塞)의 뜻. '꽉 막혀 움직일 수 없음'을 뜻함. 11번째의 '泰'는 泰安의 뜻으로 '어떤 일도 순조롭게 풀림'을 뜻함. 否卦는 坤下乾上(☷下☰上)로 이루어져 있으며 "否之匪人, 不利, 君子貞; 大往小來. 象曰:「否之匪人, 不利, 君子貞; 大往小來.」則是天地不交而萬物不通也, 上下不交而天下无邦也. 內陰而外陽, 內柔而外剛, 內小人而外君子: 小人道長, 君子道消也. 象曰: 天地不交, 「否」; 君子以儉德辟難, 不可榮以祿. 初六, 拔茅茹, 以其彙; 貞吉, 亨. 象曰:「拔茅貞吉」, 志在君也. 六二, 包承, 小人吉; 大人否, 亨. 象曰:「大人否, 亨」, 不亂羣也. 六三, 包羞. 象曰:「包羞」, 位不當也. 九四, 有命无咎, 疇離祉. 象曰:「有命无咎」, 志行也. 九五, 休否, 大人吉; 其亡其亡, 繫于苞桑. 象曰:「大人之吉」, 位正當也. 上九, 傾否; 先否後喜. 象曰: 否終則傾, 何可長也!"라 함. 한편 泰卦는 乾下坤上(☰下☷上)로 이루어져 있으며 "泰: 小往大來, 吉, 亨. 象曰:「泰: 小往大來, 吉, 亨.」則是天地交而萬物通也, 上下交而其志同也. 內陽而外陰, 內健而外順, 內君子而外小人. 君子道長. 小人道消也. 象曰: 天地交, 泰; 后以財成天地之道, 輔相天地之宜, 以左右民. 初九, 拔茅茹, 以其彙; 征吉. 象曰:「拔茅征吉」, 志在外也. 九二, 包荒, 用馮河, 不遐遺; 朋亡, 得尚于中行. 象曰:「包荒」,「得尚于中行」, 以光大也. 九三, 无平不陂, 无往不復; 艱貞无咎, 勿恤其孚, 于食有福. 象曰:「无往不復」, 天地際也. 六四, 翩翩, 不富, 以其鄰不戒以孚. 象曰:「翩翩不富」, 皆失實也;「不戒以孚」, 中心願也. 六五, 帝乙歸妹, 以祉元吉. 象曰:「以祉元吉」, 中以行願也. 上六, 城復于隍; 勿用師, 自邑告命, 貞吝. 象曰: 城復于隍, 其命亂也"라 함.

【諸侯並救】 제후들이 나서서 함께 문왕을 구출해냄.《史記》殷本紀에 "百姓怨望而諸侯有畔者, 於是紂乃重刑辟, 有炮格之法. 以西伯昌, 九侯, 鄂侯爲三公. 九侯

有好女, 入之紂. 九侯女不憙淫, 紂怒, 殺之, 而醢九侯. 鄂侯爭之彊, 辨之疾, 幷脯鄂侯. 西伯昌聞之, 竊嘆. 崇侯虎知之, 以告紂, 紂囚西伯羑里. 西伯之臣閎夭之徒, 求美女奇物善馬以獻紂, 紂乃赦西伯. 西伯出而獻洛西之地, 以請除炮格之刑. 紂乃許之, 賜弓矢斧鉞, 使得征伐, 爲西伯. 而用費中爲政. 費中善諛, 好利, 殷人弗親. 紂又用惡來. 惡來善毀讒, 諸侯以此益疏"라 함.

【見符】祥瑞로운 징조가 나타남. '符'는 '祥, 瑞'의 뜻.《史記》蘇秦列傳〈正義〉에 "符, 瑞兆也"라 함.

【朱鬣, 玄狐】朱鬣은 붉은 갈기가 있는 名馬. 玄狐는 '玄豹'여야 하며 검은 표범을 가리킴. 瑞獸로 여겼음.《淮南子》道應訓에 "屈商乃拘文王於羑里. 於是散宜生乃以千金求天下之珍怪, 得騶虞, 鷄斯之乘, 玄玉百工, 大具百朋, 玄豹, 黃羆, 靑犴, 白虎文皮千合, 以獻於紂, 因費仲而通. 紂見而說之, 乃免其身, 殺牛而賜之文王歸, 乃爲玉門, 築靈臺, 相女童, 擊鐘鼓, 以待紂之失也. 紂聞之, 曰:「周伯昌改道易行, 吾無憂矣.」乃爲炮烙, 剖比干, 剔孕婦. 殺諫者 文王乃遂其謀"라 하였고, 《藝文類聚》(93)에 인용된《六韜》에 "商王拘周伯昌於羑里, 太公與散宜生以金千鎰, 求天下珍物以免君之罪. 於是得犬戎氏文馬, 豪毛朱鬣, 目如黃金, 名雞斯之乘, 以獻商王"이라 함.

【結髮】부부가 머리를 묶어 한마음 한뜻이 되듯이 신하들이 문왕을 모셨음을 말함.

【擢假】駕御와 같음. 통솔함. 馭車함. 다스림.《淮南子》俶眞訓 注에 "擢, 取也"라 하였고, 〈齊俗訓〉注에는 "假, 上也"라 하여 '가장 상급의 통치를 취하다'의 뜻.

【無削剟之利】단칼에 뼈를 자를 칼이라 해도 작은 물건을 깎거나 다듬는 데는 편리하지 않을 수 있음.

【名鐵之矛】'名'은 '陷'과 같음. 陷入, 뚫고 들어감. 강한 철을 陷沒시킬 만한 창.

【暴興之說】그 자리에서 즉시 흥기할 수 있는 이론의 논설. '暴'는 '卽時, 卽發, 突然'의 뜻.

【遂天文】'天文'은 아래의 '地籍'에 상대하여 쓴 말. 하늘의 氣象이나 日月星辰의 運行現象 등으로 통해 變化를 짐작하는 것. '遂'는 '窮究'와 같음.《漢書》藝文志 注에 "遂, 猶究也"라 함.

【案隆籍】'隆'는 '墜'의 오기. 따라서 '墜籍'은 '墜籍'이어야 하며 '墜'는 '地'의 古字. 蔣光煦《斠補隅錄》의《吳越春秋札記》에는 "宋本作隆, 卽古地字"라 하였고, 《字彙》土部에 "墜, 古文地字"라 함.《楚辭》王褒의〈九懷〉에 "天門兮墜戶, 孰由兮賢者?"라 함.

【吉者, 凶之門】《老子》(58)에 “禍, 福之所倚; 福, 禍之所伏”이라 함.

【計硯】越나라 대부.《越絶書》에는 ‘計倪’로 표기되어 있음. 이 경우 ‘계예’로 읽어야 하나 范蠡의 스승 ‘計然’과 동일인으로 볼 경우 ‘계연’으로 읽음.《史記》 貨殖列傳 “乃用范蠡, 計然”의 〈集解〉에 “徐廣曰: 「計然者, 范蠡之師也, 名研, 故諺曰: 研, 桑心算.」 駰案: 范子曰: 「計然者, 蔡丘濮上人, 姓辛氏, 字文子, 其先 晉國亡公子也, 嘗南游於越, 范蠡師事之.」라 하였고, 〈索隱〉에는 “韋昭云: 「計然, 范蠡師也.」 蔡謨云: 「蠡所著書名《計然》」 蓋非也.《吳越春秋》謂之計倪,《漢書》 古今人表計然列在第四, 則倪之與研是一人, 聲相近而相亂耳”라 하여 서로 다른 인물로 보기도 하였음. 이에 ‘계예’로 읽음. 고대 人名은 흔히 雙聲, 疊韻이 많아 ‘계예’가 맞을 것으로 여겨짐. 〈三民本〉에도 ‘ní’로 읽고 있음.

【恨恨】한스럽고 서러움.

【謾辭譁說】말을 마구함. 거짓과 황당한 말. 虛言張說, 胡言亂語와 같음.

123(7-5)
오나라에 입신入臣하기 전의 당부

월왕이 말하였다.

"과인은 장차 오나라로 들어감에 여러 대부들에게 나라일로 힘들게 하려 하오. 원컨대 각자 스스로 말해주시오. 내 장차 그대들에게 위촉하려 하오."

대부 고여皐如가 말하였다.

"제가 들은 바로 대부 문종文種은 충성스럽고 모책을 잘 짜기에 백성들이 그의 지혜를 친히 여기며, 선비들은 그에게 쓰이기를 즐겁게 여깁니다. 지금 그 한 사람에게 나라를 맡기면 방법으로 볼 때 틀림없이 반드시 지켜낼 것인데 하필 마음 내키는 대로 하여 신하들에게 대명을 맡기시려 하십니까?"

대부 설용曳庸이 말하였다.

"대부 문종은 나라의 동량이요 임금의 조아爪牙입니다. 무릇 기驥와 같은 명마는 하찮은 말과 짝을 지어 달리도록 할 수 없고, 해와 달은 함께 비출 수 없는 것입니다. 임금께서 나라를 문종에게 맡기신다면 천만 가지의 강기綱紀가 제대로 되지 않는 것이 없을 것입니다."

월왕이 말하였다.

"무릇 이 나라는 선왕의 나라입니다. 나는 힘이 약하고 세력이 열등하여 사직을 능히 지켜내지도, 종묘를 제대로 받들지도 못하였습니다. 내 듣기로 '아버지가 죽으면 아들이 이어받고, 임금이 없어지면 신하가 친해져서 단결된다' 하였소. 지금 사정으로는 여러 대부들을 버리고 오나라에 나그네로 가야 하니 나라를 맡기고 백성을 귀속시킬 일을 그대들에게 부탁하는 것이니 이것이 내가 행할 일이요 역시 그대들이 근심해야 할 일이오. 임금과 신하는 같은 길을 가는 것이며 아버지와 아들은 같은 기를 함께한 것이니 이것이 천성天性의 자연스러운 이치입니다. 어찌 임금이 있다고 해서 충성을 다하고 임금이 없다고 해서 믿음이 없을 수 있겠소? 그런데 대부들께서는 어찌 일을 논함에 한 번은 의견이 합쳤다가 한 번은 분리되어 나의 마음으로 하여금 결정을 내릴 수 없도록 하는 것이오? 무릇 나라를 밀고 가고 훌륭한 이를 임용하며, 공적의 성취를 헤아리는 것은 임금의 사명이요, 명령을 받들어 이치대로 하며 그 본분을 잃지 않아야 하는 것은 신하로서의 직분입니다. 내 여러 대부들을 돌아보건대 각기 자신의 능력으로써 할 수 있을 것으로 여겨 단지 '위질委質'이라고 말할 따름이오. 아! 슬프도다!"

계예計硏가 말하였다.

"왕께서 진술하신 바는 진실로 이치에 맞습니다. 옛날 탕湯이 하夏나라로 붙들려 갈 때 나라를 문사文祀에게 맡겼고, 서백西伯이 은殷나라로 갈 때 나라를 두 노신老臣에게 맡겼습니다. 지금 곧 여름이 다가올 때 오나라로 가시니 돌아오고야 말겠다는 데에 뜻을 두십시오. 무릇 시장에 나가는 안주인은 집에 남아 있는 맏아들에게 청소를 잘할 것을 부탁하는 법이요, 밖으로 나가는 군주는 신하에게 나라를 잘 지키고 있도록 명령을 내리는 것입니다. 자식은 여러 가지 할 일을 묻는 것이요, 신하는 자신이 능히 할 수 있는 일을 모책하는 것입니다. 임금께서 지금 선비들로 하여금 각기 가지고 있는 뜻을 펴도록 하셨기에 우리는 각기 그 뜻을 진술하여 능한 자를 추천하고 마땅히 해야 할 일을 논의한 것입니다."

월왕이 말하였다.

"대부의 논의가 옳습니다. 나는 장차 떠나면서 그대들에게 풍간諷諫을 듣고 싶었던 것입니다."

越王曰:「寡人將去入吳, 以國累諸侯大夫, 願各自述, 吾將屬焉.」

大夫皐如曰:「臣聞大夫種忠而善慮, 民親其知, 士樂爲用. 今委國一人, 其道必守. 何順心佛命群臣?」

大夫曳庸曰:「大夫文種者, 國之梁棟, 君之爪牙. 夫驥不可與匹馳, 日月不可並照. 君王委國於種, 則萬綱千紀無不擧者.」

越王曰:「夫國者, 前王之國. 孤力弱勢劣, 不能遵守社稷, 奉承宗廟. 吾聞:『父死子代, 君亡臣親.』今事棄諸大夫, 客官於吳, 委國歸民, 以付二三子, 吾之由也, 亦子之憂也. 君臣同道, 父子共氣, 天性自然. 豈得以在者盡忠, 亡者爲不信乎? 何諸大夫論事一合一離, 令顧懷心不定也? 夫推國任賢, 度功積成者, 君之命也; 奉教順理, 不失分者, 臣之職也. 吾顧諸大夫以其所能, 而云『委質』而已. 於乎! 悲哉!」

計硯曰:「君王所陳者, 固其理也. 昔湯入夏, 付國於文祀; 西伯之殷, 委國於二老. 今懷夏將滯, 志在於還. 夫適市之妻, 教嗣糞除; 出亡之君, 勑臣守禦. 子問以事, 臣謀以能. 今君王欲士之所志, 各陳其情, 擧其能者, 議其宜也.」

越王曰:「大夫之論是也. 吾將逝矣, 願諸君之風.」

【累諸侯大夫】'累'는 '폐를 끼치다. 힘들게 하다'의 뜻이며, '侯'는 연문임. 徐乃昌은 "按侯字, 疑衍"이라 함. 〈四庫全書〉에는 '侯'자가 없음.

【種】大夫 文種. 자는 子禽, 혹 少禽, 會. 越나라 대부로 智謀가 있어 范蠡와 함께 句踐을 도와 吳나라에게 복수를 하고 句踐을 霸者로 만든 名臣. 그 뒤에 范蠡가 떠나고 句踐에게 죽임을 당함. 그러나 徐天祜 注에는 "大夫種, 姓文氏, 字會.

楚之鄒人"이라 함.

【屬焉】 '屬'은 '囑'과 같음.

【皐如】 越나라 大夫. 후에 文種을 모함에 빠뜨려 죽게 한 인물임.

【民親其知】 '知'는 '智'와 같음. '智謀'를 뜻함.

【順心佛命群臣】 '順心'은 "자신의 마음내키는 대로 따름". '佛命'은 大命. '佛'은 '大'와 같으며 '필'로 읽음. 徐天祜 注에 "言一人足矣, 何必從心所欲, 大命群臣也?" 라 함.

【曳庸】 越나라 대부. 099에는 '洩庸'으로 표기되어 있으며 《國語》吳語와 《左傳》 哀公 26年에는 '舌庸'으로 표기되어 있음. 따라서 '설용'으로 읽어야 함.

【梁棟】 棟梁과 같음. 대들보. 가장 중요한 대신.

【爪牙】 손톱과 어금니. 猛禽類에게는 발톱이 무기이며 猛獸類에게는 어금니가 가장 중요한 무기이듯이 그처럼 필요한 신하를 비유함.

【驥】 천리마.

【匹馳】 짝을 지어 달리게 함.

【萬綱千紀】 '萬千綱紀', '千萬紀綱'과 같음. '綱紀'는 '紀綱'과 같음. 가장 중요한 벼리. 《墨子》尙同(上)에 "譬若絲縷之有紀, 罔罟之有綱"이라 함.

【客官於吳】 '官'은 '宦'의 와자. '宦'은 '僕'과 같음. 남의 부림을 받는 벼슬을 뜻함. 《國語》越語(下)에 "與范蠡入宦於吳"라 하였고 韋昭 注에 "宦, 爲臣隷也"라 함.

【吾之由也】 내가 실행해야 할 일. '由'는 '行'과 같음. 《廣雅》 釋詁에 "由, 行也" 라 함.

【委質】 고대 처음 임금을 모실 때 반드시 먼저 그 이름을 策에 기록하여 임금에게 목숨을 맡기는 의식을 하였으며 이를 일러 '委質'이라 함. 《史記》 仲尼弟子列傳 "子路後儒服委質"의 〈索隱〉에 "服虔注《左氏》云:「古者始事, 必先書其名於策, 委死之質於君, 然後爲臣, 示必死節於其君也.」"라 함. 여기서는 "나에게 죽음으로써 충성을 맹세해 주기를 바란다"의 뜻.

【於乎】 '오호'로 읽으며 '嗚呼'와 같음. 감탄사.

【湯入夏】 商湯이 夏나라 桀에게 들어가 夏臺에 감금됨. 앞장 참조.

【文祀】 商 湯王의 신하. 湯이 夏臺에 갇혀 있는 동안 湯의 부탁을 받고 나라를 지킨 신하.

【西伯之殷】 西伯은 昌. 文王. 姬昌. 殷末 서쪽에 영향력이 커 紂에 의해 西伯으로 칭해졌었음. 武王(姬發)의 아버지이며 周나라 창건자. 그가 羑里에 갇히기 위해 은나라로 감. '之'는 實辭.

【二老】散宜生과 閎夭. 西伯昌이 羑里에 갇혀 있는 동안 周나라를 지킨 두 명의 老臣.

【懷夏將滯】'滯'는 蔣光煦의 《斠補隅錄》《吳越春秋》에 "〈宋本〉遰"라 하였음. 孫詒讓은 "案:〈宋本〉是也. 《說文》辵部: 「遰, 去也.」《大戴禮記》夏小正〈傳〉云: 「遰, 往也.」"라 함. 한편 '懷'는 '遝'으로 '迨'와 같으며 《方言》에 "迨, 及也"라 하여 이는 "至夏將往"의 뜻이라 하였음. 즉 "여름에 이르러 장차 오나라로 가다"의 뜻임.

【糞除】집안을 청소함. 본래 여인들이 하는 일이나 자신은 장사꾼의 아내로 시장에 나가야 하므로 아들에게 이 일을 맡김.

【敕】'敕'과 같음. 임금의 敕命.

【願諸君之風】徐天祜는 "願下當有聞字"라 하여 "願聞諸君之風"이어야 한다고 보았음. '風'은 諷諫, 意見을 뜻함.

참고 및 관련 자료

1. 《國語》越語(下)

越王句踐卽位三年而欲伐吳, 范蠡進諫曰: 「夫國家之事, 有志盈, 有定傾, 有節事」 王曰: 「爲三者, 奈何?」 對曰: 「持盈者與天, 定傾者與人, 節事者與地. 王不問, 蠡不敢言. 天道盈而不溢, 盛而不驕, 勞而不矜其功. 夫聖人隨時以行, 是謂守時. 天時不作, 弗爲人客; 人事不起, 弗爲之始. 今君王未盈而溢, 未盛而驕, 不勞而矜其功, 天時不作而先爲人客, 人事不起而創爲之始, 此逆於天而不和於人. 王若行之, 將妨於國家, 靡王躬身.」 王弗聽. 范蠡進諫曰: 「夫勇者, 逆德也; 兵者, 凶器也; 爭者, 事之末也. 陰謀逆德, 好用凶器, 始於人者, 人之所卒也; 淫佚之事, 上帝之禁也, 先行此者, 不利.」 王曰: 「無是貳言也, 吾已斷之矣!」 果興師而伐吳, 戰於五湖, 不勝, 棲於會稽. 王召范蠡而問焉, 曰: 「吾不用子之言, 以至於此, 爲之奈何?」 范蠡對曰: 「君王其忘之乎? 持盈者與天, 定傾者與人, 節事者與地.」 王曰: 「與人奈何?」 對曰: 「卑辭尊禮. 玩好女樂, 尊之以名. 如此不已, 又身與之市」 王曰: 「諾」 乃命大夫種行成於吳, 曰: 「請士女女於士, 大夫女女於大夫, 隨之以國家之重器.」 吳人不許. 大夫種來而復往, 曰: 「請委管籥屬國家, 以身隨之, 君王制之.」 吳人許諾. 王曰: 「蠡爲我守於國」 對曰: 「四封之內, 百姓之事, 蠡不如種也. 四封之外, 敵國之制, 立斷之事. 種亦不如蠡也.」 王曰: 「諾」 令大夫種守於國, 與范蠡入宦於吳.

124(7-6)
남아 있는 신하들의 임무

대부 문종이 말하였다.

"무릇 안으로 나라의 강토疆土 일을 잘 닦고, 밖으로 백성들을 경전耕戰에 대비하도록 하는 일, 그리고 황무지나 황폐하여 버려진 땅이 없도록 하며 백성들이 가까이 다가오도록 하는 것, 이는 제가 할 일입니다."

대부 범려范蠡가 말하였다.

"위난에 처한 임금을 보필하고 망해가는 나라를 존속시키며 굴액屈厄의 난을 부끄럽게 여기지 아니하며 치욕을 입은 땅을 안전하도록 지켜, 갔으나 반드시 되돌아와서는 임금과 함께 원수를 갚는 일, 이는 제가 할 일입니다."

대부 고성苦成이 말하였다.

"임금의 명령을 발동시키고, 임금의 덕을 밝히며, 궁할 때는 함께 그 액을 이겨내며, 나아가서는 함께 패도를 이루며, 번거로움을 통솔하고 어지러움을 잘 다스려 백성들로 하여금 본분을 알도록 하는 것, 이는 제가 할 일입니다."

대부 설용曳庸이 말하였다.

"명령을 받들어 사신의 임무를 받고 제후들과 화평을 체결하며, 명령을 소통시키고 주제를 통달시켜 선물을 보내면 예물이 오도록 하며 근심을 해결하고 우환을 풀어버려 서로 의심하는 바를 없도록 하는 것, 이는 제가 할 일입니다."

대부 호皓가 나서서 말하였다.

"한 마음으로 뜻을 같게 하여 위로는 뜻한 대로 같게 하며 아래로는 명령을 위배함이 없이 임금의 명령을 힘써 따르고 덕을 닦고 의를 실천하여 믿음을 지켜 예 것을 교훈으로 삼아, 그릇됨에 임해서는 의심을 결단하고 임금이 착오를 저지르면 신하는 간언하여 곧은 마음으로 하여 꺾임이 없으며 잘못을 들추어 공평하게 줄을 세우며, 친척에게 빌붙지 아니하고 밖으로 사사로운 짓을 하지 않으며, 몸을 바쳐 임금을 모시기를 시종 하나의 직분으로 여기는 것, 이는 제가 할 일입니다."

대부 제계영諸稽郢이 말하였다.

"적을 바라보고 진陣을 설치하여 화살을 날리고 무기를 휘저어 적의 배를 밟고 시신을 넘어서서 피를 흘려 홍건하게 하며, 전진만을 탐내어 물러서지 아니하여, 두 군사가 마주치며, 적을 패배시키고 무리를 공격하여 그 위엄이 백방百邦을 넘지르게 하는 일, 이는 제가 할 일입니다."

대부 고여皋如가 말하였다.

"덕을 닦아 은혜를 베풀고, 백성을 위무하며, 걱정되고 힘든 일에 몸소 임하며, 움직일 때면 곧바로 직접 나서며, 죽은 이를 조문하고 병든 이를 살려내며, 백성의 목숨을 구제하여 살려주며, 묵은 것을 묵은 것대로 새 것은 새 것대로 저축하되 음식에는 두 가지 이상의 맛을 차리지 아니하며 나라는 부강하며 백성은 충실하도록 하여 임금을 위해 인재를 길러내는 일, 이는 제가 할 일입니다."

대부 계예計硯가 말하였다.

"하늘과 땅을 살피고 관찰하고 음양의 벼리를 짚어보며, 변이와 재앙을 관찰하여 요상妖祥을 알아내며 해와 달의 색깔을 살피고 오정五精의 운행을 알아내어 복의 기운이 보이면 길할 것임을 알아내고, 요망의 기운이 나오면 흉할 것임을 알아내는 것, 이는 제가 할 일입니다."

월왕이 말하였다.

"내 비록 북쪽 나라에 들어가 몸은 오吳나라의 궁한 포로가 된다 해도 여러 대부들이 덕을 품고 능력을 안은 채 각기 하나씩의 본분을 지켜 사직을 보호할 것이라니 내 어찌 근심을 하겠습니까?"

그러고는 드디어 절강浙江에서 이별하자 신하들은 눈물을 흘리며 감격하여 슬퍼하지 않는 이가 없었다.

　월왕은 하늘을 바라보며 이렇게 탄식하였다.

　"죽음이란 사람이면 누구나 겁내는 것이다. 만약 죽었다는 말을 듣더라도 가슴 속에 출척함이 없기를."

　드디어 배에 올라 빠르게 떠나면서 끝내 되도 돌아보지 않았다.

　大夫種曰：「夫內修封疆之役, 外修耕戰之備; 荒無遺土, 百姓親附, 臣之事也.」

　大夫范蠡曰：「輔危主, 存亡國; 不恥屈厄之難, 安守被辱之地; 往而必反, 與君復讎者, 臣之事也.」

　大夫苦成曰：「發君之令, 明君之德; 窮與俱厄, 進與俱霸; 統煩理亂, 使民知分, 臣之事也.」

　大夫曳庸曰：「奉令受使, 結和諸侯; 通命達旨, 賂往遺來; 解憂釋患, 使無所疑; 出不忘命, 入不被尤, 臣之事也.」

　大夫皓進曰：「一心齊志, 上與等之; 下不違令, 動從君命; 修德履義, 守信溫故; 臨非決疑, 君誤臣諫, 直心不撓, 擧過列平; 不阿親戚, 不私於外; 推身致君, 終始一分, 臣之事也.」

　大夫諸稽郢曰：「望敵設陣, 飛矢揚兵; 履腹涉屍, 血流滂滂; 貪進不退, 二師相當; 破敵攻衆, 威凌百邦, 臣之事也.」

　大夫臯如曰：「修德行惠, 撫慰百姓; 身臨憂勞, 動輒躬親; 弔死存疾, 救活民命; 蓄陳儲新, 食不二味; 國富民實, 爲君養器, 臣之事也.」

大夫計硯曰:「候天察地, 紀歷陰陽; 觀變參災, 分別妖祥; 日月含色, 五精錯行; 福見知吉, 妖出之凶, 臣之事也.」

越王曰:「孤雖入於北國, 爲吳窮虜, 有諸大夫懷德抱術, 各守一分, 以保社稷, 孤何憂焉?」

遂別於浙江之上, 群臣垂泣, 莫不感哀.

越王仰天歎曰:「死者, 人之所畏. 若孤之聞死, 其於心胸中曾無怵惕.」

遂登船徑去, 終不返顧.

【種】大夫 文種. 자는 子禽, 혹 少禽, 會. 越나라 대부로 智謀가 있어 范蠡와 함께 句踐을 도와 吳나라에게 복수를 하고 句踐을 霸者로 만든 名臣. 그 뒤에 范蠡가 떠나고 句踐에게 죽임을 당함. 그러나 徐天祜 注에는 "大夫種, 姓文氏, 字會. 楚之鄒人"이라 함.

【封疆之役】봉지로 받은 강역 안의 모든 일. 내치.

【耕戰之備】'耕戰'은 원래 농사와 전투가 함께 부과되는 의무. 여기서는 생산을 늘려 전쟁에 대비함을 뜻함.

【范蠡】越나라 大夫. 字는 少伯. 文種과 함께 越나라를 승리로 이끈 대신. 越나라가 吳나라에 패했을 때 3년을 臣僕으로 고생하다가 돌아와 句踐을 도와 吳나라를 멸하는데 큰 공을 세웠음. 그리고 즉시 句踐을 피해 이름을 鴟夷子皮로 바꾸고 몸을 숨겨 三江口를 거쳐 五湖로 나서 齊나라 陶 땅으로 옮겨가 陶朱公이라 칭하였으며 장사에 뛰어들어 큰 부자가 됨. 그의 많은 일화는 《國語》越語(下), 《左傳》,《史記》越王句踐世家, 貨殖列傳,《越絶書》등에 자세히 실려 있음. 徐天祜 注에 "范蠡, 楚三尸人也. 字少伯"이라 함.

【苦成】越나라 大夫.《國語》吳語에는 越나라 五大夫의 하나라 하였음.

【曳庸】越나라 대부. 099에는 '洩庸'으로 표기되어 있으며《國語》吳語와 《左傳》哀公 26年에는 '舌庸'으로 표기되어 있음. 따라서 '설용'으로 읽어야 함.

【賂往遺來】'賂'는 화평이나 맹약, 회맹을 맺거나 사신으로 갈 때의 예물. '遺'는 답례의 예물을 뜻함.

【大夫皓進】'皓'는 春秋時代 越나라 大夫. '進'은 '앞으로 나서다'의 뜻. 〈三民本〉에는 '皓進'을 인명으로 보았으나 145에도 '大夫皓'로만 되어 있어 '進'은 이름이 아닌 것으로 보임.

【不撓】'撓'는 '橈'와 같으며 '屈從'의 뜻. 굽혀서 따름. 荀子 榮辱篇 "重死持義而 不橈, 是士君子之勇也"라 함.

【列平】평등하게 줄을 세움. 혹 '공평하게 다스리다'의 뜻.《廣雅》釋詁에 "列, 治也"라 함.

【諸稽郢】姓은 諸稽, 이름은 郢. 越나라 대부.《國語》吳語에 "越王許諾乃命諸 稽郢行成於吳"라 하였고, 韋昭 注에 "諸稽郢越大夫"라 함.《史記》越王句踐 世家에는 柘稽(자계)로 되어 있음. 越나라가 夫椒에서 吳나라에게 패하였을 때 오나라에 가서 화평을 성사시킨 인물임.

【血流滂滂】피가 넘쳐흐르는 모습.

【養器】인재를 길러 나라에 도움이 되도록 함. 혹 무기 등을 갖추어 軍備를 튼튼히 함.

【紀歷陰陽】하늘의 曆數.《書經》洪範篇에 "五紀: 一曰歲, 二曰日, 三曰月, 四曰 星辰, 五曰曆數'라 함.

【參災】'參'은 '바라보다, 살펴보다'의 뜻.《淮南子》說山訓 "越人學遠射參天"의 注에 "參, 猶望也"라 함.

【妖祥】妖邪의 징조와 祥瑞의 징조.

【五精錯行】'五精'은 金, 木, 水, 火, 土의 五星. '錯行'은 交叉하여 運行하는 것.

【浙江】錢塘江. 지금의 절강성 경내를 흘러 항주만으로 들어가는 강. 상류에 물굽이가 심해 浙江이라 불렸으며 新安江과 蘭溪가 합류하여 浙江, 桐江, 富春江, 錢塘江 등으로 불렸음.

【莫不感哀】〈四部叢刊〉에는 '莫不咸哀'로 되어 있으나 〈四庫全書〉에 의해 수정함.

【恍惕】두려워하고 근심함. 雙聲連綿語.〈四部叢刊〉에는 '恍惕'으로 되어 있으나 이는 오류임.

> 참고 및 관련 자료

1.《國語》越語(下)
앞장의 참고란을 볼 것.

125(7-7)
이별의 노래

월왕 부인夫人이 이에 뱃머리를 잡고 곡을 하면서 돌아보았더니 까마귀가 강가에서 새우를 쪼아 물고는 날아갔다가 다시 되돌아오는 것을 보고는 곡을 하며 이렇게 노래를 불렀다.

"쳐다보니 날아가는 새여, 까마귀와 솔개로다.
까마득한 허공을 휘휘 펄럭이는구나.
모래톱 가에 모여드니 마음놓고 놀면서
새우를 물고는 날개짓하면서 구름 사이로 날아오르는구나.
그대로 두어라, 다시 날아오리니.
나는 아무 죄도 없건만 이 땅을 등져야 하니
무슨 잘못이 있어 하늘의 견책을 받았을까?
마구 내달아 홀로 저 서쪽으로 달려가도다.
누가 알리오, 어느 해에 돌아올지를?
마음에 넘치는 슬픔, 마치 살을 에어내는 듯
펑펑 쏟아지는 눈물, 두 줄기 매달렸네."

그리고 다시 슬픔에 젖어 이렇게 읊었다.

"저 멀리 나는 새, 솔개와 까마귀
이미 한 바퀴 돌아 날개 접고 다시 쉬네.

마음은 오로지 흰 새우에게만 쏟고 있구나.
어찌 이 강과 호수에서만 먹이를 찾는고?
다시 날개짓하며 바람처럼 치고 올라
떠났다가 다시 되돌아오누나, 오호!
처음 임금을 섬기러 집 떠나 시집와서
내 목숨 끝나도록 임금만 섬기면서
끝내 이런 경우를 만나니 이 무슨 죄이기에
이 나라 떠나 오나라로 가는구나.
아내인 내 몸은 베옷 입은 비첩이 되고
내 남편은 면관 벗고 노예가 되는구나.
세월은 아득하여 그 끝 알 수 없고
원한의 비통함이여, 이 마음 서럽구나.
천 매듭 맺힌 간장 답답한 이 가슴
아, 애달픔에 밥인들 먹힐소냐.
바라건대 내 몸도 저 새처럼 되었으면
이 몸 날개 돋아 마음대로 날겠건만
고국을 떠나는 이 몸 마음은 요동치네
분하고 괴로운 마음 그 누가 알아주리?"

월왕은 부인의 슬픈 노래를 듣고 마음이 애통하여 이렇게 말하였다.
"내 무엇을 걱정하리? 나의 육핵六翮이 갖추어졌는데."

越王夫人乃據船而哭, 顧見烏鵲啄江渚之蝦, 飛去復來,
因哭而歌之曰:

『仰飛鳥兮烏鳶, 凌玄虛號翩翩.
　集洲渚兮優恣, 啄蝦矯翩兮雲間.

任厥兮往還.

妾無罪兮負地, 有何辜兮譴天?

飄飄獨兮西往, 孰知返兮何年?

心惙惙兮若割, 淚泫泫兮雙懸.』

又哀今曰:

『彼飛鳥兮鳶烏, 已廻翔兮翕蘇.

心在專兮素蝦, 何居食兮江湖?

徊復翔兮游颺, 去復返兮於乎!

始事君兮去家, 終我命兮君都.

終來遇兮何幸, 離我國兮去吳.

妻衣褐兮爲婢, 夫去晃兮爲奴.

歲遙遙兮難極, 冤悲痛兮心惻.

腸千結兮腹脣, 於乎哀兮忘食.

願我身兮如鳥, 身翶翔兮矯翼.

去我國兮心搖, 情憤惋兮誰識!』

越王聞夫人怨歌, 心中內慟, 乃曰:「孤何憂? 吾之六翮備矣!」

【據船而哭】〈四部叢刊〉에는 "據船哭"으로 되어 있으나 〈四庫全書〉와《太平御覽》 (571)에 의해 수정함.

【顧見】〈四部叢刊〉에는 '見'자가 없으나 〈四庫全書〉와《北堂書鈔》(160)에 의해
  수정함.

【蝦】새우. 素蝦. 지금도 長江 하구에 白蝦가 있음.

【鳶】솔개.

【凌玄虛號】玄虛는 까마득한 하늘. 徐天祜는 "號, 當作兮"라 하였음.

【任厥兮往還】'任厥' 다음에 한 글자가 누락된 것으로 보임. 徐天祜는 "此闕一字"
  라 함.

【颿颿】'颿'은 '범'으로 읽으며, 徐天祜는 "凡, 梵兩音, 馬疾步"라 함.

【翕蘇】'翕'은 '合'과 같으며, '蘇'는 휴식을 얻는 모습.

【終來遇兮何幸】幸은 辜의 오기. 徐天祜는 "幸, 當作辜"라 함.《太平御覽》에는
  "中年過兮何辜?"라 하여 뜻이 훨씬 구체적임.

【去吳】《太平御覽》에는 "入吳"로 되어 있음.

【服膺】가슴에 깊이 맺혀 鬱結됨. 달라붙어 떨어지지 않음.《中庸》"得一善,
  則拳拳服膺, 而弗失之矣"의 朱熹 注에 "服, 猶著也. 膺, 胸也. 奉持而著, 心胸
  之間, 言能守也"라 함.

【六翮】새의 날개를 젓도록 하는 힘줄. 혹은 날개 쭉지의 힘을 전달하는 부분
  여섯 곳. 깃촉.《說苑》尊賢篇에 "鴻鵠高飛遠翔, 其所恃者六翮也, 背上之毛,
  腹下之毳, 無尺寸之數, 去之滿把, 飛不能爲之益卑; 益之滿把, 飛不能爲之益高.
  不知門下左右客千人者, 有六翮之用乎? 將盡毛毳也"라 하였고,《韓詩外傳》(6)
  에도 "夫鴻鵠一擧千里, 所恃者六翮爾"라 함.

[참고 및 관련 자료]

1.《太平御覽》(571)

越王入吳, 與諸大夫別於浙江, 遂登舡徑去, 終不反顧. 越王婦人乃授舡而哭,
復見啄江涯之蝦, 飛去者復來, 哭訖, 卽承之以歌, 其辭曰:「兩飛鳥兮載作,
載何去食兮江湖, 水中虫子曰蝦, 去復反兮嗚呼, 始事君兮去家, 終我命兮君都,
中年過兮何辜, 離我國兮入吳, 妻爲婢兮夫爲奴. 歲昭昭兮難極, 冤痛悲兮心惻,
嗚呼哀兮不食.」

2. 기타 참고 자료

《北堂書鈔》(160)

126(7-8)
석실石室에 갇힌 연금생활

월왕은 오吳나라에 도착하여 부차夫差를 뵙고 계수稽首 재배再拜하고는 신하를 칭하며 이렇게 말하였다.

"동해東海의 천한 신하 구천句踐은 위로 황천皇天에 부끄럽고 아래로 후토后土께 부끄럽습니다. 힘을 헤아리지 못해 대왕의 군사에게 오욕을 끼치고, 변경을 범하는 죄를 지었습니다. 대왕께 이 깊은 죄를 용서해주셔서 저에게 노역을 시켜주시고 아내는 키와 빗자루를 잡는 일을 시켜주십시오. 진실로 그 두터운 은혜를 입어 잠시나마 생명을 보전할 수 있다면 우러러 감격하고 굽어 부끄러움을 이겨내지 못할 것입니다. 신하 구천은 머리를 찧어 돈수하나이다."

오왕 부차가 말하였다.

"내 그대에게 한 것도 역시 과실이었소. 그대는 나의 선군에게 저지른 나의 한을 잊지 않았겠지요?"

월왕이 말하였다.

"저는 죽으라면 죽을 뿐입니다. 오직 대왕의 용서를 빕니다."

오서伍胥가 곁에 있다가 눈은 마치 불꽃이 이는 듯, 목소리는 마치 우레처럼 앞으로 나서면서 이렇게 말하였다.

"무릇 나는 새가 푸른 구름 위에 있어도 미약한 작시繳矢로라도 쏘아 잡고 싶어 하는 법이거늘 하물며 그 놈이 가까이 화지華池에 누워있거나 뜰의 낭하에 모여 있다면 어떻겠습니까? 지금 월왕을 남산南山에 풀어

놓아 가히 살필 수 없는 땅에 마음대로 놀도록 하였는데 다행히도 제 발로 우리 영토로 와서 우리의 폐곤椹梱 안으로 들어왔으니 이는 곧 주방장이 도마에 올려놓고 일을 처리하여 먹을 것으로 만든 것이니 어찌 놓칠 수 있겠습니까?"

오왕이 말하였다.

"내 듣기로 '항복해온 자를 죽이면 그 재앙이 삼대에 미친다'하였소. 내 월나라를 사랑해서 죽이지 않는 것이 아니라 황천에게 죄를 얻을까 두려워 그를 교육하여 풀어주는 것이오."

태재 비嚭가 이렇게 거들었다.

"자서는 한 때의 계책에는 밝지만 나라를 안정시키는 도리에 대해서는 통달하지 못하였습니다. 원컨대 대왕께서 집행하시려던 대로 하시고 여러 작은 소인들의 입방아에는 구애받지 마시옵소서."

부차는 마침내 월왕을 죽이지 않고 그로 하여금 수레를 타고 말을 먹이도록 하고는 몰래 설실石室에서 지내도록 하였다.

於是入吳, 見夫差, 稽首再拜稱臣, 曰:「東海賤臣句踐, 上愧皇天, 下負后土; 不裁功力, 汚辱王之軍士, 抵罪邊境. 大王赦其深辜, 裁加役臣, 使執箕箒. 誠蒙厚恩, 得保須臾之命, 不勝仰感俯愧. 臣句踐叩頭頓首.」

吳王夫差曰:「寡人於子亦過矣, 子不念先君之讎乎?」

越王曰:「臣死則死矣, 惟大王原之.」

伍胥在旁, 目若熛火, 聲如雷霆, 乃進曰:「夫飛鳥在青雲之上, 尚欲繳微矢以射之, 豈況近臥於華池, 集於庭廡乎? 今越王放於南山之中, 游於不可存之地, 幸來涉我壤土, 入吾椹梱, 此乃廚宰之成事食也, 豈可失之乎?」

吳王曰:「吾聞:『誅降殺服, 禍及三世.』吾非愛越而不殺也, 畏皇天之咎, 敎而赦之.」

太宰嚭諫曰:「子胥明於一時之計, 不通安國之道. 願大王遂其所執, 無拘群小之口.」

夫差遂不誅越王, 令駕車養馬, 秘於石室之中.

【東海】越나라 도읍 會稽(紹興)는 동쪽이 바다였음.

【皇天】하늘에 대한 존칭. 許愼의《五經異義》에《尙書說》을 인용하여 "天有五號: 尊而君之, 則曰皇天; 元氣廣大, 則稱昊天; 仁覆閔下, 則稱旻天; 自上監下, 則稱上天; 據遠視之蒼蒼然, 則稱蒼天"이라 함.

【后土】땅의 생명을 主管하는 土地神을 일컫는 말. 흔히 社稷을 '后土'라 하기도 함. 원래 后土는 땅을 관장하는 神이었으며 共工氏의 아들 九龍이며 夸父의 祖父였음.《山海經》大荒北經에 "后土生信, 信生夸父, 夸父不量力, 欲追日景, 逮之于禺谷. 將飮河而不足也, 將走大澤, 未至, 死于此"라 함.

【箕箒】키와 빗자루. 곡식을 까부는 도구와 청소를 하는 도구. 남의 아내가 된 匹婦의 업무를 뜻하나 더 낮추어 남의 婢妾이 됨을 지칭함.

【子不念先君之讐】《史記》吳太伯世家에 의하면 闔閭가 越에게 패하여 전사할 때 夫差에게 "爾而忘句踐殺汝父乎"라 하여 "그대를 죽이지 않고 그대로 둔 것은 자신의 과실"이라는 뜻임.

【原】용서함. 原諒함.

【伍胥】伍子胥. 伍員. 伍擧(椒擧)의 손자이며 伍奢의 아들. 伍尙의 아우. 楚 平王과 아버지 伍奢가 太子 建의 혼인 문제에 비열함을 저지른 費無極(費無忌)의 참언으로 인해 멸족을 당하자 陳나라를 거쳐 吳나라로 망명하여 합려를 도와 원수를 갚음. 뒤에 吳楚戰鬪, 吳越鬪爭 등의 주역으로서 많은 일화와 사건을 남겼으며 끝내 오왕 부차에게 죽음을 당함.《國語》吳語에는 '申胥'라 하였으며 申은 氏, 자는 子胥로 여겨짐.《史記》伍子胥列傳 참조. 한편 '員'은 '員音云'이라 하여 '운'으로 읽어야 하나 일반적인 관례에 의해 그대로 '오원'(伍員)으로도 읽음. 한편 본 책에서는 '伍胥', '子胥', '伍員', '伍君' 등 여러 가지로 불리고 있음.

【繳矢】작은 화살이나 주살에 실을 매어 새나 짐승을 잡는 사냥법. '繳'은 '작'(之若切)으로 읽으며 '弋'과 같음. 徐天祐 注에 "音灼, 生絲縷也"라 함. 陸機의 〈文賦〉"若翰鳥纓繳而墜曾雲之峻"의 注에 "繳, 生絲縷也, 謂縷繫矰矢, 而以弋射"라 함.

【華池】연못 이름.《吳地記》에는 "華池在長洲縣大雲鄉安昌里, 南宮城在長洲縣干長鄉長樂里"라 함.

【庭廡】뜰 안의 廊廡. 지붕을 씌워 그 아래를 걸을 수 있는 긴 통로.

【南山】越나라 會稽山 남쪽의 勾嵊山. 월왕 구천이 패하고 머물러 있던 곳.

【不可存之地】오나라로써 감독하거나 감찰할 수 없는 땅. 월왕 구천이 패하여 머물던 곳이 오나라로서는 감독이 미치지 못하였던 곳임을 말함. '存'은 '察'과 같음.《爾雅》釋詁에 "存, 察也"라 함.

【陞梱】울타리를 친 우리.

【廚宰】부엌의 요리사. 주방장.

【太宰嚭】白喜. '伯嚭', '帛否', '太宰伯嚭', '太宰嚭' 등으로도 표기하며 자는 子餘. 春秋時代 楚나라 白州犁의 孫子. 楚나라에서 吳나라로 망명하여 大夫를 거쳐 夫差의 신임을 얻어 太宰에 올랐으며 吳나라가 越나라를 항복시킨 뒤 越王 句踐의 뇌물을 받고 화해를 조성하여 吳나라 멸망의 화근을 키웠으며 伍子胥를 참훼하여 죽임. 吳나라가 망한 뒤 월왕 구천에 의해 살해됨. 越나라 范蠡와 文種, 그리고 吳나라 伍子胥와 더불어 吳越爭鬪의 주연으로 이름을 날린 대표적인 네 사람 중의 하나임. 다른 기록에는 '白'이 모두 '伯'으로 되어 있음. 徐天祐는 "《左傳》,《史記》, 白俱作伯"이라 함.

【遂其所執】그 생각대로 처리하거나 일을 성사시킴. '遂'는 '뜻대로 함'을 말함.《禮記》月令 "百事乃遂"의 注에 "遂, 猶成也"라 함.

【群小之口】소인배들의 입방아. 詩經 邶風 柏舟 "慍於群小"의 〈箋〉에 "群小, 衆小人在君側者"라 함. 여기서는 백비가 오자서를 비난한 것임.

【石室】〈四部叢刊〉에는 '宮室'로 되어 있으나 〈四庫全書〉에 의해 수정함. 지금의 蘇州 靈巖山에 만들었던 지하 감옥이거나 동굴을 가리킴.《吳郡圖經續紀》(中)에 "研石山, 下有石室, 今存. 俗傳吳王囚范蠡之地"라 함.

127(7-9)
범려范蠡의 지조

석달 후 오왕이 월왕을 입견하도록 불렀다.

월왕은 앞에 엎드리고 범려는 뒤에 서 있었다.

오왕이 범려에게 말하였다.

"과인이 듣기로 '정결한 여자는 망한 집안에 시집가지 않으며, 어질고 똑똑한 자는 멸절滅絶하는 나라에 벼슬을 하지 않는다'라고 하더이다. 지금 월왕은 무도하여 나라는 이미 망하고, 사직은 허물어졌으며 그 몸은 죽고 대는 끊어지게 되어 천하의 웃음거리가 되었소. 그런데 그대는 임금을 따라 함께 노복奴僕이 되어 우리 오나라에 들어와 있으니 어찌 비루하지 않소? 나는 그대의 죄를 용서해 주고자 하니 그대는 마음을 바꾸고 새롭게 시작하여 월왕을 버리고 우리 오나라를 귀의하시겠소?"

범려가 대답하였다.

"제가 듣기로 '나라를 망친 신하는 감히 정사를 논하지 못하며, 패배한 장수는 감히 용勇을 들먹거릴 수 없다' 하더이다. 저는 월나라에 있을 때 충성도 하지 못하였고, 믿음도 다하지 못하였습니다. 월왕으로 하여금 대왕의 명령과 호령을 제대로 받들지 못한 채 군사를 일으켜 대왕과 맞서도록 하여 죄를 얻도록 하였다가 군신이 함께 항복하기에 이른 것입니다. 그런데 대왕의 큰 은혜를 입어 임금과 신하가 이나마 보존하고 있습니다. 원컨대 석실에 들어서서는 청소나 할 사람으로 채워져 있고, 나가서는 쫓아다녀야 하는 일이나 하는 것이 저의 소원입니다."

이때에 월왕은 땅에 엎드린 채 눈물을 흘리며 드디어 범려를 잃게 되겠구나 하고 중얼거렸다.

오왕은 범려를 자신의 신하로 삼을 수 없음을 알고는 이렇게 말하였다.

"그대는 더 이상 마음을 움직일 수 없다 하니 나는 다시 그대를 석실로 가두리라."

범려가 말하였다.

"저는 명령대로 따를 것을 청합니다."

오왕은 일어나 궁중으로 들어가자 월왕과 범려는 다시 석실 안으로 쫓아들어갔다.

三月, 吳王召越王入見.

越王伏於前, 范蠡立於後.

吳王謂范蠡曰:「寡人聞:『貞婦不嫁破亡之家, 仁賢不官絶滅之國.』今越王無道, 國已將亡, 社稷壞崩, 身死世絶, 爲天下笑. 而子及主俱爲奴僕, 來歸於吳, 豈不鄙乎! 吾欲赦子之罪, 子能改心自新, 棄越歸吳乎?」

范蠡對曰:「臣聞:『亡國之臣不敢語政, 敗軍之將不敢語勇.』臣在越, 不忠不信, 今越王不奉大王命號, 用兵與大王相持, 至今獲罪, 君臣俱降. 蒙大王鴻恩, 得君臣相保, 願得入備掃除, 出給趨走, 臣之願也.」

此時越王伏地流涕, 自謂遂失范蠡矣.

吳王知范蠡不可得爲臣, 謂曰:「子旣不移其志, 吾復置子於石室之中.」

范蠡曰:「臣請如命.」

吳王起, 入宮中, 越王, 范蠡趨入石室.

【鄙】비루함. 비천함. 모욕적임.

【自新】새롭게 시작함.

【今越王不奉大王命號】'今'은 '슦'의 오기로 보임. '命號'는 부차의 명령과 호령. 상대를 높여 표현한 것.

【至今獲罪】역시 '今'은 '슦'의 오기. 盧文弨는 "今, 疑슦"이라 함.

【出給趨走】밖에 나와서는 그(越王)의 심부름을 하느라 이리저리 뛰어 다니는 사역을 당함.

128(7-10)
독비곤犢鼻褌

월왕은 독비곤犢鼻褌을 입고, 나무꾼 두건을 썼다.

부인은 옷에 끝단을 꿰매지 않은 치마에 왼쪽으로 여미는 저고리를 입었다.

남편은 여물을 썰고 말을 길렀으며 아내는 물을 긷고 말똥을 치우며, 물 뿌리고 청소하는 일을 하였다.

그러면서 3년이 되도록 화를 내거나 서운해 하는 일이 없었고 얼굴에는 원만하는 기색도 없었다.

오왕이 멀리 보이는 누대에 올라 월왕과 부인, 범려가 말똥 옆에 앉은 것은 것을 보았더니 군신의 예를 그대로 지켰으며 부부의 예가 갖추어져 있는 것이었다.

오왕이 태재 백비를 돌아보며 말하였다.

"저 월왕이란 자는 한결같은 절조를 가진 사람이요, 범려는 한결같은 굳건함을 가진 선비로구나. 비록 궁액窮厄의 처지에 있으면서도 임금과 신하 사이의 예를 잃지 아니하고 있으나 과인은 불쌍한 생각이 드는구나."

태재 비가 말하였다.

"대왕께서 성인의 마음을 가지고 계시기에 궁액에 처한 외로운 선비를 애처롭게 여기시는 것입니다."

오왕이 말하였다.

"내 너를 위해 저들을 사면해주리라."

越王服犢鼻, 著樵頭.

夫人衣無緣之裳, 施左關之襦.

夫斫剉養馬, 妻給水, 除糞, 灑掃.

三年不慍怒, 面無恨色.

吳王登遠臺, 望見越王及夫人, 范蠡坐於馬糞之旁, 君臣之禮存, 夫婦之儀具.

王顧謂太宰嚭曰:「彼越王者, 一節之人; 范蠡, 一介之士. 雖在窮厄之地, 不失君臣之禮, 寡人傷之.」

太宰嚭曰:「願大王以聖人之心, 哀窮孤之士.」

吳王曰:「爲子赦之.」

【犢鼻】犢鼻褌. 犢鼻褘. 마치 송아지 코 모습의 삼각형 아랫도리. 송아지코 잠뱅이. 아주 천한 자가 입는 짧은 바지이며 자신의 천함을 부끄러워하지 않음을 상징함.《史記》司馬相如列傳에 "相如身自著犢鼻褌, 與保庸雜作, 滌器於市中. 卓王孫聞而恥之, 爲杜門不出"라 하였고, 〈集解〉에 韋昭의 설을 인용하여 "今三尺布作, 形如犢鼻矣"이라 함.《世說新語》任誕篇에도 "阮仲容, 步兵居道南, 諸阮居道北; 北阮皆富, 南阮貧. 七月七日, 北阮盛曬衣, 皆紗羅錦綺; 仲容以竿挂大布犢鼻褘於中庭. 人或怪之. 答曰:「未能免俗, 聊復爾耳!」라 함.

【樵頭】나무꾼이나 농부가 쓰는 頭巾. 헝겊으로 질끈 맨 천. 그러나 일반 머리띠, 즉 '幧頭'를 가리키며 정식 모자가 아님을 뜻함. 이에 孫詒讓은 '案樵頭卽幧頭也. 《釋名》釋首飾云:「綃頭, 綃, 紗也. 鈔髮使上從也.」《方言》云:「絡頭, 自河以北趙魏之間曰幧頭.」《儀禮》士喪禮, 喪服鄭注並云:「著幓頭」樵, 幧, 綃, 幓, 皆一聲之轉"이라 함.

【無緣之裳】옷의 가장자리 단을 꿰매지 않은 채 입는 치마.《禮記》玉藻篇 "緣廣寸半"의 注에 "緣, 飾邊也"라 함.

【施左關之襦】'施'는 '옷을 입다'의 뜻.《禮記》祭統 "勤大命施於烝彝鼎"의 注에 "施, 猶著也"라 함. '左關'은 '左衽'과 같음. 옷을 왼쪽으로 여미는 것. 고대 미개한

민족의 복장으로 여겨 中原에서는 右袵(右衽)으로 함.《論語》先進篇 "管仲相桓公, 霸諸侯, 一匡天下, 民到于今受其賜. 微管仲, 吾其被髮左袵矣. 豈若匹夫匹婦之爲諒也, 自經於溝瀆而莫之知也?"의 注에 "袵, 衣衿也. 被髮左袵, 夷狄之俗也"라 함.

【斫剉】 말이 먹을 꼴이나 여물을 작두질하여 써는 것. '剉'는 '莝'와 같으며《說文》에 "莝, 斬芻"라 함. 혹 '斫'은 장작을 패는 것으로도 봄.

【除糞】 말똥을 치움. 그러나 淸掃, 掃除의 다른 말로도 볼 수 있음.

【灑掃】 물을 뿌려 청소 함.

【三年】《國語》越語(下)에 "越王與范蠡入宦于吳, 三年, 而吳人遣之"의 韋昭 注에 "在吳三年而吳人遣之, 此則魯哀五年也"라 하여 풀려난 해는 B.C.490년, 句踐 7년임.

【一介之士】 마음이 굳건하여 志操가 변하지 않는 사나이.《孟子》盡心(上) "不以三公易其介'"의 注에 "介, 操也"라고 하였고,《楚辭》悲回風 "介眇志之所惑兮"의 注에 "介, 節也"라 함.

참고 및 관련 자료

1.《國語》越語(下)

三年, 而吳人遣之. 歸及至於國, 王問於范蠡曰:「節事奈何?」對曰:「節事者與地. 唯地能包萬物以爲一, 其事不失. 生萬物, 容畜禽獸, 然後受其名而兼其利. 美惡皆成, 以養其生. 時不至, 不可彊生; 事不究, 不可彊成. 自若以處, 以度天下, 待其來者而正之, 因時之所宜而定之. 同男女之功, 除民之害, 以避天殃. 田野開闢, 府倉實, 民衆殷. 無曠其衆, 以爲亂梯. 時將有反, 事將有間, 必有以知天地之恒制, 乃可以有天下之成利. 事無間, 時無反, 則撫民保教以須之」王曰:「不穀之國家, 蠡之國家也, 蠡其國之!」對曰:「四封之內, 百姓之事, 時節三樂, 不亂民功, 不逆天時, 五穀睦熟, 民乃蕃滋, 君臣上下交得其志, 蠡不如種也. 四封之外, 敵國之制, 立斷之事, 因陰陽之恒, 順天地之常, 柔而不屈, 彊而不剛, 德虐之行, 因以爲常; 死生因天地之刑, 天因人, 聖人因天; 人自生之, 天地形之, 聖人因而成之, 是故戰勝而不報, 取地而不反, 兵勝於外, 福生於內, 用力甚少而名聲章明, 種亦不如蠡也.」王曰:「諾.」令大夫種爲之.

129(7-11)
태재太宰 백비伯嚭

그로부터 석 달 뒤, 길일吉日을 택해 이들을 풀어주고자 하였다.

그리하여 태재 비嚭를 불러 모책을 의논하였다.

"월나라와 오나라는 같은 땅에 구역이 연이어져 있고 구천은 어리석으면서도 약삭빨라 그가 직접 나서서 나에게 원수가 되려 할 것이오. 과인은 하늘의 신령과 선왕이 남기신 덕을 이어받아 월나라 놈들을 토벌하여 이들을 석실石室에 가두었소. 그러나 과인은 차마 그대로 두고 볼 수가 없어 이들을 풀어주고자 하는데 그대는 어떻게 생각하오?"

태재 백비가 말하였다.

"제가 듣기로 '덕을 베풀었는데 보답이 없는 경우란 없다'라고 하더이다. 대왕께서 어짊과 은혜를 월나라에게 더해주신다면 월나라인들 어찌 감히 보답이 없을 수 있겠습니까? 원컨대 그 뜻대로 마무리를 지으십시오."

後三月, 乃擇吉日而欲赦之.

召太宰嚭謀曰:「越之與吳, 同土連域, 句踐愚黠, 親欲爲賊. 寡人承天之神靈, 前王之遺德, 誅討越寇, 囚之石室. 寡人心不忍見, 而欲赦之, 於子奈何?」

太宰嚭曰:「臣聞:『無德不復.』大王垂仁恩加越, 越豈
敢不報哉? 願大王卒意.」

【愚黠】 어리석으면서도 약삭빠름. 혹은 우매하기도 하고 무지하기도 함.

【親欲爲賊】 직접 나서서 나에게 적대행위를 하고자 함.

【前王】 先王. 先代의 왕.

【卒意】 뜻을 둔 대로 마무리함. 徐天祜는 "終其意也"라 함.《詩經》邶風 日月
"父兮母兮 畜我不卒"의 鄭玄 〈箋〉에 "卒, 終也"라 함.

130(7-12)
불길한 점괘

월왕은 이를 듣고 범려를 불러 고하였다.

"과인이 밖에서 들은 소문은 마음속으로는 홀로 기쁘기도 하면서 또한 그대로 마무리 되지 않으면 어쩌나 두렵기도 하오."

범려가 말하였다.

"대왕께서는 마음을 안정시키십시오. 일에는 장차 주의해야 할 것이 있으니 《옥문玉門》 제 1편이 그런 것이지요. 오늘 12월 무인戊寅날 해가 떠오르는 시간에 들으신 것입니다. 무戊는 갇히는 날囚日을 상징하며, 인寅은 음陰이 지나간 뒤의 시간을 뜻합니다. 이것이 음양에 합하여 경진庚辰이 되며 이는 한 해가 지난 뒤에 다시 모이게 되는 것입니다. 무릇 무인 날에 기쁜 소식을 들었으니 그 죄를 처벌하는 날이 아닙니다. 시간으로는 묘시卯時이니 무戊를 해치는 것이어서 공조功曹는 등사螣蛇가 되어 무에 임하며, 이익을 도모하는 일은 청룡青龍에 있게 됩니다. 청룡은 승선勝先에 있으면서 유酉에 임하게 되니 죽음의 기운입니다. 그런데 인寅을 이겨내니 이때는 해를 이겨내는 시간으로 서로가 죽음의 기운을 사용하면서 돕는 것이어서 바라는 일은 상하에 모두 근심이 있습니다. 이것이야말로 하늘이 사방으로 그물을 드리우고 만물이 모두 상해를 입는 것이 아니겠습니까? 그런데 왕께서는 어찌 기쁘게 여기십니까?"

越王聞之, 召范蠡告之曰:「孤聞於外, 心獨喜之, 又恐其不卒也.」

范蠡曰:「大王安心, 事將有意, 在《玉門》第一. 今年十二月戊寅之日, 時加日出. 戊, 囚日也; 寅, 陰後之辰也. 合庚辰, 歲後會也. 夫以戊寅日聞喜, 不以其罪罰日也. 時加卯而賊戊, 功曹爲騰蛇而臨戊, 謀利事在青龍. 青龍在勝先而臨酉, 死氣也. 而剋寅. 是時剋其日, 用又助之, 所求之事, 上下有憂. 此豈非天網四張, 萬物盡傷者乎? 王何喜焉?」

【不卒】마무리가 잘 되지 않음.

【安心】마음을 안정시킴. 흥분하거나 들뜨지 말 것을 권유한 것.

【有意】주의를 기울여 의심해야 할 것이 있음.《漢書》文三王傳 "於是天子意梁"의 顏師古 注에 "意, 疑也"라 함.

【玉門】점복서. 孫詒讓은《玉門》과《金匱》는 책 제목이 서로 상대되는 것으로 보아 당시《六壬十二經》중의 하나였을 것이라 하였음. 錢大昕은〈淮南天文訓補注序〉에서 "八會之占, 驗於吳楚; 玉門之策, 習於種蠡. 雖小道, 有可觀, 而夫子焉不學, 詎如後之學者未窺六甲, 便衍先天; 不辨五行, 乃汩洪範; 握算昧正負之目, 出門迷鉤繩之方也哉"라 함.

【今年】越王이 吳나라에 들어온 지 3년째 되는 해. 즉 句踐 7년(魯 哀公 5년. B.C.490)

【十二月】句踐이 吳나라에 들어온 해는 魯 哀公 3년이며 吳王 夫差가 句踐을 풀어준 해는 哀公 6년으로 그해의 戊寅—은 正月 초하루였음. 그러나 越나라는 윤달을 두어 그 전해의 12월이 된다고 하였음.

【戊寅日】越王 句踐이 자신을 풀어줄 것임을 들은 날. 그래서 戊寅날의 吉凶을 점으로 쳐 본 것임. 고대 날짜를 60甲子로 이어간 것이며 戊寅은 天干의 戊와 十二支가 寅으로 결합된 날.

【日出】 묘시. 해가 떠오르는 시간. 오늘날의 시간으로 아침 5~7시 사이.

【戊, 囚日】 정확한 뜻은 알 수 없으나 《說文》에 "戊, 中宮也. 象六甲五龍相拘絞也. 戊勝丁, 象人脅"이라 하여 陰陽五行家들의 相剋, 相生의 연관관계 중에 日辰이 좋지 않음을 말한 것으로 보임. 《欽定協紀辨方書》(43) 用口法에 "口貴旺相得令, 忌休囚之氣, 而日干尤重, ……剋月令者囚, 受剋於月令者死, 皆凶"이라 하였으나 구체적인 연관관계는 알 수 없음.

【寅, 陰後之辰】 寅은 이 太陰이 지난 이후의 地支이며, 이때에 太陰은 丙戌에 있음. 戊寅은 丙戌 前의 八位이므로 寅은 '陰後'라 한 것이라 함.

【合庚辰, 歲後會】 庚辰날에 합하여 세후에 모임. 庚辰은 그 달 초사흘이었으며 이는 丙戌 전의 六位였으므로 '歲後'라 한 것이라 함. '合'과 '會'는 모두 '합치다' 의 뜻. 구체적인 내용은 알 수 없음.

【不以其罪罰日也】 그 해당 되는 죄로써 벌을 내리는 날은 아님. 즉 생각지 않았던 흉한 일이 있음을 뜻함. 죄를 용서받는 것으로 착각해서는 안 됨.

【時加卯】 때는 바야흐로 묘시가 됨. 앞에서 말한 일출의 시간. 오전 5~7시 사이.

【卯賊戊】 卯는 木에 해당하며 戊는 土에 해당함. 木勝土이므로 十二支의 卯時는 十干의 戊를 적해하는 것이라 함.

【功曹】 원래 관직 이름. 그러나 여기서는 十二神의 하나로 '十月將'으로도 칭함. 木神에 해당하며 위치는 寅.

【騰蛇】 螣蛇와 같음. 날아다닐 수 있는 神蛇. 占術에 쓰이는 신의 이름으로 誅殺을 담당하여 凶將으로 간주함. 《黃帝金匱玉衡經》에 "螣蛇誅斬, 金鉞鏘鏘"이라 하였고, 俞樾은 "戊字誤, 當作巳. 功曹者, 寅也. 范蠡占此爲十二月 戊寅日卯時, 以日辰起貴神, 則寅爲螣蛇而臨地盤巳位. 寅(螣), 卯(朱), 辰(六), 巳(句), 丑(貴), 午(靑), 子(後), 未(空), 亥(陰), 戌(元), 酉(常), 申(白)"이라 하였으나 구체적인 의미는 알 수 없음.

【靑龍】 木星. 太歲星을 말함. 《六壬四課》 중 十二天將貴神의 하나이며 吉將으로 간주함. 文字, 書籍, 財帛, 官廳, 婚姻, 胎産, 宴會 등을 주관하며 吉將에 속함. 五行으로는 木. 별로는 木星(歲星). 여기서는 해마다 그 별이 머무는 일정한 자리. 歲星은 木星(Mars)의 다른 말. 12년(11.8622년)에 한번 씩 週期를 삼아 紀年을 계산하는 표준으로 삼을 수 있어 그 때문에 '歲星'이라 함. 五行으로는 木, 계절로는 봄, 五常으로는 仁에 해당함. 《黃帝龍首經》과 《六壬大全》에 의하며 가을 西方 칠수(七宿)를 '歲位'라 하며, 北方 七宿는 '歲前', 東方 七宿는 '歲對', 남방 七宿는 '歲後'라 함. 西方과 가을(秋)은 五行으로 金에 해당하며

天干의 庚辛과 배합됨. 그 때문에 "辛, 歲位也"라 한 것임.

【勝先】占術 용어. 12月將의 하나로서 日月이 음력 5月에 未宮의 자리에서 만남. '勝光'이라고도 함.《淮南子》天文訓에 "午爲定, 未爲執, 主陷; 申爲破, 主衡; 酉爲危, 主杓"라 하여 "靑龍在勝先而臨酉"는 아주 흉한 징조로써 死氣를 뜻함. 孫詒讓은 "《五行大義》第二十《論諸神篇》云:「午勝先者, 陽氣大威, 陰氣始動, 惟陽在先爲勝也.」《黃帝龍首經》亦云:「午爲勝先.」"이라 함.

【剋寅】이 때는 太歲가 申의 자리에 있으면서 酉에 임함. 申과 酉는 五行으로 金에 해당하며 寅은 木에 해당하여 相剋으로 金勝木이므로 寅을 해치게 된다는 뜻.

【天網四張, 萬物盡傷】하늘의 法網이 사방에 쳐져 있어 피할 수 없으며 만물이 모두 傷害를 입음.《六壬大全》(7) 天網課에〈象〉을 인용하여 "天網四張, 萬物 盡傷. 産孕損子, 逃亡遭殃. 戰有埋伏, 病入膏肓. 先凶有救, 後獲吉祥"이라 함.

131(7-13)
오자서伍子胥의 극간極諫

과연 자서子胥가 오왕에게 이렇게 간언하는 것이었다.

"옛날 걸桀은 탕湯을 가두었으면서도 죽이지 않았고, 주紂는 문왕文王을 가두었으면서도 죽이지 않아 천도天道가 재앙이 돌아 복이 되었던 것입니다. 그 때문에 하夏나라는 탕에게 주벌을 당하였고, 은殷나라는 주周나라에게 멸망을 당하고 만 것입니다. 지금 대왕께서는 이미 월왕을 가두어놓고는 사형을 집행하지 않으니 저로서는 대왕의 미혹함이 깊다고 말씀드립니다. 하나라나 은나라의 우환이 없으란 법이 있을까요?"

오왕은 드디어 월왕을 불러놓고는 오랫동안 만나보지 않았다.

범려와 문종文種은 걱정이 되어 점을 쳐 보았더니 이렇게 나오는 것이었다.

"오왕에게 잡히게 될 것이다."

얼마 뒤, 태재 백비가 나오다가 대부 문종과 범려를 보자 오왕이 다시 석실에 가둘 것이라는 말을 해 주었다.

오자서는 다시 오왕에게 간하였다.

"제가 듣기로 왕자王者는 적국을 공격하여 이기고 나면 그들에게 주벌을 가합니다. 그 때문에 보복의 우환도 없게 되고, 후손의 재앙도 면하게 되는 것입니다. 지금 월왕을 이미 석실에 가두었으니 마땅히 서둘러 도모해야 합니다. 뒤에는 틀림없이 오나라로부터 우환을 당할 것입니다."

그러자 태재 백비가 말하였다.

"옛날 제齊 환공桓公은 연燕나라에게 그들이 넘었던 곳까지의 땅을 떼어 연나라 임금에게 주었기에 제 환공은 그 아름다운 명예를 얻을 수 있었고, 송宋 양공襄公은 초나라 군사에게 물을 다 건너도록 한 뒤에 전투를 벌였기에 《춘추春秋》에는 그의 의로움을 칭찬하였던 것입니다. 이렇게 공이 세워지고 명예가 칭해진 예도 있고, 전투에 패했으나 덕은 그대로 존속시킨 경우도 있습니다. 지금 대왕께서 진실로 월왕을 사면해주신다면 공은 오패五霸의 으뜸이 될 것이요, 명예는 옛 사례를 뛰어넘을 것입니다."

오왕이 말하였다.

"내 병이 낫기를 기다려 바야흐로 태재를 위해 그들을 사면해주리라."

果子胥諫吳王曰:「昔桀囚湯而不誅, 紂囚文王而不殺, 天道還反, 禍轉成福. 故夏爲湯所誅, 殷爲周所滅. 今大王旣囚越君而不行誅, 臣謂大王惑之深也. 得無夏, 殷之患乎?」

吳王遂召越王, 久之不見.

范蠡, 文種憂而占之, 曰:「吳王見擒也.」

有頃, 太宰嚭出, 見大夫種, 范蠡而言越王復拘於石室.

伍子胥復諫吳王曰:「臣聞王者攻敵國, 克之則加以誅, 故後無報復之憂, 遂免子孫之患. 今越王已入石室, 宜早圖之, 後必爲吳之患.」

太宰嚭曰:「昔者, 齊桓割燕所至之地以貺燕公, 而齊君獲其美名; 宋襄濟河而戰, 《春秋》以多其義. 功立而名稱, 軍敗而德存. 今大王誠赦越王, 則功冠於五霸, 名越於前古.」

吳王曰:「待吾疾愈, 方爲太宰赦之.」

【桀囚湯】 夏나라 末王 桀이 商(殷)나라 湯을 夏臺에 가두었으나 죽이지 않아 도리어 湯에게 망함.

【紂囚文王】 殷(商)나라 末王 紂가 周 文王(姬昌, 西伯)을 羑里에 가두었으나 죽이시 않아 도리어 殷나라는 文王의 아들 武王(姬發)에게 망함.

【齊桓】 齊 桓公. 春秋五霸의 하나. 춘추시대 첫 패자. 이름은 小白. B.C.685~ B.C.643년까지 42년간 재위함. 孔子 糾를 섬기던 管仲을 鮑叔牙가 추천하여 霸業을 이룸.

【貺燕公】 '貺'은 '賜'와 같은 뜻임. 燕公은 燕 莊公. B.C.690~B.C.658년까지 33년간 재위함. 《史記》 齊太公世家에 "二十三年, 山戎伐燕, 燕告急於齊. 齊桓公救燕, 遂伐山戎, 至于孤竹而還. 燕莊公遂送桓公入齊境. 桓公曰:「非天子, 諸侯相送 不出境, 吾不可以無禮於燕.」 於是分溝割燕君所至與燕, 命燕君復修召公之政, 納貢于周, 如成康之時. 諸侯聞之, 皆從齊"라 하여 齊 桓公이 燕나라를 구하기 위해 山戎을 치고 돌아오는 길에 燕나라 군주가 桓公을 국경 밖까지 나와서 歡送하자 제후로서 국경을 넘는 것은 예에 맞지 않다고 하여 그들이 온 곳을 국경으로 정해 땅을 연나라에게 주어 제후들로부터 신망을 얻음.

【宋襄】 宋나라 襄公. 姓은 子氏, 이름은 玆父(慈甫). B.C.650~B.C.637년까지 14년간 재위함. 齊 桓公이 僖公 17년에 죽고 中原에 霸者가 없어 이에 鄭나라가 우선 楚나라에게 의지하게 되었고, 초나라는 다시 陳, 蔡, 鄭과 齊에서 맹약을 맺게 됨. 이때부터 楚나라가 제후들로부터 지도력을 얻게 되었음. 이를 못마땅히 여긴 宋나라가 자신이 齊 桓公의 뒤를 이은 패자가 되겠노라 楚나라에게 요구함. 司馬遷은 《史記》에서 宋 襄公을 春秋五霸의 하나로 여겼음.

【濟河而前】 '宋襄之仁'의 고사를 말함. 宋 襄公이 霸者를 자처하자 楚나라가 이를 인정할 수 없다고 공격해옴. 이에 泓水에서 전투가 벌어지자 양공의 형 目夷가 상대가 불리할 때 칠 것을 요구하였으나 그들이 물을 건너 전열을 가다듬도록 기다린 뒤에 싸웠으나 결국 패배함. 《左傳》僖公 22년 經에 "冬十有 一月己巳朔, 宋公及楚人戰于泓, 宋師敗績"이라 하였으며 傳에는 "冬十一月己 巳朔, 宋公及楚人戰于泓. 宋人旣成列, 楚人未旣濟. 司馬曰:「彼衆我寡, 及其 未旣濟也, 請擊之.」 公曰:「不可.」 旣濟而未成列, 又以告. 公曰:「未可.」 旣陳而 後擊之, 宋師敗績. 公傷股, 門官殲焉. 國人皆咎公. 公曰:「君子不重傷, 不禽二毛. 古之爲軍也, 不以阻隘也. 寡人雖亡國之餘, 不鼓不成列.」 子魚曰:「君未知戰. 勍敵之人, 隘而不列, 天贊我也; 阻而鼓之, 不亦可乎? 猶有懼焉. 且今之勍者, 皆吾敵也. 雖及胡耇, 獲則取之, 何有於二毛? 明恥, 教戰, 求殺敵也. 傷未及死,

如何勿重? 若愛重傷, 則如勿傷; 愛其二毛, 則如服焉. 三軍以利用也, 金鼓以聲氣也. 利而用之, 阻隘可也; 聲盛致志, 鼓儳可也.」라 하였고,《史記》宋世家에는 "八年, 齊桓公卒, 宋欲爲盟會. 十二年春, 宋襄公爲鹿上之盟, 以求諸侯於楚, 楚人許之. 公子目夷諫曰:「小國爭盟, 禍也.」不聽. 秋, 諸侯會宋公盟于盂. 目夷曰:「禍其在此乎? 君欲已甚, 何以堪之!」於是楚執宋襄公以伐宋. 冬, 會于亳, 以釋宋公. 子魚曰:「禍猶未也.」十三年夏, 宋伐鄭. 子魚曰:「禍在此矣.」秋, 楚伐宋以救鄭. 襄公將戰, 子魚諫曰:「天之棄商久矣, 不可.」冬, 十一月, 襄公與楚成王戰于泓. 楚人未濟, 目夷曰:「彼衆我寡, 及其未濟擊之.」公不聽. 已濟未陳, 又曰:「可擊.」公曰:「待其已陳.」陳成, 宋人擊之. 宋師大敗, 襄公傷股. 國人皆怨公. 公曰:「君子不困人於阨, 不鼓不成列.」子魚曰:「兵以勝爲功, 何常言與! 必如公言, 卽奴事之耳, 又何戰爲?」楚成王已救鄭, 鄭享之; 去而取鄭二姬以歸. 叔瞻曰:「成王無禮, 其不沒乎? 爲禮卒於無別, 有以知其不遂霸也.」라 함.

【春秋】孔子가 著述한 編年體의 史書. 모두 12편으로 되어 있으며 魯 隱公 원년 (B.C.722)으로부터 哀公 14년(B.C.482)년까지 242년간, 12명의 公의 역사. 이를 해설한 傳으로《公羊傳》과《穀梁傳》, 그리고《左傳》이 있으며 이를〈春秋三傳〉이라 함. 모두 十三經에 列入되어 있음.

【多其義】그 義를 칭송함. '多'는 '칭송하다'의 뜻.《公羊傳》僖公 22년에 "君子大其不鼓不成列, 臨大事而不忘大禮, 有君而無臣, 以爲雖文王之戰, 亦不過此也"라 하여 宋 襄公의 仁을 칭찬함.

【五霸】春秋時代 尊王攘夷의 기치를 걸고 霸道政治로써 천하를 이끌던 제후국의 군주들. 흔히 齊桓公, 宋襄公, 晉文公, 秦穆公, 楚莊王을 들고 있으나 그 외에 昆吾, 大彭, 豕韋, 齊桓公, 晉文公을 들기도 하며, 혹 齊桓公, 晉文公, 秦穆公, 楚莊王, 吳王 闔閭를, 또는 齊桓公, 晉文公, 楚莊王, 吳王 闔閭, 越王 句踐을 들기도 함.

132(7-14)
오왕 부차夫差의 병

한 달 후, 월왕은 석실에 앉아 범려를 불러 이렇게 말하였다.

"오왕의 병이 석 달 동안이나 낫지 않고 있소. 내 듣기로 남의 신하된 자의 도리란 임금이 병이 나면 신하는 근심하는 것이라 하였소. 이 오왕은 나에게 은혜가 심히 두터웠소. 병이 낫지 않을까 걱정이니 그대가 점을 쳐 보시오."

범려가 말하였다.

"오늘 일진日辰과 음양은 상하가 조화를 이루어 친하며 서로가 침입함이 없습니다. 점법에 '하늘이 한 번 구해줄 것인데 또 무슨 걱정을 하는가?' 라고 하였습니다. 오왕이 죽지 않을 것임은 분명합니다. 기사己巳일이 되면 병이 나을 것이니 대왕께서는 유의하셔야 합니다."

월왕이 말하였다.

"내 이렇게 궁액에 처해 있으면서도 죽지 않는 것은 그대의 모책 덕분일 뿐이오. 중도에서 다시 머뭇거리고 있는 것이 나를 안심시키기 위한 뜻이오? 뜻대로 되고 되지 않고는 모두 그대가 도모하는 데에 달려 있소."

범려가 말하였다.

"제가 몰래 살펴보건대 오왕은 진실한 사람이 아닙니다. 성탕成湯의 의로움을 그렇게 자주 입에 올리면서 실행하지는 않고 있습니다. 원컨대 대왕께서 병문안을 신청해 보십시오. 만날 수 있게 되기만 하면 그 기회에 그의 똥을 달라 하여 그 맛을 보시고 그의 안색을 살펴보신 다음 그에게 절을 하면서 죽지 않을 것이며 일어날 날짜가 언제라고 일러주는 것이 옳습니다. 이미 말로 믿음을 얻은 다음이라면 대왕은 걱정할 것이 무엇이 있겠습니까?"

後一月, 越王出石室, 召范蠡, 曰:「吳王疾, 三月不愈.
吾聞人臣之道, 主疾臣憂. 此吳王遇孤, 恩甚厚矣. 恐疾之
無瘳, 惟公卜焉.」

范蠡曰:「今日日辰陰陽, 上下和親, 無相入者. 法曰:
「天一救, 且何憂?」吳王不死, 明矣. 到己巳日, 當瘳.
惟大王留意.」

越王曰:「孤所以窮而不死者, 賴公之策耳. 中復猶豫,
豈孤之志哉? 可與不可, 惟公圖之.」

范蠡曰:「臣竊見吳王眞非人也. 數言成湯之義而不行之.
願大王請求問疾, 得見, 因求其糞而嘗之, 觀其顏色, 當拜
可焉. 言其不死, 以瘳起日期之. 旣言信後, 則大王何憂?」

【越王出石室】'出'은 '坐'의 誤記. 徐天祜는 "出, 當作坐"라 함.

【恐疾之無瘳】〈四部叢刊〉에는 '恐'자가 없으나《太平御覽》(728)에 의해 보입함.
    '瘳'는 '추'로 읽으며 질환이 나아가는 차도가 있음을 뜻함.

【今日日辰陰陽, 上下和親, 無相入者. 法曰:「天一救, 且何憂?」】이 구절은 〈四部
    叢刊〉에 없으나《太平御覽》에 의해 보입함.

【日辰】점에 나타나는 그 날의 운세.《黃帝金匱玉衡經》의 金匱章에 "何謂日辰?
    假令今日甲子, 甲爲日, 子爲辰. 陰陽者, 日, 上神, 爲陽神; 辰, 下神, 爲陰神"이라 함.

【己巳日】계산에 의하면 魯 哀公 6년(B.C.489) 음력 4월 23일이라 함.

【猶豫】"결정을 내리지 못하고 머뭇거리다"의 雙聲連綿語. 范蠡가 점치기를
    겁내어 머뭇거림을 가리킴.

【成湯之義】殷(商)나라 임금 湯(成湯). 그가 밖에 나갔다가 四面에 그물을 치고
    새를 잡는 것을 보고 풀어주었다는 고사를 말함.《史記》殷本紀에 "湯出,
    見野張網四面, 祝曰:「自天下四方皆入吾網」湯曰:「嘻, 盡之矣!」乃去其三面,
    祝曰:「欲左, 左. 欲右, 右. 不用命, 乃入吾網」諸侯聞之, 曰:「湯德至矣, 及禽獸」
    當是時, 夏桀爲虐政淫荒, 而諸侯昆吾氏爲亂. 湯乃興師率諸侯, 伊尹從湯, 湯自

把鉞以伐昆吾, 遂伐桀"이라 하였으며《新序》雜事(5)에도 "湯見祝網者置四面, 其祝曰:「從天墜者, 從地出者, 從四方來者, 皆離吾網.」湯曰:「嘻! 盡之矣, 非桀其孰爲此?」湯乃解其三面, 置其一面, 更敎之祝曰:「昔蛛蝥作網, 今之人循序, 欲左者左, 欲右者右; 欲高者高, 欲下者下, 吾取其犯命者.」漢南之國聞之曰:『湯之德及乎禽獸矣.』四十國歸之. 人置四面, 未必得鳥, 湯去三面, 置其一面, 以網四十國, 非徒網鳥也"라 하였고, 《新書》(賈誼) 諭誠篇에도 "湯見設網者, 四面張, 祝曰:「自天下者, 自地出者, 自四方至者, 皆羅我網!」湯曰:「嘻! 盡之矣. 非桀, 其孰能如此?」令去三面, 舍一面而敎. 祝之曰:「蛛蝥作網, 今之人脩緖, 欲左者左, 欲右者右, 欲高者高, 欲下者下. 吾請受其犯命者.」士民聞之曰:「湯之德, 及於禽獸矣, 而況我乎!」於是下親其上"이라 함. 그 밖에《呂氏春秋》異用篇에도 "湯見祝網者, 置四面, 其祝曰:「從天墜者, 從地出者, 從四方來者, 皆離吾網!」湯曰:「嘻! 盡之矣. 非桀, 其孰爲此也?」湯收其三面, 置其一面, 更敎祝曰:「昔蛛蝥作網罟, 今人之學紓, 欲左者左, 欲右者右, 欲高者高, 欲下者下. 吾取其犯命者.」漢南之國聞之曰:「湯之德, 及禽獸矣.」四十國歸之"라 하였고,《十八史略》(1)에도 "湯出, 見有張網四面而祝之曰:「從天降, 從地出, 從四方來者, 皆罹吾網.」湯曰:「嘻! 盡之矣.」乃解其三面, 改祝曰:「欲左左, 欲右右. 不用命者, 入吾網.」諸侯聞之曰:「湯德至矣, 及禽獸.」"라 하였으며, 《說苑》尊賢篇에는 "湯去張網者之三面, 而夏民從, 越王不隳舊塚, 而吳人服, 以其所爲之順於民心也"라 하였으며,《新書》(賈誼) 胎敎篇에는 "文王請除炮烙之刑而殷民從. 湯去張網者之三面而二垂至. 越王不頹舊冢而吳人服. 以其所爲而順於人也"라 함. 그리고《大戴禮記》保傅篇에는 "文王請除炮烙之刑而殷民從, 湯去張網者之三面而二垂至. 越王不頹舊冢而吳人服. 以其所爲愼於人也"라 하였으며,《帝鑑圖說》(上)「解網施仁」에도 "商史紀: 湯出, 見網於野者, 張其四面而祝之曰:「自天下四方, 皆入吾網!」湯曰:「嘻! 盡之矣!」解其三面, 而更其祝曰:「欲左, 左; 欲右, 右; 欲高, 高; 欲下, 下. 不用命者, 乃入吾網!」漢南諸侯聞之, 曰:「湯德至矣, 及禽獸!」一時歸商者, 三十六國"이라 하는 등 아주 널리 알려져 있음.

【糞而嘗之】'糞'은 똥, 大便. '嘗'은 '嚐'과 같음.

【以瘳起日期之】 오왕 부차가 병이 나아 일어날 날짜가 己巳日임을 가르쳐 주면서 약속을 함.

133(7-15)
직접 대변을 맛보며

월왕은 다음날 태재 백비에게 이렇게 말하였다.

"갇힌 신하 구천은 오왕을 한 번 뵙고 병문안을 드리고자 합니다."

태재 비가 곧바로 오왕에게 들어가 말하자 오왕이 월왕을 불러 만났다.

마침 오왕이 대소변을 보고 나서 태재 비가 똥과 오줌을 받아서 들고 나오다가 문에서 월왕을 만났다.

월왕은 이에 절을 하며 말하였다.

"청컨대 대왕의 오줌을 맛보고 길흉을 판별해보겠습니다."

그리고는 곧바로 손으로 그 오줌과 변을 취하여 맛을 보았다.

월왕은 들어가 오왕을 뵙자 이렇게 말하였다.

"낮고 갇힌 신하 구천은 대왕께 축하를 드립니다. 왕의 질환은 기사己巳 날이면 차도가 있기 시작하여 3월 임신壬申날이면 병은 낫게 될 것입니다."

오왕이 물었다.

"어떻게 그것을 알 수 있소?"

월왕이 말하였다.

"낮은 신하 제가 일찍이 스승으로 모실 때 듣기를 '변이란 곡식의 맛을 따르는 것으로써 시령時令의 기氣에 어긋나게 되면 죽는 것이요, 시령의 기에 순하면 살아나는 것'이라 하였습니다. 지금, 제가 몰래 대왕의 변을 맛보았더니 그 변의 맛이 쓰면서 맵고 시더이다. 이 맛은 봄여름의 기에 상응하는 것입니다. 저는 이로써 알게 된 것입니다."

오왕은 크게 기뻐하여 말하였다.

"어진 사람이로다."

이에 월왕을 사면하여 석실을 떠나 궁실로 가서 머물게 되었으며 가축을 기르는 일은 그대로 하였다.

월왕은 똥오줌을 맛본 이후로 드디어 구취병口臭病을 앓게 되었다.

범려는 이에 좌우에게 명하며 모두가 잠초岑草를 먹어 그에게서 나는 냄새가 흩어지도록 하였다.

越王明日謂太宰嚭曰:「囚臣欲一見問疾.」

太宰嚭卽入言於吳王, 王召而見之.

適遇吳王之便, 太宰嚭奉溲, 惡而出, 逢戶中.

越王因拜:「請嘗大王之溲, 以決吉凶.」

卽以手取其便與惡而嘗之.

因入曰:「下囚臣句踐賀於大王. 王之疾至己巳日有瘳, 至三月壬申病愈.」

吳王曰:「何以知之?」

越王曰:「下臣嘗事師聞:『糞者, 順穀味, 逆時氣者, 死; 順時氣者, 生.』 今者, 臣竊嘗大王之糞, 其惡味苦且楚酸. 是味也, 應春夏之氣, 臣以是知之.」

吳王大悅, 曰:「仁人也.」

乃赦越王, 得離其石室, 去就其宮室, 執牧養之事如故.

越王從嘗糞惡之後, 遂疾口臭.

范蠡乃令左右皆食岑草以亂其氣.

【溲惡】 오줌과 똥. 溲는 小便. 惡은 大便. 徐天祜는 "溲, 卽便也. 惡, 大溲也. 大小溲, 亦曰前後溲"라 함. 지금도 吳語에서는 大便을 '惡'이라 함.

【三月壬申】 魯 哀公 6년(B.C.489) 4월 26일. 월나라는 윤달을 두는 것이 달라 3월에 해당함.

【順穀味】 곡물을 섭취한 것이므로 그 곡물의 맛과 냄새를 그대로 유지하고 있음.

【時氣】 '時'는 時令. 四時의 氣. 五行家의 논리에 의하면 四時도 역시 맛이 있으며 일반적으로 春(甘), 夏(鹹), 秋(苦), 冬(辛), 中(酸)으로 배합됨. 그러나 본문의 배합은 설명이 다른 이유는 월별, 날짜별, 天干地支별로 달리 기준을 삼아 설명한 것으로 보임.

【楚酸】 楚는 辛과 같음.《釋名》釋州國에 "楚, 辛也"라 함. 酸은 신맛.

【口臭】 口臭病. 입에서 냄새가 나는 질환.

【岑草】 식용 根菜. 藥草로도 쓰임. 徐天祜는 "〈會稽賦〉註:「岑草, 蕺也, 菜名, 擷之小有臭氣. 凶年民臛其根食之.」《會稽志》:「蕺山在府西北六里, 越王嘗採 蕺于此.」"라 함. 蕺山은 지금의 紹興 동북에 있으며 王羲之가 그 산 아래 살아 '王家山'이라고도 함.

【亂其氣】 '亂'은 흩어버림. 散亂, 擾亂과 같음.

134(7-16)
굴종屈從을 참고 견디며

그뒤, 오왕은 월왕이 말한 대로 그 날짜가 되자 병이 낫게 되자 마음속으로 그의 충성스러움을 생각하면서 정사에 임하게 된 뒤 문대文臺에서 크게 술자리를 벌였다.

오왕은 이렇게 영을 내렸다.

"오늘은 월왕을 위하여 북면北面의 자리를 설치하여 여러 신하들은 그를 객례客禮로 모시도록 하라."

그러자 오자서伍子胥가 급히 그 자리를 떠나 자신의 숙소에 이르러서는 임금이 마련한 자리에 나가지 않았다.

술기운이 무르익자 태재 비가 말하였다.

"이상합니다! 오늘 자리에 나온 이들은 각기 대왕께 한 마디씩 하기로 하였습니다. 그런데 어질지 못한 자는 사라져버리고 어진 자만 남아 있군요. 제가 듣기로 '같은 소리는 서로 화합하고 같은 마음은 서로 찾는다' 하였습니다. 지금 국상國相은 뻣뻣하고 용맹스러운 사람입니다. 생각건대 속으로 지극히 어진 자가 있음을 부끄러워하여 임금의 이 자리에 앉지 않을 것으로 여겼는데 역시 그렇군요!"

오왕이 말하였다.

"그렇소."

이에 범려와 월왕은 함께 일어나 오왕을 위해 축수하였는데 그 말은 이러하였다.

"낮은 신하 구천과 그를 따르는 소신 범려는 술잔을 들어 천세의 장수를 비옵니다."

그리고 이렇게 가사를 읊었다.

"황천이 위에서 명령하여
 아래로 사시를 밝혀주시니
 마음을 모아 자애로움으로 살피시는 분
 인자하신 이는 바로 대왕이시네.
 몸소 큰 은혜 베푸시어
 의를 세우고 인을 실행하시네.
 아홉 가지 덕이 사방에 가득하니
 그 위엄은 신하들을 감복시키네.
 아, 아름답도다!
 그 덕은 전하여 끝이 없을지니
 위로 태양도 이에 감동하여
 내려주시는 상서로운 기운 풍성하도다.
 대왕께서는 만세토록 장수하시어
 길이 오나라를 보존하소서.
 사해가 모두 함께 대왕을 받들며
 사방 제후들 모두가 빈복賓服하리라.
 잔을 들어 높이 올리오니
 영원토록 만복을 받으시옵소서."

이에 오왕은 크게 기뻐하였다.

其後, 吳王如越王期日疾愈, 心念其忠, 臨政之後, 大縱
酒於文臺.
　吳王出令曰:「今日爲越王陳北面之坐, 群臣以客禮事之.」

伍子胥趨出, 到舍上, 不御坐.

酒酣, 太宰嚭曰:「異乎! 今日坐者, 各有其詞. 不仁者逃, 其仁者留. 臣聞:『同聲相和, 同心相求.』今國相, 剛勇之人, 意者內慙至仁之存也, 而不御坐, 其亦是乎!」

吳王曰:「然.」

於是范蠡與越王俱起, 爲吳王壽, 其辭曰:「下臣句踐, 從小臣范蠡, 奉觴上千歲之壽.」

辭曰:

『皇在上令, 昭下四時,
　幷心察慈, 仁者大王.
　躬親鴻恩, 立義行仁,
　九德四塞, 威服群臣.
　於乎休哉! 傳德無極.
　上感太陽, 降瑞翼翼,
　大王延壽萬歲, 長保吳國.
　四海咸承, 諸侯賓服.
　觴酒旣升, 永受萬福.』

於是吳王大悅.

【臨政之後】吳王 夫差가 병이 나아 직접 정사에 임함.
【大縱】크게 풀어놓음. 마음 놓고 마실 수 있도록 술자리를 마련함.

【文臺】吳나라 궁중의 누대 이름. 094를 참조할 것.

【北面之事】신하의 자리. 越王 句踐과 范蠡를 높여 줄 것임을 말함.

【客禮】제후와 외국에서 온 使臣 간에 행하는 賓禮.

【伍子胥】伍員. 伍擧(椒擧)의 손자이며 伍奢의 아들. 伍尙의 아우. 楚 平王과 아버지 伍奢가 太子 建의 혼인 문제에 비열함을 저지른 費無極(費無忌)의 참언으로 인해 멸족을 당하자 陳나라를 거쳐 吳나라로 망명하여 합려를 도와 원수를 갚음. 뒤에 吳楚戰鬪, 吳越鬪爭 등의 주역으로서 많은 일화와 사건을 남겼으며 끝내 오왕 부차에게 죽임을 당함. 《國語》吳語에는 '申胥'라 하였으며 申은 氏, 자는 子胥로 여겨짐. 《史記》伍子胥列傳 참조. 한편 '員'은 '員音云'이라 하여 '운'으로 읽어야 하나 일반적인 관례에 의해 그대로 '오원'(伍員)으로도 읽음. 한편 본 책에서는 '伍胥', '子胥', '伍員', '伍君' 등 여러 가지로 불리고 있음.

【御坐】'御座'와 같음. 임금이 마련한 잔치 자리.

【酒酣】술자리가 무르익음.

【同聲相和】《周易》文言傳(上)에 "同聲相應, 同氣相求; 水流溼, 火就燥, 雲從龍, 風從虎; 聖人作而萬物覩; 本乎天者親上, 本乎地者親下, 則各從其類也"라 함.

【至仁】지극한 인에 도달한 사람. 句踐을 가리킴.

【九德】《成書》皐陶謨에 "寬而栗, 柔而立, 愿而恭, 亂而敬, 擾而毅, 直而溫, 簡而廉, 剛而塞, 彊而義. 彰厥有常, 吉哉!"라 하였고, 《逸周書》常訓에는 "九德: 忠, 信, 敬, 剛, 柔, 和, 固, 貞, 順"이라 하여 아홉 가지 덕목을 들고 있음.

【於乎】'嗚呼'와 같음. 감탄사.

【翼翼】매우 많아 풍성함을 뜻함. 《詩經》小雅 楚茨 "我稷翼翼"의 箋에 "翼翼, 蕃庶貌"라 함.

【賓服】服從해 옴. 臣服함. 歸依함.

135(7-17)
구밀복검口蜜腹劍

이튿날 오자서伍子胥가 들어와 이렇게 간언하였다.

"어제 대왕께서는 무엇을 보셨습니까? 제가 듣기로 '안으로 호랑虎狼과 같은 마음을 품고 밖으로는 아름다운 말을 고집하여 단지 겉으로 정이 있는 척하면서 자신의 몸을 보전하는 것이다. 승냥이를 두고 염치가 있다고는 말할 수 없고, 이리를 두고 친히 여길 만하다고 말할 수 없다'라고 하더이다. 지금 대왕께서는 잠깐의 즐거운 말을 듣기를 좋아하면서 만세의 우환은 염려하지 않고 있으며 충직한 말은 내팽개치고 참부讒夫의 말을 듣고 있습니다. 피를 철철 흘릴 원수를 멸하지 아니하고 독을 품고 있는 원한을 끊지 않고 계시니 이는 마치 털을 숯이 타는 난로 위에 얹어놓고 그것이 타지 않기를 바라며, 달걀을 천균千鈞 무거운 것 아래에 눌러놓고 그것이 온전하기를 바라는 것과 같으니 어찌 위태롭지 않겠습니까? 제가 듣기로 '걸桀은 높은 곳에 올라 스스로 위험함을 알기는 하지만 스스로 안전함을 취하는 법은 몰랐고, 앞에 흰 칼날 앞으로 다가가면 죽는다는 것을 알면서도 자신이 살아남는 방법은 모른다. 미혹한 자라 할지라도 되돌아 설 줄만 안다면 잘못된 길로 멀리 나간 것은 아니다'라고 하더이다. 원컨대 대왕께서는 살펴보시기 바랍니다."

오왕이 말하였다.

"과인이 석 달 병으로 고생할 때 상국께서는 한 마디 문병도 들을 수가 없었으니 이는 상국이 인자롭지 못하기 때문이요, 또한 내 입에 먹고 싶은 것 하나 가져다 준 적 없으며, 마음속으로 나를 사랑한 적이 없으니 이는 상국이 어질지 못하기 때문입니다. 무릇 남의 신하가 되어 어질지도, 인자하지도 못하면서 어찌 능히 그가 충성되고 믿음이 있는 자라 여길 수 있겠소? 월왕은 미혹迷惑하여 변방을 지켜야 하는 큰일을 버리고 친히 그 신하와 백성을 이끌고 과인에게 귀순해 왔으니 이는 의로운 행동이요, 그 자신은 직접 와서 포로가 되고 그 아내도 직접 와서 첩이 되었으면서도 과인을 섭섭해함이 없었으며, 과인이 병이 들었을 때 직접 과인의 오줌을 맛보았으니 이는 자애로운 행동이요, 자신의 창고를 다 비워 보물을 다 쓰면서도 옛일을 생각하지 않고 있으니 이는 충성되고 믿음이 있는 것입니다. 이 세 가지를 이미 세워놓고 나를 보양하고 있소. 과인이 일찍이 상국의 말을 듣고 그를 죽였다면 이는 과인이 지혜롭지 못한 짓을 한 것이 되었을 것이며, 그저 상국의 사사로운 뜻을 신나게 해 해결해준 일이었을 것이오! 어찌 황천에 죄를 짓는 일이 아니었겠소?"

자서가 말하였다.

"왕의 말씀은 어찌 그리도 반대로 생각하십니까? 무릇 호랑이가 낮은 자세를 취하는 것은 장차 달려들려는 것이요, 살쾡이가 낮게 몸을 구부리는 것은 장차 찾는 바를 얻기 위한 것입니다. 꿩는 눈을 다른 데로 돌리다가 그물에 갇히는 것이요, 물고기는 미끼를 즐겁게 여기다가 낚시에 걸려 죽게 되는 것입니다. 게다가 대왕께서는 병이 나아 정사에 임하면서 《옥문玉門》 제 9장을 어기셨으니 진실로 일에 실패가 있을 것이니 허물은 없도록 해야 한다는 것입니다. 금년 3월 갑술甲戌날 첫 닭이 울 때입니다. 갑甲과 술戌은 세성歲星의 자리를 지난 다음 만난 날로 월장月將입니다. 청룡青龍은 유酉에, 덕德은 토土에, 형刑은 금金에 있게 됩니다. 따라서 이날은 그 덕을 적해하는 날입니다. 아버지에게는 장차 순종하지 않는 아들이 있으며 임금에게는 충절을 거역하는 신하가 있게 됨을 아셔야 합니다. 대왕께서는 월왕이 우리 오나라에 귀의하였음을 의롭다 하시며, 오줌을 맛보고 똥을 먹은 것을 자애롭다 여기시며, 자신들의 창고를 다 비우면서 우리에게 갖다 바친 것을 어질다 여기시니 이 까닭으로 남에게 사랑을 베풀지 않는 사람이며 가히 친히 여겨서는 안 될 것입니다. 겉으로는 복종하는 듯 얼굴을 꾸미는 것은 그 자신을 보존하기 위한 것일 뿐입니다. 지금 월왕이 우리 오나라에 신하로 들어온 것은 그 음모를 깊이 하고 있는 것이요, 창고를 비우면서도 원한의 낯빛을 드러내지 않는 것은 왕을 속이는 것이며, 아래로 왕의 오줌을 마시는 것은 위로 임금의 마음을 먹고 있는 것이요, 아래로 임금의 변을 맛본 것은 위로 임금의 간을 먹고 있는 것입니다. 크도다! 월왕이 오나라에 화근이 됨이여. 오나라는 장차 월나라에게 잡히고 말 것입니다. 오직 대왕께서는 유의하여 이를 살펴보십시오. 저는 감히 선왕에게 죄를 지으면서 죽음에서 도망치고 싶지는 않습니다. 어느 날 아침 이 나라 사직이 폐허가 되고 종묘에 가시나무가 자란다면 그 후회를 어찌 뒤쫓을 수 있겠습니까?"

오왕이 말하였다.

"상국께서는 그대로 두고 더 이상 말하지 마시오. 과인은 차마 다시 들어 줄 수 없소."

明日, 伍子胥入諫曰:「昨日大王何見乎? 臣聞:『內懷虎狼之心, 外執美詞之說, 但爲外情以存其身. 豺, 不可謂廉; 狼, 不可謂親.』今大王好聽須臾之說, 不慮萬歲之患; 放棄忠直之言, 聽用讒夫之語. 不滅瀝血之仇, 不絶懷毒之怨, 猶縱毛爐炭之上幸其焦, 投卵千鈞之下望必全, 豈不殆哉? 臣聞:『桀登高自知危, 然不知所以自安也; 前據白刃自知死, 而不知所以自存也. 惑者知返, 迷道不遠.』願大王察之.」

吳王曰:「寡人有疾三月, 曾不聞相國一言, 是相國之不慈也; 又不進口之所嗜, 心不相思, 是相國之不仁也. 夫爲人臣, 不仁不慈, 焉能知其忠信者乎? 越王迷惑,棄守邊之事, 親將其臣民, 來歸寡人, 是其義也; 躬親爲虜, 妻親爲妾, 不慍寡人, 寡人有疾, 親嘗寡人之溲, 是其慈也; 虛其府庫, 盡其寶幣, 不念舊故, 是其忠信也. 三者旣立, 以養寡人. 寡人曾聽相國而誅之, 是寡人之不智也, 而爲相國快私意耶! 豈不負皇天乎?」

子胥曰:「何大王之言反也? 夫虎之卑勢, 將以有擊也; 狸之卑身, 將求所取也. 雉以眩移拘於網, 魚以有悅死於餌. 且大王初臨政, 負《玉門》之第九, 誠事之敗, 無咎矣. 今年三月甲戌, 時加鷄鳴. 甲戌, 歲位之會, 將也. 青龍在酉, 德在土, 刑在金, 是日賊其德也. 知父將有不順之子, 君有逆節之臣. 大王以越王歸吳爲義, 以飲溲食惡爲慈, 以虛府庫爲仁, 是故爲無愛於人, 其不可親; 面聽貌觀, 以存其身. 今越王入臣於吳, 是其謀深也; 虛其府庫, 不見恨色, 是欺我王也; 下飲王之溲者, 是上食王之心也; 下嘗王之惡者, 是上食王之肝也. 大哉! 越王之崇吳. 吳將爲所擒也. 惟大王留意察之, 臣不敢逃死以負前王. 旦社稷丘墟, 宗廟荊棘, 其悔可追乎?」

吳王曰:「相國置之, 勿復言矣. 寡人不忍復聞.」

【瀝血之仇】피를 철철 흘리면서라도 갚아야 할 원수.
【幸其焦】'其'는 '不'이어야 함. 徐天祜는 "其, 當作不"이라 함.
【千鈞】아주 무거운 무게나 물건을 비유함. 一鈞은 30斤이라 함.
【眩移】'眩眵'여야 함. 다른 곳에 정신이 팔려 있음.
【玉門第九】'玉門'은 점복서. 孫詒讓은《玉門》과《金匱》는 책 제목이 서로 상대

되는 것으로 보아 당시 《六壬十二經》 중의 하나였을 것이라 하였음. 구체적으로는 알 수 없음. 第九는 九章에 실려 있는 점복 풀이 내용을 말하는 듯함.

【今年三月甲戌】 금년은 구천 8년 魯 哀公 6년(B.C.489). 三月 甲戌은 4월 28일. 오왕이 己巳(3. 23)날에 병이 호전되기 시작하였고 壬申(3.26)날에 병이 완쾌되었으며 甲戌날에 정사를 시작함. 그러면서 吉凶을 알아본 것.

【雞鳴】 寅時. 새벽 3시부터 5시 사이. 첫닭이 우는 시간.

【甲戌, 歲位之會】 '歲'는 歲星(木星). '位'는 '後'의 오류. 甲戌은 歲星의 자리를 지난 다음 十干의 甲과 十二支의 戌이 만난 날임을 말함.

【將】 十二月將 중 三月將인 從魁. 五行의 金에 속하며 方位는 서쪽.

【青龍】 木星. 太歲星을 말함. 《六壬四課》 중 十二天將貴神의 하나이며 吉將으로 간주함. 文字, 書籍, 財帛, 官廳, 婚姻, 胎産, 宴會 등을 주관하며 吉將에 속함. 五行으로는 木, 별로는 木星(歲星). 여기서는 해마다 그 별이 머무는 일정한 자리. 歲星은 木星(Mars)의 다른 말. 12년(11.8622년)에 한번 씩 週期를 삼아 紀年을 계산하는 표준으로 삼을 수 있어 그 때문에 '歲星'이라 함. 五行으로는 木, 계절로는 봄, 五常으로는 仁에 해당함. 《黃帝龍首經》과 《六壬大全》에 의하며 가을 西方 칠수(七宿)를 '歲位'라 하며, 北方 七宿는 '歲前', 東方 七宿는 '歲對', 남방 七宿는 '歲後'라 함. 西方과 가을(秋)은 五行으로 金에 해당하며 天干의 庚辛과 배합됨. 그 때문에 "辛, 歲位也"라 한 것임.

【青龍在酉】 이 해는 太陰曆으로는 丁亥에 해당하며 太歲가 己酉에 있음.

【刑】 五行으로 '덕'은 天干을 칭하는 말이며 地支로는 刑을 칭함. 《淮南子》 天文訓에 "太陰所居, 日德, 辰爲刑"이라 함. 이 해는 太歲가 己酉에 있으며 己는 德, 酉는 刑을 대신하여 쓴 말. 己는 五行으로는 土이며 酉는 金에 상응함. 그 때문에 "德在土, 刑在金"이라 한 것임.

【日賊其德】 日은 甲戌일. 甲은 五行으로 木에 해당함. 五行 相勝에 '木勝土'이며 이는 곧 '甲勝己'가 됨. 따라서 날짜가 해(年)를 이김으로써 不順한 아들과 逆節의 신하가 있게 된다는 뜻.

【越王之祟吳】 '祟'은 '祟'여야 함. 빌미가 됨. 화근이 됨.

136(7-18)
드디어 풀려난 구천

이에 오왕은 드디어 월왕을 풀어주어 귀국하도록 하여 마침내 사문_{蛇門} 밖에서 신하들이 모여 조전_{祖餞}을 베풀었다.

오왕이 말하였다.

"과인은 그대를 용서하여 월나라로 돌아가게 하니 반드시 끝까지 처음 마음을 생각하시오. 왕께서는 힘쓰시오."

월왕은 머리를 조아리며 말하였다.

"지금 대왕께서 저의 외롭고 궁함을 애처롭게 여기시어 온전히 살려 주신 채 귀국하도록 하시니 문종, 범려의 무리들과 함께 원컨대 대왕의 수레바퀴 아래에서 죽기를 원합니다. 상천이 푸르고 푸르거늘 저는 감히 그 뜻을 저버리지 않겠습니다."

오왕이 말하였다.

"아! 내 듣기로 '군자의 한 마디를 두 번 하지 않는다'라 하였소. 지금 이미 떠날 시간이니 왕께서는 힘쓰시오."

월왕이 재배하고 무릎을 꿇자 오왕은 이에 월왕을 일으켜 끌어 수레에 태웠으며, 범려는 수레를 몰아 드디어 오나라를 떠났다.

於是, 遂赦越王歸國, 遂於蛇門之外, 群臣祖道.

吳王曰:「寡人赦君, 使其返國, 必念終始, 王其勉之.」

越王稽首曰:「今大王哀臣孤窮, 使得生全還國, 與種, 蠡之徒, 願死於轂下. 上天蒼蒼, 臣不敢負.」

吳王曰:「於乎! 吾聞:『君子一言不再.』今已行矣, 王勉之.」

越王再拜跪伏, 吳王乃引越王登車, 范蠡執御, 遂去.

【蛇門之外】吳나라 外城의 南門. 本書 闔閭內傳에 "欲東幷大越, 越在東南, 故立蛇門, 以制敵國, 吳在辰, 其位龍也. 故小城南門上, 反羽爲兩鯢鱙, 以象龍角. 越在巳地, 其位蛇也, 姑南大門上, 有木蛇北向, 首內示越, 屬於吳也"라 함.

【祖道】祖餞, 餞行, 餞別의 행사. 먼 길을 떠나보낼 때 여는 잔치나 의식. 고대 黃帝의 아들 유조(纍祖)가 먼 길을 떠나 도중에 죽자 사람들이 그를 '路神'으로 여겨 길 떠나는 자를 보호해 달라는 뜻으로 제를 올리기 시작한 것에서 유래되었다 함.《幼學瓊林》에 "請人遠歸, 曰洗塵; 攜酒送行, 曰祖餞"이라 함.

【種】大夫 文種. 자는 子禽, 혹 少禽, 會. 越나라 대부로 智謀가 있어 范蠡와 함께 句踐을 도와 吳나라에게 복수를 하고 句踐을 霸者로 만든 名臣. 그 뒤에 范蠡가 떠나고 句踐에게 죽임을 당함. 그러나 徐天祜 注에는 "大夫種, 姓文氏, 字會. 楚之鄒人"이라 함.

【蠡】范蠡. 越나라 大夫. 字는 少伯. 文種과 함께 越나라를 승리로 이끈 대신. 越나라가 吳나라에 패했을 때 3년을 臣僕으로 고생하다가 돌아와 句踐을 도와 吳나라를 멸하는데 큰 공을 세웠음. 그리고 즉시 句踐을 피해 이름을 鴟夷子皮로 바꾸고 몸을 숨겨 三江口를 거쳐 五湖로 나서 齊나라 陶 땅으로 옮겨가 陶朱公이라 칭하였으며 장사에 뛰어들어 큰 부자가 됨. 그의 많은 일화는 《國語》越語(下),《左傳》,《史記》越王句踐世家, 貨殖列傳,《越絶書》등에 자세히 실려 있음. 徐天祜 注에 "范蠡, 楚三尸人也. 字少伯"이라 함.

【轂下】閤下, 殿下, 麾下 등과 같음. 수레를 타고 있는 윗사람을 아래에 있는 자가 칭하는 호칭.

137(7-19)
귀국의 기쁨

삼진三津 나루에 이르자 하늘을 쳐다보며 탄식하고 눈물을 흘려 옷깃을 적시면서 이렇게 말하였다.

"아! 나의 둔액屯厄이여, 다시 살아 이 나루를 건너게 될 것을 누가 생각이나 했겠는가?"

그러고는 범려에게 이렇게 말하였다.

"오늘이 3월 갑신甲辰날이고 때는 해가 기울고 있소. 내가 하늘의 천명을 입어 다시 고향으로 돌아왔는데 후환은 없겠소?"

범려가 말하였다.

"대왕께서는 의심하지 마십시오! 곧바로 가는 길을 보십시오. 월나라는 장차 복이 있을 것이요, 오나라는 의당 우환이 있을 것입니다."

절강浙江 가에 이르러 멀리 대월大越을 바라보았더니 산천은 다시금 빼어나게 수려하였고 하늘과 땅은 다시금 맑았다.

왕은 부인과 더불어 탄복하며 말하였다.

"나는 이미 희망을 잃고 영원히 우리 만민과 헤어질 것으로 여겼다오. 그런데 이렇게 다시 돌아와 고향 나라를 다시 찾을 수 있을 줄 어찌 짐작이나 했겠소?"

말을 마치자 얼굴을 가리고 눈물을 줄줄 흘렸다.

이때에 백성들도 모두가 환호하였으며 신하들도 모두가 나서서 경축하였다.

至三津之上, 仰天歎, 淚下沾襟, 曰:「嗟乎! 孤之屯厄,
誰念復生渡此津也?」

謂范蠡曰:「今三月甲辰, 時加日昳, 孤蒙上天之命, 還歸
故鄉, 得無後患乎?」

范蠡曰:「大王勿疑! 直眠道行. 越將有福, 吳當有憂.」

至浙江之上, 望見大越, 山川重秀, 天地再清.

王與夫人歎曰:「吾已絕望, 永辭萬民. 豈料再還, 重復鄉國?」

言竟掩面, 涕泣闌干.

此時萬姓咸歡, 群臣畢賀.

【三津】三江口. 三江은 松江, 錢塘江, 浦陽江을 가리키며 越나라 경내를 흐르는
세 강. 徐天祜는 "三江: 一說松江, 錢塘, 浦陽江也.〈吳郡賦〉注:「松江下七十
里分流, 東北入海者謂婁江, 東南流者謂東江, 并松江謂三江.」今其地亦名三江口,
卽范蠡乘舟所出之地"라 함. 그러나《史記》夏本紀 "震澤致定"의〈正義〉에는
"澤在蘇州西四十五里. 三江者, 在蘇州東南三十里, 名三江口. 一江西南上七十里
之太湖, 名曰松江, 古笠澤江; 一江東南上七十里, 名蜆湖, 名曰上江, 亦曰東江;
一江東北下三百餘里入海, 名曰下江, 亦曰婁江. 於其分處, 號曰三江口. 顧夷
《吳地記》云:「松江東北行七十里得三江口, 東北入海謂婁江, 東南入海謂東江,
并松江爲三江.」是也"라 함.
【淚下沾襟】이 네 글자는〈四部叢刊〉에는 없으나《太平御覽》(71)에 의해 보입함.
【屯厄】그 동안 겪은 고난. '屯'은 '迍'과 같음.
【甲辰】魯 哀公 6년(B.C.489) 5월 29일이었다 함.《淮南子》天文訓에 "辰爲滿,
巳爲平, 主生"이라 하여 吉日로 여겨졌음.
【日昳】해가 중천을 넘어선 시간. 徐天祜는 "昳, 昃也. 梁元帝《纂要》:「日在未
曰昳.」"이라 함. 오후 1~3시 사이라 함.
【直眠道行】眠는 '視'의 古字. '곧바로 앞을 보다'의 뜻. 시
【闌干】눈물을 줄줄 흘리는 모습. 疊韻連綿語. 李白의 詩에 "獨宿空房淚闌干"
이라 함. 徐天祜는 "《文選》註:「闌干, 多貌.」"라 함.

卷第八 句踐歸國外傳

　월왕 구천句踐이 뭇나라 노역에서 돌아와 절치부심切齒腐心하며 오나라에 대한 복수의 일념에 모든 것을 맞추고 있는 과정을 생생하게 그리고 있다. 지나칠 정도의 치밀한 준비와 무섭도록 강인한 집착을 생동감있게 표현하고 있다.

〈白瓷雙腹龍柄傳瓶〉(隋) 1957 陝西 西安 李靜訓묘 출토

138(8-1)
7년 만의 귀환

월왕 구천句踐이 오吳나라에 신하로 갔다가 월나라로 돌아온 것은 구천 7년年이었다.

백성들은 모두 길에 나와 엎드려 절하며 이렇게 말하였다.

"임금 노릇 하시기에 홀로 고통이 없을 수 있겠습니까? 이제 왕께서는 하늘의 복을 받으시어 다시 월나라로 돌아오셨으니 패왕의 자취를 여기서 부터 일으키소서."

월왕이 말하였다.

"과인이 하늘의 가르침을 삼가지 않고 백성에게 덕을 베풀지도 못하였소. 지금 만백성들이 이 갈림길에서 모여들어 노고롭게 하고 있으니 장차 무슨 덕과 교화로 나라 사람들에게 보답할 수 있을지요?"

월왕은 범려를 돌아보며 이렇게 말하였다.

"지금 12월月 기사己巳날이며 때는 우중禺中의 시간이오, 내 이에 맞추어 국성國城에 도착하고자 하는데 어떠하오?"

범려가 말하였다.

"대왕께서 잠시 머무십시오. 제가 날짜를 점쳐 보겠습니다."

이에 범려는 앞으로 나서며 이렇게 말하였다.

"기이합니다! 대왕께서 택일하신 날짜여. 왕께서는 의당 서두르십시오. 수레는 달리게 하고 사람은 뛰게 하십시오."

월왕은 말에게 채찍을 휘둘러 날 듯이 수레를 몰아 마침내 다시 궁궐로 들어갔다.

越王句踐臣吳, 至歸越, 句踐七年也.

百姓拜之於道, 曰:「君王獨無苦矣? 今王受天之福, 復於越國, 霸王之迹自斯而起.」

王曰:「寡人不愼天敎, 無德於民, 今勞萬姓擁於岐路, 將何德化以報國人?」

顧謂范蠡曰:「今十有二月己巳之日, 時加禺中, 孤欲以此到國, 何如?」

蠡曰:「大王且留, 以臣卜日.」

於是范蠡進曰:「異哉! 大王之擇日也. 王當疾趨, 車馳人走.」

越王策馬飛輿, 遂復宮關.

【句踐七年】徐天祐는 《國語》:「句踐與范蠡入宦於吳, 三年, 而吳人遣之.」 當魯 哀公五年, 是爲句踐七年, 正與此合. 此書於句踐五年書入吳事, 至是歸國, 首尾 三年也"라 함. 그러나 '七年'은 '八年'이어야 함.

【不愼天敎】〈四部叢刊〉에는 "不愼夭敎"라 하였으나 '夭'는 '天'의 오기임.

【十二月己巳】魯 哀公 6년, 句踐 8년(B.C.489) 12월 27일이었다 함.

【禺中】徐天祐는 "禺音隅, 禺中, 時加巳也.《淮南子》曰:「臻于衡陽, 是謂禺中. 對于昆吾, 是謂正中.」"라 함. 巳時에 해당하며 아침 9시~11시 사이.

【到國】國은 國城을 가리킴. 당시 越나라 도읍 會稽. 지금의 浙江 紹興.

【擇日】越王이 巳日, 巳時를 택하여 매우 길한 것임.《淮南子》天文訓에 "辰爲滿, 巳爲平, 主生"이라 함.

【疾趨】빠르게 달림.

【策馬】말에게 채찍을 휘둘러 급히 달려감.

139(8-2)
오나라가 봉해준 땅

오나라가 월나라에게 봉한 백 리의 땅은 동쪽은 탄독炭瀆에 이르고 서쪽으로는 주종周宗에서 그치며 남쪽으로는 산에 이르고, 북쪽은 바다에 임박해 있었다.

월왕이 범려에게 말하였다.

"내가 잡혀 치욕을 당한 몇 년 형세로 보아 족히 죽었어야 하나 상국相國의 모책을 얻어 다시 남쪽 고향으로 돌아오게 되었소. 지금 나라를 안정시키고 성을 쌓고자 하나 백성이 부족하여 그 공으로는 일으킬 수 없을 것 같으니 어찌하면 좋겠소?"

범려가 대답하였다.

"당요唐堯와 우순虞舜은 점을 쳐서 터를 정하였고, 하우夏禹와 은탕殷湯은 경계를 정해 나라를 봉하였으며, 고공古公은 주원周原에, 주공周公은 낙읍雒邑에 성을 쌓아 나라를 만들었지만 그 위세는 만 리까지 꺾었고, 덕은 팔극八極까지 이르렀으니 어찌 굳이 강한 적을 꺾고 이웃 나라를 거두어 들이는 것만을 위한 것이었겠습니까?"

월왕이 말하였다.

"선군 무여無餘께서는 남산南山의 남쪽에 나라를 세우고 사직과 종묘를 호수의 남쪽에 두었습니다. 저는 능히 선군의 제도와 덕을 닦아 스스로를 지키는 일을 이어받지 못한 채 무리를 잃고 군대를 패배당하여 회계산會稽山에 버티고 나서 목숨을 살려달라 청하고 은혜를 빌며 욕을 입고 부끄러움을 당하여 오나라 궁궐에 묶인 몸이 되어 결박당하였습니다.

다행히 귀국하고 나서 뒤이어 그들로부터 백 리의 땅을 얻게 된 것입니다. 장차 선군의 뜻을 준수하여 다시 회계산에 국도를 수복하게 되면 의당 오나라로부터 얻은 땅으로부터 벗어나야 되겠지요."

범려가 말하였다.

"옛날 공류公劉는 태邰 땅을 떠남으로써 덕이 하夏나라보다 더 빛나게 되었고, 단보亶父는 적인戎人에게 땅을 양보함으로써 기산岐山에 그 명예가 드러나게 되기는 하였습니다. 그러나 지금 대왕께서는 도읍을 세우려 하면서 적국이 준 땅을 막겠다고 하시니 평평한 큰 도시에 처하지 아니 하고, 사방으로 통하는 땅을 근거로 하지 않고서 어찌 장차 패왕의 업을 세울 수 있다는 것입니까?"

월왕이 말하였다.

"과인의 계획은 아직 결정을 하지 않은 것이며, 성을 쌓고 성곽을 세우며 마을을 구분하여 설치하고자 하는 것은 모두 상국께 맡기고자 합니다."

吳封之百里於越, 東至炭瀆, 西止周宗, 南造於山, 北薄於海.

越王謂范蠡曰:「孤獲辱連年, 勢足以死, 得相國之策, 再返南鄕. 今欲定國立城, 人民不足, 其功不可以興, 爲之奈何?」

范蠡對曰:「唐虞卜地, 夏殷封國, 古公營城周雒, 威折萬里, 德致八極, 豈直欲破彊敵, 收鄰國乎?」

越王曰:「先君無餘, 國在南山之陽, 社稷宗廟在湖之南. 孤不能承前君之制, 修德自守, 亡衆破軍, 棲於會稽之山, 請命乞恩, 受辱被恥, 囚結吳宮. 幸來歸國, 追以百里之封. 將遵前君之意, 復於會稽之上, 而宜釋吳之地.」

范蠡曰:「昔公劉去邰而德彰於夏, 亶父讓地而名發於岐. 今大王欲國樹都, 幷敵國之境. 不處平易之都, 據四達之地, 將焉立霸王之業?」

越王曰:「寡人之計未有決定, 欲築城立郭, 分設里閭, 欲委屬於相國.」

【炭瀆】炭浦. 물 이름이며 지명. 會稽에서 동쪽으로 60리 지점이었다 함. 徐天祜는 《越舊經》:「炭瀆在會稽縣東六十里.」《越絕》曰:「句踐稱炭聚載, 從炭瀆至煉塘.」 《會稽志》作「炭浦」라 함.

【周宗】'朱室'이라고도 함. 《水經注》浙江水에 "許愼, 晉灼幷言: 「江水至山陰 爲浙江, 江之西岸有朱室塢, 句踐百里之封, 西至朱室謂此也.」浙江又東北逕重 山西, 大夫文種之所葬也"라 함. 지금의 浙江 紹興 서쪽.

【南造于山】浙江省 諸暨縣 越山鄕에 있는 句嵊山. 《國語》越語에 "南至句无" 라 함. '造'는 '닿다, 이르다'의 뜻.

【北薄于海】'薄'은 '迫'과 같음. 바닷가까지 근접함. '海'는 지금의 杭州灣과 王盤洋 지역.

【相國】范蠡를 지칭하는 말. 당시 范蠡는 越나라 相國이었음.

【唐虞】唐堯와 虞舜. 당은 도당씨 堯임금. 虞는 有虞氏 舜임금. 이 당시에는 터를 잡을 때 점을 쳐서 길한 땅을 택함.

【夏】夏禹. 大禹. 중국 최초의 왕조. 이 당시에는 區劃을 정하여 封함으로써 나라의 경계를 삼음. 《周禮》大司馬 "制畿封國"의 注에 "封謂立封於疆爲界也"라 함.

【殷】商. 古代 나라 이름으로 夏의 末王 桀을 벌하고 湯이 세운 나라. 商이라 불렀으나 盤庚 때 殷으로 천도한 후 '殷'이라 칭함. 末王 紂 때 周 武王에게 망함.

【古公】周나라 文王의 祖父 古公亶甫(古公亶父).

【營城周雒】營은 營建, 建設. 周는 周原. 岐山 아래의 평원. 古公亶甫 때 周나라가 터로 잡았던 곳. 《史記》周本紀에 "於是古公乃貶戎狄之俗, 而營築城郭室屋, 而邑別居之"라 함. 雒은 洛과 같음. 지금의 洛陽. 이곳에 성을 쌓아 도시를 세운 것은 周公(姬旦)이 武庚의 난을 위해 東征하고 난 뒤였음. 《史記》周本紀 "營周 居於雒邑而後去"의 〈正義〉에 "《括地志》云: 「故王城, 一名河南城, 本郟鄏, 周公 所築. 在洛州河南縣北九里"라 함. 따라서 '雒'은 古公과 무관하여 衍文으로

보기도 함. 한편 '雒'은 원래 洛水과 관련이 있는 지명으로 '洛'으로 표기해야
하나 東漢 光武帝(劉秀)가 이곳을 도읍으로 삼은 다음 漢나라는 火德이므로
水를 꺼려 '洛'자를 '雒'으로 표기하였던 것임. 張華《博物志》(6)에 "舊洛陽字
作水邊各. 漢, 火行也, 忌水, 故去水而加隹. 又魏於行次爲土, 水得土而流, 上得
水而柔, 故復去隹加水, 變雒爲洛焉"이라 함.

【八極】八方의 끝. 온 天下의 아주 먼 곳까지.

【先君無餘, 國在南山之陽, 社稷宗廟在湖之南】이 18자는 〈四部叢刊〉에는
없으며《水經注》浙江水에 의해 보입한 것임.《水經注》에 "浙江又東北得長
湖口, 湖南有覆卧山, 又有秦望山, 秦望山南有嶕峴, 峴裏有大城, 越王無餘之舊
都也. 又有會稽之山"이라 하여 南山은 秦望山을 가리킴.《史記》越王句踐世家
〈正義〉에는 "《越絶記》云: 無餘都, 會稽山南故越城是也"라 함.

【破軍】이 두 글자는 〈四部叢刊〉에는 없으며 顧廣圻의 〈宋本〉에 의해 보입함.

【公劉】周나라 고대 先祖. 不窋의 손자. 中原에 난이 일어나자 자신들이 살던
邰를 떠나 족속을 이끌고 서융들의 豳(邠) 땅으로 옮겨감. 豳(邠)은 지금의 陝西
彬縣 동북.《詩經》大雅 公劉篇에 "篤公劉, 旣溥旣長, 旣景迺岡, 相其陰陽, 觀其
流泉, 其軍三單. 度其隰原, 徹田爲糧. 度其夕陽, 豳居允荒"이라 하였고, 〈毛傳〉에
"公劉居於邰而遭夏人亂, 迫逐公劉, 公劉乃辟中國之難, 遂平西戎而遷其民, 邑於
豳焉"이라 함. 邰는 堯임금 때 后稷이 받은 땅으로 后稷의 어머니 姜嫄의 나라
였음. 지금의 陝西 武功縣.

【亶父讓地】古公亶父가 狄人의 침입으로 豳 땅을 양보하고 岐山으로 옮긴
것을 말함.《史記》周本紀에 "公叔祖類卒, 子古公亶父立. 古公亶父復脩后稷·
公劉之業, 積德行義, 國人皆戴之. 薰育戎狄攻之, 欲得財物, 予之. 已復攻, 欲得
地與民. 民皆怒, 欲戰. 古公曰: 「有民立君, 將以利之. 今戎狄所爲攻戰, 以吾地
與民. 民之在我, 與其在彼, 何異? 民欲以我故戰, 殺人父子而君之, 予不忍爲.」
乃與私屬遂去豳, 度漆, 沮, 踰梁山, 止於岐下. 豳人擧國扶老攜弱, 盡復歸古公
於岐下. 及他旁國聞古公仁, 亦多歸之. 於是古公乃貶戎狄之俗, 而營築城郭室屋,
而邑別居之. 作五官有司. 民皆歌樂之, 頌其德"이라 함.

【岐】古公亶甫가 터를 잡았던 곳. 지금의 陝西 岐縣. 岐山. 周나라는 여기에서
크게 발흥하기 시작하였음.

【樹都】도읍을 세움. '樹'는 '竪'와 같음.

【幷敵國之境】幷은 屛과 같음. 막음. 吳나라에서 준 백 리 땅을 포기함.

【里閭】마을의 단위. 지금의 鄕里와 같음.

140(8-3)
도성都城부터 정비

이에 범려는 천문天文을 관측하고 자궁紫宮의 별자리를 모방하여 작은 성을 쌓았다.

둘레가 1,122보步였으며 한 쪽은 둥글게, 나머지 세 방향은 네모나게 하였다.

서북쪽에는 새가 날아오르는 모습의 누대를 지어 하늘로 향하는 문을 상징하였고, 두 마리 용의 머리가 기둥을 감고 오르는 모습을 만들어 용의 뿔을 상징하였다.

동남쪽에는 돌에 구멍을 내어 물이 속에서 흐르도록 하여 땅으로 향하는 문을 상징하였다.

육지의 문은 사방으로 통하게 하여 팔풍八風을 상징하였다.

외곽에 성을 쌓되 서북쪽은 비워두어 오나라에게 복종하고 섬길 것임을 보인 것이며 감히 이를 막지 않은 것은 내심 오나라를 갖겠다는 뜻이었기에 그 때문에 비워둔 것이었으며 오나라는 이를 알지 못하였다.

북쪽으로는 신하를 칭하면서 오나라에게 운명을 맡긴다는 뜻이며, 좌우의 위치를 바꾼 것은 오나라로 하여금 제 위치를 찾지 못하여 자신들에게 신하로 굴복해 올 것임을 밝힌 것이다.

성이 이윽고 완성되자 괴산怪山이 스스로 옮겨왔다.

괴산은 낭야琅琊 동무東武의 바다 한가운데에 있던 산으로 하룻밤 사이에 스스로 옮겨온 것으로 백성들이 괴이히 여겨 그 때문에 이름을 괴산이라 하였으며, 형체가 마치 거북과 같아 그 때문에 구산龜山이라 하였다.

범려가 말하였다.

"제가 성을 쌓은 것은 하늘에 응한 것입니다. 곤륜산崑崙山의 상징이 거기에 있습니다."

월왕이 말하였다.

"과인이 듣기로 곤륜산은 하늘과 땅의 진주鎭柱라 하더이다. 위로 황천皇天을 이어받아 우주 안에 기를 토해내고, 아래로는 후토后土에 자리를 잡아 더 이상 그 밖이 없다 하더이다. 성인을 길러내고 신을 태어나게 하며 오제五帝가 도회로 삼았습니다. 그 때문에 오제가 그 양지 바른 땅에 처하며, 삼왕三王이 그 바른 땅에 거하는 것입니다. 그런데 우리 월나라는 천지의 편벽한 땅에 치우쳐 있으며 동남쪽 귀퉁이에 해당하여 우리 분야에 해당하는 두성은 북극성과도 멀리 있으니 비천한 성터가 아니겠습니까? 어찌 능히 왕자王者의 융성함에 비교될 수 있겠습니까?

범려가 말하였다.

"임금께서는 한갓 겉만 보았지 그 속은 보지 못하셨군요. 저는 하늘 문을 이어받아 성을 마련하였고, 기氣는 후토에 합당하도록 맞추었으며 산악의 상징도 이미 만들었습니다. 그 때문에 곤륜산이 나타난 것이며 월나라가 패업을 이룰 것입니다."

월왕이 말하였다.

"진실로 상국의 말씀대로라면 과인의 천명이겠군요."

범려가 말하였다.

"천지 사이의 이름짓기를 모두 마쳤으니 그 실질이 드러나게 될 것입니다."

그 산을 동무라 하고 그 위에 유대游臺를 세우고 동남쪽을 사마문司馬門을 만들고 층계가 있는 누대를 그 산 꼭대기에 세워 영대靈臺로 삼았다.

회양淮陽에 이궁離宮을 세우고, 고평高平에는 중숙대中宿臺를 세웠으며 성구成丘에는 가대駕臺를 세우고, 낙야樂野에는 원유苑囿를 만들었고, 석실石室에는 연대燕臺를 세웠으며 금산襟山에는 재대齋臺를 세웠다.

구천은 밖으로 나들이할 때면 석대石臺에서 휴식을 취하고 빙주冰廚에서 식사를 하였다.

於是范蠡乃觀天文, 擬法於紫宮, 築作小城.

周千一百二十二步, 一圓三方.

西北立飛翼之樓, 以象天門; 爲兩鼇繞棟, 以象龍角.

東南伏漏石竇, 以象地戶.

陵門四達, 以象八風.

外郭築城而缺西北, 示服事吳也, 不敢壅塞; 內以取吳, 故缺西北, 而吳不知也.

北向稱臣, 委命吳國, 左右易處, 不得其位, 明臣屬也.

城旣成, 而怪山自至.

怪山者, 琅琊東武海中山也, 一夕自來, 百姓怪之, 故名怪山; 形似龜體, 故謂龜山.

范蠡曰: 「臣之築城也, 其應天矣. 崑崙之象存焉.」

越王曰: 「寡人聞崑崙之山, 乃天地之鎮柱也. 上承皇天, 氣吐宇內; 下處后土, 稟受無外. 滋聖生神, 嘔養帝會. 故五帝處其陽陸, 三王居其正地. 吾之國也, 扁天地之壤, 乘東南之維, 斗去極北, 非糞土之城? 何能與王者比隆盛哉?」

范蠡曰: 「君徒見外, 未見於內. 臣乃承天門制城, 合氣於后土, 嶽象已設, 崑崙故出, 越之霸也.」

越王曰: 「苟如相國之言, 孤之命也.」

范蠡曰: 「天地卒號, 以著其實.」

名東武, 起游臺其上, 東南爲司馬門, 立增樓冠其山巔以爲靈臺.

起離宮於淮陽, 中宿臺在於高平, 駕臺在於成丘, 立苑
於樂野, 燕臺在於石室, 齋臺在於襟山.

句踐之出游也, 休息石臺, 食於冰廚.

【紫宮】星座 이름. 紫微宮. 三垣 중 中垣에 해당하는 15개 별로 天帝가 거처하는
궁궐로 여겼음. 後漢書 霍諝傳 "呼嗟紫宮之門"의 注에 "天有紫微宮, 是上帝之
所居也. 王者立宮, 象而爲之"라 함.

【西北立飛翼之樓, 以象天門; 爲兩蠑繞棟, 以象龍角】《四部叢刊》에는 "西北立
龍飛翼之樓, 以象天門"으로만 되어 있으나 《藝文類聚》(63)와 《太平御覽》
(176)에 의해 수정함.

【伏漏石寶】돌에 구멍을 뚫어 물이 그 속에 흐르도록 함. 《水經注》滾水에 "始築
兩宮, 開四門, 穿北城, 累石爲寶, 通池流於城中"이라 함.

【地戶】땅으로 통하는 문. 지하 세계와 소통함을 상징함.

【陵門】육지의 문. '陵'은 '陸'의 오기. 孫詒讓은 "案《越絶書》外傳記越地傳云:
「陸門四, 水門一.」則陵, 當爲陸之誤"라 함. 《越絶書》에 "山陰大城者, 范蠡所築
治也. 今傳謂之蠡城, 陸門三, 水門三, 缺西北, 亦有事. 到始建國時, 蠡城盡"
이라 함.

【八風】《說文》에는 明庶風(東風), 閶闔風(西風), 景風(南風), 廣莫風(北風), 清明風
(東南風), 融風(東北風), 涼風(南西風), 不周風(西北風) 등을 들고 있으며, 《淮南子》
天文訓에도 "何謂八風? 距日冬至四十五日, 條風至, 條風至四十五日, 明庶風至.
明庶風至四十五日, 清明風至. 清明風至四十五日, 景風至. 景風至四十五日,
涼風至. 涼風至四十五日, 閶闔風至. 閶闔風至四十五日, 不周風至. 不周風至
四十五日, 廣莫風至"라 함. 그러나 〈地形訓〉에는 도리어 "何謂八風? 東北曰
炎風, 東方曰條風, 東南曰景風, 南方曰巨風, 西南曰涼風, 西方曰飂風, 西北曰
麗風, 北方曰寒風"라 炎風, 條風, 景風, 巨風, 涼風, 飂風, 麗風, 寒風을 들고 있음.

【內以取吳】속마음은 吳나라를 취하고자 함. 《禮記》禮器篇 "無節于內者"의
疏에 "內, 猶心也"라 함.

【怪山自至】《四部叢刊》에는 "怪山自生者"로 되어 있으나 《太平御覽》(47)과
《藝文類聚》(8)에 의해 수정함. 이 고사는 《搜神記》(6)에도 실려 있음.

【琅琊】古地名. 지금의 山東 膠南縣과 諸城縣 일대.

【東武】 산 이름. 지금의 山東 諸城縣에 있음.

【一夕自來, 百姓怪之, 故名怪山; 形似龜體, 故謂龜山】 〈四部叢刊〉에는 “一夕自來, 故名怪山”으로만 되어 있으나 《太平御覽》(47)의 의해 보입함. 徐天祜 注에도 “卽龜山也. 在府東南二里, 一名飛來, 一名寶林, 一名怪山. 《越絕》曰: 「龜山, 句踐 所起游臺也.」 《寰宇記》: 「龜山, 卽琅邪東武山, 一夕移於此.」”라 함.

【崑崙】 지금의 新疆과 西藏 사이에 있으며 黃河와 長江의 發源地. 카라코람의 중국식 표기라고도 함. 중국 고대 신화전설의 모태가 된 산으로 西王母가 산다고 여겼음. 《初學記》(5)에 《河圖括地象》을 인용하여 “崑崙山爲天柱, 氣上 通天, 崑崙者, 地之中也”라 함.

【天地之鎭柱】 하늘과 땅 사이에 鎭地가 되는 곳의 기둥. 진은 한 방향의 주산을 진이라 함. 《尙書》 舜典 “封十有二山”의 孔安國 傳에 “每川之名山殊大者, 以爲 其州之鎭”이라 함. 〈四部叢刊〉에는 “地之柱”로만 되어 있으나 《文選》(22) 顔延年의 〈應詔觀北湖田收〉의 注에 의해 수정함.

【皇天】 하늘. 許愼의 《五經異義》에 《尙書說》을 인용하여 “天有五號: 尊而君之, 則曰皇天; 元氣廣大, 則稱昊天; 仁覆閔下, 則稱旻天; 自上監下, 則稱上天; 據遠 視之蒼蒼然, 則稱蒼天”이라 함.

【后土】 땅의 생명을 主管하는 土地神을 일컫는 말. 흔히 社稷을 ‘后土’라 하기도 함. 원래 后土는 땅을 관장하는 神이었으며 共工氏의 아들 九龍이며 夸父의 祖父였음. 《山海經》 大荒北經에 “后土生信, 信生夸父, 夸父不量力, 欲追日景, 逮之于禺谷. 將飮河而不足也, 將走大澤, 未至, 死于此”라 함.

【嘔養】 따뜻하게 하여 기름. ‘嘔’는 ‘煦’와 같음.

【帝會】 徐天祜는 “帝字上, 當有五字”라 하여 “五帝會”로 보았음. ‘會’는 都會. 《文選》(22) 注에는 ‘五帝處’로 되어 있음.

【陽陸】 양지 바른 땅. 산의 남쪽 육지.

【三王】 夏, 殷, 周 三代의 개국군주. 禹, 湯, 文王, 武王 등 4명의 聖王을 가리키며 흔히 王道政治를 실현하여 백성의 고통을 해결해준 인물들로 거론되어 儒家 에서 성인으로 추대함.

【扁天地之壤】 ‘扁’은 ‘偏’과 같음. 월나라는 천지의 땅 중에 편벽된 곳에 위치함.

【乘東南之維】 ‘維’는 地維. 땅을 붙잡아 매고 있는 큰 끈이 있다고 믿었음. 월나라 는 동남쪽 地維를 타고 있음. 그러나 ‘維’는 ‘隅’의 뜻으로도 봄.

【斗去極北】 斗는 두수(斗宿). 二十八宿 중 북방 七宿의 하나이며, 吳越은 이

分野에 해당함. 北極은 북극성. 北辰, 북극성은 우주의 중심으로 움직이지 않는 위치이며 다른 별들이 모두 그것을 동심원으로 하여 돌고 있다고 여겼음. 《論語》爲政篇에 "爲政以德, 譬如北辰, 居其所而衆星共之"라 함.

【糞土之城】비천한 땅. 糞土는 썩은 흙을 뜻함. 《論語》公冶長篇에 "宰予晝寢. 子曰:「朽木不可雕也, 糞土之牆不可杇也; 於予與何誅?」"라 함.

【卒號】이름 짓기를 모두 마침.

【名東武】《太平御覽》(177)에는 "於東武山, 起游臺其上"이라 함. 그러나 《搜神記》에는 "今怪山下見有東武里, 蓋記山所自來, 以爲名也"라 하여 마을 이름으로 되어 있음.

【增樓冠其山巓】'增'은 '層'과 같음. 三層 樓臺를 그 산 꼭대기 가장 높은 곳에 지어 靈臺로 사용함.

【靈臺】天文을 살피는 觀象臺, 天文臺, 瞻星臺. 徐天祜 注에 "《水經註》: 怪山者, 越起靈臺於山上, 又作三層樓, 以望雲物"이라 함.

【淮陽】지금의 紹興 동남쪽으로 離宮을 세웠던 곳. 徐天祜는 《越絶》曰:「離臺, 周五百六十步, 在淮陽里丘.」《越舊經》:「淮陽宮, 在會稽縣東南二里.」라 함.

【中宿臺】《越絶書》에는 '中指臺'로 되어 있음. 徐天祜 注에 "《越絶》宿作指, 云「中指臺馬丘, 周六百步, 在高平里.」《越舊經》:「中宿在會稽縣東七里.」"라 함.

【駕臺】《越絶書》(8)에 "駕臺, 周六百步, 今安城里"라 함.

【立苑於樂野】苑은 苑池, 苑囿. 徐天祜 注에 "《越絶》曰:「越王弋獵之處大樂, 故謂樂野. 其山上石室, 越王所休謀也.」《十道志》:「樂也, 句踐以此野爲苑, 今有樂瀆村.」"이라 함.

【燕臺】宴臺와 같음. 宴會를 위해 마련한 건물. 徐天祜 注에 "《越舊經》:「宴臺在州東南十里.」"라 함.

【齋臺在於襟山】黙想하고 齋戒하는 곳. 徐天祜 注에 "按越境無襟山. 《越絶》曰:「稷山者, 句踐齋戒臺也.」既曰齋臺, 則襟當作稷, 稷山在會稽東五十三里"라 함.

【休息石臺, 食於冰廚】〈四部叢刊〉에는 "休息食室於冰廚"로 되어 있으나 《初學記》(43)에 의해 수정함. '冰廚'는 '氷室'이라고도 하며 음식 재료를 비치해 놓은 곳. 《太平御覽》에는 '冷廚'로 되어 있음. 徐天祜 注에 "一曰氷室, 所以備膳羞也"라 함. 石臺는 石室의 宴臺. 《越絶書》에 "東郭外南小城者, 句踐氷室, 去縣三里"라 함.

1.《越絶書》(8)

句踐小城, 山陰城也. 周二里二百二十三步, 陸門四, 水門一. 今倉庫是其宮臺處也. 周六百二十步, 柱長三丈五尺三寸, 霤高丈六尺. 宮有百戶, 高丈二尺五寸. 大城周二十里七十二步, 不築北面. 而滅吳, 徙治姑胥臺. 山陰大城者, 范蠡所築治也. 今傳謂之蠡城. 陸門三, 水門三, 決西北, 亦有事. 到始建國時, 蠡城盡. 稷山者, 句踐齋戒臺也. 龜山者, 句踐起怪游臺也. 東南司馬門, 因以炤龜, 又仰望天氣, 觀天怪也. 高四十六丈五尺二寸, 周五百三十二步, 今東城里. 一曰怪山, 怪山者, 往古一夜自來, 民怪之, 故謂怪山. 駕臺周六百步, 今安城里. 離臺, 周五百六十步, 今淮陽里丘. 美人宮, 周五百九十步, 陸門二, 水門一, 今北壇利里丘土城, 句踐所習教美女西施, 鄭旦宮臺也. 女出於苧蘿山, 欲獻於吳, 自謂東垂僻陋, 恐女樸鄙, 故近大道居, 去縣五里. 樂野者, 越之弋獵處, 大樂, 故謂樂也. 其山上石室, 句踐所休謀也, 去縣七里. 中指臺馬丘, 周六百步, 今高平理丘, 東郭外南小城者, 句踐冰室, 去縣三里. 句踐之出入也, 齊於稷山, 往從田里, 去從北郭門, 炤龜龜山, 更駕臺, 馳於離丘, 遊於美人宮, 興樂, 中宿. 過歷馬丘, 射於樂野雌衢, 走犬若耶, 休謀石室, 食於冰廚. 領功銓土, 已作昌土臺, 藏其形, 隱其情. 一曰: 冰室者, 所以備膳羞也.

2.《搜神記》(6)「論山徙」

夏桀之時, 厲山亡. 秦始皇之時, 三山亡. 周顯王三十二年, 宋大邱社亡. 漢昭帝之末, 陳留昌邑社亡. 京房《易傳》曰:「山默然自移, 天下兵亂, 社稷亡也.」故會稽山陰琅邪中有怪山. 世傳本琅邪東武海中山也. 時天夜, 風雨晦冥, 旦而見武山在焉. 百姓怪之, 因名曰怪山. 時東武縣山, 亦一夕自亡去. 識其形者, 乃知其移來. 今怪山下見有東武里, 蓋記山所自來, 以爲名也.

3.《藝文類聚》(8)

范蠡作城訖, 怪山自至. 怪山者, 琅耶東武海中山也. 一夕自來, 百姓怪之, 故曰怪山.

4.《太平御覽》(47)

怪山者, 琅邪東武海中山也. 一夕自來, 百姓怪之, 故曰怪山. 形似龜體, 故謂龜山.

5.《太平御覽》(176)

范蠡爲句踐立飛翼樓, 以象天門; 爲兩螭繞棟, 以象龍角.

6.《太平御覽》(177)

范蠡於東武山起游臺, 其上東南爲司馬門, 立增樓冠其山巔以爲靈臺. 起離宮於淮陽, 中宿臺在於高平, 駕臺在於成丘, 立苑於樂野, 燕臺在於石室, 齊(齋)臺在於禁山, 句踐之出遊也, 休息石臺, 食於冷廚.

7.《太平御覽》(193)

范蠡乃觀天文, 法於紫宮, 築作小城. 周千一百二十二步, 一員三方. 西北立飛翼之樓, 以象天門; 東南服漏石竇, 以象地戶. 陵門四達, 以象八風. 外郭築城而缺西北, 示服事吳也, 不敢壅塞; 內以取吳, 故缺西北, 而吳不知也.

8.《文選》(22) 顏延年〈應詔觀北湖田收〉注

越王曰:「崐崘, 乃天地之鎮柱也. 五帝處其陽陸.」

141(8-4)
복철후계覆轍後戒

월왕은 이에 상국相國 범려와 대부 문종, 대부 제계영諸稽郢을 불러 이렇게 물었다.

"나는 오늘 명당明堂에 올라 국정에 임하여 은혜를 베풀고 법령을 내려 백성을 위무하고자 하오. 어느 날이 좋겠소? 오직 세 분 성인들께서 벼리를 잡아 주시면 좋겠소."

범려가 말하였다.

"오늘은 병오丙午 날로서 병丙은 양장陽將이니 길일吉日입니다. 게다가 좋은 시간이니 제가 생각하기에는 좋을 듯합니다. 시작은 미미하나 끝은 훌륭한 맺음이 있으니 천하의 중정中正을 얻은 것입니다."

대부 문종이 말하였다.

"앞에 가던 수레가 엎어지면 뒤따르는 수레는 모름지기 경계해야 하는 것이니 왕께서는 깊이 살피시기를 원합니다."

범려가 말하였다.

"선생께서는 열에 한두 가지밖에 못 보신 것입니다. 우리 왕께서는 지금 병오날에 다시 처음으로 정사에 임하시어 그 근본을 풀어 구제하는 것이니 이것이 첫 번째 마땅함이요, 무릇 금덕金德으로 시작하여 화기火氣로 들어가는 그 마지막을 구제하시니 이것이 두 번째 마땅함이요, 금덕의 근심을 쌓아두었다가 이를 돌려 수기水氣에 미치게 하니 이것이 세 번째의 마땅함이요, 임금과 신하는 차별이 있는 것이면서도 그 원리를 잃지 않고 있으니 이것이 네 번째 마땅함이요, 왕과 상국이 함께 일어나 시작하여 천하가 세워지니 이것이 다섯 번째 마땅함입니다. 저는 원컨대 급히 서둘러 명당에 오르시어 정사에 임하시기를 청합니다.”

　월왕은 이 날부터 정사에 임하여 조심하고 삼가되 나가서는 감히 사치를 부리지 아니하였고 들어서서도 감히 방종하게 굴지 않았다.

　越王乃召相國范蠡, 大夫種, 大夫郢, 問曰:「孤欲以今日上明堂, 臨國政, 布恩致令, 以撫百姓, 何日可矣? 惟三聖紀綱維持.」

　范蠡曰:「今日, 丙午日也. 丙, 陽將也. 是吉日也. 又因良時, 臣愚以爲可. 無始有終, 得天下之中.」

　大夫種曰:「前車已覆, 後車必戒, 願王深察.」

　范蠡曰:「夫子故不一二見也. 吾王今以丙午復初臨政, 解救其本, 是一宜; 夫金制始, 而火救其終, 是二宜; 蓄金之憂, 轉而及水, 是三宜; 君臣有差, 不失其理, 是四宜; 王相俱起, 天下立矣, 是五宜. 臣願急升明堂臨政.」

　越王是日立政, 翼翼小心, 出不敢奢, 入不敢侈.

【范蠡】越나라 大夫. 字는 少伯. 文種과 함께 越나라를 승리로 이끈 대신. 越나라가
　　吳나라에 패했을 때 3년을 臣僕으로 고생하다가 돌아와 句踐을 도와 吳나라를
　　멸하는데 큰 공을 세웠음. 그리고 즉시 句踐을 피해 이름을 鴟夷子皮로 바꾸고
　　몸을 숨겨 三江口를 거쳐 五湖로 나서 齊나라 陶 땅으로 옮겨가 陶朱公이라
　　칭하였으며 장사에 뛰어들어 큰 부자가 됨. 그의 많은 일화는《國語》越語(下),
　　《左傳》,《史記》越王句踐世家, 貨殖列傳,《越絶書》등에 자세히 실려 있음.
　　徐天祜 注에 “范蠡, 楚三戸人也. 字少伯”이라 함.

【種】大夫 文種. 자는 子禽, 혹 少禽, 會. 越나라 대부로 智謀가 있어 范蠡와 함께
句踐을 도와 吳나라에게 복수를 하고 句踐을 霸者로 만든 名臣. 그 뒤에 范蠡가
떠나고 句踐에게 죽임을 당함. 그러나 徐天祜 注에는 "大夫種, 姓文氏, 字會.
楚之鄒人"이라 함.

【大夫郢】 諸稽郢. 姓은 諸稽, 이름은 郢. 越나라 대부.《國語》吳語에 "越王許
諾乃命諸稽郢行成於吳"라 하였고, 韋昭 注에 "諸稽郢越大夫"라 함.《史記》
越王句踐世家에는 자계(柘稽)로 되어 있음. 越나라가 夫椒에서 吳나라에게
패하였을 때 오나라에 가서 화평을 성사시킨 인물임.

【明堂】天子나 諸侯가 정사를 집무하는 곳. 朝會, 祭祀, 慶賞, 選士, 養老, 教學,
接賓 등 모든 일을 이곳에서 하였음.《禮記》明堂位篇 "昔者, 周公朝諸侯于明堂
之位: 天子負斧依南鄉而立"이라 함.

【布恩致令】〈四部叢刊〉에는 "專恩致令"으로 되어 있으나《太平御覽》(533)과
《藝文類聚》(38)에 의해 수정함.

【紀綱維持】紀綱은 사물의 가장 중요한 벼리. 維持는 바르게 지속해 나감.

【丙午】陰陽家, 術數가들은 甲, 丙, 戊, 庚, 壬을 '陽日'이라 하였고, 子, 寅, 辰,
午, 申, 戌을 '陽辰'이라 하여 '日辰'에서 丙과 午가 만났으므로 純陽無陰의
吉日이 된다고 풀이한 것임.《漢書》五行傳에는 "火, 南方, 揚光輝爲明者也.
其於王者, 南面鄉明而治"라 하여 남면하여 정사를 시작하는 날에 합당함.

【陽將】術數家들이 말하는 陽의 지도자.《御定星歷考原》(3) 陰陽不將篇에 "厭前
枝幹自相配者爲陽將, 純陽無陰也"라 함.

【無始有終】시작할 때는 미미하여 아무것도 없는 듯하나 끝맺음은 매우 큰
성과를 거둠.

【前車已覆, 後車必戒】'前車後戒', '覆轍後戒'와 같음.《荀子》成相篇에「前車已覆,
後未知更, 何覺時?」라 하였고,《說苑》善說篇에「公乘不仁曰: "周書曰: 前車覆,
後車戒. 蓋言其危, 爲人臣者不易, 爲君亦不易. 今君已設令, 令不行, 可乎?" 君曰:
"善."」이라 하였으며,《韓詩外傳》(5)에는「或曰: "前車覆, 而後車不誡, 是以後車
覆也." 故夏之所以亡者, 而殷爲之. 殷之所以亡者, 而周爲之. 故殷可以鑒於夏,
而周可以鑒於殷.」이라 하였음.《漢書》賈誼傳에「前車覆, 後車誡. 秦世所以亟
絶者, 其轍迹可見, 然而不避, 是後車又將覆也」라 하였으며,《增廣賢文》에는
"笑前轍, 忘後跌; 輕千乘, 豆羹競"이라고도 하였음.

【金制始, 火救其終】五行相剋에서 金은 火에 들어가면 녹아 없어짐. 火剋金을
말함. 이를 구제함이 마땅함. 金은 西方이며 刑法을 상징하여 이때에는 肅殺의

기운을 펼쳐야 함. 그러나 火로부터는 멀리해야 함.《漢書》五行志에 "金, 西方, 萬物旣成, 殺氣之始也"라 함.

【蓄金之憂, 轉而及水】五行相生에서 金生水라 하여 金은 化하여 水를 만들어냄. 《漢書》五行志에 "水, 北方, 終藏萬物者也"라 함.

【立政】'立'은 '苙, 菳, 臨'과 같음. 모두 雙聲互訓.

【翼翼小心】嚴正하게 하여 조심함.《詩經》大雅 大明篇에 "維此文王, 小心翼翼. 昭事上帝, 聿懷多福. 厥德不回, 以受方國"이라 함.

참고 및 관련 자료

1.《藝文類聚》(38)

越王召范蠡而問:「孤竊自欲以今日一登上明堂, 布恩致令, 以撫百姓也.」

2.《太平御覽》(533)

越王召范蠡問曰:「孤竊自志, 欲以今日, 一登上明堂, 布恩致令, 以撫百姓.」

142(8-5)
와신상담臥薪嘗膽

월왕의 오나라에 대한 복수는 하루아침의 일이 아니었다.

몸을 고통스럽게 하고, 마음도 노고롭게 하여 밤을 낮처럼 새웠다.

눈이 감기면 여뀌 즙을 눈에 넣어 쓰리게 하고 발이 시리면 찬물에 적셔 더욱 시리게 하였다.

겨울에는 항상 얼음을 껴안았고 여름이면 불을 잡아 자신이 더욱 고통을 느끼도록 하였다.

수심과 고통스러운 의지로 쓸개를 문에 걸어놓고 드나들면서 이를 맛보며 입에서 떼지 않았다.

〈越王句踐臥薪嘗膽圖〉

밤이면 몰래 눈물을 흘렸으며, 눈물을 흘리다가는 다시 휘파람을 불었다. 이에 여러 신하들이 모두 이렇게 말하였다.

"임금께서는 어찌 근심하심이 그토록 심하십니까? 무릇 원수에 대한 보복과 적에 대한 모책은 왕께서 근심하실 일이 아니라 우리 신하로 스스로 급한 임무입니다."

越王念復吳讎, 非一旦也.

若身勞心, 夜以接日.

目臥, 則攻之以蓼; 足寒, 則漬之以水.

冬常抱冰, 夏還握火.

愁心苦志, 懸膽於戶, 出入嘗之, 不絶於口.

中夜潛泣, 泣而復嘯.

於是群臣咸曰:「君王何愁心之甚? 夫復讎謀敵, 非君
王之憂, 自臣下急務也.」

【目臥】 눈이 감김. 졸음이 쏟아져 눕게 됨.

【攻之以蓼】 '蓼'는 여뀌 풀. 그 즙을 눈에 넣어 눈을 쓰리게 함.《說文》에 "蓼, 辛菜, 薔虞也"라 함.

【夏還握火】 '還'은 '更', '愈', '益'의 뜻. '그럴수록 더, 그래도' 등의 뜻을 나타내는 副詞. 이 앞뒤 구절은《說郛》에는 "冬寒則抱水, 夏熱則握火"로 되어 있음.

【懸膽於戶】 드나드는 문에 쓸개를 달아맴. 쓸개는 아주 쓴 맛을 내므로 이를 핥아 원한을 잊지 않고자 자신을 학대함. '嘗'은 '嚐'과 같음. 臥薪嘗膽 중의 '嘗膽'의 고사임.

【於是群臣咸曰~臣下急務也】 이 29자는 〈四部叢刊〉에는 없으며《太平御覽》(305)에 의해 보입함. 한편《太平御覽》(392) 본장의 표현이 많은 부분 다름.

1.《藝文類聚》(35)

越王念吳, 欲復讎. 愁心苦志, 中夜抱柱而哭, 承之以嘯. 群臣聞之曰:「君王何愁心之甚也? 夫復讎謀敵, 非君王之憂, 自臣下之急務也.」

2.《藝文類聚》(80)

越王思報吳, 冬則抱冰, 夏則握火.

3.《藝文類聚》(82)

越王念吳, 欲復怨, 非一旦也. 苦思勞心, 夜以接日, 臥則切之以蓼.

4.《太平御覽》(305)

越王念吳欲復承之, 乃中夜抱柱而哭, 訖, 承之以嘯. 於是群臣咸曰:「君王何愁心之甚? 夫復讐謀敵, 非君王之憂, 自臣下之急務也.」

5.《太平御覽》(392)

乃中夜抱柱而哭, 哭訖, 承之以嘯. 於是群臣咸曰:「君王何愁心之甚也? 夫復仇誅敵, 非君王之憂, 自是臣下之急務.」

6.《藝文類聚》(9)

越王念吳, 欲復怨, 非一旦也. 苦思勞心, 夜以接日, 冬寒則抱冰, 夏熱則握火, 愁心苦志, 懸膽於戶, 出入嘗之, 不絶於口.

143(8-6)

갈포葛布

월왕이 말하였다.

"오왕은 몸에 닿지 않는 가벼운 옷 입기를 좋아한다니 내 칡을 채집하여 여공女工들로 하여금 세포細布를 짜서 바쳐 오왕의 환심을 사고자 하는데 그대들은 어떻게 생각하오?"

신하들이 대답하였다.

"좋지요!"

이에 나라 안의 남녀 백성들로 하여금 산에 들어가 칡을 채집해 오도록 하여 그것으로 황사黃絲의 포를 만들어 이를 바칠 참이었다.

아직 사신을 파견하기 전에 오왕은 월왕이 마음을 다해 스스로를 지키며 음식도 두 가지 이상을 맛보지 아니하고 옷도 채색 문채 나는 옷을 입지 아니하며 비록 놀 수 있는 다섯 누대가 있지만 하루도 그곳에 올라 즐겨본 적이 없음을 듣게 되었다.

"내 이로써 서신을 내려 보내어 봉지를 더 주고자 한다. 동쪽으로는 구용勾甬, 서쪽으로는 취리檇李, 남쪽으로는 고말姑末, 북쪽으로는 평원平原 까지 가로세로 8백여 리로다."

월왕은 이에 대부 문종으로 하여금 갈포 10만, 감밀甘蜜 9당党, 문사文笥 7매枚, 호피狐皮 5쌍雙, 진죽晉竹 10수廀를 보내어 봉지를 더해준 데 대하여 보답하였다.

오왕은 이를 받고 이렇게 말하였다.

"월나라는 편벽하고 좁은 나라여서 진귀한 것이 없을 텐데 지금 이렇게 공물을 만들어 다시 답례로 보냈구나. 이는 월나라가 조심해서 옛 공을 생각하는 것이며 우리 오나라를 잊지 않고 있다는 뜻이다. 무릇 월나라는 본래 흥할 때는 천리에 닿는 나라였으니 내가 비록 봉해준다 해도 그 때의 나라에 미치지 못하고 있다."

자서子胥는 이를 듣고 돌아와 집에 누워 시자侍者에게 말하였다.

"우리 임금은 석실石室에 가두었던 자를 풀어 그를 남쪽 숲속에 놓아주었다. 지금은 다만 호랑이 표범이 노니는 들이라고 그에게 황야의 풀밭까지 주었다. 내 마음에 어찌 상심함이 없으리오?"

오왕은 월왕이 바친 갈포를 받고 다시 월나라의 봉지를 늘려 주었으며 거기에 우모羽毛의 장식, 궤장机杖, 제후의 의복까지 내려주었다.

월나라는 크게 기꺼워하였다.

칡을 채집하던 부녀들은 월왕이 밤낮으로 고통스럽게 마음을 쓰는 것을 안타까워하며 에에 〈고지시苦之詩〉를 읊었다.

> "잘 뻗어나간 칡과 꽃 무성하도다
>   우리 임금 마음 고생 천명이 바뀌기를
>   쓸개 맛 쓰지 않고 엿처럼 달게 하소서
>   나에게 칡을 캐어 실을 잣게 하시도다
>   주린 채 먹을 경황도 없어 온 몸이 피로해도
>   여공들 짜는 칡옷 감히 지체할 수 없도다
>   비단보다 야들야들, 가볍기는 하늘하늘
>   고운 갈포 희고희네 장차 이를 바치리라
>   월왕께서 기뻐하사 옛 허물을 잊으시리
>   오왕은 기꺼워서 편지 한 통 날아왔네
>   봉지를 더 해주고 기이한 우모도 내리시니
>   궤장과 깔개 자리 제후들의 의장일세
>   신하들 절과 춤은 임금 얼굴 펴드리니
>   우리 대왕, 뜻대로 되지 못할까 무엇을 근심하랴!"

越王曰:「吳王好服之離體, 吾欲采葛, 使女工織細布獻之, 以求吳王之心, 於子何如?」

群臣曰:「善!」

乃使國中男女入山采葛, 以作黃絲之布, 欲獻之.

未及遣使, 吳王聞越王盡心自守, 食不重味, 衣不重綵, 雖有五臺之游, 未嘗一日登翫.

「吾欲因而賜之以書, 增之以封. 東至於勾甬, 西至於檇李, 南至於姑末, 北至於平原, 縱橫八百餘里.」

越王乃使大夫種賫葛布十萬, 甘蜜九党, 文笥七枚, 狐皮五雙, 晉竹十廈, 以報增封之禮.

吳王得之, 曰:「以越僻狄之國無珍, 今舉其貢貨而以復禮. 此越小心念功, 不忘吳之效也. 夫越, 本興國千里, 吾雖封之, 未盡其國.」

子胥聞之, 退臥於舍, 謂侍者曰:「吾君失其石室之囚, 縱於南林之中. 今但因虎豹之野而與荒外之草. 於吾之心, 其無損也?」

吳王得葛布之獻, 乃復增越之封, 賜羽毛之飾, 机杖, 諸侯之服.

越國大悅.

采葛之婦傷越王用心之苦, 乃作〈苦之詩〉, 曰:

『葛不連蔓棻台台, 我君心苦命更之.
　嘗膽不苦甘如飴, 令我采葛以作絲.

飢不遑食四體疲, 女工織兮不敢遲.
弱於羅兮輕霏霏, 號絺素兮將獻之.
越王悅兮忘罪除, 吳王歡兮飛尺書.
增封益地賜羽奇, 机杖茵褥諸侯儀.
群臣拜舞天顏舒, 我王何憂能不移!』

【離體】 '離'는 세 가지로 풀이할 수 있음. '離'는 '麗'와 함께 雙聲互訓.《玉篇》에 "離, 麗也"라 하여 아름다운 옷을 입기를 좋아함. 다음으로 '離'는 '离'의 假借로 뿔 없는 용. 남의 몸을 높여 부르는 말. 여기서는 吳王 夫差를 가리킴. 다음으로는 本義대로 '피부(몸)에 달라붙지 아니하는 가벼운 옷'을 뜻함. 여기서는 세 번째의 뜻으로 잠정 풀이하였음.

【葛】 칡. 多年生蔓草. 넝쿨 껍질을 벗기고 가는 실처럼 자은 다음 이로써 織組하여 옷감을 만듦. 이를 葛布, 絺絡이라 하며 옷으로 만들었을 때 갈의라 함. 여름에 입는 옷.《詩經》毛箋에 "葛, 所以爲絺絡"이라 하였고,《史記》太史公自序에 "夏日葛衣, 冬日鹿裘"라 함.

【采葛】 '采'는 '採'와 같음. 칡을 채집함.《越絶書》(8)에 "葛山者, 句踐罷吳, 種葛, 使越女織絺葛布, 獻於吳王夫差. 去縣七里"라 함. 徐天祐 注에는 "會稽縣東十里有葛山.《越絶》曰:「句踐種葛, 使越女治葛布, 獻吳王.」"이라 함.

【重綵】 '綵'는 '彩'와 같음. 채색의 화려한 옷을 중히 여김. 사치를 부림.《後漢書》安帝紀에 "食不兼味, 衣無二彩"라 함.

【五臺】 월왕이 놀이터로 삼을 수 있는 다섯 누대. 앞장에서 말한 靈臺, 中宿臺(中指臺), 駕臺, 燕臺(宴臺), 齋臺를 가리킴.

【勾甬】 '句甬'으로도 표기하며 句章의 동쪽. 지금의 浙江 舟山列島.

【檇李】 '檇里', '醉李', '就李' 등 여러 표기가 있으며 越나라 地名. 지금의 浙江 嘉興市 서남.《左傳》定公 14年(B.C.496) 闔閭가 죽던 해 五月에는 越나라가 吳나라를 이곳에서 패배시키기도 하였음. 傳에 "吳伐越, 越子句踐禦之, 陳于檇李. 句踐患吳之整也, 使死士再禽焉, 不動. 使罪人三行, 屬劍於頸, 而辭曰:「二君有治, 臣奸旗鼓. 不敏於君之行前, 不敢逃刑, 敢歸死.」遂自剄也. 師屬之目, 越子因而伐之, 大敗之. 靈姑浮以戈擊闔廬, 闔廬傷將指, 取其一屨. 還, 卒於陘,

去檇李七里. 夫差使人立於庭, 苟出入, 必謂己曰:「夫差! 而忘越王之殺而父乎?」
則對曰:「唯. 不敢忘!」三年乃報越」이라 함.

【姑蔑】姑蔑. 지금의 浙江 衢州 동북의 龍游鎭. 徐天祜 注에 "卽春秋越姑蔑之地.
姑蔑地名有二: 魯國卞縣南有姑蔑城, 越之姑蔑至秦屬會稽, 爲太末縣, 金衢州"
라 함.

【平原】지금의 浙江 海鹽縣.《越絶書》에는 '武原'으로 되어 있음.

【賚葛布十萬】〈四部叢刊〉에는 '賚'가 '索'으로 되어 있으나《太平御覽》(198,
963)에 의해 수정함. '賚'는 물건을 가지고 가서 증정함을 뜻함.

【甘蜜九党】甘蜜은 꿀. '党'은 '欓'과 같음. '欓'은 나무로 만든 통. 그러나 徐天祜는
'九党'은 '丸甔', 즉 토기류의 甕盆이 아닌가 하였음.

【文笥】무늬를 넣어 대나무로 짠 方形의 상자.《禮記》曲禮(上) "凡以弓劍苞苴簞
笥問人者, 操以受命, 如使之容"의 鄭玄 注에 '簞笥, 盛飯食者, 圓曰簞, 方曰笥'
이라 함.

【晉竹十廋】晉竹은 箭竹과 같음. 화살용 대나무 품종 이름. 晉은 箭의 古字.
《儀禮》大射篇 "綴諸箭蓋"의 鄭玄 注에 "古文箭, 爲晉"이라 함. 晉 戴凱之의
《竹譜》에 "箭竹, 高者不過一丈, 節間三尺, 堅勁中矢, 江南諸山皆有之, 會稽所生
最精好. 故《爾雅》云: 東南之美者, 有會稽之竹箭焉"이라 함. '廋'는 '搜'와 같으며
'艘'의 假借. 배 10척 양의 晉竹을 보낸 것임. 徐天祜 注에 "廋, 當作搜.《漢》溝
洫志:「漕船五百搜.」今文作艘, 音騷, 船總名也. 或作榎"이라 함. 그러나《太平
御覽》에는 '庾'로 되어 있음.

【以報增封之禮】〈四部叢刊〉에는 "以復封禮"로 되어 있으나《太平御覽》(198)에
의해 수정함.

【僻狄】편벽되고 이민족이 사는 곳. 그러나 徐天祜는 "狄, 當作狹"이라 하였고,
盧文弨는 "狄, 當與逖同. 逖, 遠也"라 함.

【羽毛之飾】수레에 장식하는 儀仗用 깃발의 깃털.

【几杖】案席과 지팡이. 〈三民本〉에는 '机杖'을 '機杖'으로 보아 "指機弩兵器之類.
機, 主弓弩發放之樞機. 杖, 兵器"라 하였으나 이는 오류임.

【苦之詩】徐天祜 注에 "《事類賦》引《吳越春秋》曰:「乃作若何之歌.」〈會稽賦〉
注亦引此書曰:「乃作何苦之歌.」"라 하였으며 淸 杜文瀾의《古謠諺》에는《吳越
春秋》를 인용하여 "乃作何苦之歌"라 하여〈若何歌〉,〈何苦歌〉등으로 제목을
삼고 있음.

【葛不連蔓葉台台】'不'는 '柎'와 같음. '不'의 原義 꽃받침(花蒂, 花萼). '台台'의

'台'는 '이'로 읽으며 '怡怡'와 같음.

【甘如飴】'飴'는 조청. 엿. 糖膏.《事類賦》와《越舊經》에는 "味若飴"로 되어 있음.

【飢不遑食四體疲】〈四部叢刊〉에는 이 구절이 누락되어 있음.《文選》(20) 曹子建
〈應詔詩〉의 李善 注에 인용된《吳越記》의 〈采葛婦詩〉에 의해 보입해 넣음.

【霏霏】아주 가벼워 하늘하늘하는 모습.

【絺素】흰색의 깨끗한 葛布.

【尺書】편지. 書札.

【茵褥】자리. 깔개. 수레에 앉았을 때 불편함을 덜기 위한 墊子.

{ 참고 및 관련 자료 }

1.《文選》(20) 曹子建 〈應詔詩〉 李善 注

《吳越記》: 采葛婦人詩曰:「飢不遑食四體疲.」

2.《藝文類聚》(85)

越王允常, 使民男女入山採葛, 作黃絲布, 獻之吳王.

3.《太平御覽》(198)

吳王聞勾踐盡心自守, 增之以封. 越王乃使大夫種, 賷葛布十萬, 甘蜜九欀, 文筍
七枚, 狐皮五雙, 以報增封之禮.

4.《太平御覽》(995)

採葛之婦人, 傷越王用心之苦也. 作苦何之歌, 其辭曰:「葛不連蔓棻台台, 嘗膽
不苦味苦飴, 令我采葛以作絲.」

5.《太平御覽》(963)

吳王聞越王盡心自守, 賜之以書, 增之以封. 越王乃使大夫賷葛布十萬, 狐皮五雙,
晉竹十庾, 以荅封禮.

6.《太平御覽》(759)

越以甘蜜九欀, 報吳王增封之禮.

144(8-7)
형벌을 완화하고 세금을 줄이고

이에 월왕은 안으로 그 덕을 닦고, 밖으로 바른 도를 베풀었다.

임금이라고 해서 자신의 교화를 내세우지 않았고, 신하는 자신의 모책을 앞세우지 않았으며, 백성은 자신이 부림을 당하는 것을 잘났다고 하지 않았으며, 관리는 자신의 일을 자랑하지 않았다.

나라는 탕탕蕩蕩해져서 정령政令이 없이도 잘 다스려졌다.

월왕은 안으로 부고府庫를 충실히 하고 밭을 개간하여 백성들은 부유해지고 나라는 강해졌으며 민중은 편안하여 도는 태평을 이루었다.

월왕은 여덟 명의 신하와 네 명의 친구를 스승으로 삼아 때때로 나라 정치를 자문하였다.

대부 문종이 말하였다.

"백성을 사랑하는 것이면 됩니다."

월왕이 물었다.

"어떻게 하는 것입니까?"

문종이 말하였다.

"백성을 이롭게 하여 해치지 말 것이며, 이루게 하되 어그러지게 하지 말 것이며, 살리되 죽이지 말 것이며, 주되 빼앗지 말 것입니다."

월왕이 말하였다.

"더 듣기를 원합니다."

문종이 말하였다.

"백성이 좋아하는 바를 빼앗지 않으면 이롭게 하는 것이요, 백성이 그때를 놓치지 않도록 하면 이루게 하는 것이요, 형벌을 줄이고 제거하면 살리는 것이요, 부역과 세금을 얇게 하면 주는 것이요, 놀이를 위한 누대를 자꾸 짓지 않으면 이는 즐겁게 해 주는 것이요, 조용히 하여 가혹하게 하지 않으면 이는 기쁘게 해주는 것입니다. 백성이 자신들이 좋아하는 바를 잃게 하면 이는 백성을 해치는 것이요, 농사에 그 때를 놓치게 하면 이는 어그러지게 하는 것이요, 죄가 있다고 용서해주지 않으면 이는 죽이는 것이요, 무거운 부역과 과중한 세금은 백성에게서 빼앗는 것이요, 자꾸 누대를 지어 놀이에 빠져 백성을 피폐하게 하면 이는 백성을 괴롭히는 것이요, 백성의 힘을 노고롭게 하면 이는 원망을 하게 하는 것입니다. 제가 듣기로 나라를 잘 다스리는 자는 백성을 만나면 마치 부모가 그 자식을 사랑하는 것과 같고 형이 그 아우를 사랑하는 것과 같아 그들이 배고픔과 추위에 고생한다는 말을 들으면 이들을 애처롭게 여기고, 그들이 노고로움에 고통을 받는 것을 보면 슬피 여긴다 하더이다"

월왕은 이에 형벌을 완화하고 부역과 세금을 덜어주었다.

이에 백성들은 부유하게 되어 모두가 갑옷을 입고 무기를 차겠다는 용기를 갖게 되었다.

於是, 越王內修其德, 外布其道.

君不名教, 臣不名謀, 民不名使, 官不名事.

國中蕩蕩, 無有政令.

越王內實府庫, 墾其田疇, 民富國彊, 衆安道泰.

越王遂師八臣與其四友, 時問政焉.

大夫種曰: 「愛民而已.」

越王曰: 「奈何?」

種曰: 「利之無害, 成之無敗, 生之無殺, 與之無奪.」

越王曰:「願聞.」

種曰:「無奪民所好, 則利也; 民不失其時, 則成之; 省刑去罰, 則生之; 薄其賦斂, 則與之; 無多臺游, 則樂之; 靜而無苛, 則喜之. 民失所好, 則害之; 農失其時, 則敗之; 有罪不赦, 則殺之; 重賦厚斂, 則奪之; 多作臺游以罷民, 則苦之; 勞擾民力, 則怨之. 臣聞善國爲國者, 遇民如父母之愛其子, 如兄之愛其弟, 聞有飢寒爲之哀, 見其勞苦爲之悲.」

越王其緩刑薄罰, 省其賦斂.

於是, 人民殷富, 皆有帶甲之勇.

【蕩蕩】아무 거리낌이나 방해됨이 없는 모습.《論語》述而篇 "子曰:「君子坦蕩蕩, 小人長戚戚.」"의 注에 "蕩蕩, 寬廣貌"라 함.

【田疇】밭두둑. 농사일을 뜻함. 《禮記》月令篇 "可以糞田疇"의 孔穎達 疏에 蔡邕의 말을 인용하여 "穀田曰田, 疏田曰疇"라 함.

【八臣】여덟 신하. 范蠡, 文種, 計硯, 扶同, 苦成, 皋如, 曳庸(洩庸), 大夫皓, 諸稽郢 등이라 함.

【四友】구체적으로는 알 수 없음.

〈牛耕圖〉: 甘肅 嘉峪關 부근 출토 魏晉 畫像磚

【罷民】'罷'는 '疲'와 같음. 雙聲互訓. 疲弊하게 함, 疲困하게 함.

【勞擾民力, 則怨之】徐天祜는 "詳文意, 上文「與之無奪」以下當有「樂之無苦, 喜之無怒」二句"라 함.

【帶甲之勇】무장을 하고 적과 싸우겠다는 勇氣.

145(8-8)
오래 엎드린 새 높이 날리라

월왕 9년(B.C.488) 정월, 월왕은 다섯 대부를 불러 이렇게 고하였다.

"지난날 우리 월나라는 종묘를 버리고 숨었다가 내 자신은 궁한 포로가 되어 그 치욕이 천하에 널리 알려졌고 그 모욕이 제후들에게 퍼져나갔었소. 지금 과인이 오나라에 대해 잊지 못하고 있는 것은 마치 다리 잘린 자가 뛰어보기를 잊지 못하고, 맹인이 사물 보기를 잊지 못하고 있는 것과 같소. 나는 아직 모책을 알지 못하니 오직 대부들께서 가르쳐 주시오."

부동扶同이 말하였다.

"지난 날, 나라가 망하고 백성이 흩어졌음은 천하에 그 소문이 퍼지지 않은 곳이 없습니다. 지금 계책을 세우고자 함에 의당 그 말이 먼저 노출되지 않도록 해야 합니다. 제가 듣기로 '격조擊鳥가 날아오르려는 동작에는 미리 엎드림이 있는 것이요, 맹수가 장차 공격하려 할 때 반드시 먼저 털을 오므리고 납작 엎드리는 법이며, 지조鷙鳥가 장차 먹이를 덮치려 할 때에는 반드시 낮게 날아 그 날개를 모으는 법이며, 성인이 장차 행동을 하려 함에는 반드시 그 말을 순하게 하여 무리에게 부드럽게 하는 법'이라 하더이다. 성인의 모책이란 그 모습을 드러내어 보여서도 안 되며, 그 사정을 알 수 있도록 해서도 안 됩니다. 일에 임박하여 치기 때문에 그에 앞서는 사람을 죽이는 병사들이 없도록 하여 뒤에서 숨었다가 습격해 올 화근이 없게 되는 것입니다. 지금 대왕께서는 정사에 임하여 오나라를 치려 하신다면 의당 말씀을 줄이시고 명령이 누설되지 않도록 해야 합니다. 제가 듣기로 오왕은 무력은 제齊나라나 진晉나라에게 강하게 압박하고 있지만 초楚나라와는 원한 관계를 맺고 있다 합니다. 대왕께서는 의당 제나라와 친교를 맺고 진나라와는 깊은 외교를 맺으며 초나라와는 몰래 국교를 공고히 하면서 오나라는 후하게 섬기는 척해야 합니다. 무릇 오나라는 용맹스럽고 교만하면서 스스로 긍지를 가지고 있어 틀림없이 제후들을 가벼이 여기고 이웃나라를 능멸할 것입니다. 세 나라가 균형을 결정하여 선뜻 오나라를 적국으로 대하게 되면 틀림없이 뿔을 세우고 다투게 될 것입니다. 월나라는 그들이 피폐해진 틈을 타고 이를 기회로 치게 되면 가히 이길 수 있습니다. 비록 오제五帝의 병법일지라도 이보다 더 나은 것은 없습니다."

범려范蠡가 말하였다.

"제가 듣기로 '나라를 도모하고 적을 깨뜨릴 때에는 행동에 그 부합됨을 살펴야 한다'라고 하더이다. 옛날 맹진孟津의 모임에서 제후들이 모두 이길 수 있다고 말할 때 무왕武王은 이를 사양하였습니다. 지금 바야흐로 오나라와 초나라는 원수를 맺은 채 얽힌 원한을 풀지 못하고 있습니다. 제나라는 비록 오나라와 친하지는 않으나 겉으로는 서로 구하는 척하고 있으며, 진나라는 비록 편을 들어주지는 않으나 그 의義를 본받는 듯이 하고 있습니다. 무릇 안에서 모책을 꾸미는 신하는 원수진 나라와는 결별하는 모책을 세우지만 이웃 나라와는 통하여 그들의 도움을 끊지 않는 것이니 이것이 바로 오나라가 패업을 이루고 제후들로부터 존중을 받는 이유입니다. 제가 듣기로 '산이 너무 높으면 무너지고, 잎이 너무 무성하면 꺾이게 되며, 해는 한낮을 지나면 옮겨가게 되고, 달은 가득 차면 기울게 되며, 사시는 동시에 무성할 수 없으며 오행五行은 함께 내달릴 수 없고, 음양은 번갈아 창성하는 것이며 기는 성쇠가 있는 법이니 그 때문에 제방을 넘는 물은 그 양을 막을 수 없고, 다 타버린 마른 나무의 불은 다시 불꽃을 일으킬 수 없으며, 물이 조용해지면 소용돌이 치는 노기가 사라지고 불은 꺼지고 나면 털 하나 태울 열도 없게 된다'라 하더이다. 지금 오나라는 제후들에게 부리는 위엄을 타고 천하를 호령하고 있지만 자신들의 덕이 박하고 은혜가 얕은 것은 모르고 있습니다. 도道가 편협하면 원한은 넓어지는 것이요, 권세를 다 드러내고 나면 지혜는 쇠해질 것이며 힘이 고갈

되면 위엄은 꺾이는 것이며, 병사들이 좌절하면 군대는 물러날 것이요, 사졸들이 흩어지면 무리는 풀어지고 말 것입니다. 제가 청하건대 이럴 때에는 군사행동을 멈추시고 병력을 정비하여 그들이 허물어질 때를 기다렸다가 그에 맞추어 습격하는 것입니다. 그렇게 되면 무기에 피 한 방울 묻히지 아니하고 뒤로 돌아서는 병사 하나 없이 오나라 임금과 신하들을 포로로 잡을 수 있습니다. 원컨대 대왕께서는 말씀을 숨기시며 행동이 드러나지 않도록 하시고 조용히 있음을 드러내 보이십시오."

대부 고성苦成이 말하였다.

"무릇 물이란 능히 초목을 뜨게 할 수 있지만 역시 능히 잠기게도 할 수 있으며, 땅은 능히 만물을 낳게 하지만 역시 능히 죽이기도 합니다. 그런가 하면 강과 바다는 능히 계곡의 아래에 처할 줄 알지만 역시 능히 그들 계곡의 물을 받아주기도 하며, 성인은 능히 무리를 따르지만 역시 그들을 부리기도 합니다. 지금 오나라는 합려闔閭 때의 군대 편제와 오자서伍子胥의 가르침을 이어받아 정치의 평온함은 허물어지지 않고 있으며 전승의 공도 실패함이 없습니다. 대부 백비白嚭란 자는 광간하고 아첨을 잘하는 인물로 획책과 염려에는 뛰어나지만 조정의 일에는 경솔합니다. 그에 비해 오자서는 힘을 다해 정벌에 나섰고 죽음으로써 간언을 하는 자입니다. 이 두 사람을 저울대로 볼 때 틀림없이 둘 사이는 어그러지고 말 것입니다. 대왕께서 마음을 비우시고 스스로를 숨겨 아무런 모책이나 계획도 가지고 있지 않음을 보이신다면 오나라는 가히 멸할 수 있습니다."

대부 호(浩, 皓)가 말하였다.

"지금 오나라는 임금은 교만하고 신들은 사치를 부리며 백성은 배부르고 군대는 지나치게 용맹하여 밖으로 다른 나라를 치느라 적이 있고 안으로는 다투는 신하들이 들떠 있으니 가히 공격할 수 있습니다."

대부 구여句如가 말하였다.

"하늘에는 사시四時가 있고 사람에게는 오승五勝이 있습니다. 옛날 탕湯임금과 무왕武王은 사시의 이로움을 타고 하夏나라와 은殷나라를 이겼으며, 환공桓公과 목공繆公은 오승의 편리함을 타고 여섯 나라를 줄을 세웠던 것입니다. 이처럼 그 때를 타야만 승리할 수 있는 것입니다."

왕이 말하였다.

"아직 사시의 이로움과 오승의 편리함이 이르지 않았으니 원컨대 각자 돌아가 자신의 업무에 임하시오."

九年, 正月, 越王召五大夫而告之曰:「昔者, 越國遁棄宗廟, 身爲窮虜, 耻聞天下, 辱流諸侯. 今寡人念吳, 猶蹳者不忘走, 盲者不忘視. 孤未知策謀, 惟大夫誨之.」

扶同曰:「昔者, 亡國流民, 天下莫不聞知. 今欲有計, 不宜前露其辭. 臣聞:『擊鳥之動, 故前俯伏. 猛獸將擊, 必餌毛帖伏; 鷙鳥將搏, 必卑飛戢翼; 聖人將動, 必順辭和衆.』聖人之謀, 不可見其象, 不可知其情. 臨事而伐, 故前無剸過之兵, 後無伏襲之患. 今大王臨敵破吳, 宜損少辭, 無令泄也. 臣聞吳王兵彊於齊, 晉, 而怨結於楚. 大王宜親於齊, 深結於晉, 陰固於楚而厚事於吳. 夫吳之志, 猛驕而自矜, 必輕諸侯而凌鄰國. 三國決權, 還爲敵國, 必角勢交爭. 越承其弊, 因而伐之, 可克也. 雖五帝之兵, 無以過此.」

范蠡曰:「臣聞:『謀國破敵, 動觀其符.』孟津之會, 諸侯曰可, 武王辭之. 方今吳, 楚結讎, 構怨不解; 齊雖不親, 外爲其救; 晉雖不附, 猶效其義. 夫內臣謀而決讎其策, 鄰國通而不絕其援, 斯正吳之興霸, 諸侯之上尊. 臣聞:『峻高者隤, 葉茂者摧. 日中則移, 月滿則虧. 四時不並盛, 五行不俱馳. 陰陽更唱, 氣有盛衰. 故溢堤之水, 不掩其量;

爞乾之火, 不復其熾. 水靜則無漚潯之怒, 火消則無熹毛之熱』今吳乘諸侯之威, 以號令於天下, 不知德薄而恩淺, 道狹而怨廣, 權懸而智衰, 力竭而威折, 兵挫而軍退, 士散而衆解. 臣請按師整兵, 待其壞敗, 隨而襲之. 兵不血刃, 士不旋踵, 吳之君臣爲虜矣. 臣願大王匿聲, 無見其動, 以觀其靜.」

大夫苦成曰:「夫水能浮草木, 亦能沈之; 地能生萬物, 亦能殺之; 江海能下谿谷, 亦能朝之; 聖人能從衆, 亦能使之. 今吳承闔閭之軍制, 子胥之典敎, 政平未虧, 戰勝未敗. 大夫嚚者, 狂佞之人, 達於策慮, 輕於朝事. 子胥力於戰伐, 死於諫議. 二人權, 必有壞敗. 願王虛心自匿, 無示謀計, 則吳可滅矣.」

大夫浩曰:「今吳, 君驕臣奢, 民飽軍勇, 外有侵境之敵, 內有爭臣之震, 其可攻也.」

大夫句如曰:「天有四時, 人有五勝. 昔湯, 武乘四時之利而制夏, 殷, 桓, 繆據五勝之便而列六國. 此乘其時而勝者也.」

王曰:「未有四時之利, 五勝之便, 願各就職也.」

【五大夫】아래에서 말한, 扶同, 范蠡, 苦成, 皓, 句如를 가리킴.
【蹯者】다리가 잘려 뛰지 못하는 사람. 혹 앉은뱅이. '蹯'은 '躄'과 같음.
【扶同】《史記》에는 '逢同'으로 되어 있음. 徐天祜는 《史記》作逢同'이라 함. 그러나 《越絶書》에 보이는 '逢同'은 여기서의 扶同과 같은 인물로 보이지 않음.
【擊鳥之動】擊鳥는 날개를 박차고 날아오르려는 새. 그러나 徐天祜는 "此上八字衍文"이라 함. 한편 '擊'은 '摯'의 오류이며 '摯'는 '鷙'와 같음. 맹금류를 가리킴.

【餌毛帖伏】'餌'는 '弭'의 오기로 보임. 털을 몸에 붙여 오므림. '帖伏'은 엎드려 조용히 있는 자세.

【鷙鳥】매, 수리, 말똥가리 등 猛禽類를 가리킴.

【戢翼】날개를 접음.

【剽過之兵】죽이면서 용맹을 부리는 병사.

【決權】權은 저울대. 저울질 해봄. 輕重의 결판을 냄.《孟子》梁惠王에 "權, 然後知輕重"이라 함.

【還爲敵國】'還'은 '선'으로 읽으며 '旋'과 같음. '선뜻 돌아서다'의 뜻. 사물의 분위기나 행동이 反轉될 때 쓰는 말.

【五帝】《史記》五帝本紀에 黃帝, 顓頊, 帝嚳, 帝堯, 帝舜를 들고 있음.

【符】祥瑞의 징조. 符瑞.

【孟津之會】孟津에서 8백 제후가 殷나라를 치고자 모였던 일. 그 뒤 武王은 3년 뒤 紂를 쳐서 殷을 멸함. 孟津은《史記》에 '盟津'과 '孟津' 두 표기가 있으며 지금의 河南 孟縣 남쪽.《史記》周本紀에 "西伯旣卒, 周武王之東伐, 至盟津, 諸侯叛殷會周者八百. 諸侯皆曰: 「紂可伐矣.」武王曰: 「爾未知天命.」乃復歸"라 함.

【武王】姬發. 周 武王. 文王(姬昌)의 아들이며 周公(姬旦), 召公(姬奭) 등의 형. 成王(姬誦)의 아버지. 武王이 죽자 아버지의 뜻을 이어받아 殷의 말왕 紂를 멸하고 周나라를 건국하였으며 鎬(지금의 陝西 西安 서남, 灃水 東岸)에 도읍을 정함. 儒家에서 武王과 함께 성인으로 추앙을 받음.

【五行】金, 木, 水, 火, 土의 다섯 가지 요소. 相生과 相剋을 구분하여 '木德, 火德, 水德, 土德, 金德'을 가리킴.

【陰陽更唱】陰陽은 번갈아가며 창성함. '唱'은 '倡'과 같음. 徐天祜 注에 "唱, 當作倡"이라 함.

【不掩其量】그 量을 막을 수 없음.〈四部叢刊〉에는 '掩'이 '淹'으로 되어 있으나〈四庫全書〉에 의해 수정함.《方言》에 "掩, 止也"라 함.

【爍乾之火】마른 채로 다 타버린 불.

【漚灑之怒】용솟음치는 물의 氣勢. 漚灑는 큰물의 포말.

【熹毛之熱】털 하나를 태울 만한 불기.

【權懸而智衰】권세를 매달아 이미 모두 드러나 밝혀지고 나면 더 이상 쓸 지 모가 없어 쇠하게 됨. 혹은 권세를 너무 높이 매닮.

【按師整兵】'按師'는 '偃師'와 같음. 군사행동을 자제하고 기다림.

【旋踵】발꿈치를 돌림. 용기를 잃고 뒤돌아섬.

【以觀其靜】'觀'은 '示'와 같음. 그 조용함을 드러내어 보여줌.

【苦成】越나라 大夫. 여기에서처럼 월나라 五大夫의 하나.

【能下谿谷】능히 谿谷의 아래에 처함.

【朝之】받아들여 흐르게 함. 혹은 자신을 朝宗으로 삼아 마지막 귀착지가 되도록 함.

【闔閭】吳나라 군주. 이름은 光. 諸樊의 아들. 吳王 僚를 시해하고 자립하여 B.C.515~B.C.497년까지 19년간 재위함. 패자가 되었으나 越나라에게 패하여 생을 마쳤으며 夫差가 그 뒤를 이음.

【二人權】오자서와 백비가 서로 권세를 다투게 됨.

【大夫浩】〈四部叢刊〉에 '浩'로 되어 있으나 이는 '皓'의 오기임. 越나라 大夫.

【大夫句如】越나라 大夫.《左傳》과《國語》에도 '皐如'로 되어 있음.

【五勝】五行에서의 相生과 相剋(相勝). 相生은 "水生木, 木生火, 火生土, 土生金, 金生水"이며 相剋은 "水剋火, 火剋金, 金剋木, 木剋土, 土剋水"임. 徐天祜는 "五德迭相勝也.《史》曆書:「秦滅六國, 頗推五勝, 而自以爲獲水德之瑞.《前漢》律曆志同"이라 함. 고대 周는 火德, 秦은 水德, 漢은 火德으로 五行 相生相剋에 의해 조대가 바뀌었다고 믿었음.

【湯武】商나라 湯王과 周나라 武王. 湯은 夏나라 말왕 桀을, 武王은 殷(商)나라 말왕 紂를 쳐서 멸망시킴.

【桓繆】춘추 오패의 齊 桓公(姜小白)과 秦 穆公(嬴任好). 齊 桓公은 관중을 등용하여 최초의 패자가 되었음. '繆'은 '穆'과 같음. 秦 穆公(繆公)은 百里奚, 蹇叔을 등용하여 패자가 됨.

【六國】春秋時代 패자가 되면 제후들을 불러 모아 會盟을 하면서 다른 제후들을 差等을 두어 序列을 정하였음. 여기서 六國은 구체적으로 알 수는 없으나 당시 대표적인 나라들은 晉, 齊, 魯, 衛, 蔡, 鄭, 曹, 秦, 宋, 陳, 楚, 燕 등이 있었음.

┌ 참고 및 관련 자료 ┐

1.《史記》越王句踐世家

句踐自會稽歸七年, 拊循其士民, 欲用以報吳. 大夫逢同諫曰:「國新流亡, 今乃復殷給, 繕飾備利, 吳必懼, 懼則難必至. 且鷙鳥之擊也, 必匿其形. 今夫吳兵加齊, 晉, 怨深於楚, 越, 名高天下, 實害周室, 德少而功多, 必淫自矜. 爲越計, 莫若結齊, 親楚, 附晉, 以厚吳. 吳之志廣, 必輕戰. 是我連其權, 三國伐之, 越承其弊, 可克也.」句踐曰:「善」

卷第九 句踐陰謀外傳

　월왕 구천句踐의 吳나라에 대한 복수전의 음모와 준비, 그리고 전술 전략은 역사 속에 거의 찾아보기 어려울 정도로 13년의 긴 시간을 두고 축적하고 있다. 구천이 칭패稱霸의 이유와 병법에 관한 세밀한 기록은 많은 자료로도 활용되고 있다.

李家山〈雙牛銅枕〉1972 雲南 李家山 古墓群 17호 출토

146(9-1)
부유해진 나라

월왕 구천 10년(B.C.487) 2월, 월왕은 지난날 오나라로부터 침략을 당하였으나 하늘의 복을 받아 월나라를 다시 찾게 된 생각을 깊고 멀리 해보았다.

신하들을 가르치고 각기 하나씩의 모책을 내어 의견이 합치고 뜻이 같았으며 구천은 이를 공경히 따라 그 나라가 이미 부유하게 된 것이었다.

越王句踐十年二月, 越王深念遠思, 侵欲於吳, 蒙天祉福, 得越國.

群臣敎誨, 各畫一策, 辭合意同, 句踐敬從, 其國已富.

【十年】句踐 10년은 吳王 夫差 9년이었음.
【得越國】徐天祜는 "得下當有返字"라 하여 "得返越國"이어야 한다고 보았음.

147(9-2)
얻기는 쉬우나 부리기는 어렵도다

월나라에 돌아온 지 5년이 지났지만 감히 죽음으로써 나서겠다는 친구를 아직 듣지 못하였다.

어떤 자가 말하기를 여러 대부들은 자신들의 몸만 아끼고 제 몸 죽는 것을 아까워한다는 것이었다.

이에 월왕은 점대漸臺에 올라 신하들이 나라걱정을 하고 있는지의 여부與否를 살펴보았다.

상국 범려, 대부 문종, 대부 구여句如 등이 엄연儼然한 모습으로 열을 지어 앉았는데 비록 나라를 걱정하는 마음은 품고 있었지만 안색에 이를 나타내지는 않고 있었다.

월왕은 곧 종을 울리고 놀라운 격문檄文을 띄워 신하들을 불러 모아 함께 이렇게 맹약하였다.

"과인은 치욕을 당하고 수치를 받아 위로는 주왕周王에게 면목이 없고, 아래로는 진晉, 초楚에게 부끄러웠소. 다행히 여러 대부들의 모책에 힘입어 다시 돌아와 정사를 볼 수 있어 백성은 부유하게 되었고 군사들도 길러 놓았소. 그런데 5년이 지나도록 감히 죽음으로써 나서겠다는 선비나 원한을 씻어보겠다는 신하를 들을 수 없으니 어찌 해야 공을 이룰 수 있겠소?"

신하들은 묵연히 있을 뿐 대답하는 자가 없었다.

월왕은 하늘을 우러러 탄식하였다.

"내 듣기로 '임금이 근심이 있으면 신하는 욕되다 느끼며, 임금이 치욕을

당하면 신하는 죽음을 무릅쓰는 법'이라 하였소. 지금 내가 몸소 포로가
되는 곤액을 치렀고, 죄인처럼 갇히고 나라는 깨어지는 치욕을 받았으나
능히 스스로 보필을 받지 못하여 어질고 똑똑한 자를 기다린 연후에야
오나라를 칠 생각으로 여러 신하들께 무겁게 의지하고 있었소. 그런데
대부들은 얻기는 쉬운데 부리기는 어찌 이토록 어려운 것이오?"

　反越五年, 未聞敢死之友.

　或謂諸大夫愛其身, 惜其軀者.

　乃登漸臺, 望觀其群臣有憂與否.

　相國范蠡, 大夫種, 句如之屬, 儼然列坐, 雖懷憂患, 不形
顔色.

　越王卽鳴鍾驚檄而召群臣, 與之盟, 曰:「寡人獲辱受恥,
上愧周王, 下慙晉, 楚. 幸蒙諸大夫之策, 得返國修政,
富民養士. 而五年未聞敢死之士, 雪仇之臣, 奈何而有
功乎?」

　群臣黙然, 莫對者.

　越王仰天歎曰:「孤聞:『主憂臣辱, 主辱臣死』今孤親被
奴虜之厄, 受囚破之恥, 不能自輔, 須賢任仁, 然後討吳,
重負諸臣, 大夫何易見而難使也?」

【五年】 이는 虛數임. 越王 부부와 范蠡가 吳나라로부터 돌아온 것은 句踐 7년
　(B.C.490)이었으므로 이때까지 불과 3년이었음.

【敢死之友】 군주를 위해 감히 죽음을 무릅쓰는 친구. 그러나 盧文弨 校本에는
　"友, 當作士"라 함.

【軀】몸 전체. 《說文》 "軀, 體也"라 하였고 段玉裁 注에 "體者, 十二屬之總名也. 可區而別之, 故曰軀"라 함.

【漸臺】越나라 누대 이름. 그러나 물가에 세운 樓臺라는 뜻의 일반 명사로도 쓰임. 《列女傳》 「楚昭貞姜」에 "楚昭王出游, 留夫人漸臺之上, 江水大至, 臺崩, 夫人流而死"라 하였고, 《漢書》 郊祀志(下)에도 "在陝西省長安縣. 漢武帝作建章宮, 太液之中有漸臺, 高二十餘丈, 臺址在水中, 故名. 漢末劉玄兵從宣平門入, 王莽逃至漸臺上, 爲衆兵所殺"이라 함. 그 외 《列女傳》 「齊鍾離春」과 《新序》 雜事에도 "齊宣王也, 建過漸臺五重"이라 함.

【儼然】莊重한 모습. 늠름한 모습.

【鳴鐘驚檄】종을 울리고 檄文을 보냄. '驚'은 '警'과 같음. 《詩經》 小雅 車攻 "徒御不驚"의 疏에 "警, 戒也"라 하였고, 《周易》 震卦 "震驚百里"의 鄭注에 "驚之言警戒也"라 함. '檄'은 사람을 부르거나 죄를 성토할 때 쓰는 官方文書.

【周王】天子 周 敬王(姬丏). 在位 45년(B.C.519~B.C.476)

【雪仇之臣】怨恨을 씻고자 하는 신하. '雪'은 動詞로 '씻어 제거하다'의 뜻.

【須賢任仁】현명한 이를 기다리고 어진 이를 등용함. 《書經》 多方篇 "天惟午年, 須暇之子孫"의 孫星衍의 疏에 "須者, 《釋詁》云: 待也"라 함.

【易見】'易得'이어야 함. 쉽게 얻을 수 있음. 兪樾은 "見, 當作得. 此傳所載越王 及計硯之言與 《國策》 齊策管燕, 田需之言相似. 彼作「士何其易得而難用也?」. 《韓詩外傳》 管燕作宋燕, 田需作陳饒, 亦曰「何士大夫易得而難用也」. 二書皆施 得字, 故知此傳見字之誤"라 함.

참고 및 관련 자료

1. 《戰國策》 齊策

管燕得罪齊王, 謂其左右曰:「子孰而與我赴諸侯乎?」左右嘿然莫對. 管燕連然流涕曰:「悲夫! 士何其易得而難用也?」田需對曰:「士三食不得饜, 而君鵝鶩有餘食; 下宮糅羅紈, 曳綺縠, 而士不得以爲緣. 且財者君之所輕, 死者士之所重, 君不肯以所輕與士, 而責士以所重事君, 非士易得而難用也.」昔者, 燕相得罪於君, 將出亡, 召門下諸大夫曰:「有能從我出者乎?」三問, 諸大夫莫對. 燕相曰:「嘻! 亦有士之不足養也」大夫有進者曰:「亦有君之不能養士, 安有士之不足養者? 凶年饑歲, 士糟粕不厭, 而君之犬馬, 有餘穀粟; 隆冬烈寒, 士短褐不完, 四體不蔽, 而君之臺觀, 帷幕錦繡, 隨風飄飄而弊. 財者, 君之所輕; 死者, 士之所重也. 君不能施君之所輕, 而求得士之所重, 不亦難乎?」燕相遂慚, 遁逃不復敢見.

3.《說苑》尊賢篇

宗衛相齊, 遇逐罷歸舍, 召門尉田饒等二十有七人而問焉, 曰:「士大夫誰能與我赴諸侯者乎?」田饒等皆伏而不對. 宗衛曰:「何士大夫之易得而難用也!」饒對曰:「非士大夫之難用也, 是君不能用也」宗衛曰:「不能用士大夫何若?」田饒對曰:「廚中有臭肉, 則門下無死士. 今夫三升之稷不足於士; 而君鴈鶩有餘粟. 紈素綺繡靡麗, 堂楯從風雨弊, 而士曾不得以緣衣; 果園梨栗, 後宮婦人撫而相摘, 而士曾不得一嘗, 且夫財者, 君之所輕也; 死者士之所重也, 君不能用所輕之財, 而欲使士致所重之死, 豈不難乎哉?」於是宗衛面有慚色, 逡巡避席而謝曰:「此衛之過也.」

4.《韓詩外傳》(7)

宋燕相齊, 見逐罷歸之舍. 召門尉陳饒等二十六人曰:「諸大夫有能與我赴諸侯者乎?」陳饒等皆伏而不對. 宋燕曰:「悲乎哉! 何士大夫易得而難用也?」饒曰:「君弗能用也. 則有不平之心, 是失之己而責諸人也.」宋燕曰:「夫失諸己而責諸人者何?」陳饒曰:「三斗之稷, 不足於士, 而君鴈鶩有餘粟, 是君之一過也. 果園梨栗, 後宮婦人以相提擲, 士曾不得一嘗, 是君之二過也. 綾紈綺縠, 靡麗於堂, 從風而弊, 士曾不得以爲緣, 是君之三過也. 且夫財者, 君之所輕也; 死者, 士之所重也. 君不能行君之所輕, 而欲使士致其所重, 猶譬鉛刀畜之, 而干將用之, 不亦難乎?」宋燕面有慙色, 逡巡避席曰:「是燕之過也.」《詩》曰:『或以其酒, 不以其漿.』

148(9-3)
계예計硯의 일갈—喝

이에 계예計硯는 나이는 어리고 관직은 낮아 뒤에 열을 지어 앉아 있다가 이에 손을 들고 뛰어 자리를 밟고 앞으로 나오며 이렇게 말하였다.

"틀렸군요! 임금의 말씀이여. 대부들은 만나기는 쉬우나 부리기가 어려운 것이 아니라 임금께서 능히 부리지 못하는 것입니다."

월왕이 말하였다.

"무슨 말인가?"

계예가 말하였다.

"무릇 관직의 지위, 재물과 폐백, 황금과 상은 임금께서 가벼이 여길 수 있는 것입니다. 무기를 잡고 칼날을 밟고 목숨을 끊으며 죽음에 던져지는 것은 선비들이 중히 여기는 바입니다. 지금 임금께서는 가벼이 여겨도 될 것에는 인색하면서 선비들이 중히 여기는 바에는 책임을 물으시니 어찌 위태롭지 않겠습니까?"

於是, 計硯年少官卑, 列坐於後, 乃擧手而趨, 蹈席而前進, 曰:「謬哉! 君王之言也. 非大夫易見而難使, 君王之不能使也.」

越王曰:「何謂?」

計硯曰:「夫官位, 財幣, 金賞者, 君之所輕也. 操鋒履刃, 艾命投死者, 士之所重也. 今王易財之所輕, 而責士之所重, 何其殆哉!」

【計硯】 范蠡의 스승 計然과는 다른 사람.
【財幣金賞】 선비를 대접하고 가까이 오도록 하는 재물과 幣帛 및 훌륭한 賞.
【操鋒履刃】 창을 잡고, 칼날을 밟음.
【艾命】 '艾'는 '刈'와 같음. 목숨을 끊음.
【易財】 徐天祐는 "易字不通, 疑吝字之誤"이라 함. 그러나 '易'는 '治'와 같아 "재물 다스리기에는 힘을 쓰다"의 뜻으로 볼 수도 있음.

149(9-4)
강태공姜太公과 관중管仲의 예

이에 월왕은 묵연히 즐겁지 않은 모습으로 얼굴에 부끄러워하는 기색이 감돌더니 즉시 신하들을 물러가게 하고 계예를 앞으로 불러 물었다.

"내가 선비를 얻어 쓰고자 하는 마음이 어느 정도요?"

계예가 말하였다.

"무릇 임금이란 인의를 존중하는 자이며 이는 다스림의 문입니다. 선비란 자는 임금의 뿌리입니다. 문을 열어놓고 뿌리를 견고하게 하기에는 자신 부터 바르게 하는 것만한 것이 없습니다. 자신을 바르게 하는 도란 좌우 신하들에게 신중히 하는 것입니다. 좌우 신하란 임금을 흥성하게도 하며 쇠약하게도 하는 자들입니다. 원컨대 왕께서는 좌우 신사를 명확히 선발 하시되 오직 똑똑한 자면 됩니다. 옛날 태공太公은 아흔 살이 되도록 아무런 성취가 없는 반계磻溪의 굶주린 자였지만 서백西伯이 그를 임용하여 왕자가 되었습니다. 관중管仲은 노魯나라의 도망한 죄수로서 재물 나누어 갖기에 탐욕을 부리던 자였으나 제齊 환공桓公이 그를 얻어 패자가 된 것입니다. 그러므로 전傳에 '선비를 잃는 자는 망하고, 선비를 얻는 자는 창성한다'라 한 것입니다. 원컨대 대왕께서는 좌우 신하를 잘 살펴보십시오. 그렇게 만 하면 어찌 신하들을 부릴 수 없음을 걱정하시겠습니까?"

월왕이 말하였다.

"나는 어진 이를 부리고 능력 있는 자를 임용하여 각기 달리 그 일을 맡도록 하였소. 나는 마음을 비우고 높이 바라며 오나라에 보복할 모책을 듣기를 바라고 있었소. 지금 모두가 몸을 숨기고 형체를 은폐하고 있어 그 말을 들을 수 없으니 그 잘못이 어디에 있는 것이오?"

계예가 말하였다.

"현명한 이를 선발하고 선비에게 실제에 맞게 하여 각기 하나의 등급을 주십시오. 그리하여 어려운 일을 주어 멀리 사신으로 보내어 그가 얼마나 성실히 해내는가를 시험해보고, 안으로 몰래 일을 일러주어 그가 얼마나 믿음을 지키는가를 알아보며, 그와 더불어 일을 논하여 그의 지혜를 알아보고, 술자리를 마련하여 그 자리를 통해 그가 얼마나 난한 짓을 하는가를 살펴보며, 지시하여 시킨 일로써 그가 어느 정도의 능력이 있는가를 관찰하며, 그에게 예쁜 여인을 보여주어 그의 태도가 어떠한지를 구별하면 됩니다. 임금께서 오색五色의 얼굴색을 보이시면 선비란 자신의 실질을 모두 드러내게 마련이며 사람마다 자신의 지혜를 다 내놓게 마련입니다. 그 지혜를 알 수 있고 그 실질을 다 내놓도록 한다면 군왕으로서 무엇이 걱정이겠습니까?"

월왕이 말하였다.

"나는 선비들이 실질을 다 바치고 사람마다 그 지혜를 다 내놓도록 하고 있지만 선비들이 아직도 진심을 다해 말을 해 주어 과인에게 이익이 되도록 하는 자가 없소이다."

계예가 말하였다.

"범려范蠡는 현명하여 국내의 일을 잘 알고, 문종文種은 원대하여 바깥 일을 잘 알아냅니다. 대왕께서는 대부 문종과 깊이 의논하시면 패왕의 술책이 거기에 있을 것입니다."

於是, 越王默然不悅, 面有愧色, 卽辭群臣, 進計硯而問曰:「孤之所得士心者何等?」

計硯對曰:「夫君人, 尊其仁義者, 治之門也; 士民者, 君之根也. 開門固根, 莫如正身. 正身之道, 謹左右.

左右者, 君之所以盛衰者也. 願王明選左右, 得賢而已.
昔太公, 九聲而足, 礒溪之餓人也, 西伯任之而王. 管仲,
魯之亡囚, 有貪分之毀, 齊桓得之而霸. 故傳曰:『失士
者亡, 得士者昌.』願王審於左右, 何患群臣之不使也?」

越王曰:「吾使賢任能, 各殊其事. 孤虛心高望, 冀聞報
復之謀. 今咸匿身隱形, 不聞其語, 厥咎安在?」

計硯曰:「選賢實士, 各有一等. 遠使以難, 以效其誠;
內告以匿, 以知其信; 與之論事, 以觀其知; 飲之以酒,
以視其亂; 指之以使, 以察其能; 示之以色, 以別其態.
五色以設, 士盡其實, 人竭其智. 知其智, 盡實, 則君臣
何憂?」

越王曰:「吾以謀士效實, 人盡其智, 而士有未盡進辭
有益寡人也.」

計硯曰:「范蠡明而知內, 文種遠以見外. 願王請大夫
種與深議, 則霸王之術在矣.」

【太公】姜太公. 呂氏이며 姜姓. 이름은 望, 혹은 尙. 자는 子牙. 西周 초 太師가
되어 師尙父로도 불림. 나이 70에 渭水의 潘溪에서 낚시질을 하던 중 周 文王을
만나 太師에 올랐으며 文王의 아들 武王을 도와 殷(商)을 멸함. 뒤에 齊나라에
봉을 받아 춘추시대 齊나라 시조가 됨.《史記》齊太公世家 참조.

【九聲而足】《越絕書》에 "九十而不伐"이라고 하여 이에 따라 풀이함. 그러나
九聲은 宮商角徵羽 五聲과 宮淸, 商淸, 角淸, 徵淸 四聲을 더하여 九聲으로
보아 太公이 이 아홉 음에 밝아 그러한 노래를 부르며 자족할 뿐이었음을 말한
것이라 보기도 함. 그러나 많은 기록에 태공이 "90에는 文王의 師가 되었다거나
혹 제나라에 봉해졌다" 하여 실제에 맞지 않음.《說苑》尊賢篇에는 "太公望故

老婦之出夫也, 朝歌之屠佐也, 棘津迎客之舍人也, 年七十而相周, 九十而封齊”
라 하였고 雜言篇에는 “呂望行年五十賣食於棘津, 行年七十屠牛朝歌, 行年
九十爲天子師, 則其遇文王也”라 하였으며,《韓詩外傳》(7)도 이와 같음.

【磻溪】 지금의 陝西 寶鷄市 동남쪽에 있는 물 이름. 일명 '潢河'라고도 하며 南山
에서 發源하여 渭水로 흘러들며 강태공이 이곳에 은거하며 낚시를 하고 있다가
문왕을 만났다고 함.

【西伯】 姬昌. 季歷의 아들이며 周나라 聖王 文王. 아들 武王(姬發) 때에 殷나라
紂王을 멸하고 周나라를 일으켜 아버지를 文王으로 추존함.

【管仲魯之亡囚】 齊 桓公을 도와 霸業을 이루도록 한 인물. 管仲은 桓公(小白)의
형 公子 糾를 섬겼고, 鮑叔은 환공을 섬기다가 내란이 일어나자, 관중은 공자
규를 모시고 魯나라로, 포숙은 莒로 피신함. 뒤에 내란이 끝나 먼저 귀국하는
자가 군주가 되는 기회에 관중은 소백이 오는 길목을 지키다가 활을 쏘았으나
소백의 허리띠 고리에 맞아 小白은 살아나 먼저 귀국하여 군주가 됨. 이에 관중과
공자 규는 노나라에 포로가 되어 기다릴 때 환공은 공자규는 노나라로 하여금
죽이도록 하고 관중은 불러 직접 죽일 참이었으나 포숙의 설득으로 관중을
불러 任用해 霸業을 이룸.

【貪分之毀】 管仲은 鮑叔과 장사를 할 때 이익을 나눔에 자신이 더 많이 갖는
탐욕을 저지름.《史記》管晏列傳에 “吾始困時, 嘗與鮑叔賈, 分財利多自與, 鮑叔
不以我爲貪, 知我貧也”라 함.

【齊桓】 齊 桓公. 小白. 春秋시대 최초의 霸者. 九合諸侯하고 一匡天下하여 춘추
시대 힘의 공백을 메움.

【以效其誠】 '效'는 '살펴보다, 시험해보다'의 뜻.《廣雅》釋言에 “效, 考也. 效,
驗也”라 함.

【酒而視其亂】 술을 마시게 해 봄으로써 그 몸가짐이 혼란에 빠지지 않는가를
살펴봄. 徐天祜 注에 “酒能亂性.《論語》:「唯酒無量, 不及亂.」”이라 함.

【指之以事】 徐天祜 注에 “〈曲禮〉:「耆指事.」注:「指事使人也.」”라 함.

【五色】 왕이 얼굴에 다섯 가지 표정을 지어 그에 대응하는 신하의 능력을 살핌.
《周禮》疾醫 “以五聲五氣五色視其死生”의 注에 “五色, 綿毛靑赤黃白黑也”라 함.

【種】 大夫 文種. 자는 子禽, 혹 少禽, 會. 越나라 대부로 智謀가 있어 范蠡와 함께
句踐을 도와 吳나라에게 복수를 하고 句踐을 霸者로 만든 名臣. 그 뒤에 范蠡가
떠나고 句踐에게 죽음을 당함. 그러나 徐天祜 注에는 “大夫種, 姓文氏, 字會.
楚之鄒人”이라 함.

【君臣何憂】이는 "君王何憂"여야 함.

【范蠡】越나라 大夫. 字는 少伯. 文種과 함께 越나라를 승리로 이끈 대신. 越나라가
吳나라에 패했을 때 3년을 臣僕으로 고생하다가 돌아와 句踐을 도와 吳나라를
멸하는데 큰 공을 세웠음. 그리고 즉시 句踐을 피해 이름을 鴟夷子皮로 바꾸고
몸을 숨겨 三江口를 거쳐 五湖로 나서 齊나라 陶 땅으로 옮겨가 陶朱公이라
칭하였으며 장사에 뛰어들어 큰 부자가 됨. 그의 많은 일화는 《國語》越語(下),
《左傳》,《史記》越王句踐世家, 貨殖列傳,《越絶書》등에 자세히 실려 있음.
徐天祜 注에 "范蠡, 楚三尸人也. 字少伯"이라 함.

150(9-5)
구술九術

월왕은 이에 대부 문종을 청하여 이렇게 물었다.

"나는 지난 날 선생의 말씀을 받아 스스로 궁액의 처지를 면하였소. 지금 얽매임이 없는 계책을 가진 자를 받들어 나의 묵은 원한을 씻고자 하는데 어떻게 실행해야 공을 이룰 수 있겠소?"

문종이 대답하였다.

"제가 듣기로 '높이 나는 새라 해도 아름다운 먹이 때문에 죽고, 깊은 냇물의 물고기라 해도 향내나는 미끼에 죽는다'라 하였습니다. 지금 오나라를 치고자 하신다면 반드시 먼저 그가 좋아하는 것을 구하고 그가 원하는 바에 맞추어준 연후에야 능히 그 결실을 얻을 수 있습니다."

월왕이 말하였다.

"사람이 좋아하는 바와 비록 원하는 바가 있다 해도 어떻게 그것을 결정하여 그를 죽음으로 몰아넣어 제압할 수 있는 것이오?"

대부 문종이 말하였다.

"무릇 원한을 갚고 원수에게 복수하며 오나라를 깨뜨리고 적을 멸할 수 있는 아홉 가지 술책이 있는데 왕께서는 살펴보시겠습니까?"

월왕이 말하였다.

"과인은 욕을 당하고 근심을 품은 채, 안으로는 조정의 신하들에게 부끄럽고 밖으로는 제후들에게 부끄러워 마음이 미혹하고 정신이 공허하오. 비록 아홉 가지 술책이 있다 해도 어찌 능히 알 수 있겠소?"

문종이 말하였다.

"무릇 아홉 가지 술책이란 탕湯과 문왕文王이 이를 얻어 왕업을 이룬 것이며, 환공桓公과 목공穆公도 이를 얻어 패업을 이룬 것입니다. 성을 공격하여 읍을 빼앗는 것은 신발을 벗는 것보다 더 쉬운 것입니다. 원컨대 왕께서는 이를 살펴보시지요."

문종은 이렇게 설명해주었다.

"첫째는 하늘을 존경하고 귀신을 섬겨 그 복을 구하는 것이며, 둘째는 재물과 돈을 중시하여 상대 군주에게 주어 많은 뇌물로써 그 신하들을 즐겁게 하는 것이며, 셋째는 식량과 목초를 비싼 값으로 꾸어 그 나라를 텅 비게 하여 이익에 대한 욕심으로 그 백성을 피폐하게 하는 것이며, 넷째는 미녀를 보내어 그 마음을 미혹시키고 그 모책을 혼란시키는 것이며, 다섯째는 솜씨 뛰어난 공인과 훌륭한 목재를 보내어 그들로 하여금 궁실을 짓도록 하여 그 재물을 탕진시키는 것이며, 여섯째는 아첨하는 신하를 보내어 쉽게 남을 공격하도록 하는 것이며, 일곱째는 간언하는 신하를 강박하여 자살하도록 하는 것이며, 여덟째는 임금의 나라를 부강하게 하여 좋은 무기를 비축하는 것이며, 아홉째는 날카로운 군사로써 그들의 피폐함을 노리는 것입니다. 무릇 이 아홉 가지 술책은 임금께서는 입을 닫고 남에게 말하지 않은 채 지켜내기를 마치 귀신처럼하기만 하면 천하를 취하는 것도 어렵지 않을 것이니 하물며 오나라쯤이겠습니까?"

월왕이 말하였다.

"훌륭하오!"

越王乃請大夫種而問曰:「吾昔日受夫子之言, 自免於窮厄之地. 今欲奉不羈之計, 以雪吾之宿讎, 何行而功乎?」

大夫種曰:「臣聞:『高飛之鳥, 死於美食; 深川之魚, 死於芳餌.』今欲伐吳, 必前求其所好, 參其所願, 然後能得其實.」

越王曰:「人之所好, 雖其願, 何以定而制之死乎?」

大夫種曰:「夫欲報怨復讎, 破吳滅敵者有九術, 君王察焉?」

越王曰:「寡人被辱懷憂, 內慙朝臣, 外愧諸侯, 中心迷惑, 精神空虛. 雖有九術, 安能知之?」

大夫種曰:「夫九術者, 湯, 文得之以王, 桓, 穆得之以霸. 其攻城取邑, 易於脫屣. 願大王覽之.」

種曰:「一曰尊天事鬼, 以求其福; 二曰重財幣以遺其君, 多貨賄以喜其臣; 三曰貴糴粟槀以虛其國, 利所欲以疲其民; 四曰遺美女以惑其心而亂其謀; 五曰遺之巧工良材, 使之起宮室以盡其財; 六曰遺之諛臣, 使之易伐; 七曰强其諫臣, 使之自殺; 八曰君王國富而備利器; 九曰利甲兵以承其弊. 凡此九術, 君王閉口無傳, 守之以神, 取天下不難, 而況於吳乎?」

越王曰:「善!」

【不羈之計】 얽매이지 않음. 자유로움. 하고 싶은 대로 할 수 있는 계책. 여기서는 아주 빼어난 인재의 계책을 뜻함. 《史記》魯仲連鄒陽列傳 "使不羈之士"의 〈索隱〉에 "言駿足不可羈絆, 以比喩逸才之人"이라 함.

【深川之魚】 〈四部叢刊〉에는 '深泉之魚'로 되어 있으나 《文選》(25) 〈贈何劭王濟〉 注에 의해 수정함.

【能得其實】 '實'은 '地', '財' 등 모두를 가리킴.

【九術】 徐天祜는 《史記》作七術"이라 함. 그러나 본문대로 아홉 가지 술책이 모두 제시되어 있음. 이에 대해 俞樾의 《諸子平議》(補錄) 《吳越春秋》에는 "徐注: 「《史記》作七術」下文越王曰:「善! 乃行第一術.」 又云:「善哉! 第二術也.」 又云:

越王曰:「善哉! 第三術也.」越王於九術止行其三, 故〈伐吳外傳〉云:「九術之策,
今用三, 而破强吳, 其六尙在子.」《史記》則云:「子教寡人伐吳七術, 寡人用其三而
敗吳, 其四在子.」雖有'九術', '七術'之異, 而以爲用其三術則同. 據《越絶書》以
〈九術〉名篇, 疑《史記》誤也. 惟下文請糴之擧, 實卽九術中所謂「貴糴粟槀以虛
其國」者, 而吳王之殺子胥, 則又所謂「强其諫臣, 使之自殺」者, 越王所用, 實五術
而不止三術. 疑《史記》本作「子教寡人伐吳九術, 寡人用其五而敗吳, 其四在子.」
後人據《吳越春秋》改「用其五」爲「用其三」. 又以「其四在子」不得爲九, 因又改
「九術」爲「七術」也」라 하여 논리를 펴고 있음.

【湯, 文】商나라의 湯王은 이러한 술책으로 夏나라 末王 桀을 이겼으며, 周 文王
역시 이를 터득하여 商의 末王 紂를 이겨 승리를 거두고 王道를 이룰 수 있었
음을 강조한 것.

【桓, 穆】齊 桓公과 秦 穆公(繆公). 춘추시대 두 명의 뛰어난 패자.

【尊天事鬼】徐天祜는 "鬼下當有神字. 下文亦兼鬼神言之"라 하였으며, 《越絶書》
에는 "尊天地, 事鬼神"으로 되어 있음.

【貴糴粟槀】'糴'은 '糶'에 상대되는 말로 식량을 사들임. '高糴'은 높은 값으로
오나라 쌀을 사들임. '槀'는 목축용 마른 풀. 乾草.

【易伐】다른 나라 공격을 쉽게 여기도록 함.

【以承其弊】'承'은 '乘'과 같음.

┌─────────────────┐
│ 참고 및 관련 자료 │
└─────────────────┘

1. 《越絶書》(12)

昔者, 越王句踐問大夫種曰:「吾欲伐吳, 奈何能有功乎?」大夫種對曰:「伐吳
有九術.」王曰:「何謂九術?」對曰:「一曰尊天地, 事鬼神; 二曰重財幣, 以遺
其君; 三曰貴糴粟槀, 以空其邦; 四曰遺之好美, 以爲勞其志; 五曰遺之巧匠,
使其宮室高臺, 盡其財, 疲其力; 六曰遺其諛臣, 使之易伐; 七曰彊其諫臣, 使之
自殺; 八曰邦家富而備器; 九曰堅厲甲兵, 以承其弊. 故曰九者勿患, 戒口勿傳,
以取天下不難, 況於吳乎?」越王曰:「善!」

2. 《史記》越王句踐世家

句踐已平吳, 乃以兵北渡淮, 與齊, 晉諸侯會於徐州, 致貢於周. 周元王使人賜
句踐胙, 命爲伯. 句踐已去, 渡淮南, 以淮上地與楚, 歸吳所侵宋地於宋, 與魯

泗東方百里. 當是時, 越兵橫行於江, 淮東, 諸侯畢賀, 號稱霸王. 范蠡遂去, 自齊遺大夫種書曰:「蜚鳥盡, 良弓藏; 狡兔死, 走狗烹. 越王爲人長頸鳥喙, 可與共患難, 不可與共樂. 子何不去?」種見書, 稱病不朝. 人或讒種且作亂, 越王乃賜種劍曰:「子敎寡人伐吳七術, 寡人用其三而敗吳, 其四在子, 子爲我從先王試之.」種遂自殺.

3.《文選》(25)〈贈何劭王濟〉注 및〈七啓〉注
大夫種曰:「深川之魚, 死於芳餌.」

151(9-6)
제일술第一術

이에 우선 첫째 술책을 실행하여 동쪽 교외에 사당을 세우고 양陽을 주관하는 신에게 제사를 올리면서 그를 동황공東皇公이라 이름하였다.

서쪽 교외에는 음陰을 주관하는 신에게 제사를 올리고 그를 서왕모西王母라 하였다.

회계산會稽山에서 산과 구릉을 담당하는 신에게 제사를 올렸으며 강가 모래섬에서는 물과 못을 담당하는 신에게 제사를 올렸다.

이렇게 1년을 귀신 섬기기에 힘쓰자 나라는 재해를 입지 않게 되었다.

월왕이 말하였다.

"훌륭하도다! 대부가 말한 술책이여. 그 나머지의 내용을 논하고 싶소."

乃行第一術, 立東郊以祭陽, 名曰東皇公.

立西郊以祭陰, 名曰西王母.

祭陵山於會稽, 祀水澤於江州.

事鬼神一年, 國不被災.

越王曰:「善哉! 大夫之術. 願論其餘.」

【祭陽】 陽을 담당하는 신에게 제사를 올림.

【東皇公】 蔣光煦의 《斠補隅錄》(吳越春秋)에 "〈宋本〉, 公下有祠字"라 하여 東皇公祠를 지은 것으로 되어 있음. 한편 東皇公은 男仙으로 '東王公', '東木公', '동화세군'등으로 불리며 도교의 중요한 선선. 西王母와 대칭을 이룸. 《神異經》 東荒經에 "東荒山中有大石室, 東王公居焉. 長一丈, 頭髮皓白, 人形鳥面而虎尾, 載一 黑熊, 左右顧望"이라 함. 俞樾은 "《竹書》, 《穆天子傳》並載西王母, 其名古矣. 至東王公之名, 則始見於此"라 함.

【西王母】 중국 神話 중에 널리 알려진 서방의 王母. 《山海經》, 《漢武內傳》등에 널리 고사가 전함. 《穆天子傳》에 "吉日甲子, 天子賓于西王母, 乃執白圭玄璧, 以見西王母"라 하였고, 注에 "西王母如人, 虎齒, 蓬髮, 戴勝, 善嘯"라 함.

【陵山】 徐天祐는 "陵山, 禹陵之山. 先進古書帝王冡皆不稱陵, 陵之名自漢始"라 하여 禹陵이 있는 산으로 지금의 浙江 紹興 會稽山 위라 하였으나 뒤의 水澤과 對를 이루는 것으로 보아 구릉과 산으로 보아야 마땅함.

【江州】 지명이 아닌 것으로 봄. 州는 洲의 본자. 徐天祐는 "今之江州, 春秋時爲吳西境, 楚東境, 越不得祀水澤於其地. 秦晉以前, 亦未有江州之名. 蜀之巴郡, 古有江州縣, 又去越遼遠, 亦非當時祀水澤之地. 州字義當作洲. 按《說文》:「州, 渚也. 字本作洲, 水中可居者. 州, 今作洲. 蓋後人加氵以別州縣之字.」라 함.

152(9-7)
제이술第二術

문종이 말하였다.

"오왕은 궁실짓기를 좋아하여 공인들 부리기를 그치지 않고 있습니다. 왕께서는 이름나고 신비한 목재를 가려 이를 오왕에게 받들어 바치십시오."

월왕은 이에 목공 3천여 명으로 하여금 산에 들어가 나무를 베도록 하였다.

1년이 지나도록 무리들은 바라는 나무를 얻지 못하자 작업을 하던 이들은 돌아가고 싶은 생각이 생겼으며 모두가 임금을 원망하는 마음을 가진 채 〈목객음木客吟〉이라는 노래를 불렀다.

그러자 하룻밤 사이에 하늘이 신목神木 두 그루를 생겨나게 하였는데 큰 것은 20뼘에 길이는 50심尋으로 양목陽木은 문재文梓였으며 음목陰木은 편남楩枏이었다.

솜씨 좋은 목수가 이를 비교하여 규구規矩와 준승準繩으로 다듬어 조각을 입히고 둥글게 깎고 새기고 깎아내고 문지르고 다듬은 다음 단청丹靑을 입히고 그림을 새겨 넣고 문양을 그려 넣고, 백옥으로 둘레를 치고 황금으로 박아 넣어 그 모습은 용이나 뱀 같았으며 문채는 빛이 나게 하였다.

이에 월왕은 대부 문종으로 하여금 이를 오왕에게 바치면서 이렇게 말하도록 하였다.

"동해의 역신 저 구천은 신하 문종으로 하여금 감히 아래 관리를 통해 좌우에게 들려드립니다. 대왕의 힘을 입은 제가 몰래 생각건대 작은 전각을 짓기에는 남을 정도의 목재가 되겠기에 삼가 재배하며 바치나이다."

오왕은 크게 기뻐하였다.

그러자 자서가 이렇게 간언하였다.

"왕께서는 받지 마십시오. 옛날 걸桀이 영대靈臺를 세웠고, 주紂는 녹대鹿臺를 세우자, 음양陰陽이 조화를 이루지 못하고 한서寒暑가 때를 잃고, 오곡이 여물지 못하였으며 하늘은 그에게 재앙을 내려 백성은 허덕였고 나라는 변고가 생겨 드디어 멸망의 길로 들어서고 말았습니다. 대왕께서 이를 받았다가는 틀림없이 월왕에게 죽임을 당하고 말 것입니다."

그러나 오왕은 이를 듣지 아니하고 드디어 이를 받아 고소대姑蘇臺를 짓기 시작하였다.

3년 동안 목재를 모으고, 5년 만에 완성하여 높이는 2백 리 먼 곳에서도 보일 정도였다.

길을 오가는 사람들은 길에서 굶어죽어 골목마다 곡하는 소리였으며 한탄의 소리가 끊이지 않았으며 백성은 피폐하고 선비는 고통을 당하여 사람들은 삶에 전념할 수가 없었다.

월왕이 말하였다.

"훌륭하도다! 두 번째 술책이여."

種曰：「吳王好起宮室, 用工不輟. 王選名神材, 奉而獻之.」
越王乃使木工三千餘人, 入山伐木.

一年, 師無所幸, 作士思歸, 皆有怨望之心, 而歌〈木客之吟〉.

一夜, 天生神木一雙, 大二十圍, 長五十尋, 陽爲文梓, 陰爲楩柟.

巧工施校, 制以規繩, 雕治圓轉, 刻削磨礱, 分以丹靑, 錯畫文章, 嬰以白璧, 鏤以黃金, 狀類龍蛇, 文彩生光.

乃使大夫種獻之於吳王, 曰:「東海役臣, 臣孤句踐, 使臣種, 敢因下吏聞於左右: 賴大王之力, 竊爲小殿, 有餘材, 謹再拜獻之.」

吳王大悅.

子胥諫曰:「王勿受也. 昔者, 桀起靈臺, 紂起鹿臺, 陰陽不和, 寒暑不時, 五穀不熟, 天與其災, 民虛國變, 遂取滅亡. 大王受之, 必爲越王所戮.」

吳王不聽, 遂受而起姑蘇之臺.

三年聚材, 五年乃成, 高見二百里.

行路之人, 道死巷哭, 不絶嗟嘻之聲, 民疲士苦, 人不聊生.

越王曰:「善哉! 第二術也.」

【師無所幸】'師'는 무리(衆)의 뜻.《左傳》哀公 5년 注에 "師, 衆也"라 함. 木工들의 隊伍. 벌목에 나섰던 무리들. '幸'은 바라는 것. 원하는 목재를 구할 수 없음.

【作士】작업에 임하는 사졸. 徐天祜 注에 "工作之士"라 함.

【木客之吟】벌목군의 노래라는 뜻. 徐天祜 注에 "《水經注》: 句踐使工人伐榮楯, 欲以獻吳, 久不得歸, 工人憂思, 作〈木客吟〉."이라 함. 한편 이 노래는《列國志》에 "朝採木暮採木, 朝朝暮暮入山曲. 窮巖絶壑徒往復, 天不生兮地不育. 木客何辜兮無受此勞酷"으로 실려 있음.

【圍】圍는 뼘, 혹 아름 등 여러 설이 있음.《古今韻會擧要》에는 "圍, 一圍五寸, 又一圍三寸, 一抱謂之圍"라 하였음.

【尋】길이나 깊이를 재는 단위로 4尺을 1仞이라 하며 2仞을 1尋이라 함. 대체로 8尺 정도의 길이.

【文梓】무늬가 고운 梓나무. 梓는 가래나무라 함.

【楩柟】나무 이름. '柟'은 '楠'으로도 표기하며 녹나무.

【規繩雕治】規矩와 準繩에 맞추어 조각하고 다듬음.

【磨礱】곱게 갈고 다듬는 것. '礱' 역시 '磨'와 같은 뜻임.

【文章】고대 靑赤이 배합한 것은 '文', 赤白이 배합한 것은 '章'이라 하였음.

【嬰以白璧】白璧으로 둘레를 꾸밈. '嬰'은 '둘레를 치다'의 뜻.《山海經》西山經 "嬰以白圭白璧"의 郭璞 注에 "謂陳之以環祭也"라 하였고,《說文》에는 "嬰, 繞也"라 함.

【竊爲小殿, 有餘材】작은 殿閣을 짓기에는 남을 정도의 재목. 혹 "제가 몰래 작은 전각을 짓고 나서 남은 목재가 있어"로 해석할 수 있으나 句踐은 吳王에게 자신의 건축 사실을 알릴 필요도 없고 도리어 의심을 받을 수 있을 것이므로 "오왕이 짓도록 바치다"의 의미로 보는 것이 타당할 듯함. 특히 '竊'은 '자신의 생각을 낮추어서 하는 말'임. 徐天祜 注에 "天生神木, 不假日夜之所息, 一夕而大二十圍, 長五十尋, 有是哉? 使玆事而信, 越嘗以其木致於吳, 而行人之辭乃曰:「東海役臣, 獻爲殿之餘材.」甚非所以禮吳而示有先也. 且越有五臺, 未嘗敢上吳王, 以爲畏法服威. 夫旣天之産材若是其異, 人之致飾若是其都, 而名之曰餘材, 則越之爲殿亦已忕矣. 而特以其遺餘奉吳, 何越之失言而吳之易悅耶?"라 함.

【桀】夏나라 末王 桀. 姓은 姒氏, 이름은 履癸. 妹喜에 빠져 政事를 돌보지 않아 나라를 망쳤던 폭군. 뒤에 상탕에게 망하여 남쪽 남소(지금의 安徽 巢縣)로 도망하였다가 죽음.《左傳》昭公 4년, 11년,《國語》魯語(上),《史記》夏本紀 등을 참조할 것.

【靈臺】夏나라 桀이 세운 호화로운 樓臺.

【紂】殷(商)의 末王. 이름은 受, 혹 子辛. 帝辛, 商辛. 周 武王에 의해 牧野에서 패하여 자결하였으며 은나라는 이로써 망함. 姐己에 빠져 학정을 저질렀음.

【鹿臺】紂가 만든 호화로운 누대.《新序》刺奢篇에 "紂爲鹿臺, 七年而成, 其大三里, 高千尺, 臨望雲雨"라 함. 지금의 河南 湯陰縣 朝歌鎭에 있었다 함.

【姑蘇臺】姑胥臺. 閭閶 때 이미 姑蘇山에 지었던 樓臺. 따라서 이때에는 夫差가 改築하거나 중수한 것으로 보임. 徐天祜 注에 "臺始基於闔廬, 而新作於夫差.《吳地記》曰:「高三百丈, 廣八十四丈.」"이라 함. 지금의 浙江 吳縣 서남쪽 姑蘇山에 있었다 함.《越絶書》(2)에 "胥門外有九曲路, 闔廬造以游姑胥之臺, 以望太湖, 中闚百姓, 去縣三十里"라 함.

【不聊生】삶을 의지할 데 없음. 애오라지 삶에 힘을 쏟을 수가 없음.

1.《越絶書》(14) 九術

於是作爲策楯, 嬰以白璧, 鏤以黃金, 類龍蛇而行者. 乃使大夫種獻之於吳, 曰:
「東海役臣孤句踐, 使者臣種, 敢修下吏, 問於左右. 賴有天下之力, 竊爲小殿,
有餘財, 再拜獻之大王」吳王大悅. 申胥諫曰:「不可, 王勿受. 昔桀起靈門, 紂起
鹿臺, 陰陽不和, 五穀不時, 天與之災, 邦國空虛, 遂以之亡. 大王受之, 是後必
有災」吳王不聽, 遂受之而起姑胥臺. 三年聚材, 五年乃成. 高見二百里, 行路
之人, 道死尸哭.

2.《太平御覽》(177)

越得生神木一雙, 大二十圍, 長五十尋, 陽爲文梓, 陰爲楩柟. 巧工施校, 制以
規繩, 雕治圓轉, 刻削磨礱, 分以丹靑, 錯畫文章, 嬰以白璧, 鏤以黃金, 狀類龍虵,
文彩生光. 乃使大夫種獻之於吳王, 曰:「東海役臣, 臣孤句踐, 使臣種, 敢因下
吏聞於左右: 賴大王之力, 竊爲小殿, 有餘財, 再拜獻之」吳王大悅. 子胥諫曰:
「王勿受. 昔者, 桀起靈臺, 紂起鹿臺, 陰陽不和, 寒暑不時, 五穀不熟, 自取其災,
民虛國變, 遂取滅亡. 大王受之, 後必爲越王所戮矣」吳王不聽, 遂受而起姑胥
之臺. 三年聚材, 五年乃成, 高見二百里. 行步之人, 道死巷哭, 不輟嗟嘻之聲,
民疲士苦, 人不聊生.

153(9-8)
오로지 복수심

월왕 11년(B.C.486), 월왕은 마음속 깊이 오랫동안 오직 오나라를 칠 생각만 하였으며 이에 계예計倪에게 청하여 이렇게 물었다.

"내 오나라를 치고자 하나 능히 깨뜨리지 못할까 두렵소. 서둘러 군사를 일으키려 하는데 오직 그대에게 묻고자 하오."

계예가 대답하였다.

"무릇 군사를 일으켜 군대를 움직임에는 반드시 안으로 비축해둔 오곡이 있어야 하며 금은을 채워 부고에 가득해야 하며 군사를 단련해야 합니다. 무릇 이 네 가지에 반드시 천지의 기를 살피고 음양에 근거하며 고허孤虛에 명확해야 하며 존망存亡을 살펴야 가히 적을 요량할 수 있는 것입니다."

월왕이 말하였다.

"천지와 존망의 그 요체는 어떤 것입니까?"

계예가 말하였다.

"천지의 기란 만물에는 죽고 살리는 것이 있습니다. 음양에 근거한다 함은 만물에는 귀천이 있음을 말함이요, 고허를 명확히 한다 함은 모일 때를 알아야 한다는 것이며, 존망을 살핀다 함은 진위眞僞를 구별할 수 있어야 함을 뜻합니다."

월왕이 물었다.

"무엇을 일러 사생과 진위라는 것이오?"

계예가 말하였다.

"봄에 팔곡八穀을 심고 여름이면 자라 길러내며, 가을이면 성취시켜 모아들이고 겨울이면 이를 비축하여 저장합니다. 무릇 하늘의 때에 맞추어 생기게 해야 함에도 씨를 뿌리지 않는 것이 첫째 죽음입니다. 여름에 묘종이 없는 것이 두 번째 죽음입니다. 가을에 이루어야 함에도 거둘 것이 없다면 세 번째 죽음입니다. 겨울에 갈무리하여 비축할 것이 없다면 네 번째 죽음입니다. 비록 요堯나 순舜의 덕이 있다 해도 어쩔 수 없지요. 무릇 천시에 생겨나게 해야 함에 권면하도록 하는 자는 늙은 이요, 일을 하는 자는 젊은이로서 사물의 기수氣數에 반응하여 그 원리를 놓치지 않는다면 이는 첫 번째 사는 길이요, 유의하여 살펴 잡초의 싹을 제거하고 잡초가 제거되고 곡식의 싹이 무성하다면 이는 두 번째 사는 길이요, 때가 오기 전에 미리 설비를 갖추어 만물의 때가 이르렀을 때 거두어들이며, 나라에서는 세금을 빠짐없이 거두어들이며, 백성은 그 이삭도 놓치지 않는다면 이는 세 번째 사는 일이요, 창고를 이윽고 봉인하며 묵은 것은 제거하고 새로운 것을 들여놓을 정도이며 임금은 즐겁고 신하도 즐거우며, 남녀가 모두 믿음이 있게 된다면 이는 네 번째 사는 길입니다. 무릇 음양이란 태음太陰이 머무는 해를 시작으로 3년 동안 쉬도록 하면 귀천이 드러나 보이게 될 것입니다. 무릇 고허란 하늘의 문과 땅의 문을 말하는 것이며, 존망이란 임금의 도덕을 두고 하는 말입니다."

월왕이 말하였다.

"그대는 어찌하여 나이도 어린데 만물에 대해서는 그토록 뛰어나시오?"

계예가 말하였다.

"훌륭한 선비란 나이에 구속되지 않습니다."

월왕이 말하였다.

"훌륭하오! 그대의 도여."

이에 위를 우러러 천문天文을 살피고, 사람을 모아 별들의 행성과 항성의 운행을 관찰하며 사시를 상징하여 역법을 계산하며 지상의 일을 하늘의 일에 맞추며 팔방에 비운 창고를 만들어 음의 계절에는 거둔 것을 저장하고 양의 계절에는 이를 살펴 곡식을 내다 파는 등 이렇게 지극한 계책을 마련하자 3년 만에 물자는 다섯 배로 늘어나 월나라는 빛이 날 정도의 부유함을 이루었다.

　구천은 감탄하며 말하였다.

　"과인의 패업이 이루어지리라. 훌륭하도다! 계예의 모책이여."

　十一年, 越王深念永思, 惟欲伐吳, 乃請計硯問曰:「吾欲
伐吳, 恐不能破, 早欲興師, 惟問於子.」

　計硯對曰:「夫興師擧兵, 必且內蓄五穀, 實其金銀, 滿
其府庫, 勵其甲兵. 凡此四者, 必察天地之氣, 原於陰陽,
明於孤虛, 審於存亡, 乃可量敵.」

　越王曰:「天地, 存亡, 其要柰何?」

　計硯曰:「天地之氣, 物有死生. 原陰陽者, 物貴賤也.
明孤虛者, 知會際也. 審存亡者, 別眞僞也.」

　越王曰:「何謂死生, 眞僞乎?」

　計硯曰:「春種八穀, 夏長而養, 秋成而聚, 冬畜而藏.
夫天時有生而不數種, 是一死也. 夏長無苗, 二死也. 秋成
無聚, 三死也. 冬藏無畜, 四死也. 雖有堯, 舜之德, 無如
之何. 夫天時有生, 勸者老, 作者少, 反氣應數, 不失厥理,
一生也. 留意省察, 謹除苗穢, 穢除苗盛, 二生也. 前時
設備, 物至則收, 國無逋稅, 民無失穗, 三生也. 倉已封塗,
除陳入新, 君樂臣歡, 男女及信, 四生也. 夫陰陽者, 太陰
所居之歲, 留息三年, 貴賤見矣. 夫孤虛者, 謂天門地戶也.
存亡者, 君之道德也.」

　越王曰:「何子之年少於物之長也?」

計硯曰:「有美之士, 不拘長少.」

越王曰:「善哉! 子之道也.」

乃仰觀天文, 集察緯宿, 曆象四時, 以下者上, 虛設八倉, 從陰收著, 望陽出糶, 筴其極計, 三年五倍, 越國熾富.

句踐歎曰:「吾之霸矣. 善! 計硯之謀也.」

【原於陰陽】 陰陽을 근거로 事物을 궁구함.

【明於孤虛】 '孤虛'는 고대 날짜와 시간을 계산하여 치는 점으로 '旬中空亡'이라고도 함.《史記》龜策列傳에 "日辰不全, 故有孤虛"라 함. 天干을 日, 地支를 辰이라하며 열흘 가운데 日辰이 온전하지 못한 날을 孤虛라 함.《六甲孤虛法》에 "甲子旬中無戌亥, 戌亥爲孤 長巳卽爲虛. 甲戌旬中無申酉, 申酉爲孤, 寅卯卽爲虛. 甲申旬中無午未, 午未爲孤, 子丑卽爲虛. 甲辰旬中無寅卯, 寅卯爲孤, 申酉卽爲虛. 甲寅旬中無子丑, 子丑爲孤, 午未卽爲虛"라 하였으며 열흘 가운데에 孤는 虛와충돌을 일으켜 점복에서 孤虛가 나오면 일이 제대로 이루어지지 않는다고 여겼음.

【會際】 六甲의 만나는 때.

【八穀】《本草綱目》에는 黍, 稻, 稷, 粱, 禾, 麻, 菽, 麥을 들었으며,《續古文苑》〈天文大象賦〉의 注에는 稻, 黍, 大麥, 小麥, 小豆, 粟, 麻를 들고 있음. 여기서는온갖 곡물을 가리킴.

【畜】 '蓄'과 같음.

【堯舜】 唐堯와 虞舜. 고대 五帝의 聖王. 덕과 능력이 있어 무엇이든지 정도로해결하는 사람이라는 뜻으로 引申한 것.

【不敷種】 '敷'는 '씨를 뿌리다'의 뜻.〈四部叢刊〉에는 "不救種"으로 되어 있으나〈四庫全書〉에 의해 수정함.

【苗穢】 잡초의 싹.

【無逋稅】 세금을 빠짐없이 거둠. '逋'는 逸脫함. 빠져나감. 脫稅함을 뜻함.

【封塗】 倉庫를 열 수 없도록 封印함. 가득 채웠음을 말함.

【太陰所居之歲】 歲星(木星)이 나타나는 해. 木星은 주기가 12년이어서 歲星이라고도 하며 이에 반대 방향으로 도는 별이 있다고 가설하여 이를 太陰으로여겼음.여기서는 '天神靑龍'을 가리킴.《淮南子》天文訓에 "天神之貴者, 莫貴

於靑龍, 或曰天一, 或曰太陰"이라 함. 한편 '歲'는《後漢書》律曆志에 "靑龍移辰, 謂之歲"라 함.

【集察緯宿】'集'은 사람을 모아 조직함. '緯'는 緯星, 즉 行星. 五星(金, 木, 水, 火, 土) 등 太陽系의 行星들.《史記》天官書에 "水, 火, 金, 木, 塡星, 此五星者, 天之五佐, 爲緯"라 함. '宿'(수)는 經星, 즉 恒星을 뜻하며 흔히 二十八宿를 들고 있음.

【曆象】天文이 운행하는 天文의 原理. 天象의 운행을 관찰하여 春夏秋冬을 정하고 曆法을 推算함.《尙書》堯典에 "曆象日月星辰, 敬授人時"라 함.

【八倉】八方에 창고를 지어 비워둠.

【從陰收著】겨울이면 곡식을 거둬들여 貯藏함. 蔡邕의《獨斷》에 "冬爲太陰"이라 함. '著'는 '貯'와 같음. 同音互訓.

【望陽出耀】여름이면 쌀을 내다 팜.《獨斷》에 "夏爲太陽"이라 함.

【筴】'策'의 異體字. 徐天祐는 "筴, 通作策"이라 함.

【熾富】'熾'는 강한 형세를 표현할 때 쓰는 말. 富가 쌓여 넉넉해짐.

154(9-9)
서시西施와 정단鄭旦

12년(B.C.485), 월왕이 대부 문종에게 말하였다.

"내가 듣기로 오왕은 음란하여 색을 좋아하며, 미혹하여 주색에 빠진 채 정사는 돌보지도 않는다는데 이를 이용하여 모책을 쓰면 되겠소?"

문종이 말하였다.

"깨뜨릴 수 있습니다. 오왕은 음일하여 색을 좋아하고 태재 백비白嚭는 사랑을 받고자 아첨으로 그 마음을 끌어잡고 있으니 미녀를 보내어 바치면 틀림없이 받을 것입니다. 왕께서는 미녀를 두 명을 골라 뽑아 그에게 가도록 하십시오."

월왕이 말하였다.

"좋소."

월왕은 관상을 잘 보는 자로 하여금 나라 안에서 찾도록 하여 저라산苧蘿山에서 땔감을 파는 자의 딸을 찾았는데 이름을 서시西施와 정단鄭旦이라 하였다.

이에 그들에게 고운 비단옷을 입히고 용모 꾸미기와 걸음걸이를 가르쳐 토성土城에서 익히도록 하고 큰 거리에서 따라 하도록 하여, 3년 동안 적응하여 습관이 되도록 한 다음 이를 오왕에게 바쳤다.

이에 상국相國 범려范蠡로 하여금 오왕에게 나아가 이렇게 말하도록 하였다.

"월왕 구천은 홀로 생각하기를 하늘이 내려준 두 미녀는 월나라는 낮고

습하며 곤박困迫한 지역이어서 감히 머물러 있게 할 수 없다고 여겨 삼가 신하 범려로 하여금 대왕께 바치도록 하였습니다. 비루하며 용모가 시원치 않다고 여기지 마시고 원컨대 기추箕箒의 용도로 받아주시옵소서.”

오왕은 크게 기뻐하며 말하였다.

“월나라가 두 미녀를 바쳐온 것은 구천이 나의 오나라에 충성을 다하고 있다는 증거로다.”

그러자 자서가 간언하였다.

“안 됩니다. 왕께서는 받지 마십시오. 제가 듣기로 ‘오색五色은 사람의 눈을 멀게 하고 오음五音은 사람의 귀를 먹게 한다’라 하였습니다. 옛날 걸桀은 탕湯을 쉽게 여겼다가 망하였고, 주紂는 문왕文王을 가볍게 보았다가 망하였습니다. 대왕께서 이를 받았다가는 뒤에 틀림없이 재앙이 있을 것입니다. 제가 들으니 월왕은 아침이면 책을 놓지 아니하고, 어두워지도록 암송하며 밤을 새운다 하며 게다가 감히 죽음을 무릅쓸 군사 수만 명을 모으고 있다 하니 이 사람이 죽지 않으면 틀림없이 자신이 바라는 것을 이룰 것입니다. 월왕은 성실함과 인자함을 실행하고 있으며 간언을 듣고 어진 이를 진달시킨다 하니 이 사람은 죽지 않는 한 틀림없이 그 명성을 이룰 것입니다. 월왕은 여름에는 두꺼운 갖옷을 입고 겨울이면 얇은 치격絺綌을 입는다 하니 이런 사람은 죽지 않는 한 틀림없이 우리의 적수가 될 것입니다. 제가 듣기로 ‘어진 선비는 나라의 보물이요, 미녀는 나라의 재앙거리’라 하더이다. 하夏나라는 말희妹喜 때문에 망하였고, 은殷나라는 달기妲己 때문에 망하였으며, 주周나라는 포사褒姒 때문에 망하였습니다.”

오왕은 이를 듣지 않고 드디어 그 여인들을 받아들였다.

월왕이 말하였다.

“훌륭하도다! 세 번째 술책이여.”

十二年, 越王謂大夫種曰:「孤聞吳王淫而好色, 惑亂沉湎, 不領政事, 因此而謀, 可乎?」

種曰:「可破. 夫吳王淫而好色, 宰嚭佞以曳心, 往獻美女, 其必受之. 惟王選擇美女二人而進之.」

越王曰:「善.」

乃使相者索國中, 得苧蘿山鬻薪之女, 曰西施, 鄭旦.

飾以羅縠, 教以容步, 習於土城, 臨於都巷, 三年學服, 而獻於吳.

乃使相國范蠡進曰:「越王句踐竊有二遺女. 越國洿下困迫, 不敢稽留. 謹使臣蠡獻之大王. 不以鄙陋寢容, 願納以供箕箒之用.」

吳王大悅, 曰:「越貢二女, 乃句踐之盡忠於吳之證也.」

子胥諫曰:「不可, 王勿受也. 臣聞:『五色令人目盲, 五音令人耳聾.』昔桀易湯而滅, 紂易文王而亡. 大王受之, 後必有殃. 臣聞越王朝書不倦, 晦誦竟夜, 且聚敢死之士數萬, 是人不死, 必得其願. 越王服誠行仁, 聽諫進賢, 是人不死, 必成其名. 越王夏被毛裘, 冬御絺綌, 是人不死, 必爲對隙. 臣聞:『賢士, 國之寶; 美女, 國之咎.』夏亡以妹喜, 殷亡以妲己, 周亡以褒姒.」

吳王不聽, 遂受其女.

越王曰:「善哉! 第三術也.」

【種】大夫 文種. 자는 子禽, 혹 少禽, 會. 越나라 대부로 智謀가 있어 范蠡와 함께 句踐을 도와 吳나라에게 복수를 하고 句踐을 霸者로 만든 名臣. 그 뒤에 范蠡가 떠나고 句踐에게 죽임을 당함. 그러나 徐天祜 注에는 "大夫種, 姓文氏, 字會. 楚之鄒人"이라 함.

【沉湎】 酒色에 빠짐. '沉'은 '沈'과 같음.

【不領政事】 政事를 돌보지 않음. 領은 理, 治와 같음.《玉篇》에 "領, 猶理也"라 함.

【曳心】 마음을 끌어 잡아당김. '牽心'과 같음.

【相者】 관상을 보는 사람.《太平御覽》(305)에는 '相工'으로 되어 있음.

【苧蘿山】 蘿山이라고도 하며 지금의 浙江 諸暨縣에 있음. 徐天祜 注에《會稽志》: 「苧蘿山在諸暨縣南五里.」《輿地志》:「諸暨縣苧蘿山, 西施, 鄭旦所居.」《十道志》: 「句踐索美女以獻吳王, 得之諸暨苧蘿山, 賣薪女也.」라 함.

【鬻薪之女】 나무를 해서 파는 나무꾼의 딸. '鬻'은 '賣'와 같음.

【西施】 西子, 先施 등으로도 불리며 중국 고대 四大 美女의 하나.《莊子》齊物論에 "毛嬙, 西施, 人之所美也; 魚見之深入, 鳥見之高飛, 麋鹿見之決驟"라 하였고 天運篇에는 "西施病心而矉其里, 其里之醜人見之而美之, 歸亦捧心而矉其里. 其里之富人見之, 堅閉門而不出, 貧人見之, 挈妻子而去走. 彼知矉美, 而不知矉之所以美"라 함. 越王 句踐이 苧蘿山에서 찾아 훈련을 시킨 다음 吳王 夫差에게 보내어 美人計로 활용한 여인. 이름은 夷光. 苧蘿山 아래 施姓의 두 집성촌이 있었으며 그 중 서쪽 마을 여인이었으므로 西施라 불렀다 함. 뒤에 范蠡의 愛人으로도 알려짐. 지금의 浙江 諸暨縣 남쪽 浣紗溪가 있으며 苧蘿山 아래에 浣紗石이 있음. 전설에 西施가 빨래하던 돌이라 하며 王羲之 글씨로 '浣紗' 두 글자, 그리고 바위 위에 浣紗亭, 안에는 西施에 관련된 碑碣 등이 있음.

〈西施〉

【鄭旦】 西施와 함께 발탁된 여인으로 보이나 구체적 사적은 더 이상 알려져 있지 않음.

【羅縠】 비단 옷. 아주 가볍고 아름다운 옷.〈四部叢刊〉에는 '縠'이 '縠'으로 잘못 표기되어 있음.

【習於土城】 土城에서 慣習을 익힘. 徐天祜 注에 "《越舊經》:「土城, 在會稽縣東六里.」"라 하였고,《太平御覽》(381)에 인용된《吳會分地記》에 "土城者, 句踐時索美女, 欲以獻吳, 於蘿山得西施, 鄭旦, 作土城貯之, 使近道習見人, 令賢傅母, 敎之三年"이라 함.

【臨於都巷】 큰 거리나 골목에 임하여 관찰함.《爾雅》釋詁에 "臨, 視也"라 하였고《方言》에는 "臨, 照也"라 하여 일반 사람의 유행이나 뛰어난 점을 관찰하여 그대로 따라 함을 뜻함.

【學服】 학습하여 적응함.

【竊有二遺女】 하늘이 나에게 내려준 美人.《越絶書》九術에 "越王句踐竊有天之
遺西施, 鄭旦"이라 함. '竊'은 홀로 몰래 생각하는 것.

【洿下困迫】 '洿'는 低濕한 지역. 困迫은 환경이 열악함을 뜻함.

【寢容】 아름답지 않은 용모. 못생긴 얼굴. 徐天祜 注에 "貌不揚曰寢, 通作癡.
《廣韻》: 「寢, 陋」又: 「貌醜 或作侵」《史》魏其傳: 「武安貌侵短小」謂醜惡也"라 함.

【箕箒】 키와 빗자루. 쓰레받기와 빗자루를 들고 청소하는 여자. 즉 妻妾.

【五色令人目盲】 五色은 靑, 黃, 赤, 白, 黑을 가리키며 아름다운 색상을 의미함.
《老子》(12)에 "五色令人目盲; 五音令人耳聾; 五味令人口爽; 馳騁畋獵, 令人
心發狂; 難得之貨, 令人行妨. 是以聖人爲腹不爲目, 故去彼取此"라 한 말을
인용한 것.

【五音】 宮, 商, 角, 徵, 羽를 가리키며 흔히 감미로운 음악을 뜻함.

【桀易湯】 桀은 夏나라 末王. '易'는 쉽게 여김. 湯은 殷(商)나라 시조. 桀을 멸하고
殷을 세움.《史記》夏本紀에 桀이 鳴條로 쫓겨나 최후를 맞을 때 "吾悔不遂
殺湯於夏臺, 使至此"라 함.

【紂易文王】 紂는 商(殷)의 말왕. 文王(姬昌, 西伯)은 周의 창시자. 그 아들 武王
(姬發)에 이르러 紂를 멸하고 周나라를 이룩함.

【毛裘】 털가죽으로 만든 옷. 여름에 이를 입음으로써 자신의 의지를 다진 것.

【御絺綌】 '御'는 '옷을 입다'의 뜻.《文選》〈景福殿賦〉의 注에 "凡衣服加於身曰御"
라 함. '絺綌'은 '치격'으로 읽으며 얇은 칡베옷. 겨울에 이를 입어 결의를 다짐.
"冬常抱冰, 夏還握火"와 같음.

【對隙】 원수가 됨. '對'는 '懟'와 같음. 隙은 怨恨.

【妹喜】 夏나라 桀王의 寵姬. 末喜, 妹嬉로, 末嬉 등 여러 표기가 있으며 有施氏의
딸로 桀이 有施國을 멸하자 그들이 妹喜를 바쳐 桀이 총애하게 되었으나 걸이
다시 岷山을 벌한 다음 그들이 琬과 琰이라는 두 여인을 바치자 그들에게 빠져
말희를 멀리하자 말희는 伊尹과 결탁하여 桀을 망하게 함.《竹書紀年》(上)에
"桀伐岷山, 岷山女於桀二人, 曰琬, 曰琰. 桀受二女, 無子, 刻其名於苕華之玉,
苕是琬, 華是琰. 而棄其元妃於洛, 曰末喜氏. 末喜氏以與伊尹交, 遂以間夏"라
하였고,《國語》晉語(1)에 "昔夏桀伐有施, 有施人以妹喜女焉, 妹喜有寵, 於是
乎與伊尹比而亡夏"라 함. 한편《史記》外戚世家에는 "夏之興也以塗山, 而桀
之放也以末喜. 殷之興也以有娀, 紂之殺也嬖妲己. 周之興也以姜原及大任,
而幽王之禽也淫於褒姒"라 함.

【妲己】殷나라 紂王의 寵姬. 有蘇氏의 딸로 紂에게 총애를 입어 악행을 저질렀
으며 결국 그에 의해 紂가 망함.《國語》晉語(1)에 "殷辛伐有蘇, 有蘇氏以妲己
女焉, 妲己有寵, 於是乎與膠鬲比而亡殷"이라 함.《史記》殷本紀에 "帝紂好酒
淫樂, 嬖於婦人. 愛妲己, 妲己之言是從. 於是使師涓作新淫聲, 北里之舞, 靡靡
之樂. 厚賦稅以實鹿臺之錢, 而盈鉅橋之粟. 益收狗馬奇物, 充仞宮室. 益廣沙丘
苑臺, 多取野獸蜚鳥置其中. 慢於鬼神. 大冣樂戲於沙丘, 以酒爲池, 縣肉爲林,
使男女倮相逐其閒, 爲長夜之飮"이라 함.

【褒姒】周나라 幽王의 寵姬. 幽王(姬宮涅)은 宣王의 아들이며 B.C.781~B.C.771년
간 재위함. 褒姒(褎姒)는 褎國의 딸로 幽王이 褎國을 정벌하자 바쳐온 여인.
총애를 입었으나 웃지를 않아 봉화를 올릴 때 웃은 일로 제후들의 믿음을 잃게
되었으며, 뒤에 褒姒 소생의 伯服을 태자로 삼으려 하자 원래의 태자 宜臼와
어머니 申后는 의구의 외가댁 申侯에게로 도망. 이에 申侯는 西戎과 연합하여
周나라를 쳐서 도읍 鎬京을 점령하고 幽王을 죽여 없앰. 뒤에 宜臼는 동쪽 洛邑
으로 도읍을 옮겨 東周가 시작됨.《國語》晉語(1)에 "周幽王伐有褎, 褎人以褒
姒女焉, 褒姒有寵, 生伯服, 於是乎與虢石甫比, 逐太子宜臼, 而立伯服. 太子出
奔申, 申人, 鄫人召西戎以伐周, 周於是乎亡"이라 하였으며,《史記》周本紀에는
"褒姒不好笑, 幽王欲其笑萬方, 故不笑. 幽王爲烽燧大鼓, 有寇至則擧烽火. 諸侯
悉至, 至而無寇, 褒姒乃大笑. 幽王說之, 爲數擧烽火. 其後不信, 諸侯益亦不至.
……三年, 幽王嬖愛褒姒. 褒姒生子伯服, 幽王欲廢太子. 太子母申侯女, 而爲后.
後幽王得褒姒, 愛之, 欲廢申后, 幷去太子宜臼, 以褒姒爲后, 以伯服爲太子"라 함.

참고 및 관련 자료

1.《越絶書》(14) 外傳記地傳

美人宮, 周五百九十步, 陸門二, 水門一, 今北壇利里丘土城, 句踐所習敎美女
西施·鄭旦宮臺也. 女出於苧蘿山, 欲獻於吳, 自謂東垂僻陋, 恐女樸鄙, 故近
大道居, 去縣五里.

2.《太平御覽》(305)

越王句踐請大夫種曰:「孤聞吳王淫而好色, 因此而壞其謀, 可也?」大夫種曰:
「可, 唯君王選擇美女二人而進之」於是越王曰:「善哉!」乃使相工色國中, 得苧
羅山賣薪之女, 名曰西施, 鄭旦, 而獻於吳.

155(9-10)
적곡糴穀

월왕越王 13년(B.C.484), 월왕이 대부 문종에게 말하였다.

"나는 그대의 술책에 힘입어 도모하는 것마다 길하였고 뜻대로 되지 않은 것이 없었소. 지금 오나라에게 보복을 하고자 하는데 어떻게 하면 되겠소?"

문종이 말하였다.

"임금께서는 스스로 '월나라는 미천하고 비루하여 해마다 곡식이 제대로 여물지 못하니 원컨대 왕께서 곡식을 팔아주시어 저의 뜻을 펼 수 있도록 해 주십시오'라고 진정해보십시오. 하늘이 만약 오나라를 버릴 양이면 저들은 틀림없이 왕께 허락할 것입니다."

월왕은 이에 대부 문종을 오나라에 사신으로 보내어 태재 백비를 통해 오왕을 만나 이렇게 말하도록 하였다.

"월나라는 낮고 습한 땅으로 홍수와 가뭄이 조화를 이루지 못해 해마다 곡물이 익지 않습니다. 백성들은 주리고 궁핍하여 길에 주려죽은 자가 널려 있습니다. 원컨대 대왕께 곡식을 팔기를 청하며 다음 해에는 즉시 태창太倉을 다시 채워드리겠습니다. 오직 대왕만이 우리의 궁핍함을 구제해 주실 수 있습니다."

오왕이 말하였다.

"월왕은 믿음과 성실과 도리를 지켜, 두 마음을 품고 있지 않았다. 지금 궁벽하여 찾아와 호소를 하고 있는데 어찌 재물을 아까워하며, 그들의 소원을 뺏을 수 있겠는가?"

그러자 자서가 간언하였다.

"안 됩니다! 오나라가 월나라를 차지하지 않으면 틀림없이 월나라가 오나라를 갖게 될 것입니다. 길한 것이 가버리고 나면 흉한 것이 오게 마련이니 이는 원수를 길러 나라를 파멸로 몰아가도록 하는 짓입니다. 주어도 그들은 친히 여기지 않을 것이며 주지 않는다고 원한이 깊어지는 것도 아닙니다. 게다가 월나라에는 성스러운 신하 범려가 있어 용감하면서도 모책에 뛰어나 장차 온갖 꾸밈을 마련하여 공격전을 펼 것이며 우리를 이간시키려 엿보고 있습니다. 월왕이 사신을 보내어 곡식을 팔 것을 청하는 것을 보니 이는 그 나라 백성이 곤핍하여 백성을 먹이려고 팔 것을 청하는 것이 아니라 우리나라에 들어와 우리와 왕의 사이를 엿보기 위한 것입니다."

오왕이 말하였다.

"과인은 월왕으로 하여금 비천하게 나에게 복종하도록 하여 그들의 백성을 차지하고 그들은 사직을 가지고 있으니 월왕으로 하여금 심히 치욕을 느끼게 하였소. 구천은 그럼에도 나에게 충실히 복종하여 거마를 선물하면서 뒤로 물러서며 말 앞에서 인도하는 등의 공손함이 제후들에게 소문이 퍼지지 않은 것이 없소. 지금 내가 그를 귀국하도록 하여 그 종묘를 받들며 사직을 복구하게 하였는데 어찌 감히 나를 배반하는 마음을 가질 수 있겠소?"

자서가 말하였다.

"제가 듣기로 '선비란 궁하면 마음을 억제하여 남에게 굽신거리는 일 따위는 어렵지 않게 여기지만 뒤에는 격한 얼굴빛이 되고 만다'라 하더이다. 제가 들으니 월왕은 굶주림에 떨고 백성은 곤궁하다 하니 이를 이용하여 파멸시켜야 합니다. 지금 하늘의 도리를 사용하지도 않고 지리의 이치를 따르지도 않은 채 도리어 식량을 가져다주겠다니 진실로 임금의 명령은 여우와 꿩이 서로 놀이를 하고 있는 것입니다. 무릇 여우가 몸을 낮추는 것은 꿩이 믿도록 하기 위한 것입니다. 그 때문에 여우는 그 뜻대로 할 수 있고 꿩은 죽고 마는 것입니다. 가히 삼가지 않을 수 있겠습니까?"

오왕이 말하였다.

"구천의 나라에 내가 식량을 준다면 이는 은혜가 가고 의가 오는 것으로 그 덕은 밝고 밝은 것인데 무슨 근심을 한다는 것이오?"

자서가 말하였다.

"제가 듣기로 '이리는 새끼일지라도 야성의 본성을 가지고 있으니 원수는 가히 친히 할 수 없다'라 하더이다. 무릇 호랑이는 먹이를 주어 길러서는 안 되며, 독사는 제 마음대로 움직이게 두어서는 안 됩니다. 지금 왕께서 나라의 복을 덜어서 아무런 이익이 되지 않는 원수를 풍요롭게 해 주고 있으며, 충신의 말을 저버리고 적의 욕구를 따라주고 계십니다. 저는 월나라가 오나라를 파멸시켜 해치麋豸와 사슴이 고서대姑胥臺에서 노닐며, 가시나무와 개암나무가 우리 궁궐에 마구 자라는 모습을 틀림없이 보게 될 것입니다. 원컨대 왕께서는 무왕武王이 주紂를 쳐 없앤 일을 살펴보시기 바랍니다."

태재 백비가 곁에 있다가 이렇게 대꾸하였다.

"무왕은 주의 신하가 아닙니까? 제후를 거느려 그 임금을 쳤으니 비록 은殷나라를 이겼다 하나 의롭다 말할 수 있는 것입니까?"

자서가 말하였다.

"무왕은 곧 그 명망을 성취시킨 것이오."

백비가 말하였다.

"직접 나서서 그 임금을 죽여 명망을 이룬다는 것은 나는 차마 그렇게 할 수 없소."

자서가 말하였다.

"나라를 훔친 자는 제후로 봉해지고 금을 도둑질한 자는 죽임을 당하는 것이오. 만약 무왕으로 하여금 그 도리를 놓치게 하였다면 주나라에 어찌 삼가三家를 표창하는 예가 있겠소?"

백비가 말하였다.

"오자서는 남의 신하가 되어 한갓 임금에게 간섭하는 것만 좋아하며 임금의 마음을 위배하여 그로써 자신의 만족에 맞추고 있는데 임금께서는 어찌 저자의 지나침을 알지 못하고 계십니까?"

자서가 말하였다.

"태재 백비는 진실로 자신의 욕구를 위해 임금에게 가까이 접근하고자 하는 자입니다. 전에 석실石室에 가두었던 그들을 풀어주고 보물과 미녀를 뇌물로 받았고 밖으로는 적국과 교류하며 안으로는 임금을 미혹하게 하고 있습니다. 대왕께서는 살펴보시어 무리지은 소인배들에게 모욕을 당하는 일이 없도록 하십시오. 지금 대왕은 비유컨대 어린아이를 목욕시키고 있는 것과 같습니다. 아이가 운다고 해도 백비의 말은 듣지 마셔야 합니다."

오왕이 말하였다.

"태재 백비가 옳소. 그대는 나의 말을 듣고도 충신의 도리를 다하지 않으니 아첨하는 사람과 같은 것이 아닌가?"

태재 백비가 말하였다.

"제가 듣기로 '이웃 나라에 급한 일이 생기면 천 리의 먼 길을 달려가 구한다'라 하였소. 이는 왕자가 세운 봉건이 망한 뒤 그리고 오패五霸가 천자를 보필함도 끊어진 지금 마지막 사례가 될 것입니다."

오왕은 이에 월나라에게 곡식 1만 섬을 주면서 이렇게 영을 내렸다.

"과인은 신하들의 반대를 무릅쓰고 월나라에 보내니 월나라에 풍년이 들면 과인에게 갚을 것이오."

대부 문종이 말하였다.

"저는 사신의 임무를 받들고 월나라로 돌아가 내년에 곡식이 여물면 진실로 오나라에게 꾸어간 것을 갚겠습니다."

대부 문종이 오나라로부터 돌아오자 월나라 군신들은 모두가 "만세"를 불렀다.

그리고 즉시 곡식을 상으로 신하들에게 나누어주어 백성들에게 미치도록 하였다.

十三年, 越王謂大夫種曰:「孤蒙子之術, 所圖者吉, 未嘗有不合也. 今欲復謀吳, 柰何?」

種曰:「君王自陳:『越國微鄙, 年穀不登, 願王請糴,以入其意.』天若棄吳, 必許王矣.」

越乃使大夫種使吳, 因宰嚭求見吳王, 辭曰:「越國洿下, 水旱不調, 年穀不登, 人民飢乏, 道荐飢餒. 願從大王請糴, 來歲卽復太倉. 惟大王救其窮窘.」

吳王曰:「越王信誠守道, 不懷二心, 今窮歸愬, 吾豈愛惜財寶, 奪其所願?」

子胥諫曰:「不可! 非吳有越, 越必有吳. 吉往則凶來, 是養生寇而破國家者也. 與之不爲親, 不與未成冤. 且越有聖臣范蠡, 勇以善謀, 將有修飾攻戰, 以伺吾間. 觀越王之使使來請糴者, 非國食民困而請糴也, 以入吾國, 伺吾王間也.」

吳王曰:「寡人卑服越王, 而有其衆, 懷其社稷, 以愧句踐. 句踐氣服, 爲駕車, 卻行馬前, 諸侯莫不聞知. 今吾使之歸國, 奉其宗廟, 復其社稷, 豈敢有反吾之心乎?」

子胥曰:「臣聞:『士窮非難抑心下人, 其後有激人之色.』臣聞越王飢餓, 民之困窮, 可因而破也. 今不用天之道, 順地之理, 而反輸之食, 固君之命, 狐, 雉之相戲也. 夫狐卑體, 而雉信之. 故狐得其志, 而雉必死. 可不愼哉?」

吳王曰:「句踐國憂, 而寡人給之以粟, 恩往義來, 其德昭昭, 亦何憂乎?」

子胥曰:「臣聞:『狼子有野心, 仇讎之人不可親.』夫虎不可餧以食, 蝮蛇不恣其意. 今大王捐國家之福, 以饒無益之讎, 棄忠臣之言, 而順敵人之欲. 臣必見越之破吳, 豺, 鹿游於姑胥之臺, 荊, 榛蔓於宮闕, 願王覽武王伐紂之事也.」

太宰嚭從旁對曰:「武王非紂王臣也? 率諸侯以伐其君, 雖勝殷, 謂義乎?」

子胥曰:「武王卽成其名矣.」

太宰嚭曰:「親戮主以爲名, 吾不忍也.」

子胥曰:「盜國者封侯, 盜金者誅. 令使武王失其理, 則周何爲三家之表?」

太宰嚭曰:「子胥爲人臣, 徒欲干君之好, 唏君之心, 以自稱滿, 君何不知過乎?」

子胥曰:「太宰嚭固欲以求其親, 前縱石室之囚, 受其寶女之遺, 外交敵國, 內惑於君. 大王察之, 無爲群小所侮. 今大王譬若浴嬰兒, 雖啼, 無聽宰嚭之言.」

吳王曰:「宰嚭是. 子無乃聞寡人言, 非忠臣之道, 類於佞諛之人?」

太宰嚭曰:「臣聞:『鄰國有急, 千里馳救.』是乃王者封亡國之後, 五霸輔絕滅之末者也.」

吳王乃與越粟萬石, 而令之曰:「寡人逆群臣之議而輸於越, 年豐而歸寡人.」

大夫種曰:「臣奉使返越, 歲登, 誠還吳貸.」

大夫種歸越, 越國群臣皆稱「萬歲」.

卽以粟賞賜群臣, 及於萬民.」

【以入其意】《廣雅》釋詁에 "入, 得也"라 하여 '以得其意'로 풀이됨. 자신의 뜻을 이룰 수 있도록 해 줄 것을 청한 것.

【道荐飢餒】길에는 주려 죽은 이들이 몰려 있음. '荐'은 '聚'와 같음.《左傳》襄公 4년 "戎狄荐居"의 注에 "荐, 聚也"라 함. 僖公 13년에는 "晉荐饑, 使乞糴于秦"이라 함.

【太倉】나라의 가장 큰 곡물 창고.

【修飾攻戰】공격을 위해 여러 가지 상황을 꾸밈. 내심을 숨기고 준비함.

【却行馬前】'却行'은 어른 앞에서 뒤로 물러나 예를 표함.《戰國策》燕策(3)에 "太子跪而逢迎, 却行爲道"라 함. '馬前'은 '前馬'와 같으며 말 앞에서 먼저 길을 인도함. 國語 越語(上) "句踐, 然後卑事夫差, 宦士三百人於吳, 其身親爲夫差 前馬"의 韋昭 注에 "前馬, 前驅在馬前也"라 함.

【餒】먹여줌. '飼', '喂'와 같음.

【蝮蛇】殺母蛇. 독한 뱀.

【豸】獬豸.《爾雅》釋蟲에 "無足謂之豸"라 하였으나《說文》에는 "豸, 獸長脊行 豸豸然, 欲有所司殺形, 凡豸之屬皆從豸"라 하여 部首를 '豸'로 쓰는 글자 즉, 豹, 貔, 貌, 貂, 貊, 貛, 豺 등의 짐승류를 가리킴. 한편 徐天祜는 "蟲無足曰豸. 疑當 作豸"라 하여 혹 '豕'의 오기가 아닌가 하였으나 이는 오류임.

【姑胥臺】姑蘇臺.

【荊榛】가시나무와 개암나무. 흔히 폐허가 되었을 때 마구 자라나는 잡목으로 비유함.

【武王伐紂】周 武王(姬發)이 紂를 살려주지 않고 끝내 소멸시킨 예를 말함.

【盜國者封侯, 盜金者誅】《莊子》胠篋篇에 "竊鉤者誅, 竊國者爲諸侯"라고 하였고 《史記》遊俠列傳에도 "竊鉤者誅, 竊國者侯, 侯之門仁義存, 非虛言也"라 함.

【三家之表】殷나라 紂王에게 直諫하다 고통을 당한 箕子, 王者 比干, 商容을 위해 무왕이 주를 멸한 다음 표창함.《史記》殷本紀에 "周武王於是遂率諸侯 伐紂. 紂亦發兵距之牧野. 甲子日, 紂兵敗. 紂走入, 登鹿臺, 衣其寶玉衣, 赴火而死. 周武王遂斬紂頭, 縣之白旗. 殺妲己. 釋箕子之囚, 封比干之墓, 表商容之閭. 封紂 子武庚, 祿父, 以續殷祀, 令修行盤庚之政"이라 하였으며 徐天祜 注에 "意謂釋 箕子之囚, 封比干之墓, 表商容之閭也"라 함.

【石室之囚】吳나라에 入臣하여 臣奴가 되었던 越王과 范蠡의 일을 말함.

【無乃】反語法의 疑問文을 만드는 句型에 쓰임. "−이 아닌가?"의 뜻.

【石】섬. 곡물 등을 재는 들이의 단위.《漢書》律曆志에 "三十斤爲鈞, 四鈞爲石"이라 함.

156(9-11)

증미蒸米

2년이 지나 월왕은 곡식이 익자 가장 알찬 알맹이를 골라 이를 쪄서 오나라에 갚되 꾸어온 수량대로 헤아려 갚고 역시 대부 문종을 오왕에게 가도록 하였다.

오왕은 월나라 곡물을 받고 길게 탄식하면서 태재 비에게 이렇게 말하였다.

"월나라는 땅이 비옥하여 그 낟알이 심히 훌륭하니 가히 남겨두었다가 우리 백성들로 하여금 이를 심도록 합시다."

이에 오나라는 월나라 씨앗을 심었으나 심은 씨앗은 죽고 싹이 트는 것이 없어 오나라 백성들은 크게 굶주리게 되었다.

二年, 越王粟稔, 揀擇精粟而蒸, 還於吳, 復還斗斛之數, 亦使大夫種歸之吳王.

王得越粟, 長太息, 謂太宰嚭曰:「越地肥沃, 其種甚嘉, 可留使吾民植之.」

於是吳種越粟, 粟種, 殺而無生者, 吳民大飢.

【二年】뭣나라로부터 곡물을 구해온 다음 2년 뒤. B.C.483년.

【粟稔】곡물이 익음. 낱알이 여물음. 임은 곡물이 익는 한 해를 가리킴. 여기서는 풍년이 들어 갚을 곡물을 생산하였음을 말함.

【斗斛之數】斗와 斛은 모두 용량의 단위. 10斗를 1斛이라 함.

157(9-12)
처녀시검處女試劍

월왕이 말하였다.

"저들이 궁핍해졌으니 가히 공격할 수 있으리라."

그러자 대부 문종이 말하였다.

"아직 아닙니다. 오나라는 비로소 가난해지기 시작하였을 뿐이며 충신이 아직 그대로 있고 천기天氣도 아직 보이지 않으니 잠시 그 때를 기다리셔야 합니다."

월왕은 다시 상국 범려에게 물었다.

"나는 오나라에 대한 보복의 모책을 가진 채 수전水戰을 한다면 배를 탈 것이요, 뭍으로 나서야 한다면 수레를 타고 싸울 수 있도록 했습니다. 지금 우리에게 수레와 배의 유리함은 그래도 무기와 노弩보다는 둔할 수밖에 없습니다. 지금 그대가 과인을 위해 세운 모책은 오류가 없는 것은 아닙니까?"

범려가 대답하였다.

"제가 듣기로 '옛 성군聖君들께서는 전투와 용병을 익히지 않은 이가 없습니다. 그러나 진을 치는 일, 대오를 조직하는 일, 북을 울려 공격과 진퇴를 지휘하는 일 등과 길흉을 결정하는 일은 그 방면에 뛰어난 자에게 맡겼습니다. 지금 들으니 우리 월나라에 처녀가 있어 남림南林 출신으로 나라 사람들이 잘한다고 칭송이 자자하니 원컨대 왕께서 그를 청하여 보십시오. 즉시 만나볼 수 있을 것입니다."

월왕은 사람을 보내 그녀를 불러오게 하여 검극劍戟에 대한 기술을 자문할 참이었다.

처녀는 장차 북쪽으로 왕을 만나러 오던 중에 길에서 한 노인을 만났는데 자칭 원공袁公이라 하면서 처녀에게 이렇게 묻는 것이었다.

"내가 듣기로 그대는 검술에 뛰어나다는데 한 번 보기를 원하오."

처녀가 말하였다.

"저는 감히 숨길 바가 없습니다. 그대께서 시험해 보십시오."

이에 원공은 곧 임어죽箊篽竹을 뽑아 들었는데 그 윗부분이 말라 있어 이를 꺾어 떨어뜨리자 처녀는 즉시 그 떨어지던 끝을 낚아채는 것이었다.

원공이 줄기를 잡고 처녀를 찌르자 처녀는 이에 응하여 돌입해 들어오도록 하고는 세 번 공격해 들어오자 이를 틈타 지팡이를 들고 원공을 쳤다.

원공은 즉시 날아 나무 위로 올라가더니 흰 원숭이로 변하는 것이었다.

처녀는 멀리 가는 원숭이를 이별하고 떠나 월왕을 뵈었다.

越王曰:「彼以窮居, 其可攻也.」

大夫種曰:「未可. 國始貧耳, 忠臣尙在, 天氣未見, 須俟其時.」

越王又問相國范蠡曰:「孤有報復之謀, 水戰則乘舟, 陸行則乘輿, 輿, 舟之利, 頓於兵弩. 今子爲寡人謀事, 莫不謬者乎?」

范蠡對曰:「臣聞:『古之聖君, 莫不習戰用兵, 然行陣, 隊伍, 軍鼓之事, 吉凶決在其工.』今聞越有處女, 出於南林, 國人稱善, 願王請之. 立可見.」

越王乃使使聘之, 問以劍戟之術.

處女將北見於王, 道逢一翁, 自稱曰袁公, 問於處女:

「吾聞子善劍, 願一見之.」

女曰:「妾不敢有所隱, 惟公試之.」

於是, 袁公卽拔箖箊竹, 竹枝上枯槁, 末折墮地, 女卽捷末.

袁公操其本而刺處女, 處女應卽入之, 三入, 因擧杖擊袁公.

袁公卽飛上樹, 變爲白猿.

遂別去, 見越王.

【頓於兵弩】'頓'은 '鈍'과 같음. 배와 수레가 이롭다 해도 무기에 비해 둔함. 比較格 문장임. 兵弩는 각종 武器와 弓弩.

【行陣, 隊伍, 軍鼓】진을 치는 일, 대오의 편제를 만드는 일, 전투에서 북을 울려 지휘하는 일. 세세한 업무. 이러한 것은 그 방면에 뛰어난 자에게 맡김.

【吉凶決在其工】길흉을 알아보기 위한 일은 그에 뛰어난 자에게 일임함.

【南林】徐天祜 注에 "《越舊經》:「南林, 在山陰縣南.」"이라 함. 《太平御覽》(343)과 《文選》(5) 〈吳都賦〉 注에는 "出於南林之中"이라 함.

【願王請之】《北堂書鈔》에는 "願王問以手戰之道, 立可見也"라 함.

【袁公】검술에 뛰어났던 인물로 '白猿翁', '素袁公'으로도 불림. 《藝文類聚》(95)에는 "袁公卽拔箖箊之竹"이라 함.

【箖箊】대나무 이름. 《文選》(5) 注에 "箖箊, 是袁公所與越女試劍竹者也"라 함.

【竹枝上枯槁, 末折墮地】〈四部叢刊〉에는 "竹枝上頡橋, 末墮地"로 되어 있으나 《藝文類聚》(95)와 〈四庫全書〉 등에 의해 수정함.

【女卽捷末】〈四部叢刊〉에는 이 구절만 있으나 《藝文類聚》에 의해 "袁公操其本, 而刺處女, 女應之卽入之, 三入, 處女因擧杖擊袁公"을 보입하여 풀이하였음. '捷'은 '급히 낚아챔'을 뜻함. 《淮南子》 兵略訓 "百族之子捷捽招杼船"의 注에 "捷, 疾取也"라 함.

1.《藝文類聚》(89)

越王問范蠡用兵, 對曰:「越有處女, 願君王問之.」處女北行見王, 道逢老人,
自稱袁公. 跪拔林於杪竹, 末折墮地. 處女卽捷其末, 公操其本而刺處女, 處女
舉扙擊之, 公飛上樹, 變爲白猿.

2.《藝文類聚》(95)

越王問范蠡手戰之術, 范蠡曰:「臣聞越有處女, 國人稱之. 願王請問手戰之道」
於是王乃請女, 女將北見王, 道逢老人, 自稱袁公. 袁公問女:「聞子善爲劍. 願得
一觀之.」處女曰:「妾不敢有所隱也. 唯公所試」公卽挽林内之竹, 似枯槁, 末折
墮地. 女接取其末, 袁公操其本而刺處女, 處女應卽入之, 三入, 因舉杖擊袁公.
袁公則飛上樹, 化爲白猿.

3.《文選》(5)〈吳都賦〉注

越有處女, 出於南林之中, 越王使使聘問以劍戟之事. 處女將北見於王, 道逢老翁,
自稱素袁公, 問於處女:「吾聞子善爲劍術, 願一觀之.」女曰:「妾不敢有所隱,
唯公試之.」於是, 袁公卽於林竹, 槁折墮地, 處女卽接末. 袁公操本而刺處女,
處女節入, 三入, 因舉枝擊之. 袁公卽飛上樹, 化爲白猿. 遂引去.

4.《太平御覽》(343)

越王問范蠡用兵行陣, 對曰:「越有處女, 出於南林之中. 願王問以手戰之道,
立可見也」處女將見, 道逢老人, 自稱袁公, 曰:「聞子善爲劍, 願一見之」女曰:
「妾不敢有所隱.」袁公卽跪拔林之竹, 處女卽捷其末. 公操其本而刺處女, 處女
因舉杖擊之袁公. 卽飛上樹, 變爲白猿. 遂別去, 見越王.

158(9-13)
처녀의 검술

월왕이 물었다.

"무릇 검술의 도란 어떤 것인가?"

처녀가 말하였다.

"저는 깊은 산중에서 태어나 사람 없는 들판에서 자란 까닭에 무도하며 학습한 것도 없으며 제후들에게 가본 적도 없습니다. 그러나 격술擊術의 도를 좋아하여 쉬지 않고 외웠습니다. 저는 남으로부터 전수받은 것이 아니라 홀연히 스스로 터득하게 된 것입니다."

월왕이 다시 물었다.

"그 도는 어떤 것인가?"

처녀가 말하였다.

"그 도는 심히 미세하고 쉬운 것이지만 그 뜻은 아주 아득하며 깊습니다. 그 두는 문호門戶가 있으며 역시 음양이 있고 개문開門과 폐호閉戶가 있어 음이 쇠하면 양이 흥합니다. 무릇 손으로 하는 전투의 기술이란 안으로 정신을 집중하고 밖으로 안정된 자세를 취하며, 보면 마치 마음씨 좋은 부인 같으나 빼앗을 때는 마치 두려움에 떨던 호랑이 같아야 하며, 자세를 잡아 준비하고는 상대의 기세를 살피며 기다리되 정신을 시선에 함께 보내야 하며, 아득하여 마치 해와 같으나 가볍기는 마치 뛰어오르는 토끼처럼 하고, 형체를 뒤쫓을 때는 그림자가 뒤쫓듯이 하며 빛은 있는 듯 없는 듯이 하며 호흡을 마시고 내뿜을 때는 하지 않도록 되어 있는 법칙은 하지 말아야 하며, 종횡으로 하건 역순으로 하건, 곧바로 나가든, 되돌아오든 그 소리를 들을 수 없도록 해야 합니다. 이러한 도는 한 사람이 백 사람을 당하며, 백사람은 만 사람을 마주할 수 있습니다. 왕께서 시험해보시면 그 효험이 곧바로 드러날 것입니다."

월왕은 아주 기꺼워하며 그녀에게 즉시 호를 주어 '월녀越女'라 불렀다.

이에 오교五校의 대장隊長들과 고재高才들에게 명하여 이를 익혀 군사들을 가르치도록 하였다.

이 당시 누구나 월녀의 검술을 입에 올려 칭하게 되었다.

越王問曰:「夫劍之道, 則如之何?」

女曰:「妾生深林之中, 長於無人之野, 無道不習, 不達諸侯. 竊好擊之道, 誦之不休. 妾非受於人也, 而忽自有之.」

越王曰:「其道如何?」

女曰:「其道甚微而易, 其意甚幽而深. 道有門戶, 亦有陰陽, 開門閉戶, 陰衰陽興. 凡手戰之道: 內實精神, 外示安儀; 見之似好婦, 奪之似懼虎; 布形候氣, 與神俱往; 杳之若日, 偏如滕兔; 追形逐影, 光若彷佛; 呼吸往來, 不及法禁; 縱橫逆順, 直復不聞. 斯道者, 一人當百, 百人當萬. 王欲試之, 其驗卽見.」

越王大悅, 卽加女號, 號曰「越女」.

乃命五校之隊長, 高才習之敎軍士.

當此之時皆稱越女之劍.

【無道不習】두 가지로 풀이됨. "배우지 않은 도가 없다". 즉 스스로 익히지 않은
도가 없음을 강조한 것. 둘째는 '道'는 '由'와 같으며 '不'은 의미가 없는 어조사로
"말미암아 배울 곳이 없다"의 뜻임.

【安儀】儀表가 안정되어 있음. 자세가 매우 안정됨.

【布形候氣】자세를 잡은 다음 상대의 기세를 살핌. '候'는 '살피다, 관찰하며 기다
리다'의 뜻.

【偏如膝兎】'偏'은 '翩翩'과 같은 뜻으로 가벼운 모습. 혹 '媥'과 같으며《說文》에
"媥, 輕貌"라 하였음. '膝'은 徐天祜는 "膝, 當作騰"이라 하여 뛰어오르는 모습.

【彿彷】'髣髴'로도 표기하며 비슷하여 분간하기 어려운 상태를 나타내는 雙聲
連綿語.

【法禁】금지된 방법.

【越王大悅】〈四部叢刊〉에는 '大悅' 두 글자가 없으나《太平御覽》(343)에 의해
보입함.

【五校之隊長高才習之以敎】'校'는 군대의 편제. 荀悅《申鑑》時事篇 黃省曾
注에 "五校者, 一曰屯騎, 二曰越騎, 三曰步兵, 四曰長水, 五曰射聲, 俱掌宿衛兵,
所謂大駕, 鹵薄, 五校在前是也"라 함. '高才'는 武術의 敎手.〈四部叢刊〉에는
이 부분이 "五板之墮長高習之敎"로 되어 있으나《太平御覽》에 의해 수정함.
《事類賦注》(13)에는 "王明五校之高才習之"로 되어 있음.

【當此之時皆稱越女之劍】〈四部叢刊〉에는 "當世勝越女之劍"이라 하여 의미가
통하지 아니하여 역시《太平御覽》에 의해 수정함.

> 참고 및 관련 자료

1.《太平御覽》(343)

越王大悅, 乃命五校之隊長, 高才習之, 以敎軍人. 當此之時, 皆稱越女劍.

2. 기타 참고 자료

《事類賦注》(12)

159(9-14)
노弩의 명수 진음陳音

이에 범려는 다시 활쏘기에 뛰어난 진음陳音이라는 자를 추천하였는데 진음은 초楚나라 사람이었다.

월왕은 진음을 청하여 이렇게 물었다.

"내 듣기로 그대는 활쏘기에 뛰어나다던데 그 도는 어떻게 생겨난 것이오?"

진음이 말하였다.

"저는 초나라의 시골 사람으로 일찍이 활을 쏘는 법을 익히기는 하였으나 그 도를 능히 다 알지는 못합니다."

월왕이 말하였다.

"그렇다 하더라도 그대의 한두 말씀은 듣기를 원하오."

진음이 말하였다.

"제가 듣건대 '노弩는 궁弓에서 나왔고 궁은 탄彈에서 나왔으며 탄은 옛날 효자로부터 시작된 것'이라 하더이다."

월왕이 말하였다.

"효자의 탄이란 어떤 것이오?"

진음이 말하였다.

"옛날의 사람들은 질박하여 배가 고프면 새나 짐승을 잡아먹고 목이 마르면 안개나 이슬을 받아 마시며 살다가, 죽으면 흰 띠풀로 묶어 들판에 던져 버렸지요. 그런데 어느 효자가 버려진 부모의 시신을 새와 짐승들이 먹는 것을 차마 볼 수가 없어 그래서 탄환을 만들어 이를 지키며 새와 짐승이 해치는 것을 막았던 것입니다. 그래서 사람들의 노래에 '대나무를 잘라 화살 만들고, 나무를 잘라 활을 만들어, 흙덩이를 날려보내 짐승 쫓았네'라고 한 것입니다. 그리하여 드디어 죽은 자로 하여금 새나 여우의 잔혹한 침범이 없도록 한 것입니다. 이어 신농神農과 황제黃帝는 나무를 굽혀 활을 만들고 대나무를 깎아 화살을 만들었으며 활과 화살의 날카로움으로 사방에 위엄을 떨쳤던 것입니다. 황제 이후에 초나라에는 호보弧父라는 자가 있었지요. 호보는 초나라 형산荊山에서 태어나 나자마자 부모를 보지 못하였습니다. 어린 아이 시절에 활과 화살을 사용하는 방법을 익혔는데 그는 쏘기만 하면 벗어나는 것이 없었습니다. 그는 그 기술을 예羿에게 전수하였고, 예는 봉몽逢蒙에게 전해주었으며 봉몽은 초나라 금씨琴氏에게 전해주었습니다. 금씨는 활과 화살만으로는 천하에 위세를 떨칠 수 없다고 여겼지요. 그 당시에는 제후들이 서로 정벌할 때로서 무기와 칼날이 뒤얽혀 활과 화살의 위세로는 능히 제압하여 복종시킬 수 없었습니다. 금씨는 이에 활을 세로로 하여 손잡이 자루에 밀착시키고 기계 장치와 곽郭을 설치하여 힘을 더하였더니 그런 연후에야 제후들을 복종시킬 수 있었던 것입니다. 금씨는 이를 대위大魏에게 전해주었고 대위는 초나라 삼후三侯에게 전해주었으니 소위 구단句亶, 악鄂, 장章이며 사람들은 그들을 미후亹侯, 익후翼侯, 위후魏侯라 불렀습니다. 초나라 삼후로부터 영왕靈王에게 전해지기까지 그들은 스스로 초나라는 몇 세대를 거치도록 모두가 도궁桃弓과 극시棘矢로써 이웃나라의 침공에 대비하였다고 칭해오고 있지요. 영왕 이후로 궁술의 도는 유파로 나뉘어 모든 이들이 능히 활 잘 쏘는 자를 임용하였으나 그 정도를 터득하지는 못하였습니다. 저는 초나라에서 선대로부터 전수를 받았으며 이미 저는 오세五世에 이릅니다. 저는 비록 그 도에 대해서는 밝지 못하나 오직 왕께서 시험해 보실 뿐입니다."

於是, 范蠡復進善射者陳音, 音, 楚人也.

越王請音而問曰:「孤聞子善射, 道何所生?」

音曰:「臣, 楚之鄙人, 嘗步於射術, 未能悉知其道.」

越王曰:「然, 願子一二其辭.」

音曰:「臣聞:『弩生於弓, 弓生於彈, 彈起古之孝子.』」

越王曰:「孝子彈者奈何?」

音曰:「古者, 人民朴質, 飢食鳥獸, 渴飲霧露, 死則裹以白茅, 投於中野. 孝子不忍見父母爲禽獸所食, 故作彈以守之, 絶鳥獸之害. 故古人歌曰:『斷竹屬木, 飛土逐肉.』遂令死者不犯鳥狐之殘也. 於是神農, 黃帝弦木爲弧, 剡木爲矢, 弧矢之利, 以威四方. 黃帝之後, 楚有弧父. 弧父者, 生於楚之荊山, 生不見父母. 爲兒之時, 習用弓矢, 所射無脫. 以其道傳於羿, 羿傳逢蒙, 逢蒙傳於楚琴氏. 琴氏以爲弓矢不足以威天下. 當是之時, 諸侯相伐, 兵刃交錯, 弓矢之威不能制服. 琴氏乃橫弓着臂, 施機設郭, 加之以力, 然後諸侯可服. 琴氏傳大魏, 大魏傳楚三侯, 所謂句亶, 鄂, 章, 人號麋侯, 翼侯, 魏侯也. 自楚之三侯傳至靈王, 自稱之楚累世, 蓋以桃弓棘矢而備鄰國也. 自靈王之後, 射道分流, 百家能人用, 莫得其正. 臣前人受之於楚, 五世於臣矣. 臣雖不明其道, 惟王試之.」

【陳音】楚나라 사람으로 집안 대대로 궁술을 전수받아 弓弩에 명수가 된 사람.

【鄙人】'鄙'는 서울로부터 먼 시골 邊方을 일컫는 말.《荀》非相篇 "期思之鄙人也"의 注에 "鄙人, 郊野之人也"라 함.

【步】직접 익히며 배움.

【裹以白茅】裹는 '묶다'의 뜻. '綁', '絆'과 같음. 白茅는 多年生 草本植物. 흰 띠풀.

시신을 흰 풀로 대강 묶어 들에 버리는 풍습이었음을 말함. 그러나 《周易》 繫辭傳(下)에는 "古之葬者, 厚衣之以薪, 葬之中野, 不卦不樹, 喪期无數. 後世 聖人易之以棺槨, 蓋取諸大過"라 함.

【故古人歌之曰】 〈四部叢刊〉에는 '古人' 두 글자가 없으나 《北堂書鈔》(134)에 의해 보입함.

【斷竹屬木】 〈四部叢刊〉에는 "斷竹續竹"으로 되어 있으나 《藝文類聚》(60)에 의해 수정함. '屬'은 '劚', '斸'과 같음. 나무 등을 '자르다, 깎다, 베다, 찍다'의 뜻.

【飛土逐肉】 흙덩이를 던져 시신의 살을 파 먹는 鳥獸를 쫓아버림. 〈四部叢刊〉 에는 '飛土逐害'로 되어 있으나 《太平御覽》(755)에 의해 수정함.

【神農】 고대 五帝의 하나이며 炎帝. 처음 불을 놓아 농사를 짓기 시작하였으며 耒, 耜 등 각종 농기구를 발명하였고 의약을 만들어 병을 치료하기 시작한 집단의 수령으로 호를 烈山氏라 함.

【黃帝】 〈四部叢刊〉에는 '皇帝'로 되어 있으나 徐天祐 注에 "皇, 當作黃"이라 하였 으며 《文選》(34) 〈七啓〉 注에 의해 수정함. 黃帝는 姬姓이며 軒轅氏, 有熊氏로도 불림. 炎帝 집단을 이기고 蚩尤를 없앤 다음 중국 민족의 공동 首領이 됨. 각종 기구를 발명한 집단의 우두머리. 《周易》 繫辭傳(下)에 "神農氏沒, 黃帝, 堯, 舜氏作, 通其變, 使民不倦, 神而化之, 使民宜之. 易窮則變, 變則通, 通則久, 是以 「自天祐之, 吉无不利.」"라 함.

【弦木爲弧, 剡木爲矢】 호는 나무로 만든 활, 시는 나무를 깎아 만든 화살. 《急就篇》 注에 "以竹曰箭, 以木曰矢"라 함. 《周易》 繫辭傳(下)에 "黃帝, 堯, 舜垂衣裳而 天下治, 蓋取諸乾·坤. 刳木爲舟, 剡木爲楫, 舟楫之利以濟不通, 致遠以利天下, 蓋取諸渙. 服牛乘馬, 引重致遠, 以利天下, 蓋取諸隨. 重門擊柝, 以待暴客, 蓋取 諸豫. 斷木爲杵, 掘地爲臼, 臼杵之利, 萬民以濟, 蓋取諸小過. 弦木爲弧, 剡木爲矢, 弧矢之利, 以威天下, 蓋取諸睽. 上古穴居而野處, 後世聖人易之以宮室, 上棟下宇, 以待風雨, 蓋取諸大壯"이라 함. 한편 화살은 黃帝의 신하 牟夷가 처음 만들었다 함. 徐天祐 注에는 "《世本》: 黃帝臣牟夷作矢"라 함. 《世本》 作篇에 "揮作弓, 夷牟(牟夷)作矢"라 함.

【弧父】 古代 활을 잘 쏘았던 사람.

【荊山】 楚나라의 산 이름. 지금의 湖北 南漳縣 서쪽. 楚나라의 발상지. 《左傳》 昭公 12년을 볼 것.

【羿】 有窮后羿. 활의 명수로 堯임금의 신하이며 夏나라 때 有窮國(지금의 山東 德州)의 군주. '嫦娥奔月', '射滅九日' 등 많은 신화 전설을 남긴 인물. 《左傳》

襄公 4年에 "有窮后羿, 自鉏遷於窮石. 因夏氏以伐夏政, 恃其射也, 不修民事, 而淫于原野. 用寒浞以爲己相, 將歸自田, 家衆殺而亨(烹)之"라 하였고, 《十八史略》(1)에 "有窮后羿, 立其弟仲康而專其政, 羲和守義不服, 羿假王命, 命胤侯征之. 仲康崩, 子相立, 羿逐相自立. 嬖臣寒浞, 又殺羿自立. 相之后, 有仍國君女也, 方娠, 奔有仍, 而生少康"이라 함.

【逢蒙】역시 활의 명수. '逢蒙', '蜂門', '蠭門', '逢門' 등 여러 표기가 있으며 后羿의 여러 제자 중 하나. 《孟子》離婁(下)에 "逢蒙學射於羿, 盡羿之道, 思天下惟羿爲愈己, 於是殺羿"라 함. 《荀子》王霸篇 楊倞 注에는 "蜂門, 學射於羿. 善射"라 하였고, 《漢書》藝文志에는 "《逢門射法》二篇"이 저록되어 있음. 《列子》仲尼篇에는 "此未其妙者. 逢蒙之弟子曰鴻超, 怒其妻而怖之. 引烏號之弓, 綦衛之箭, 射其目. 矢來注眸子而眶不睫, 矢隧地而塵不揚"이라 함.

【琴氏】고대 활을 잘 쏘았던 楚나라 사람.

【橫弓着臂】활을 세로로 하여 손잡이를 붙임. '着'은 '附着하다'의 뜻. '臂'는 '柄'과 같음.

【施機設郭】〈四部叢刊〉에는 "施機設樞"로 되어 있으나 《太平御覽》(348)에 의해 수정함. 기계 장치를 만들고 郭을 설치함. '郭'은 弩의 조준 구멍 아래이며 방아쇠의 윗부분으로 擊發 장치에 해당하는 부분. 《釋名》釋兵에 "弩, 怒也, 有執怒也. 其柄曰臂, 似人臂也. 鉤弦者曰餓, 似齒牙也. 牙外曰郭, 爲牙之規郭也. 下曰懸刀, 其形然也. 合名之曰機, 言如機之巧也. 亦言如門戶之樞機, 開闔有節也"라 함. 한편 徐天祜는 "《釋名》:「弩柄曰臂, 鉤弦曰牙, 牙外曰郭, 郭下有懸刀, 合而名之曰機, 言巧機也, 亦言如門戶之機樞, 開闔有節.」"이라 함. 참고로 〈貴州本〉에 실린 그림을 전재하면 다음과 같음.

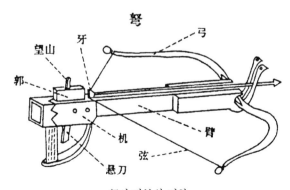

弩의 각부위 명칭

【大魏】琴氏로부터 弓術을 전수받아 三侯에게 전한 인물. 혹 熊渠子의 號가 大魏가 아닌가 함. 熊은 楚나라 성씨. 《韓詩外傳》(6)에 "昔者, 楚熊渠子夜行, 見寢石以爲伏虎, 彎弓而射之, 沒金飮羽, 下視, 知其爲石, 石爲之開, 而況人乎?"라 하였고, 《新序》雜事(4)에도 "昔者, 楚熊渠子夜行, 見寢石以爲伏虎, 關弓射之, 滅矢飮羽, 下視, 知石也. 却復射之, 矢摧無迹. 熊渠子見其誠心而金石爲之開, 況人心乎? 唱而不和, 動而不隨, 中必有不全者矣"라 하였으며, 《史記》龜策列傳에는 "羿名善射, 不如雄渠, 逄門, 禹名爲辯智, 而不能勝鬼神"이라 하였고, 《搜神記》(11)에도 "楚熊渠子夜行, 見寢石, 以爲伏虎, 彎弓射之, 沒金鍛羽. 下視, 知其石也. 因復射之, 矢摧無跡"이라 하는 등 널리 알려져 있음.

【三侯】아래에 거론한 句亶(亹侯), 鄂(翼侯), 章(魏侯)를 가리킴. 徐天祜 注에 "《文選》註所引與此畧同, 但云「琴氏傳大魏, 大魏傳楚三侯」, 小異耳"라 함. 《史記》楚世家에 "熊渠生子三人. 當周夷王之時, 王室微, 諸侯或不朝, 相伐. 熊渠甚得江漢閒民和, 乃興兵伐庸, 楊粤, 至于鄂. 熊渠曰: 「我蠻夷也, 不與中國之號諡.」乃立其長子康爲句亶王, 中子紅爲鄂王, 少子執疵爲越章王, 皆在江上楚蠻之地. 及周厲王之時, 暴虐, 熊渠畏其伐楚, 亦去其王"이라 함. 이 때문에 왕호를 버리고 '侯'라 한 것임. 한편 徐天祜 注에는 "熊渠三子, 長子康爲句亶王, 紅爲鄂王, 少子執疵(疵)爲越章王, 三侯者, 未僭王號, 時所稱也"라 함.

【句亶】地名. 熊渠의 첫째 아들 熊康이 봉해졌던 곳. 《史記》集解에 "張寶曰: 「今江陵也.」"라 함.

【鄂】武昌縣. 秦나라 때의 鄂縣. 지금의 湖北 鄂城縣. 熊渠의 둘째 아들 熊紅이 봉해졌던 곳.

【章】《史記》에는 '越章'으로 되어 있으며 〈集解〉에 "句亶, 鄂, 越章, 皆在江上楚蠻之地"라 함. 熊渠의 막내아들 熊執疵가 봉지로 받았던 곳. 지금의 豫章. 지금의 漢口 이북 지역 일대.

【靈王】春秋時代 楚 나라 군주. 共王의 아들이며 康王의 아우. 이름은 熊虔. B.C.540~B.C.529년까지 12년간 재위함. 共王이 죽고 조카 郟敖가 뒤를 이었다가 병들자 鄭나라로 가던 圍는 되돌아와 問病한다는 핑계로 방에 들어가 겹오를 목 졸라 죽이고 왕이 되었음. 뒤에 사냥을 나갔을 때 동생인 棄疾이 난을 일으키자 돌아오던 길에 목을 매어 자결함. 《左傳》, 《史記》楚世家 및 《國語》楚語 참조.

【累世】여러 代. 楚나라 三侯부터 靈王까지는 대략 3백여 년이 됨. 世系는 熊繹→熊文→熊點→熊勝→熊楊→熊渠→熊紅→熊延→熊勇→熊嚴→熊霜→熊徇→熊咢→若敖(熊儀)→霄敖(熊坎)→蚡冒(熊眴)→武王(熊通)→文王(熊貲)→杜敖

(熊艱)→成王(熊惲)→穆王(熊商臣)→莊王(熊侶)→共王(熊審)→康王(熊招)→郟敖(熊員)→靈王(熊圍)→平王(熊棄疾)→昭王(熊珍, 壬)→專王(熊章)으로 이어짐.

【桃弓, 棘矢】복숭아나무로 만든 활과 棘(멧대추나무)으로 만든 화살. 逐鬼用으로 쓰였음.《左傳》昭公 4년에 "其出之也, 桃弓棘矢, 以除其災"라 하였음. 한편 昭公 12년에는 "《左傳》昭公 12년에 "昔我先王熊繹辟在荊山, 篳路藍縷以處草莽, 跋涉山林以事天子, 唯是桃弧, 棘矢共禦王事. 齊, 王舅也; 晉及魯, 衛, 王母弟也. 楚是以無分, 而彼皆有. 今周與四國服事君王, 將唯命是從, 豈其愛鼎?"라 함. 徐天祜 注에는 "楚右尹子革曰:「唯是桃弧棘矢以共禦王事.」"라 함.

【前人】先人과 같음. 자신의 先代, 先祖.

⎡ 참고 및 관련 자료 ⎤

1.《文選》七啓 注

越王欲伐吳, 范蠡進善射者陳音. 越王問其射所起焉. 音曰:「黃帝作弓以備四方. 後有楚狐父以其道傳羿, 羿傳逢蒙, 蒙傳楚琴氏, 琴氏傳大魏, 大魏傳楚三侯, 麋侯, 翼侯, 魏侯也.」

2.《藝文類聚》(60)

陳音對越王云:「弩生於弓, 弓生於彈, 彈生於古之孝子. 古者人民質朴, 死裹以白茅, 投之中野. 孝子不忍父母爲禽獸所食, 則作彈以守之. 故古人歌之:『斷竹屬木, 飛土逐害.』」

3.《太平御覽》(348)

陳音對越王曰:「弩生於弓, 弓生於彈, 彈生於古之孝子. 臣聞: 楚琴氏以弓矢之勢, 不足以威天下. 遂乃橫弓着臂, 施機設郭.」

4.《太平御覽》(350)

陳音對越王云:「弩生於弓, 弓生於彈, 彈生於古之孝子. 古者, 人民朴質, 死則裹以白茅, 投之中野. 孝子不忍父母爲禽獸所食, 卽作彈以守之. 故古人歌之曰:『斷竹屬木, 飛土逐肉.』遂令死者不犯鳥狐之殘也.」

5.《太平御覽》(755)

陳音對越王曰:「弩生於弓, 弓生於彈, 彈生古之孝子. 古者, 人死投之中野. 孝子不忍父母爲禽獸所食, 則作彈以守之. 故古人歌之曰:『斷竹屬木, 飛土逐肉.』」

6. 기타 참고 자료

《北堂書鈔》(134)

160(9-15)
노弩의 사용법

월왕이 말하였다.

"노弩의 모양과 사용법은 어떠하오?"

진음이 말하였다.

"곽郭은 방성方城이 되어 성을 지키는 신하 역할을 하고, 오敖는 임금이 되어 명령을 시작하는 것이며, 아牙는 법을 집행하는 관리가 되어 지켜내는 이졸吏卒이 되며, 우근牛筋은 중장中將이 되어 안에서 단단히 매어주며, 관關은 수어守禦가 되어 화살의 거치와 쏘는 것을 점검하며, 기錡는 시종侍從이 되어 주인의 말을 알아듣고, 비臂는 도로가 되어 사신을 소통시키며, 궁弓은 장군이 되어 무거운 책임을 맡으며, 현弦은 군사軍師가 되어 싸우는 병사들을 막아주며, 시矢는 날아다니는 객客이 되어 임금의 교령을 전하는 사신이 되며, 금金은 뚫고 들어가는 임무를 맡아 거침없이 나아가며, 위衛는 부사副使가 되어 정사로 하여금 바른 길을 가도록 하며, 차叉는 시킨 대로 받아들이는 것으로 가부可否를 알려주며, 표縹는 도위都尉가 되어 좌우를 안정시켜 잡아주며, 적鏑은 백사百死가 되어 우리 군사를 놀라지 않게 해 줍니다. 그렇게 되면 새는 날아갈 수가 없고 짐승은 달아날 겨를이 없게 됩니다. 노가 향하는 곳이면 그를 맞고 죽지 않는 것이 없으니 저는 어리석고 열등하나 활쏘기의 도에 대해 이렇게 알고 있을 뿐입니다."

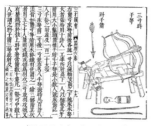

〈雙弓床弩〉《三才圖會》

越王曰:「弩之狀何法焉?」

陳音曰:「郭爲方城, 守臣子也. 敖爲人君, 命所起也.
牙爲執法, 守吏卒也. 牛爲中將, 主內裏也. 關爲守禦,
檢去止也. 錡爲侍從, 聽人主也. 臂爲道路, 通所使也.
弓爲將軍, 主重負也. 弦爲軍師, 禦戰士也. 矢爲飛客,
主教使也. 金爲穿鏑, 往不止也. 衛爲副使, 正道里也.
又爲受教, 知可否也. 縹爲都尉, 執左右也. 鏑爲百死,
不得駭也. 鳥不及飛, 獸不暇走, 弩之所向, 無不死也.
臣之愚劣, 道悉如此.」

【郭】弩에서 方形의 樞機. 방아쇠 뭉치. 격발 장치. 이하 敖, 牙, 牛, 關, 錡, 臂,
弓, 弦, 矢, 金, 衛, 又, 縹, 鏑 등은 모두가 弩에서의 裝置에 대한 명칭이며 그것의
機能을 군사, 행정, 통치, 외교 조직 등에 빗대어 설명한 것임.

【敖】〈四部叢刊〉에는 '教'로 되어 있으나 《太平御覽》(384)에 의해 수정함. '敖'는
'鼇'와 같으며 懸刀에 해당함. 방아쇠에 해당하는 부분. 牙를 아래로 내리면 당겨
졌던 弦이 순간적으로 矢를 쏘게 됨. 弩를 최종적으로 발사하는 방아쇠 역할을
하기 때문에 '教令'을 '人君'에 비유한 것.

【牙爲執法】'牙'는 懸刀(敖)의 힘을 받아 弩의 줄을 고정시키는 고리. 이 때문에
'執法'으로 비유함.

【牛爲中將】'牛'는 '牛筋'. 소 힘줄. 이를 안에 부착하여 靭力을 증대시키는 역할을
함. 中將은 中軍 장수.

【關爲守御】'關'은 발사 장치의 일부분. 機, 關의 두 부분이 있으며 關은 열고
닫을 수 있는 장치 중 닫는 부분. 일종의 制動裝置 역할을 함. 그 때문에 '守禦'라
한 것.

【錡爲侍從】弩를 흔들리지 않게 걸어놓는 고정 틀. 架設臺.

【臂爲道路】쇠뇌 자루. 臂는 柄과 같음. 노를 고정되게 잡고 운용할 수 있는
손잡이 부분.

【弓爲將軍】弩 전체의 역할. 그 때문에 장군이라 한 것.

【弦爲軍師】弦은 시위. 실제 화살을 날려 보내는 부분. 그 역할이 전투병과 같아 군사에 비유한 것.

【矢爲飛客】노를 떠나 날아가는 화살. 이는 임무를 맡겨 멀리 날려 보낸 客과 같음.

【金爲穿鏑】살촉의 끝에 붙여 실제 표적을 뚫고 들어가는 쇠붙이 부분이 됨. '鏑'은 살촉 끝부분 쇠붙이를 말함. 〈四部叢刊〉에는 '金爲實敵'으로 되어 있으나 《太平御覽》(348)에 의해 수정하였으며 '敵'은 '鏑'의 오류. '穿'은 '貫'의 뜻. 뚫고 들어감.

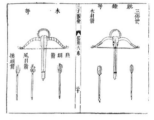

〈跳鐙弩〉와 〈木弩〉《三才圖會》

【衛爲副使】'衛'는 화살 끝에 달린 깃털 羽毛. 《釋名》釋兵에 "矢, 其旁曰羽, 齊人曰衛"라 함. 곧게 방향을 잡아 날아가도록 하는 역할을 함. 따라서 正使(矢)를 보좌하여 바른 길로 가도록 하는 副使에 비유한 것.

【叉爲受敎】'叉'는 〈四部叢刊〉에는 '又'로 되어 있으나 이는 誤記임. 화살이 시위에서 벗어나지 않도록 화살 끝의 장식한 것.《釋名》釋兵에 "矢. 其末曰栝. 栝, 會也. 與弦會也. 栝旁曰叉, 形似叉也"라 함. 이는 시키는 대로 받아들임.

【標爲都尉】'標'는 '柎'와 같음. 활의 중심 부분. 都尉는 將軍을 모시고 보좌하는 임무.

【鏑爲百死】鏑은 살촉. 鳴鏑. '百死'는 맞기만 하면 죽음. 百發百中의 뜻.《釋名》釋兵에 "鏑, 敵也. 言可以御敵也"라 함.

【駭】我軍 병사들이 놀라 혼란이 일어남.

참고 및 관련 자료

1.《太平御覽》(348)

郭爲方城, 守臣子也. 敖爲人君, 命所起也. 關爲守禦, 檢去止也. 錡爲侍從, 聽人主也. 辭爲道路, 通所使也. 弓爲將軍, 主重負也. 弦爲軍師, 禦戰士也. 矢爲飛客, 主教使也. 金爲穿敵, 徃不止也. 衛爲副使, 正道里也. 標爲都尉, 執左右也. 鳥不得飛, 獸不得走, 弩之所向, 無不恐者.

161(9-16)
진음산陳音山

월왕이 말하였다.

"원컨대 정사지도正射之道에 대해 듣고 싶소."

진음이 말하였다.

"신이 들은 정사지도라는 것은 여러 가지이며 미묘합니다. 옛 성인들은 노를 쏘기 전에 그 맞출 위치를 말로 밝혔다고 합니다. 저는 옛 성인들처럼 할 수는 없으나 청컨대 그 요체를 말씀드리겠습니다. 무릇 활쏘기의 도란 몸은 마치 판자를 머리에 이고 있는 듯이 하며 머리는 격앙된 듯이 하며 왼발은 세로로, 오른발은 가로로 하며, 왼손은 마치 나뭇가지를 붙들고 있듯이, 오른손은 마치 어린아이를 안고 있듯이 하며, 노를 들고 적을 바라보고 마음을 모아, 공기를 모아 안으로 삼킨 다음, 가슴에 품었던 공기와 함께 발사하되 화평한 상태를 유지하며, 정신은 안정되어 잡념은 멀리 보내고 이를 멀리 보내되 잠시 멈추기를 분리分離하고 오른손으로 기틀을 격발하되 왼손이 모르도록 하여, 몸 전체가 서로 다른 지시를 받듯이 해야 하는 것이니 하물며 두 사람의 우열이 있는 경우에야 어떻겠습니까! 이것이 바르게 쏘면서 노를 고정시켜 잡고 있는 도입니다."

월왕이 말하였다.

"원컨대 적의 의표儀表를 바라보며 투분投分하여 화살을 날려 보내는 방법에 대해 듣고 싶소."

진음이 말하였다.

"무릇 발사 방법은 단계를 나누어 적을 바라보고 정신을 집중시켜 세 번 연달아 쏘는 방법이 있으며, 노는 각각 한 말, 한 섬 무게를 감당하는 것이 있으며, 화살은 그에 맞게 경중이 다르기 때문에 한 섬 무게의 노에 한 양兩짜리 화살을 쓰면 그 비례가 적당하며 원근遠近과 고하高下에 따라 수푼銖分에 맞추어야 합니다. 그 방법의 요체는 여기에 있는 것이니 저는 빠뜨린 설명 없이 말씀드렸습니다."

월왕이 말하였다.

"훌륭하오. 그대가 알고 있는 방법을 다 말해주었소. 원컨대 그대는 이 방법을 우리 백성들에게 가르쳐주시오."

진음이 말하였다.

"이 도란 하늘에서 나온 것이며 이를 일로써 하는 것은 사람에게 있습니다. 사람이 배우는 바는 신비롭지 않은 것이 없습니다."

이에 진음으로 하여금 북쪽 교외 밖에서 병사들을 가르쳐 활쏘기를 익히도록 하였다.

석 달 뒤 군사들은 모두가 능히 활과 노의 교묘한 기술을 활용할 수 있게 되었다.

진음이 죽자 월왕은 애처롭게 여기며 국도의 서산西山에 묻어 주고 그 묻은 곳을 진음산陳音山이라 하였다.

越王曰:「願聞正射之道.」

音曰:「臣聞正射之道, 道衆而微. 古之聖人, 射弩未發而前名其所中. 臣未能如古之聖人, 請悉其要. 夫射之道: 身若戴板, 頭若激卵; 左足縱, 右足橫; 左手若附枝, 右手若抱兒; 擧弩望敵, 翕心咽煙; 與氣俱發, 得其和平; 神定思去, 去止分離; 右手發機, 左手不知; 一身異教, 豈況雄雌! 此正射持弩之道也.」

「願聞望敵儀表, 投分飛矢之道.」

音曰:「夫射之道: 從分望敵, 合以參連; 弩有斗石, 矢有輕重, 石取一兩, 其數乃平; 遠近高下, 求之銖分. 道要在斯, 無有遺言.」

越王曰:「善. 盡子之道. 願子悉以教吾國人.」

音曰:「道出於天, 事在於人. 人之所習, 無有不神.」

於是, 乃使陳音教士習射於北郊之外.

三月, 軍士皆能用弓弩之巧.

陳音死, 越王傷之, 葬於國西山上, 號其葬所曰陳音山.

【激卭】明 吳琯의 校本에는 '激卯'로 되어 있으나 '激卭'이어야 하는 것을 봄. 卭은 昂과 같음. 격앙된 모습을 뜻하는 것으로 보고 있으나 확실치 않음.《漢書》王章傳에 "不自激卭",〈揚雄傳〉에는 "激卭萬乘之主"라는 말이 있어 激昂, 激動의 뜻이 아닌가 함.

【左足縱】〈四部叢刊〉에는 '左蹉'로 되어 있으나《太平御覽》(348)에 의해 수정함. '縱'은 '從'과 같음. 세로로 발을 놓아 자세를 취함.

【翕心咽煙】마음을 가다듬고 숨을 모아 가슴에 담음.《方言》에 "翕, 聚也"라 하였고, '咽'은 '嚥'과 같음. '吞'의 뜻. '煙'은 '氣'와 같음.

【雌雄】두 사람이 강약을 조절함을 뜻함. 弩는 한 사람이 다루는 것이 아니기 때문에 이른 말로 보임.

【儀表】적의 상황. 행동거지. 적의 움직임.

【投分】投合과 分射. 힘을 합할 때와 각기 맡은 분야를 실행할 때.

【參連】고대 활쏘기 다섯 가지 방법 중의 하나.《周禮》地官 保氏篇 "三曰五射"의 注에 "五射, 曰矢, 參連, 剡注, 襄尺, 井儀也"라 하였고, 疏에 "云參連者, 前放一矢, 後三矢連續而去也"라 함.

【斗石】쇠뇌의 무게 단위. 병사들의 나이와 체중에 따라 다루는 무게가 다름.《宋史》兵志(4)에 "凡募弓箭手, ……不以等樣, 第募有保任, 年十七已上, 弓射

七斗, 任負帶者"라 하였고《商君書》外內篇에 "以此遇敵, 是以百石之弩, 射飄葉也"라 함.

【石取一兩】古代에는 16兩이 1斤이었음. 한 섬 무게의 노에 사용하는 화살을 가리킴.

【銖分】銖와 分(푼) 역시 무게의 단위.《淮南子》天文訓에 "十二粟而當一分, 十二分而當一銖, 十二銖而當半兩"이라 함.

【國西山上】〈四部叢刊〉에는 '山上' 2글자가 없음.《水經注》浙江水에 의해 보입함.

【陳音山】徐天祜 注에 "在山陰縣西南四里.《寰宇記》曰「屬上虞縣」, 非也"라 하였고《越絶書》에는 "陳音山去縣五里"라 함.

참고 및 관련 자료

1.《太平御覽》(348)

王曰:「善子之說弩也. 願復聞正射之道」陳音對曰:「臣聞射之道: 左足縱右足, 橫左手若附枝, 右手若抱兒, 右手發, 右手不知. 此正射持弩之道也.」

卷第十 句踐伐吳外傳

　　구천句踐이 드디어 오나라를 정벌하여 성공을 거두는 내용이 주를 이루고 있으며 범려范蠡의 예지, 문종文種의 후회 등 널리 알려진 고사와, 칭패稱霸 후의 월나라 쇠락 과정, 그리고 그 뒤 희미해진 월나라 세계世系를 기록하여 마무리하고 있다.

〈朱雀燈〉 서한 山西 출토

162(10-1)
천기天氣의 응험

월왕 구천 15년(B.C.482), 월왕은 오나라를 칠 모책을 짜면서 대부 문종에게 말하였다.

"나는 선생의 계책을 써서 하늘이 내린 잔학한 죽음을 벗어나 나라로 돌아와서 내 이미 정성을 다해 나라 사람들에게 말하였더니 백성들이 즐거워하고 있소. 그러나 그대가 지난 날 '천기天氣가 내려오면 이를 진술해 달라'고 했었는데 지금 어떤 응험이 있습니까?"

문종이 말하였다.

"오나라가 강한 나라가 될 수 있었던 까닭은 자서子胥기 있었기 때문입니다. 지금 오자서는 충간을 하다가 죽었으니 이는 천기가 그 나라가 망할 것임을 미리 일러주는 증거입니다. 원컨대 임금께서는 마음과 뜻을 다하여 나라 사람들을 설득해보십시오."

句踐十五年, 謀伐吳, 謂大夫種曰:「孤用夫子之策, 免於天虐之誅, 還歸於國, 吾誠已說於國人, 國人喜悅. 而子昔日云:『有天氣卽來陳之.』今豈有應乎?」

種曰:「吳之所以彊者, 爲有子胥. 今伍子胥忠諫而死, 是天氣前見亡國之證也. 願君悉心盡意以說國人.」

【句踐十五年】B.C.482년. 吳王 夫差 14년에 해당함. 徐天祜 注에 "按: 句踐七年
歸自吳, 旣反國, 四年卽與范蠡謀伐吳, 自玆四年間必謀之, 蠡皆以爲未可.《國語》
記之稍詳, 至是伐吳.《左傳》見於哀公十三年, 正句踐十五年也"라 함.

【天氣】하늘의 기운. 天時와 같으며 상황이 되어가는 局面. 機會. 때. 雰圍氣.
'天機'와 같음.

【陳之】설명함. 말함.

【伍子胥】伍員. 伍擧(椒擧)의 손자이며 伍奢의 아들. 伍尙의 아우. 楚 平王과
아버지 伍奢가 太子 建의 혼인 문제에 비열함을 저지른 費無極(費無忌)의 참언
으로 인해 멸족을 당하자 陳나라를 거쳐 吳나라로 망명하여 합려를 도와
원수를 갚음. 뒤에 吳楚戰鬪, 吳越鬪爭 등의 주역으로서 많은 일화와 사건을
남겼으며 끝내 오왕 부차에게 죽임을 당함.《國語》吳語에는 '申胥'라 하였으며
申은 氏, 자는 子胥로 여겨짐.《史記》伍子胥列傳 참조. 한편 '員'은 '員音云'이라
하여 '운'으로 읽어야 하나 일반적인 관례에 의해 그대로 '오원'(伍員)으로도
읽음. 한편 본 책에서는 '伍胥', '子胥', '伍員', '伍君' 등 여러 가지로 불리고 있음.

163(10-2)
부형들의 간청

월왕이 말하였다.

"내가 나라 사람들에 이렇게 말할 것이니 들어보시오. '과인은 힘이 부족한 것도 알지 못한 채 대국에게 복수를 하겠노라 하여 백성들의 뼈를 들판에 나뒹굴게 하였다. 이는 곧 과인의 죄로다. 그래서 과인은 진실로 그 술책을 바꾸었다.' 이에 죽은 이를 장사지내고 다친 이를 문안하며 근심이 있으면 조문하고 즐거운 일이 있으면 축하하며 가는 자는 보내주고 오는 자는 맞아주며 백성들에게 해로운 바를 제거해 주었다. 그런 다음 나를 낮추어 부차夫差를 섬겨 3백 명을 보내어 오나라에 환관의 벼슬을 시켰다. 오나라는 나에게 수백 리의 땅을 봉해주었고 그것을 근거로 오나라와 부형이나 형제처럼 지낼 것을 약속하여 '과인이 들으니 옛 훌륭한 군주는 사방의 백성이 몰려오기를 마치 물이 흘러오듯이 하게 한다 하였소. 과인은 능히 정치를 할 수 없으니 장차 두세 명 부부를 이끌고 번보藩輔가 되겠소이다'라고 약속하였던 것이다. 그리고 장정은 늙은 아내를 얻지 못하도록 하고, 늙은 이는 장성한 부인을 아내로 얻지 못하도록 하였다. 여자 17세가 되도록 시집을 가지 않은 자는 그 부모가 죄를 받고 장부로서 20세가 되도록 장가를 가지 않은 자도 역시 그 부모가 벌을 받도록 하였다. 장차 분만하는 자가 나에게 알려오면 의원醫員을 보내어 지켜주도록 하였으며 남아 둘을 나으면 술 한 동이와 개 한 마리를 주어 축하하고, 딸 둘을 낳으면 술 한 동이와 돼지 한 마리를 내려주었으며 아들 세 쌍둥이를 낳으면 나는 그에게 유모를 내려주었고, 아들 쌍둥이를 낳으면 나는 그에게 밥 하는 자를 보내주었다. 장자가 죽으면 나는 그를 위해 3년의 상기喪期를 지켜주었고, 막내아들이 죽으면 석 달의 상기를 지켜주었으며 반드시 죽은 이들의 매장에까지 가서 마치 내 아들이 죽은 것처럼 곡을 해 주었다. 고아, 과부, 질환에 걸린 자, 가난으로 고통받는 자일 경우 그 아들을 나라에 보내도록 하여 길렀으며 그러한 아이들이 커서 벼슬을 하고 싶어한다면 그 거처를 헤아려 좋은 옷에 배불리 먹이면서 그들에게 의義로써 날카롭게 훈련을 시켰다. 무릇 사방의 선비로서 나를 찾아온 자는 반드시 만나주고 예로써 대우하였다. 밥과 국을 싣고 나라 안을 돌아다니며 나라 안에서 집 없이 떠도는 어린 아이들이 나를 만나면 나는 그들을 먹여주고 물을 주어 마시게 하면서 사랑을 베풀고 이름을 물어보았다. 내가 직접 지은 농사가 아니면 밥을 먹지 않았고 내 아내가 만든 옷이 아니면 입지 않았다. 7(10)년 동안 세금을 거두지 않아 나라 백성들 집안에는 3년 먹을 식량이 비축되도록 하였다. 남자는 즐겁게 노래를 불렀고, 여인들은 모여서 즐거운 웃음을 지었다. 지금 나라의 부형들이 날마다 나에게 '옛날 부차가 우리 임금을 제후들에게 욕을 보였으니 두고두고 천하의 치욕이 되고 말았습니다. 지금 월나라는 이토록 풍요로운데도 임금께서는 절약하셨으니 청컨대 그 치욕에 보복을 가합시다'라고 청해오고 있소. 나는 이렇게 사양하였다. '지난 날, 내가 치욕을 입은 것은 그대들의 죄가 아니다. 나 같은 사람이 어찌 감히 나라 사람들을 노고롭게 하면서까지 나의 오래된 원한을 갚을 수 있겠는가?' 그러자 부형들은 다시 이렇게 청하였다. '월나라 사방 안에 모두 우리 군자입니다. 아들이 아버지 원수를 갚고 신하가 임금의 원한을 갚는다는데 어찌 감히 자신의 힘을 다하지 않을 자가 있겠습니까? 청컨대 복수의 전투를 벌여 임금의 오래된 원한을 제거하소서.' 나는 이에 기꺼워하며 허락하노라."

越王曰:「聽孤說國人之辭:『寡人不知其力之不足, 以大國報讎, 以暴露百姓之骨於中原, 此則寡人之罪也.

寡人誠更其術.』於是乃葬死問傷, 弔有憂, 賀有喜, 送往迎來, 除民所害. 然後卑事夫差, 往宦士三百人於吳. 吳封孤數百里之地, 因約吳國父兄昆弟而誓之曰:『寡人聞古之賢君, 四方之民歸之若水. 寡人不能爲政, 將率二三子夫婦以爲藩輔.』令壯者無娶老妻, 老者無娶壯婦. 女子十七未嫁, 其父母有罪; 丈夫二十不娶, 其父母有罪. 將免者以告於孤, 令醫守之. 生男二, 睨之以壺酒, 一犬; 生女二, 賜以壺酒, 一豚. 生子三人, 孤與乳母; 生子二人, 孤與一養. 長子死, 三年釋吾政; 季子死, 三月釋吾政; 必哭泣葬埋之如吾子也. 令孤子, 寡婦, 疾疹, 貧病者, 納官其子. 欲仕, 量其居, 好其衣, 飽其食, 而簡銳之義. 凡四方之士來者, 必朝而禮之. 載飯與羹以游國中, 國中僮子游而遇孤, 孤餔而啜之, 施以愛, 問其名. 非孤飯不食, 非夫人事不衣. 七年不收, 國民家有三年之畜. 男即歌樂, 女即會笑. 今國之父兄日請於孤曰:『昔夫差辱吾君王於諸侯, 長爲天下所恥, 今越國富饒, 君王節儉, 請可報恥.』孤辭之曰:『昔者, 我辱也, 非二三子之罪也. 如寡人者, 何敢勞吾國之人, 以塞吾之宿讎?』父兄又復請曰:『越四封之內, 盡吾君子, 子報父仇, 臣復君隙, 豈敢有不盡力者乎? 臣請復戰, 以除君王之宿讎.』孤悅而許之.」

【暴】 '曝'와 같음. 시신을 거두어주지 않아 그 뼈가 들판에 노출되어 널려 있음.
【宦士】 허드렛일을 하는 벼슬. 월나라 士들이 오나라에 부림을 당하였음을 말함.

혹 '宦'을 宦官 역할을 한 것으로도 봄.《國語》越語(上) "宦士三百人於吳"의
韋昭 注에는 "將三百人以入事吳, 若宦竪然"이라 하였고, "與范蠡入宦於吳"의
注에는 "宦, 爲臣隷也"라 함.

【封孤數百里之地】139에 "吳封地百里於越"이라 하였고 143에는 "吾欲因而賜
之以書, 增之以封"이라 하여 夫差는 두 번이나 句踐에게 땅을 내려주었음.

【若水】《國語》에는 "若水之歸下也"라 함.

【藩輔】藩邦이 되어 輔弼함.

【十七未嫁】《國語》越語(上) 韋昭 注에는 "禮:「三十而娶, 二十而嫁.」今不待禮
者, 務育民也"라 하여 禮에 맞지 않으나 인구수를 늘리기 위한 조치라 하였음.

【免者】分娩하는 자. '免'은 '娩'과 같음. 徐天祜 注에 "免者, 免身脫也, 謂生子"
라 함.

【一犬】아들을 낳았을 때 개를 내려 준 이유에 대해《國語》韋昭 注에 "犬, 陽畜,
知擇人"이라 함.

【一豚】딸을 낳았을 때 돼지를 내려준 이유에 대해《國語》韋昭 注에 "豚, 主內,
陰類也"라 함.

【生子三人】《國語》韋昭 主에 "人生三者亦希耳"라 하여 세쌍둥이로 보았음.

【一養】부엌일 하는 사람 하나를 보내줌.《公羊傳》宣公 12년 "廝役扈養死者
數百人"의 注에 "炊亨者曰養"이라 하여 밥 짓는 일을 '養'이라 함.

【三年釋吾政】長子(嫡子)가 아버지보다 먼저 죽으면 아버지는 3년의 喪期를
지키는 것이 禮였으므로 句踐은 자신이 백성의 아버지가 되어 이 상기를 지켜
주었음을 말함.《國語》越語 注에 "禮, 父爲適(嫡)子喪三年"이라 함. '釋吾政'은
'政事 보는 일을 풀어놓고'의 뜻. 그러나 〈三民本〉에는 "부역과 세금을 면제해
주다"의 뜻으로 풀이하였음.

【疾疹】'疹'은 '疢'과 같음. 고질병. 숙환.

【貧病】가난 때문에 고통을 받음을 말함. '病'은 '苦'의 뜻.《廣雅》釋詁에 "病,
苦也"라 함.

【簡銳之義】〈四部叢刊〉에는 "簡銳之"로 되어 있으나 顧廣圻의 〈宋本〉에 의해
수정함.《國語》에는 "而摩厲之於義"라 함. 따라서 이 구절은 "날카롭게 의로
훈련시키다"의 뜻으로 보아야 할 것임. 簡은 國語 吳語 "簡服吳國之士於甲兵"의
注에 "簡, 習也"라 하여 '訓練(鍛鍊)시키다'의 뜻임. 그러나 〈三民本〉에는
"精銳한 자를 簡擇하다"의 뜻으로 보았음.

【僮子游而遇孤】"僮子(童子)들로서 집이 없어 떠도는 아이들을 내가 만나게

되면"의 뜻. 〈四部叢刊〉에는 '游'가 '戲'로 되어 있으나 《國語》에 의해 수정함. '游'는 遊戲(游戲)의 뜻이 아니라 游子, 즉 돌아갈 집이 없어 流浪하는 아이를 뜻함. 그 때문에 "孤䬸而啜之, 施以愛, 問其名"이라 한 것임.

【䬸而啜之】밥과 마실 것을 먹임. '䬸'는 '哺'와 같음. '啜'은 '飲'과 같음.

【非孤飯不食, 非夫人事不衣】《國語》에는 "非其身之所種則不食, 非其夫人之所織則不衣"라 하여 뜻이 훨씬 명료함.

【七年不收】七은 十자의 오류. 句踐 5년에 吳나라에 들어갔으며 이 해는 10년째임. 《國語》에도 '十年'으로 되어 있음.

【三年之畜】'畜'은 '蓄'과 같음. 國語 韋昭 注에 "古者三年耕, 必餘一年之食"이라 함.

【塞】갚음. 막음. 앙갚음을 함. '報'와 같음.

【越四封之內, 盡吾君子】'越'은 〈四部叢刊〉에는 '誠'으로 되어 있으나 《國語》에 의해 수정함. '四封'은 나라 안 전체. '君子'는 의리와 도덕, 충성심을 갖춘 사람들로 교화되었음을 뜻함.

참고 및 관련 자료

1. 《國語》 越語(上)

越王句踐棲於會稽之上, 乃號令於三軍曰:「凡我父兄昆弟及國子姓, 有能助寡人謀而退吳者, 吾與之共知越國之政.」大夫種進對曰:「臣聞之賈人, 夏則資皮, 冬則資絺, 旱則資舟, 水則資車, 以待乏也. 夫雖無四方之憂, 然謀臣與爪牙之士, 不可不養而擇也. 譬如蓑笠, 時雨旣至必求之. 今君王旣棲於會稽之上, 然後乃求謀臣, 無乃後乎?」句踐曰:「苟得聞子大夫之言, 何後之有?」執其手而與之謀. 遂使之行成於吳, 曰:「寡君句踐乏無所使, 使其下臣種, 不敢徹聲聞於天王, 私於下執事曰:『寡君之師徒不足以辱君矣, 願以金玉, 子女賂君之辱, 請句踐女女於王, 大夫女女於大夫, 士女女於士. 越國之寶器畢從, 寡君帥越國之衆, 以從君之師徒, 唯君左右之. 若以越國之罪爲不可赦也, 將焚宗廟, 係妻孥, 沈金玉於江, 有帶甲五千人將以致死, 乃必有偶. 是以帶甲萬人事君也, 無乃卽傷君王之所愛乎? 與其殺是人也, 寧其得此國也, 其孰利乎?」』夫差將欲聽與之成, 子胥諫曰:「不可. 夫吳之與越也, 仇讎敵戰之國也. 三江環之, 民無所移, 有吳則無越, 有越則無吳, 將不可改於是矣. 員聞之, 陸人居陸, 水人居水. 夫上黨之國, 我攻而勝之, 吾不能居其地, 不能乘其車. 夫越國, 吾攻而勝之, 吾能居其地, 吾能乘其舟. 此其利也, 不可失也已, 君必滅之. 失此利也, 雖悔之, 必無及已.」越人飾美女八人納之太宰嚭, 曰:「子苟赦越國之罪, 又有美於此者將進之.」太宰嚭諫曰:「嚭聞古之伐國者, 服之而已. 今已服矣, 又何求焉?」夫差與之成而去之. 句踐說於國人曰:「寡人不知其力之不足也, 而又與大國執讐, 以暴露百姓之骨於中原, 此則寡人之罪也, 寡人請更.」於是葬死者, 問傷者, 養生者, 弔有憂, 賀有喜, 送往者, 迎來者, 去民之所惡, 補民之不足. 然後卑事夫差, 宦士三百人於吳, 其身親爲夫差前馬. 句踐之地, 南至於句無, 北至於禦兒, 東至於鄞, 西至於姑蔑, 廣運百里. 乃致其父母昆弟而誓之曰:「寡人聞, 古之賢君, 四方之民歸之, 若水之歸下也. 今寡人不能, 將帥二三子夫婦以蕃.」令壯者無取老婦, 令老者無取壯妻. 女子十七不嫁, 其父母有罪; 丈夫二十不娶, 其父母有罪. 將免者以告, 公令醫守之. 生丈夫, 二壺酒, 一犬; 生女子, 二壺酒, 一豚. 生三人, 公與之母; 生二人, 公與之餼. 當室者死, 三年釋其政; 支子死, 三月釋其政. 必哭泣葬埋之, 如其子. 令孤子, 寡婦, 疾疹, 貧病者, 納宦其子. 其達士, 絜其居, 美其服, 飽其食, 而摩厲之於義. 四方之士來者, 必廟禮之. 句踐載稻與脂於舟以行, 國之孺子之遊者, 無不餔也, 無不歠也, 必問其名. 非其身之所種則不食, 非其夫人之所織則不衣, 十年不收於國, 民俱有三年之食. 國之父兄請曰:「昔者夫差恥吾君於諸侯之國, 今越國亦節矣, 請報之.」句踐辭曰:「昔者之戰也, 非二三子之罪也, 寡人之罪也. 如寡人者, 安與知恥? 請姑無庸戰.」父兄又請曰:「越四封之內, 親吾君也, 猶父母也, 子而思報父母之仇, 臣而思報君之讐, 其敢不盡力者乎? 請復戰.」句踐既許之.

164(10-3)
출정出征 결단

대부 문종이 말하였다.

"제가 보건대 오왕은 뜻은 제齊나라와 진晉나라에 두고 있으면서 말로는 우리 땅을 차지하겠다고 하면서 군대를 우리 국경에 임해올 것입니다. 지금 그들 군사들은 지쳐 쉬고 있는 중이며 1년을 우리에게 시도는 하지 않고 있어 이미 우리를 잊고 있는 것입니다. 그렇다고 우리가 태만히 해서는 안 될 것입니다. 제가 일찍이 하늘에 점을 쳐보았습니다. 오나라 백성은 이미 군사 작전에 피폐해 있고 전투에 지쳐 있으며 시중에는 적미赤米를 축적해 놓은 것도 없고 나라의 창고는 비어 있으니 그 백성들은 틀림없이 마음이 옮겨가 있을 것이며, 이 추운 때에 동해 가에서 창포나 소라를 채취하고 있습니다. 무릇 점의 징조란 사람의 일에서 또한 그 점괘가 보이는 것입니다. 왕께서 군사를 일으켜 싸운다면 가히 승리를 거두고 오나라의 변방까지는 범할 수 있겠지만 아직은 나설 수 없습니다. 오왕은 비록 우리를 정벌할 마음이 없다 해도 역시 그를 격동시켜 화를 내게 해서는 곤란합니다. 그러니 그들의 틈을 잘 헤아려 그의 의중부터 알아보느니만 못합니다."

월왕이 말하였다.

"나는 정벌할 마음을 가지고 있지 않소. 그러나 나라 사람들이 싸우자고 청한 지가 이미 3년이나 되어 내 부득불 백성의 욕구를 따르지 않을 수 없소. 지금 대부 문종의 간언을 들으니 어렵다고 하는군요."

월나라의 부형들은 다시 이렇게 간하였다.

"오나라를 치는 것은 가능합니다. 승리하면 그 나라를 없앨 수 있고 승리하지 못한다 해도 그들 군사를 곤핍하게 할 수 있습니다. 오나라가 화해를 청하여 왕께서 그와 맹약을 맺으시면 제후들에게 공명功名을 날릴 수 있습니다."

월왕이 말하였다.

"좋소."

이에 신하들을 불러 대회大會를 열고 이렇게 영을 내렸다.

"감히 오나라 치는 일을 간언을 하는 자는 그 죄를 용서하지 않겠노라."

범려와 문종은 서로 이렇게 말하였다.

"우리들이 이미 간언하였으나 합당하지 않았던 것이군요. 그래도 임금의 명령을 들어야 할 것이오."

大夫種曰:「臣觀吳王得志於齊, 晉, 謂當遂涉吾地, 以兵臨境. 今疲師休卒, 一年而不試, 以忘於我. 我不可以怠, 臣當卜之於天. 吳民旣疲於軍, 困於戰鬪, 市無赤米之積, 國廩空虛, 其民必有移徙之心, 寒就蒲, 羸於東海之濱. 夫占兆, 人事又見於卜筮. 王若起師, 以可會之利, 犯吳之邊鄙, 未可往也. 吳王雖無伐我之心, 亦難動之以怒, 不如詮其間, 以知其意.」

越王曰:「孤不欲有征伐之心, 國人請戰者三年矣, 吾不得不從民人之欲. 今聞大夫種諫難.」

越父兄又諫曰:「吳可伐, 勝則滅其國, 不勝則困其兵. 吳國有成, 王與之盟, 功名聞於諸侯.」

越王曰:「善.」

於是, 乃大會群臣而令之曰:「有敢諫伐吳者, 罪不赦.」

蠡, 種相諫曰:「吾諫而不合矣, 然猶聽君王之令.」

【以忘於我】 우리에 대한 것은 이미 잊고 있음. 우리는 안심할 수 있는 대상이라 믿고 경계를 하지 않음. '以'는 '已'와 같음.《國語》吳語에는 "今罷師而不戒以忘我"라 함.

【臣當卜之於天】 '當'은 '嘗'이어야 함. 이미 점을 쳐 본 것임.《國語》吳語에 "曰臣嘗卜於天"이라 함.

【赤米】 질이 좋지 않은 쌀.

【蒲, 蠃】〈四部叢刊〉에는 '蒲蠃'으로 되어 있으나 '蠃'은 '蠃'의 오류.《國語》吳語 注에 "蒲, 深蒲也; 蠃, 蚌蛤之屬"이라 함. 深蒲는 菖蒲를 뜻하며 수중 식물로 뿌리는 약으로 쓰며 이를 '白菖'이라 함. 식용으로도 사용하여《韓非子》難四에 "屈到嗜芰, 文王嗜菖蒲菹"라 함.

【卜筮】 '卜'은 거북등으로 치는 점. '筮'는 蓍草로 치는 점.

【以可會之利】 '會'자 다음에 '奪'자가 있어야 함.《國語》吳語에는 "王若今起師以會, 奪之利"라 함. 會는 交戰.

【亦難動之以怒】〈四部叢刊〉에는 "亦雖動之以怒"로 되어 있으나〈四庫全書〉에 의해 수정함.

【詮】《淮南子》詮言訓 注에 "詮, 就也"라 하여 '나아가다'의 뜻으로 보았으나 "따져보다, 살펴보다, 헤아려보다"로 풀이하는 것이 합당할 듯함.

【成】 화해를 요청함을 뜻함.《左傳》隱公 元年에 "惠公之季年, 敗宋師于黃. 公立而求成焉"이라 함.

（ 참고 및 관련 자료 ）

1.《國語》吳語

吳王夫差還自黃池, 息民不戒.

越大夫種乃唱謀曰:「吾謂吳王將遂涉吾地, 今罷師而不戒以忘我, 我不可以怠. 曰臣嘗卜於天, 今吳民旣罷, 而大荒薦饑, 市無赤米, 而囷鹿空虛, 其民必移就蒲嬴於東海之濱. 天占既兆, 人事又見, 我箴卜筮矣. 王若今起師以會, 奪之利, 無使夫悛. 夫吳之邊鄙遠者, 罷而未至, 吳王將恥不戰, 必不須至之會也, 而以中國之師與我戰. 若事幸而從我, 我遂踐其地, 其至者亦將不能之會也已, 吾用禦兒臨之. 吳王若慍而又戰, 奔遂可出. 若不戰而結成, 王安厚取名而去之.」越王曰:「善哉!」乃大戒師, 將伐吳. 楚申包胥使於越, 越王句踐問焉, 曰:「吳國爲不道, 求踐我社稷宗廟, 以爲平原, 弗使血食. 吾欲與之徼天之衷, 唯是車馬, 兵甲, 卒伍既具, 無以行之. 請問戰奚以而可?」包胥辭曰:「不知.」王固問焉, 乃對曰:「夫吳, 良國也, 能博取於諸侯. 敢問君王之所以與之戰者?」王曰:「在孤之側者, 觴酒, 豆肉, 簞食, 未嘗敢不分也. 飲食不致味, 聽樂不盡聲, 以求報吳. 願以此戰.」包胥曰:「善則善矣, 未可以戰也.」王曰:「越國之中, 疾者吾問之, 死者吾葬之, 老其老, 慈其幼, 長其孤, 問其病, 求以報吳. 願以此戰.」包胥曰:「善則善矣, 未可以戰也.」王曰:「越國之中, 吾寬民以子之, 忠惠以善之. 吾修令寬刑, 施民所欲, 去民所惡, 稱其善, 掩其惡, 求以報吳. 願以此戰.」包胥曰:「善則善矣, 未可以戰也.」王曰:「越國之中, 富者吾安之, 貧者吾與之, 救其不足, 裁其有餘, 使貧富皆利之, 求以報吳. 願以此戰.」包胥曰:「善則善矣, 未可以戰也.」王曰:「越國南則楚, 西則晉, 北則齊, 春秋皮幣, 玉帛, 子女以賓服焉, 未嘗敢絕, 求以報吳. 願以此戰.」包胥曰:「善哉, 蔑以加焉, 然猶未可以戰也. 夫戰, 智爲始, 仁次之, 勇次之. 不智, 則不知民之極, 無以銓度天下之衆寡; 不仁, 則不能與三軍共饑勞之殃; 不勇, 則不能斷疑以發大計.」越王曰:「諾.」越王句踐乃召五大夫, 曰:「吳爲不道, 求殘吳社稷宗廟, 以爲平原, 不使血食. 吾欲與之徼之衷, 唯是車馬, 兵甲, 卒伍既具, 無以行之. 吾問於王孫包胥, 既命孤矣; 敢訪諸大夫, 問戰奚以而可? 句踐願諸大夫言之, 皆以情告, 無阿孤, 孤將以舉大事.」大夫舌傭乃進對曰:「審賞則可以戰乎?」王曰:「聖.」大夫苦成進對曰:「審罰則可以戰乎?」王曰:「猛.」大夫種進對曰:「審物則可以戰乎?」王曰:「辯.」大夫蠡進對曰:「審備則可以戰乎?」王曰:「巧.」大夫皋如進對曰:「審聲則可以戰乎?」王曰:「可矣.」王乃命有司大令於國曰:「苟任戎者, 皆造於國門之外.」王乃命於國曰:「國人欲諸來告, 告孤不審, 將爲戮不利, 及吾日必審之, 過吾日, 道將不行.」王乃入命夫人. 王背屏而立, 夫人向屏. 王曰:「自今日以後, 內政無出, 外政無入. 內有辱, 是子也; 外有辱, 是我也. 吾見子於此止矣.」王遂出, 夫人送王, 不出屏, 乃闔左闔, 填地以土, 去笄側席以坐, 不掃. 王背檐而立, 大夫向檐. 王命大夫曰:「食土不均, 地之不修, 內有辱於國, 是子也; 軍士不死, 外有辱, 是我也. 自今日以後, 內政無出, 外政無入, 吾見子於此止矣.」

王遂出, 大夫送王, 不出檐, 乃闔左闔, 塡之以土, 側席而坐, 不掃. 王乃之壇列, 鼓而行之, 至於軍, 斬有罪者以徇, 曰:「莫如此以環塡通相問也」明日徙舍, 斬有罪者以徇, 曰:「莫如此不從其伍之令」明日徙舍, 斬有罪者以徇, 曰:「莫如此不用王命」明日徙舍, 至於禦兒, 斬有罪者以徇, 曰:「莫如此淫逸不可禁也」王乃明有司大徇於軍, 曰:「有父母耆老而無昆弟者, 以告」王親命之曰:「我有大事, 子有父母耆老, 而子爲我死, 子之父母將轉於溝壑, 子爲我禮已重矣. 子歸, 歿而父母之世. 後若有事, 吾與子圖之」明日徇於軍, 曰:「有兄弟四五人皆在此者, 以告」王親命之曰:「我有大事, 子有昆弟四五人皆在此, 事若不捷, 則是盡也. 擇子之所欲歸者一人」明日徇於軍, 曰:「有眩瞀之病者, 以告」王親命之曰:「我有大事. 子有眩瞀之病, 其歸若己. 後若有事, 吾與子圖之」明日徇於軍, 曰:「筋力不足以勝甲兵, 志行不足以聽命者歸, 莫告」明日, 遷軍接龢, 斬有罪者以徇, 曰:「莫如此志行不果」於是人有致死之心. 王乃命有司大徇於軍, 曰:「謂二三子歸而不歸, 處而不處, 進而不進, 退而不退, 左而不左, 右而不右, 身斬, 妻子鬻」於是吳王起師. 軍至江北, 越王軍於江南. 越王乃中分其師以爲左右軍, 以其私卒君子六千人爲中軍, 明日將舟戰於江, 及昏, 乃令左軍銜枚泝江五里以須, 亦令右軍銜枚踰江五里以須. 夜中, 乃命左軍, 右軍涉江鳴鼓中以須. 吳師聞之, 大駭, 曰:「越人分爲二師, 將以夾攻我師」乃不待旦, 亦中分其師, 將以禦越. 越王乃令其中軍銜枚潛涉, 不鼓不譟以襲攻之, 吳師大北. 越之左軍, 右軍乃遂涉而從之, 又大敗之於沒, 又郊敗之, 三戰三北, 乃至於吳. 越師遂入吳國, 圍王臺. 吳王懼, 使人行成, 曰:「昔不穀先委制於越君, 君告孤請成, 男女服從. 孤無奈越之先君何, 畏天之祥, 不敢絶祀, 許君成, 以至於今. 今孤不道, 得罪於君王, 君以親辱於敝邑. 孤敢請成, 男女服爲臣御」越王曰:「昔天以越賜吳, 而吳不受. 今天以吳賜越, 孤敢不聽天之命, 而聽君之令乎?」乃不許成. 因使人告於吳王曰:「天以吳賜越, 孤不敢不受. 以民生之不長, 王其無死! 民生於地上, 寓也. 其與幾何? 寡人其達王於甬句東. 夫婦三百, 唯王所安, 以沒王年」夫差辭曰:「天旣降禍於吳國, 不在前後, 當孤之身, 寔失宗廟社稷. 凡吳土地人民, 越旣有之矣, 孤何以視於天下!」夫差將死, 使人說於子胥曰:「使死者無知, 則已矣. 若其有知, 吾何面目以見員也!」遂自殺. 越滅吳, 上征上國, 宋, 鄭, 魯, 衛, 陳, 蔡執玉之君皆入朝. 夫唯能下其羣臣, 以集其謀故也.

165(10-4)
격려와 위로

월왕은 군사들을 모아놓고 이렇게 크게 경계시키며 맹서하였다.

"과인이 듣기로 '옛 어진 임금은 그 무리가 부족한 것을 걱정한 것이 아니라 그들의 뜻과 행동에 부끄러움이 적게 느끼는 것을 걱정하였다'라 하였다. 지금 부차는 물소 가죽으로 만든 갑옷을 입은 자가 13만 명이나 되면서도 오왕은 그들이 뜻과 행동에 부끄러움이 적을 것을 걱정하는 것이 아니라 그들의 숫자가 적은 것을 걱정하고 있다. 지금 과인은 장차 하늘의 위엄을 도움으로 여기고 있다. 나는 필부匹夫의 작은 용맹을 원하는 것이 아니다. 나는 사졸들이 진격할 때는 공을 세워 상을 받겠다는 의지를 보이고 물러설 때는 형벌에서 피할 수 있는 후퇴가 될 것을 바라는 것이다."

이에 월나라 백성들은 아버지는 그 자식을 권하고 형은 그 아우를 다독거리면서 이렇게 말하였다.

"오나라는 쳐서 이길 수 있단다."

越王會軍列士而大誡衆, 而誓之曰:「寡人聞:『古之賢君, 不患其衆不足, 而患其志行之少恥』也. 今夫差衣水犀甲者十有三萬人, 不患其志行之少恥也, 而患其衆之不足. 今寡人將助天威. 吾不欲匹夫之小勇也, 吾欲士卒進則思賞, 退則避刑.」

於是越民父勉其子, 兄勸其弟, 曰:「吳可伐也.」

【志行】 뜻과 행동.

【少恥】 부끄러워하는 마음이 적음. 도의 명분보다는 살아남겠다는 생각을 먼저함.《國語》越語(上) 注에 "少恥, 謂進不念功, 臨難苟免"이라 함.

【衣水犀甲】 물소 가죽으로 만든 갑옷. 徐天祜 注에 "徼外有山犀, 有水犀. 水犀之皮有珠甲, 山犀則無. 吳以水犀皮飾甲也.《周禮》:「犀甲數百年.」"이라 함.

【避刑】 刑을 免除해 줌. 임의로 군법을 어기거나 자신만이 살겠다고 물러섰을 경우 반드시 형벌에 처해지지만 그 이유가 분명할 경우 형벌을 받지 않음. 따라서 이 구절은 진격과 후퇴에 자신의 구차함을 보이지 말 것을 권고한 것임. 《國語》越語(上)에는 "欲其旅進旅退. 進則思賞, 退則思刑, 如此則有常賞. 進不用命, 退而無恥, 如此則有常刑"이라 하여 뜻이 명확함.

참고 및 관련 자료

1.《國語》越語(上)

乃致其衆而誓之曰:「寡人聞古之賢君, 不患其衆之不足也, 而患其志行之少恥也. 今夫差衣水犀之甲者億有三千, 不患其志行之少恥也, 而患其衆之不足也. 今寡人將助天滅之, 吾不欲匹夫之勇也, 欲其旅進旅退. 進則思賞, 退則思刑, 如此則有常賞. 進不用命, 退而無恥, 如此則有常刑」果行, 國人皆勸, 父勉其子, 兄勉其弟, 婦勉其夫, 曰:「孰是君也, 而可無死乎?」是故敗吳於囿, 又敗之於沒, 又郊敗之. 夫差行成, 曰:「寡人之師徒, 不足以辱君矣. 請以金玉, 子女賂君之辱」句踐對曰:「昔天以越予吳, 而吳不受命; 今天以吳予越, 越可以無聽天之命, 而聽君之令乎! 吾請達王甬句東, 吾與君爲二君乎!」夫差對曰:「寡人禮先壹飯矣, 君若不忘周室, 而爲弊邑宸宇, 亦寡人之願也, 君若曰:『吾將殘汝社稷, 滅汝宗廟.』寡人請死, 余何面目以視於天下乎! 越君其次也!」遂滅吳.

166(10-5)
부차는 황지黃池에

월왕은 다시 범려范蠡를 불러 이렇게 물었다.

"오나라는 이미 자서子胥를 죽였고 아첨으로 왕을 유도하는 무리들뿐입니다. 우리 월나라 백성들은 또 다시 나에게 오나라를 칠 것을 권하고 있으니 오나라는 칠수 있습니까?"

범려가 말하였다.

"아직 안 됩니다. 내년 봄을 기다리신 연후에야 가능합니다."

왕이 말하였다.

"어찌 그렇습니까?"

범려가 말하였다.

"신이 관찰하건대 오왕은 북쪽으로 제후들을 황지黃池에 불러 모아 회맹을 하고자 하며 정예 병사들이 모두 왕을 따라 나서고 나라 안은 비워놓은 채 노약자들만 후방에 떨어져 태자太子가 남아 지키고 있습니다. 병사들이 막 출발하여 아직 국경에서 멀지 않은 이때에 우리 월나라가 빈틈을 엄습하고 있다는 말을 들으면 그들 군사들이 되돌아오기가 어렵지 않습니다. 내년 봄을 기다리느니만 못합니다."

越王復召范蠡, 謂曰:「吳已殺子胥, 道諛者衆. 吾國之民又勸孤伐吳, 其可伐乎?」

范蠡曰:「未可. 須明年之春, 然後可耳.」

王曰:「何也?」

范蠡曰:「臣觀吳王北會諸侯於黃池, 精兵從王, 國中空虛, 老弱在後, 太子留守. 兵始出境未遠, 聞越掩其空虛, 兵還不難也. 不如來春.」

【道諛者衆】徐天祜는 "道, 當作導"라 함.《史記》越王句踐世家에는 '導'로 되어 있음.

【黃池】지금의 河南 封丘縣 남쪽. 옛 濟水의 남안.《國語》吳語에 "闕爲深溝, 通於商魯之間, 北屬之沂, 西屬之濟, 以會晉公午於黃池"라 함. 한편《太平寰宇記》에는 "黃池在今河南封丘縣西南七里, 東西廣三里"라 함.

【太子】당시 오왕 부차의 태자는 이름이 '友'였음.

【掩】掩襲함. 갑자기 습격함.

참고 및 관련 자료

1.《左傳》哀公 13년

夏, 公會單平公, 晉定公, 吳夫差于黃池.

2.《史記》越王句踐世家

居三年, 句踐召范蠡曰:「吳已殺子胥, 導諛者衆, 可乎?」對曰:「未可.」至明年春, 吳王北會諸侯於黃池, 吳國精兵從王, 惟獨老弱與太子留守. 句踐復問范蠡, 蠡曰「可矣」. 乃發習流二千人, 教士四萬人, 君子六千人, 諸御千人, 伐吳. 吳師敗, 遂殺吳太子. 吳告急於王, 王方會諸侯於黃池, 懼天下聞之, 乃祕之. 吳王已盟黃池, 乃使人厚禮以請成越. 越自度亦未能滅吳, 乃與吳平.

167(10-6)
태자를 죽이고

그해 여름 6월 병자丙子날, 구천이 다시 묻자 범려가 말하였다.

"칠 수 있습니다."

이에 습류習流 2천 명, 준사俊士 4만 명, 군자君子 6천 명, 제어諸御 1천 명을 출발시켜 을유乙酉날에 오나라와 전투를 벌였다.

병술丙戌날에는 드디어 태자를 잡아 죽였다.

정해丁亥날에는 오나라에 들어가 고서대姑胥臺를 불태워버렸다.

오나라가 급히 부차에게 이를 알리자 부차는 바야흐로 제후들과 황지에서 회맹을 하던 중이었으므로 천하에 알려질까 두려워 비밀을 지키며 누설되지 않도록 하였다.

이윽고 황지黃池의 회맹이 끝나자 이에 사람을 보내어 월나라에게 화해를 청하였다.

구천은 스스로 능히 오나라를 멸할 수 없음을 헤아려보고 오나라와 화평을 서둘렀다.

其夏六月丙子, 句踐復問, 范蠡曰:「可伐矣.」

乃發習流二千人, 俊士四萬, 君子六千, 諸御千人,
以乙酉與吳戰.

丙戌, 遂虜殺太子.

丁亥, 入吳, 焚姑胥臺.

吳告急於夫差, 夫差方會諸侯於黃池, 恐天下聞之, 卽密不令洩.

已盟黃池, 乃使人請成於越.

句踐自度未能滅, 乃與吳平.

【六月丙子】이는《左傳》哀公 13년 기록과 같으며 6월 병자날은 B.C.482년 6월 11일이었음.

【習流, 俊士, 君子, 諸御】'習流'는 習流兵, 즉 罪囚를 모아 군사훈련을 시켜 전투에 투입한 군사. 혹은 水戰에 능숙한 水軍. '俊士'는《史記》에는 '敎士'로 되어 있으며 敎練兵. '君子'는 君子兵, 즉 고아로서 왕에게 직접 양육을 받아 은혜를 입은 병사들. '諸御'는 여러 軍吏들. 군의 행정업무를 맡은 여러 부류의 관리 및 왕의 시종들. 徐天祜 注에 "《史記》「俊士」作「敎士」.〈索隱〉曰:「《虞書》云: 流宥五刑. 習流, 謂流放之罪人, 使之習戰. 敎士, 謂常所敎練之兵也. 君子, 謂君所子養有恩惠者. 諸御, 謂諸理事之官, 在君有職掌者.」徐天祜曰: 笠澤之戰, 越以三軍潛涉, 蓋以舟師勝. 此所謂習流, 是卽習水戰之兵. 若曰使罪人習戰, 越一小國, 流放者何至二千人哉?"라 함.

【乙酉】6월 20일.

【丙戌】6월 21일.

【太子】吳나라 都城에 남아 지키고 있던 吳王 夫差의 태자. 友.

【丁亥】6월 21일.

【姑胥臺】姑胥山에 있는 樓臺. 姑蘇臺.

【請成】和平을 청함. 평화의 맹약을 청함.

참고 및 관련 자료

1.《左傳》哀公 13년

六月丙子, 越子伐吳, 爲二隧, 疇無餘, 謳陽自南方, 先及郊. 吳大子友, 王子地,

王孫彌庸, 壽於姚自泓上觀之. 彌庸見姑蔑之旗, 曰:「吾父之旗也. 不可以見
讎而弗殺也.」大子曰:「戰而不克, 將亡國, 請待之.」彌庸不可, 屬徒五千, 王子
地助之. 乙酉, 戰, 彌庸獲疇無餘, 地獲謳陽. 越子至, 王子地守. 丙戌, 復戰,
大敗吳師, 獲大子友, 王孫彌庸, 壽於姚. 丁亥, 入吳. 吳人告敗于王. 王惡其聞也,
自剄七人於幕下. 冬, 吳及越平.

2.《史記》越王句踐世家

句踐復問范蠡, 蠡曰「可矣」. 乃發習流二千人, 教士四萬人, 君子六千人, 諸御千人,
伐吳. 吳師敗, 遂殺吳太子. 吳告急於王, 王方會諸侯於黃池, 懼天下聞之, 乃祕之.
吳王已盟黃池, 乃使人厚禮以請成越. 越自度亦未能滅吳, 乃與吳平.

168(10-7)
신포서申包胥의 조언

월왕 21年(B.C.486), 7월 월왕은 다시 나라 안의 사졸들을 모아 오나라 정벌에 나섰다.

마침 초楚나라 신포서申包胥가 월나라에 사신으로 오자 월왕이 신포서에게 물었다.

"오나라를 가히 정벌할 수 있겠습니까?"

신포서가 말하였다.

"저는 계책과 모의에 비천하며 점을 치는 것에도 부족합니다."

월왕이 말하였다.

"오나라는 무도하여 우리 사직을 잔폐시켰고 우리 종묘를 허물어 평원으로 만들어 우리로 하여금 혈식血食을 올릴 수 없도록 하였습니다. 나는 하늘이 내려주시는 복을 맞이하고자 하여 수레, 말, 군사, 무기, 사졸은 이미 갖추어놓았으나 아직 실행에 옮기지 못하고 있습니다. 진실로 전쟁에 대해 듣고자 합니다. 어떻게 해야 되겠습니까?"

신포서가 말하였다.

"저는 어리석어 알 수 없습니다."

월왕이 굳이 묻자 신포서가 말하였다.

"무릇 오나라는 선량한 나라입니다. 제후들에게는 어짊이 알려져 있습니다. 감히 여쭙건대 왕께서는 어떤 명분으로 싸움을 걸려 하십니까?"

월왕이 말하였다.

"나는 측근과 함께 있을 때 음식과 술, 고기를 먹어도 일찍이 구분해본 적이 없었고, 음식에도 감히 맛난 것을 먹겠다고 하지 않았으며 음악을 들어도 그 흥취를 다하지 않으면서 오나라에게 보복할 생각만 하였소. 이로써 이 전투를 원하였던 것이라오."

신포서가 말하였다.

"훌륭하기는 훌륭합니다만 아직은 전투를 벌일 수 없습니다."

월왕이 말하였다.

"월나라 안에서는 나는 박애博愛로써 사랑을 베풀고, 충혜忠惠로써 양육하여 왔소. 나는 지금 형벌은 관대하게 하면서 백성들이 원하는 바는 베풀어주고 백성들이 싫어하는 바는 제거해 주고 있으며, 잘한 일은 칭찬하고 잘못된 것은 덮어주며 오나라에게 보복할 것만 찾아왔소. 이로써 이 전투를 원하였던 것이오."

신포서가 말하였다.

"훌륭하기는 훌륭합니다만 아직은 전투를 벌일 수 없습니다."

월왕이 말하였다.

"월나라 안에서 부유한 자들은 편안하게 해 주었고 가난한 자들에게는 주었으며 부족한 자는 구제하고 여유가 있는 것은 덜어서 빈부로 하여금 그 이익을 놓치지 않도록 하면서 오나라에게 보복할 것만 찾아왔소. 이로써 이 전투를 원하였던 것이오."

신포서가 말하였다.

"훌륭하기는 훌륭합니다만 아직은 전투를 벌일 수 없습니다."

월왕이 말하였다.

"우리나라는 남쪽으로는 초나라와 닿아 있고, 서쪽으로는 진晉나라와 붙어 있으며 북쪽으로는 제齊나라를 바라보고 있으면서 봄가을로 예물과 옥백, 여자들을 바쳐 일찍이 중단했던 적이 없이 오직 오나라에게 보복할 방법만 찾고 있었소. 이로써 이 전투를 원하였던 것이오."

신포서가 말하였다.

"훌륭합니다! 여기에 더 보탤 것이 없기는 하지만 그래도 아직 전투를 벌일 수 없습니다. 무릇 전쟁의 방법이란 지혜(知)가 그 시작이며 그 다음은 어짊(仁)이요 그 다음에 용기(勇)으로써 결단을 내려야 하는 것입니다. 임금과 장수가 '지'를 모른다면 권변權變의 모책, 즉 군사의 많고 적음에 대한 구별을 할 수가 없고, 어질지 못하다면 삼군三軍과 함께 기한飢寒의 절도도 고락苦樂의 기쁨도 함께 할 수가 없으며, 용기가 없다면 거취去就에 대한 망설임, 가부의 결정에 결단을 내릴 수가 없는 것입니다."

이에 월왕이 말하였다.

"공경히 명령에 따르겠습니다."

二十一年七月, 越王復悉國中士卒伐吳.

會楚使申包胥聘於越, 越王乃問包胥曰:「吳可伐耶?」

申包胥曰:「臣鄙於策謀, 未足以卜.」

越王曰:「吳爲不道, 殘我社稷, 夷吾宗廟, 以爲平原, 使不得血食. 吾欲與之徼天之中, 惟是輿馬, 兵革, 卒伍旣具, 無以行之. 誠聞於戰, 何以爲可?」

申包胥曰:「臣愚不能知.」

越王固問, 包胥乃曰:「夫吳, 良國也, 傳賢於諸侯. 敢問君王之所戰者何?」

越王曰:「在孤之側者, 飮酒食肉, 未嘗不分; 孤之飮食不致敢其味, 聽樂不盡其聲; 求以報吳. 願以此戰.」

包胥曰:「善則善矣, 未可以戰.」

越王曰:「越國之中, 吾博愛以子之, 忠惠以養之. 吾今修寬刑, 施民所欲, 去民所惡; 稱其善, 掩其惡; 求以報吳. 願以此戰.」

包胥曰:「善則善矣, 未可以戰.」

王曰:「越國之中, 富者吾安之, 貧者吾予之, 救其不足, 損其有餘, 使貧富不失其利, 求以報吳, 願以此戰.」

包胥曰:「善則善矣, 未可以戰.」

王曰:「邦國南則距楚, 西則薄晉, 北則望齊, 春秋奉幣, 王帛, 子女以貢獻焉, 未嘗敢絶, 求以報吳. 願以此戰.」

包胥曰:「善哉! 無以加斯矣, 猶未可戰. 夫戰之道, 知爲之始, 以仁次之, 以勇斷之. 君將不知, 卽無權變之謀以別衆寡之數; 不仁, 則不得與三軍同飢寒之節, 齊苦樂之喜; 不勇, 則不能斷去就之疑, 決可否之議.」

於是, 越王曰:「敬從命矣.」

【二十一年七月】B.C.476. 이 해는 夫差 20년, 哀公 19년에 해당함. 그러나 徐天祜는 "按《左傳》哀公十七年:「吳伐越, 吳禦之笠澤.」按句踐十九年事, 此書不當以爲二十一年也"라 함. 그러나《史記》吳太伯世家에는 "(夫差)二十年(越王句踐二十一年), 越王句踐復伐吳"라 하여 혹 이에 근거한 것이 아닌가 함.

【會】'適'과 같음. 副詞 '마침'의 뜻.

【申包胥】楚나라 大夫. 姓은 公孫. 楚나라 왕족 鬪若敖의 후손으로 이름은 包胥, 申胥, 혹 勃蘇로도 표기함. 楚 成王 때 鬪班이 申 땅에 封을 받아 이로써 후손이 申氏로 불림. 伍子胥와는 친교가 있었으며 楚나라 大夫에 오름.《戰國策》에는 "棼冒勃蘇"라 하였으며 棼冒는 蚡冒, 즉 楚 武王의 형이었음. 따라서 그는 蚡冒의 후손임을 알 수 있음. '勃蘇'는 '包胥'와 같은 발음으로 표기가 다른 것임. 楚 昭王 10년(B.C.506) 伍子胥의 침공에 의해 초나라가 망할 지경에 이르자 申包胥는 秦나라로 달려가 七日七夜를 통곡한 끝에 구원을 얻어낸 고사를 남김. 065를 참조할 것.

【聘】《禮記》曲禮(下)에 "諸侯使大夫問於諸侯曰聘"이라 함.

【鄙】見聞이 좁고 聰明하지 못함.

【血食】祭祀의 다른 말. 희생을 잡아 제사에 올림.

【徼天之中】 '徼'는 '邀'와 같음. 맞이함. '中'은 '衷'과 같음. '徼衷'은 '徼福'과 같음. 서천호 주에 "《國語》作衷"이라 함.

【食不致其味】《國語》에는 "不極五味之調"라 함.

【不盡其聲】《國語》에는 "不盡五星之變"이라 함.

【博愛】 '博愛'와 같음.

【薄晉】 晉나라에 가까움. '薄'은 '迫'과 같음. 닿아 있음. 근접함.

【知爲之始】 '知'는 '智'와 같음. 아래 '君將不知'의 '知'도 역시 같음.

【權變】 權衡과 變化. 隨機應變의 능력.

참고 및 관련 자료

1.《左傳》哀公 17年

三月, 越子伐吳, 吳子禦之笠澤, 夾水而陳. 越子爲左右句卒, 使夜或左或右, 鼓譟而進; 吳師分以御之. 越子以三軍潛涉, 當吳中軍而鼓之. 吳師大亂, 遂敗之.

2.《國語》吳語

楚申包胥使於越, 越王句踐問焉, 曰:「吳國爲不道, 求踐我社稷宗廟, 以爲平原, 弗使血食. 吾欲與之徼天之衷, 唯是車馬, 兵甲, 卒伍旣具, 無以行之. 請問戰奚以而可?」包胥辭曰:「不知.」王固問焉, 乃對曰:「夫吳, 良國也, 能博取於諸侯. 敢問君王之所以與之戰者?」王曰:「在孤之側者, 觴酒, 豆肉, 簞食, 未嘗敢不分也. 飲食不致味, 聽樂不盡聲, 以求報吳. 願以此戰」包胥曰:「善則善矣, 未可以戰也」王曰:「越國之中, 疾者吾問之, 死者吾葬之, 老其老, 慈其幼, 長其孤, 問其病, 求以報吳. 願以此戰」包胥曰:「善則善矣, 未可以戰也」王曰:「越國之中, 吾寬民以子之, 忠惠以善之. 吾修令寬刑, 施民所欲, 去民所惡, 稱其善, 掩其惡, 求以報吳. 願以此戰」包胥曰:「善則善矣, 未可以戰也」王曰:「越國之中, 富者吾安之, 貧者吾與之, 救其不足, 裁其有餘, 使貧富皆利之, 求以報吳. 願以此戰」包胥曰:「善則善矣, 未可以戰也」王曰:「越國南則楚, 西則晉, 北則齊, 春秋皮幣, 玉帛, 子女以賓服焉, 未嘗敢絶, 求以報吳. 願以此戰」包胥曰:「善哉, 蔑以加焉, 然猶未可以戰也. 夫戰, 智爲始, 仁次之, 勇次之. 不智, 則不知民之極, 無以銓度天下之衆寡; 不仁, 則不能與三軍共饑勞之殃; 不勇, 則不能斷疑以發大計.」越王曰:「諾.」

169(10-8)
대부들의 임무와 결의

그해 겨울 10월, 월왕은 여덟 대부들에게 이렇게 청하였다.

"지난 날 오나라는 무도하여 우리 종묘宗廟를 잔폐시키고 우리 사직社稷을 허물어 평지로 만들어 우리로 하여금 혈식을 올리지 못하게 하였소. 나는 하늘이 내려주는 복을 맞이하고자 군사와 무기가 이미 갖추어졌으나 아직 실행을 하지 않고 있소. 내 신포서申包胥에게 물어보았더니 그가 이미 나에게 가르쳐주었소. 감히 여러 대부들에게 고하오. 어떻게 하면 되겠소?"

대부 설용曳庸이 말하였다.

"상賞을 잘 심의하시면 가히 싸울 수 있습니다. 그 상을 살펴 믿음을 명확히 하여 공을 이루지 않은 자에게는 주지 마시고 공이 있으면 반드시 내려 주신다면 사졸들은 태만하지 않을 것입니다."

월왕이 말하였다.

"성스러운 일이로다!"

대부 고성苦成이 말하였다.

"벌(罰)을 잘 심의하시면 가히 싸울 수 있습니다. 벌을 잘 살피면 사졸들은 보고만 있는 것을 두려워하여 감히 명령을 어기지 않게 될 것입니다."

월왕이 말하였다.

"용맹이로다!"

대부 문종文種이 말하였다.

"사물을 잘 살피시면 가히 싸울 수 있습니다. 사물을 살피면 시비를 구별하게 되며 시비가 명확히 관찰되면 사람은 미혹하지 않게 될 것입니다."

월왕이 말하였다.

"변별함이로다!"

범려范蠡가 말하였다.

"설비를 잘 살피시면 가히 싸울 수 있습니다. 설비를 잘 갖추고 신중히 지켜 뜻밖의 일을 대비하셔야 합니다. 설비가 갖추어지고 지켜내는 것이 견고하면 틀림없이 어려움에 대응할 수 있을 것입니다."

월왕이 말하였다.

"삼감이로다!"

대부 고여皐如가 말하였다.

"소리를 잘 살피면 가히 싸울 수 있습니다. 소리를 살펴 음의 청탁淸濁을 구별해야 합니다. 청탁이란 우리 오나라 임금의 명령이 주周나라 왕실에까지 들리도록 하여 제후들로 하여금 밖에서 우리를 원망하는 일이 없도록 함을 말합니다."

월왕이 말하였다.

"덕이로다!"

대부 부동扶同이 말하였다.

"은혜를 널리 펴고 분수를 알게 하면 가히 싸울 수 있습니다. 은혜로써 널리 펴서 이를 널리 베풀고 분수를 알아 소외됨이 없도록 해야 합니다."

월왕이 말하였다.

"신묘함이로다!"

대부 계예計硯가 말하였다.

"천문을 헤아리고 땅을 살피며 그 변화에 참응參應하면 가히 싸울 수 있습니다. 하늘이 변화하고 땅이 응험하며, 사람의 도리가 편하고 이로운 것, 이 세 가지가 먼저 나타나주면 싸울 수 있습니다."

월왕이 말하였다.

"명확함이로다!"

冬十月, 越王乃請八大夫, 曰:「昔吳爲不道, 殘我宗廟, 夷我社稷, 以爲平原, 使不血食. 吾欲徹天之中, 兵革既具, 無所以行之. 吾問於申包胥, 卽已命孤矣. 敢告諸大夫, 如何?」

大夫曳庸曰:「審賞則可戰也. 審其賞, 明其信, 無功不及, 有功必加, 則士卒不怠.」

王曰:「聖哉!」

大夫苦成曰:「審罰則可戰. 審罰, 則士卒望而畏之, 不敢違命.」

王曰:「勇哉!」

大夫文種曰:「審物則可戰. 審物, 則別是非, 是非明察, 人莫能惑.」

王曰:「辨哉!」

大夫范蠡曰:「審備則可戰, 審備慎守, 以待不虞. 備設守固, 必可應難.」

王曰:「慎哉!」

大夫皋如曰:「審聲則可戰, 審於聲音, 以別清濁. 清濁者, 謂吳國君命聞於周室, 令諸侯不怨於外.」

王曰:「得哉!」

大夫扶同曰:「廣恩知分則可戰. 廣恩以博施, 知分而不外.」

王曰:「神哉!」

大夫計硯曰:「候天察地, 參應其變, 則可戰. 天變, 地應,人道便利, 三者前見, 則可.」

王曰:「明哉!」

【八大夫】《國語》吳語에는 五大夫(舌庸, 苦成, 文種, 范蠡, 皐如)만 들고 있으며
여기서는 扶同, 計硯를 더하여 모두 일곱이며 아마 諸稽郢이 빠진 듯함.

【不虞】예상하지 못했던 갑작스러운 일.

【曳庸】越나라 대부. 099에는 '洩庸'으로 표기되어 있으며《國語》吳語와《左傳》
哀公 26年에는 '舌庸'으로 표기되어 있음. 따라서 '설용'으로 읽어야 함.

【苦成】越나라 大夫.《國語》吳語에는 越나라 五大夫의 하나라 하였음.

【皐如】春秋時代 越나라 大夫. 후에 文種을 모함에 빠뜨려 죽게 함.

【聲音】여기서는 소문과 평판 등을 말함.

【淸濁】칭송과 악평을 말함.

【周室】天子國 周 왕실. 당시 주나라 천자는 敬王 姬匄였음.

【得哉】《荀子》解蔽篇 "宋子蔽於欲而不知得"에 대해 兪樾의〈諸子平議〉에
"古得, 德字通用"이라 하였고,《漢書》項籍傳 "羽乃曰:「吾聞, 漢購我頭千金,
邑萬戶, 吾爲公得.」"의 같은 문장이《史記》頂羽本紀에는 '得'을 '德'이라 하여
득을 덕으로 봄.

【扶同】《史記》에는 '逢同'으로 되어 있음. 徐天祜는 "《史記》作逢同"이라 함.

【計硯】范蠡의 스승 計然과는 다른 사람. 대부들 중에 가장 나이가 어렸음.

참고 및 관련 자료

1.《國語》吳語

越王句踐乃召五大夫, 曰:「吳爲不道, 求殘吳社稷宗廟, 以爲平原, 不使血食.
吾欲與之徼之衷, 唯是車馬, 兵甲, 卒伍旣具, 無以行之. 吾問於王孫包胥, 旣命
孤矣; 敢訪諸大夫, 問戰奚以而可? 句踐願諸大夫言之, 皆以情告, 無阿孤, 孤將
以擧大事.」大夫舌庸乃進對曰:「審賞則可以戰乎?」王曰:「聖.」大夫苦成進
對曰:「審罰則可以戰乎?」王曰:「猛.」大夫種進對曰:「審物則可以戰乎?」王曰:
「辯.」大夫蠡進對曰:「審備則可以戰乎?」王曰:「巧.」大夫皐如進對曰:「審聲
則可以戰乎?」王曰:「可矣.」

170(10-9)
엄한 군법軍法

이에 구천句踐은 물러나 재계齋戒하고 나라 사람들에게 이렇게 명을 내렸다.

"나는 장차 생각지 않았던 일을 논의할 것이니 가까운 곳부터 먼 곳까지 듣지 못하는 자가 없도록 하라."

이에 다시 유사有司에게 명하여 나라 사람들에게 알리도록 하였다.

"명을 받드는 자에게는 상이 있을 것이니 모두 국문國門에 모이도록 하라. 약속된 날짜에 명령을 듣지 않는 자는 내 장차 참수하여 널리 알릴 것이다."

구천은 백성들이 믿지 않을까 걱정이 되어 주실周室에 의롭지 못한 자를 정벌할 것임을 알리고 제후들에게는 밖에서 원망하지 않도록 하였다.

그리고 나라에 영을 내렸다.

"닷새 안에 모이는 사람은 나의 어진 백성이며, 닷새를 넘기는 자라면 나의 백성으로 여기지 않을 것이고 게다가 장차 주벌을 가할 것이다."

於是, 句踐乃退齋, 而命國人曰:「吾將有不虞之議, 自近及遠, 無不聞者.」

乃復命有司與國人曰:「承命有賞, 皆造國門. 之期有不從命者, 吾將有顯戮.」

句踐恐民不信, 使以征不義聞於周室, 令諸侯不怨於外.
令國中曰:「五日之內, 則吾良人矣. 過五日之外, 則非吾
之民也, 又將加之以誅.」

【國人】 나라의 卿大夫와 官吏. 귀족 신분을 일컫는 말.
【不虞之議】 뜻밖의 논의거리. '議'는 '謀'와 같음. 《廣雅》 釋詁에 "議, 謀也"라 함.
【有司】 일을 맡아 주관하는 관리.
【皆造國門】 모두가 나라 성문에 도착함. '造'는 '到'와 같음.
【顯戮】 죽여서 이를 널리 보임. 一罰百戒로 삼음. 《尚書》 泰誓(下)에 "功多有厚賞,
不迪有顯戮"이라 함.
【良人】 良民과 같음.

> ### 참고 및 관련 자료

1. 《國語》 吳語

王乃命有司大令於國曰:「苟任戎者, 皆造於國門之外.」王乃命於國曰:「國人
欲諸來告, 告孤不審, 將爲戮不利, 及吾日必審之, 過吾日, 道將不行.」

171(10-10)
부인과의 약속

교시와 명령이 실행되자 이에 들어 부인에게 명하였다.

왕은 벽면을 등지고, 부인은 벽을 향하여 섰다.

왕이 말하였다.

"오늘부터 이후로 궁중 안에 여인들의 일을 밖으로 알리지 말 것이며 밖에서의 국사를 안에 들어오지 않게 하시오. 각기 자신의 직무를 지켜 그 믿음을 다해야 하오. 안에서 욕된 일이 생기면 이는 그대의 책임이요 국경 밖 천 리에서 치욕을 입는 것은 나의 책임이오. 내가 당신을 여기서 만난 것도 분명한 경계로 삼으시오."

왕이 궁궐을 나서자 부인은 왕을 전송하면서 벽을 넘어서지 않았다.

왕은 이에 되돌아와서 그 문을 걸어 닫고 흙으로 메워버렸다.

부인은 비녀를 뽑고 홀로 앉은 마음을 가라앉히고 화장도 하지 않았으며 석 달 동안 청소도 하지 않았다.

教令其行, 乃入命於夫人.

王背屛, 夫人向屛而立.

王曰:「自今日之後, 內政無出, 外政無入. 各守其職, 以盡其信. 內中辱者, 則是子; 境外千里辱者, 則是予也.

吾見子於是, 以爲明誡矣.」

王出宮, 夫人送王, 不過屏.

王因反闔其門, 塡之以土.

夫人去笄, 側席而坐, 安心無容, 三月不掃.

【敎令】 군주의 교시와 명령.

【背屛】 벽이나 담을 등짐. 徐天祜 注에 "背, 音倍, 下倍垣同"이라 함.《荀子》 大略篇에 "天子外屛, 諸侯內屛"이라 하였고,《國語》吳語 注에는 "屛, 寢門內屛. 王北向, 夫人南向"이라 함.

【內政】《國語》吳語 注에 "內政, 婦職; 外政, 國事"라 함.

【境外千里辱者, 則是予也】〈四部叢刊〉에는 '是予也'가 '是子也'로 되어 있으며, 徐天祜는 "子, 當作我"라 하였으나 '子'는 '予'의 오류임. 자형이 비슷하여 빚어진 것임.

【不過屛】《國語》吳語 注에 "禮, 婦人送迎不出門"이라 함.

【反闔其門】〈貴州本〉에는 "되돌아와서 문을 걸어닫다"로 보았고,〈三民本〉에는 "문을 거꾸로 닫아걸다"로 보았음.

【塡之以土】 흙을 발라 메워버림.

【去笄, 側席】 '笄'는 여인들의 머리 비녀. '側席'은 홀로 앉아 있는 것.《國語》吳語 注에 "笄, 簪也. 去笄, 去飾也. 側, 猶特也.《禮》:「憂者側席而坐.」"라 함. '特'은 '獨'의 뜻.

참고 및 관련 자료

1.《國語》吳語

王乃入命夫人. 王背屛而立, 夫人向屛. 王曰:「自今日以後, 內政無出, 外政無入. 內有辱, 是子也; 外有辱, 是我也. 吾見子於此止矣」王遂出, 夫人送王, 不出屛, 乃闔左闔, 塡地以土, 去笄側席以坐, 不掃.

172(10-11)
대부들과의 약속

월왕은 나서면서 다시 담을 등지고 서고, 대부들은 담을 향하여 서서 경의를 표하였다.

왕은 이에 대부들에게 이렇게 명하였다.

"선비들이 밥을 골고루 먹지 못하거나 나라의 토지가 제대로 경작되지 않아 나로 하여금 나라에 욕이 되도록 한다면 이는 그대들의 죄입니다. 적에 임하여 전투를 하지 못한다거나 군사들이 죽음을 무릅쓰지 않아 제후들에게 치욕을 입고 천하에 공을 허물어뜨리는 일이 생긴다면 이는 나의 책임입니다. 지금 이후에 나라 안의 정치는 밖으로 나가지 못하게 하며 밖에서 하는 일은 안으로 들어오지 못하게 하시오. 나는 진실로 그대들에게 경계를 부탁합니다."

대부들이 말하였다.

"공경하여 명령을 받겠습니다."

왕이 이에 출발하자 대부들이 전송하면서 담을 나서지 않았다. 왕은 다시 되돌아 외궁의 문을 닫아 걸고 흙으로 메웠다.

대부들은 홀로 앉아 오미五味의 음식을 올리지 않도록 하였으며 남의 권고에 대답도 하지 않았다.

구천은 부인과 대부들에게 다시 이렇게 명하였다.

"나라를 잘 지키고 계시오!"

王出, 則復背垣而立, 大夫向垣而敬.

王乃令大夫曰:「食士不均, 地壞不修, 使孤有辱於國,
是子之罪. 臨敵不戰, 軍士不死, 有辱於諸侯, 功隳於天下,
是孤之責. 自今以往, 內政無出, 外政無入. 吾固誡子.」

大夫曰:「敬受命矣.」

王乃出, 大夫送, 不出垣, 反闔外宮之門, 塡之以土.

大夫側席而坐, 不御五味, 不答所勸.

句踐有命於夫人, 大夫曰:「國有守禦!」

【垣】 담. 궁궐의 낮은 담장. 왕궁 외조의 담.

【地壞不修】 토지를 耕作하지 않음.

【功隳】 공을 무너뜨림. 천하에 떨칠 공을 허물어뜨림. '隳'는 '毀'와 같음.

【不御五味】 맛을 고루 갖춘 음식을 올리는 것을 하지 않음. 음식을 검약하게
바꿈. '御'는 '進用'의 뜻.

【不答所勸】 서로 권고하거나 지시하는 말에 대답을 하지 않음. 각자 근신하여
자신의 맡은 일만 할 뿐 서로 간섭하지 아니함.

【句踐有命於婦人】 '有'는 '又'와 같음.

───

[참고 및 관련 자료]

1.《國語》吳語

王背檐而立, 大夫向檐. 王命大夫曰:「食土不均, 地之不修, 內有辱於國, 是子也;
軍士不死, 外有辱, 是我也. 自今日以後, 內政無出, 外政無入, 吾見子於此止矣.」
王遂出, 大夫送王, 不出檐, 乃闔左闔, 塡之以土, 側席而坐, 不掃.

173(10-12)
군법을 어긴 자

이에 노천의 단 위에 앉아 줄지어 북을 세워놓고 이를 울려 군사들을 행진시켜 진열陣列을 만들도록 하고는 즉시 잘못을 저지른 자 세 사람의 목을 쳐서 군중에 순시徇示시키며 이렇게 영을 내렸다.

"나의 명령에 따르지 않는 자는 이렇게 되리라."

이튿날, 군사를 교외로 옮겨 잘못을 저지른 자 세 사람을 참수하여 군중에 순시시키며 이렇게 영을 내렸다.

"나의 명령에 따르지 않는 자는 이렇게 되리라."

왕은 이에 나라 안에 있으면서 원정에 나서지 않는 자로 하여금 이들과 이별하도록 하면서 이렇게 고하였다.

"너희들은 국토와 직분을 편안히 잘 지켜라. 나는 바야흐로 정벌에 나서서 우리 종묘의 원수를 토벌하여 그대들에게 사례할 것이다."

그리고 나라 사람들에게 교외의 국경에서 각자 자신의 자제들을 전송하도록 하고 군사들은 각기 자신들의 부모형제와 이별하도록 하였다.

나라 사람들은 슬픔 속에 모두가 〈이별상거사離別相去詞〉를 지어 불렀다.

"급히 전진하여 옛 치욕을 닦아내고자
창을 뽑아들고 말을 몰아 무기를 잡고
재난을 만나도 항복하지 않으리
왕의 원한과 노기를 씻어드리리

삼군이 나는 듯이 내달려 가서
닥치는 대로 죽여 없애리
하나의 전사가 죽음을 무릅쓰면
백 명의 적군을 당해내리라.
천도는 덕 있는 우리를 도울 것이니
오나라 병사들 자신들끼리 죽이리라.
우리 임금 묵은 치욕 씻어드리고
그 위세 팔도八都에 두루 떨치리.
우리 군사들 어려울수록 더욱 내달아
그 형세 마치 성난 비추貔貅같거늘
행렬마다 각기 더욱 힘쓰세
오호라, 오호라!"

이에 이를 보고 있던 자들은 처절하게 느끼지 않는 자가 없었다.
이튿날 다시 군사를 국경 근처까지 옮긴 다음 죄를 지은 자 셋을 참수
하여 군중에 순시시키며 이렇게 말하였다.
"나의 명령에 따르지 않는 자는 이렇게 되리라."

乃坐露壇之上, 列鼓而鳴之, 軍成行陣, 卽斬有罪者
三人, 以徇於軍, 令曰:「不從吾令者, 如斯矣.」

明日, 徙軍於郊, 斬有罪者三人, 徇之於軍, 令曰:「不從
吾令者, 如斯矣.」

王乃令國中不行者, 與之訣而告之曰:「爾安土守職.
吾方往征討我宗廟之讎, 以謝於二三子.」

令國人各送其子弟於郊境之上, 軍士各與父兄昆弟取訣.
國人悲哀, 皆作〈離別相去之詞〉, 曰:

『躒躁摧長兮㤈分, 擢戟馭殳.

　所離不降兮, 以洩我王氣蘇.

　三軍一飛降兮, 所向皆殂.

　一士判死兮, 而當百夫.

　道祐有德兮, 吳卒自屠.

　雪我王宿恥兮, 威振八都.

　軍伍難更兮, 勢如貔貙.

　行行各努力兮, 於乎於乎!』

　於是觀者莫不悽惻.

　明日, 復徙軍於境上, 斬有罪者三人, 徇之於軍, 曰:
「有不從令者, 如此.」

【露壇】野外 露天에 쌓은 臺. 査閱臺.

【軍成行陣】〈四部叢刊〉에는 "軍行成陣"으로 되어 있으나 顧廣圻의 〈宋本〉에
　의해 수정함.

【徇於軍】‘徇’은 ‘巡’과 같으며, 두루 다니며 보여줌. ‘徇示’, ‘向衆宣示’와 같음.

【有罪者】군대의 規律이나 規則, 혹은 지휘관의 명을 제대로 遂行하지 못하는 자.

【躒躁】급하게 전진함. 떠나감.

【摧】꺾어버림. 물리침. 씻어 없앰. 닦아버림.

【㤈】‘뉵’으로 읽으며 치욕, 수치를 뜻함.

【擢戟馭殳】창과 무기를 뽑아들고 말을 몰아 나아감. ‘殳’(수)는 자루가 긴 병기.
　徐天祐는 "殳, 音殊. 兵器.《詩》:「伯也執殳.」《周禮》:「殳, 以積竹八觚, 長丈二尺,
　建於兵車, 旅賁以先驅.」《說文》:「積竹, 謂削去白, 取其靑處合之, 取其有力.」
　《釋名》:「殳, 殊也. 長一丈二尺, 無刃, 有所撞挃於車上, 使殊離也.」"라 함.

【所離不降】‘離’는 ‘罹’와 같음. 재난을 당함. 어려움을 당해도 항복하지 않을
　것임을 말함.

【氣蘇】숨을 쉼. 여기서는 怨恨의 氣를 뜻함.

【自屠】자기편 군사끼리 殺傷하여 自滅함.《史記》周本紀에 "紂師雖衆, 皆無敵之心, 心欲武王亟入. 紂師皆倒兵以戰, 以開武王"이라 함.

【八都】많은 도읍들. 사방팔방의 도시들. 여기서는 海內, 天下의 제후국을 가리킴.

【貔貙】맹수. 徐天祜 注에 "貔, 猛獸. 陸機曰:「似虎. 或曰似羆.」貙, 似貍, 能捕獸祭天. 陸佃曰:「虎五指爲貙.」"라 함.

참고 및 관련 자료

1.《國語》吳語

王乃之壇列, 鼓而行之, 至於軍, 斬有罪者以徇, 曰:「莫如此以環瑱通相問也.」明日徙舍, 斬有罪者以徇, 曰:「莫如此不從其伍之令」明日徙舍, 斬有罪者以徇, 曰:「莫如此不用王命」

2.《藝文類聚》(29)

勾踐伐吳, 乃命國中興之訣, 而國人悲哀, 皆作離別之聲.

174(10-13)
취리橋李로 이동

그로부터 사흘 뒤 다시 군대를 취리橋李로 옮겨 죄를 지은 자 세 사람을 참수하여 군중에 순시시키며 이렇게 말하였다.

"음심淫心을 품거나 사특한 행동을 하거나, 용감히 나서지 않는 자는 이와 같이 되리라."

구천은 이에 유사有司에게 명하여 군중을 순시하면서 이렇게 알리도록 하였다.

"부모님만 계시고 형제가 없는 자는 내게 와서 고하라. 우리의 큰일에 그대들은 부양해야 할 부모님과 그대들을 사랑하는 양친을 떠나 나라의 위급한 일에 나선 것이다. 그대들이 전투하는 가운데 부모형제가 질병의 처지에 놓이게 되면 나는 그들을 나의 부모형제가 질병에 걸린 것처럼 위해 줄 것이며, 그들 중에 죽는 자가 있으면 나는 그들을 장례지내 주고 빈소를 차려 보내줄 때 마치 나의 부모형제가 죽어 장례를 치러주듯이 할 것이다."

이튿날 다시 군중을 순시하며 이렇게 말하였다.

"사졸들 중에 질병에 걸렸거나 군대를 따라 갈 수 없는 자가 있으면 내 의원과 약을 주고 미음과 죽을 줄 것이며 그들과 함께 같은 식사를 할 것이다."

다음 날, 다시 군중을 순시하며 이렇게 말하였다.

"근력이 부족하여 무기의 무게를 이겨내지 못하거나 지행志行이 왕의 명령을 수행하기에 어려운 자는 내가 그 무게를 가볍게 해줄 것이며 그 임무를 완화시켜 줄 것이다."

다음 날, 군사를 강남江南에서 휘돌리고 진을 고쳐서 정비하고, 군법을 엄히 하고 나서, 다시 죄를 지은 자 다섯 명을 처단하고 순시하며 이렇게 말하였다.

"나는 사졸을 사랑한다. 비록 내 아들이라 해도 이보다 더할 수는 없을 것이다. 그러나 법을 어겨 처벌을 당하는 것은 내 아들이라도 여기에서 벗어날 수가 없다."

後三日, 復徙軍於檇李, 斬有罪者三人, 以徇於軍, 曰: 「其淫心匿行, 不當敢者, 如斯矣.」

句踐乃命有司大徇軍, 曰:「其有父母無昆弟者, 來告我. 我有大事, 子離父母之養, 親老之愛, 赴國家之急. 子在軍寇之中, 父母昆弟有在疾病之地, 吾視之如吾父母昆弟之疾病也; 其有死亡者, 吾葬埋殯送之如吾父母昆弟之有死亡葬埋之矣.」

明日, 又徇於軍, 曰:「士有疾病, 不能隨軍從兵者, 吾予其醫藥, 給其糜粥, 與之同食.」

明日, 又徇於軍, 曰:「筋力不足以勝甲兵, 志行不足以聽王命者, 吾輕其重, 和其任.」

明日, 旋軍於江南, 更陳嚴法, 復誅有罪者五人, 徇曰:「吾愛士也, 雖吾子不能過也. 乃其犯誅, 自吾子亦不能脫也.」

【檇李】'檇里', '醉李', '就李' 등 여러 표기가 있으며 越나라 地名. 지금의 浙江 嘉興市 서남.《左傳》定公 14年(B.C.496)년 闔閭가 죽던 해 五月에는 越나라가 吳나라를 이곳에서 패배시키기도 하였음.

【淫心】逸脫의 행동이나 그러한 의도의 마음가짐을 뜻함.

【匿行】앞의 '淫心'과 대를 이루는 것으로 보아 '匿'은 '慝'이어야 함. 私慝(邪慝)한 행동을 뜻함.

【有司】어떠한 일을 담당한 자. 執事.

【大事】전쟁이나 큰 제사를 의미함.《左傳》成公 12년에 "國之大事, 在祀與戎"이라 함. 여기서는 오나라와의 전투를 가리킴.

【軍寇之中】전투 중임을 뜻함. 軍寇는 敵軍.

【糜粥】미음. 죽.

【志行不足】志行은 뜻과 행동. 지능이 낮아 알아듣지 못하는 경우. 타고난 본령이 모자라는 경우를 뜻함.

【和其任】和는 緩和시킴.

【江南】松江의 남쪽. 前出.

【吾愛士】徐天祜 注에 "卽君所子養者"라 함.

참고 및 관련 자료

1.《國語》吳語

明日徙舍, 至於禦兒, 斬有罪者以徇, 曰:「莫如此淫逸不可禁也」王乃明有司大徇於軍, 曰:「有父母耆老而無昆弟者, 以告」王親命之曰:「我有大事, 子有父母耆老, 而子爲我死, 子之父母將轉於溝壑, 子爲我禮已重矣. 子歸, 歿而父母之世. 後若有事, 吾與子圖之」明日徇於軍, 曰:「有兄弟四五人皆在此者, 以告」王親命之曰:「我有大事, 子有昆弟四五人皆在此, 事若不捷, 則是盡也. 擇子之所欲歸者一人」明日徇於軍, 曰:「有眩瞀之病者, 以告」王親命之曰:「我有大事. 子有眩瞀之病, 其歸若已. 後若有事, 吾與子圖之」明日徇於軍, 曰:「筋力不足以勝甲兵, 志行不足以聽命者歸, 莫告」明日, 遷軍接龢, 斬有罪者以徇, 曰:「莫如此志行不果」於是人有致死之心.

175(10-14)
향와식례向蛙軾禮

월왕은 군사들이 법만 두려워할 뿐 부릴 수 없을까를 걱정하면서 자신 스스로 군사들의 죽기를 무릅쓴 전투력을 아직 획득하지 못하고 있다고 여겼다.

이에 길에서 개구리가 배를 부풀리고 노하여 장차 대들려 하는 기세를 보고 즉시 그를 위해 식軾을 하였다.

그 사졸들이 왕에게 물었다.

"임금께서는 어찌 개구리 같은 벌레를 공경하여 그에게 식을 하시는 겁니까?"

구천이 말하였다.

"나는 사졸들이 노기를 갖기를 생각한 지 오래되었다. 그러나 나의 뜻에 맞추지 못하고 있다. 지금 개구리 같은 벌레는 아무것도 모르는 물건이지만 적을 보면 노한 기운을 나타내니 그 때문에 그를 위해 식을 한 것이다."

이에 군사들이 이를 듣고 마음에 기꺼이 죽겠노라 하는 마음을 품지 않은 자가 없었으며 사람마다 목숨을 바칠 생각을 하게 되었다.

유사와 장군들은 군중을 대대적으로 순행하며 이렇게 말하였다.

"대대大隊는 각기 그 부대部隊에게 명령을 내리고 부대는 각기 그 사병들에게 명령을 내려라. '돌아오라는데 돌아오지 않거나, 서라 하는데 서지 않거나, 진격하라는데 진격하지 않거나, 물러서라는데 물러서지 않거나, 왼쪽으로 가라는데 왼쪽으로 가지 않거나, 오른쪽으로 가라는데 오른쪽으로 가지 않거나 등 명령대로 움직이지 않는 자는 참斬하리라.'"

恐軍士畏法不使, 自謂未能得士之死力.

道見鼃張腹而怒, 將有戰爭之氣, 卽爲之軾.

其士卒有問於王曰:「君何爲敬鼃蟲而爲之軾?」

句踐曰:「吾思士卒之怒久矣, 而未有稱吾意者. 今鼃蟲無知之物, 見敵而有怒氣, 故爲之軾.」

於是, 軍士聞之, 莫不懷心樂死, 人致其命.

有司, 將軍大徇軍中曰:「隊各自令其部, 部各自令其士: 『歸而不歸, 處而不處, 進而不進, 退而不退, 左而不左, 右而不右, 不如令者, 斬.』」

【自謂】句踐 스스로 이렇게 여김. '謂'는 '以爲'의 줄인 표현.

【鼃】개구리. 蛙와 같음. 구천의 수레가 다가오자 맞설 태세를 보임. '蛙怒當轍'(怒鼃當轍)의 고사임.

【軾】수레의 앞쪽 橫木을 잡고 몸을 굽혀 敬意를 표하는 禮. 수레에서 내릴 수 없을 때 행하는 예의 일종.

【懷心樂死】기꺼이 죽을 마음을 품음.

【隊】古代軍制에서 隊는 100人, 部는 25人이었다 함.

【處而不處】《國語》吳語 注에 "處, 止也"라 함.

⬡ 참고 및 관련 자료

1.《國語》吳語

王乃命有司大徇於軍, 曰:「謂二三子歸而不歸, 處而不處, 進而不進, 退而不退, 左而不左, 右而不右, 身斬, 妻子鬻.」

2.《韓非子》內儲說上(七術)

(1)越王慮伐吳, 欲人之輕死也, 出見怒鼃, 乃爲之式. 從者曰:「奚敬於此?」王曰:「爲其有氣故也.」明年之請以頭獻王者歲十餘人. 由此觀之, 譽之足以殺人矣.

(2)一曰: 越王句踐見怒鼃而式之. 御者曰:「何爲式?」王曰:「鼃有氣如此, 可無爲式乎?」士人聞之曰:「鼃有氣, 王猶爲式, 況士人有勇者乎!」是歲, 人有自剄死以其頭獻者. 故越王將復吳而試其教: 燔臺而鼓之, 使民赴火者, 賞在火也; 臨江而鼓之, 使人赴水者, 賞在水也; 臨戰而使人絶頭刳腹而無顧心者, 賞在兵也. 又況據法而進賢, 其助甚此矣!

176(10-15)
함매銜枚를 물고

이에 오吳나라도 군사를 다 모아 강의 북쪽에 주둔하였고 월나라 군사는 강의 남쪽에 주둔하였다.

월왕은 군대를 나누어 좌군左軍과 우군右軍으로 편성하고 모두에게 시갑兕甲을 입혔으며 다시 정신이 안정되고 등치가 큰 사람들에게는 석갈石碣의 화살을 차고 노盧나라에서 나는 노弩를 준비시켰으며 구천 자신은 몸소 군자군君子軍 6천 명을 거느리고 중진中陣이 되었다.

다음날 장차 강에서 전투가 벌어지자 이에 황혼의 시간을 이용하여 좌군에게 함매銜枚를 물고 강을 거슬러 위로 5리 지점으로 가서 오나라 병사를 기다리게 하였다.

다시 우군에게는 역시 함매를 물고 강을 건너 10리 지점에서 다시 오나라 병사들을 기다리도록 하였다.

한밤중이 되자 좌군과 우군으로 하여금 강을 건너면서 북을 울리되 물 가운데에서 오나라 병사들의 출동을 기다리도록 하였다.

오나라 군사들은 이를 듣고 내심 크게 놀라 서로 이렇게 말하였다.

"지금 월나라 군사들이 둘로 나뉘어 장차 협공하여 우리 무리를 공격하려는 것이다."

오나라 군사 역시 즉시 야음을 틈타 그 군사들을 둘로 나누어 월나라 군사들을 포위하였다.

월왕은 몰래 좌군과 우군으로 하여금 오나라 군사들과 싸우는 척하면서 큰 북소리를 상대에게 들리게 울렸으며, 몰래 물을 건넌 사졸 6천 명은 함매를 문 채 북을 울리지 않고 오나라를 공격하여 오나라 군사는 크게 패하고 말았다.

월나라 좌군과 우군은 이에 드디어 이들을 쳐서 유圍에서 대패시켰다.

다시 교외에서 이들을 대패시키고 다시 나루에서 이들을 대패시켰다.

이와 같이 세 번 싸워 세 번 모두 패배시킨 다음 지름길로 오나라에 이르러 오나라의 서성西城을 포위하였다.

오왕 부차는 크게 겁을 먹고 밤에 도망하였다.

於是, 吳悉軍屯於江北, 越軍於江南.

越王中分其師以爲左右軍, 皆被兕甲 ; 又令安廣之人佩石碣之矢, 張盧生之弩, 躬率君子之軍六千人以爲中陣.

明日, 將戰於江, 乃以黃昏令於左軍, 銜枚遡江而上五里, 以須吳兵.

復令於右軍, 銜枚踰江十里, 復須吳兵.

於夜半, 使左軍, 右軍涉江鳴鼓, 中水以待吳發.

吳師聞之, 中大駭, 相謂曰 : 「今越軍分爲二師, 將以夾攻我衆.」

亦卽以夜暗中分其師以圍越.

越王陰使左右軍與吳望戰, 以大鼓相聞 ; 潛伏其士卒六千人, 銜枚不鼓攻吳, 吳師大敗.

越之左右軍乃遂伐之, 大敗之於圍.

又敗之於郊, 又敗之於津.

如是三戰三北, 徑至吳, 圍吳於西城.

吳王大懼, 夜遁.

【江】松江을 가리킴.《國語》吳語 注에 "江, 松江, 去吳五十里"라 함.

【軍於江南】'軍'은 동사로 쓰였음. '진을 치다. 주둔하다'의 뜻.

【兕甲】코뿔소 가죽으로 만든 갑옷. 徐天祜 注에 "《爾雅》: 「兕似牛.」注: 「一角,
青色, 皮堅厚可制鎧.」鎧卽甲也.《周禮》: 「兕甲, 壽二百年.」"이라 함.

【安廣之人】정서가 안정되고 등치가 건강한 사람.《論語》爲政篇 "察其所安"의
皇侃 疏에 "安, 謂意氣歸向之也"라 하였고,《詩經》六月 "四牡脩廣"의 傳에
"廣, 大也"라 함.

【石碬之矢】돌살촉을 긴 화살.

【盧生之弩】盧는 고대 나라 이름. 지금의 湖北 襄陽縣 서남쪽. 楚나라의 변방
이며 强弩가 생산되는 곳.

【君子之軍】越王이 자식처럼 거두어 기른 孤兒들로 구성된 부대.《國語》吳語
에는 "以其私卒君子六千人爲中軍"이라 하였고 注에 "私卒君子, 王所親近有志
行者, 猶吳所謂賢良, 齊所謂士"라 하여 親衛兵, 近衛兵으로 삼았음.

【銜枚】街枚와 같음. '銜'은 '街'과 같음. 고대 進軍이나 적을 습격할 때 소리가
나지 않도록 하기 위하여 병사들의 입에 물리는 기구로 양 끝에 줄을 매어
이를 목에 걸어 소지함.

【夾攻我衆】〈四部叢刊〉에는 '夾'이 '使'로 되어 있으나 사고전서에 의해 수정함.

【望戰】서로 마주 보며 전투함. 공개적으로 자신의 진열을 보여줌. 혹 싸우는 척
함. '佯戰'과 같음.

【相聞】상대 吳나라에게 들리도록 함.

【潛伏】'潛涉'이어야 함. 몰래 潛行하여 물을 건넘.《國語》吳語에 "越王乃令其
中軍銜枚潛涉, 不鼓不噪以襲攻之"라 하였고,《左傳》에도 역시 '潛涉'으로 되어
있음.

【吳師大敗】이 전투는《左傳》哀公 17년에 실린 笠澤之戰임. 徐天祜는 "《左傳》
載笠澤之戰, 夾水而陳, 吳之禦越, 越之敗吳, 大槩與此畧同"이라 함.

【囿】笠澤. 徐天祜는 "韋昭曰:「囿, 笠澤也.《史記》正義,《吳地記》皆曰:「笠澤,
松江之別名.」"이라 함.

【三戰三北】三戰은 囿, 郊, 津의 세 전투를 가리킴.《國語》吳語와《越語》(上)
에는 囿, 沒, 郊의 세 전투로 되어 있음. 한편 '北'은《國語》吳語 注에 "軍敗奔
走曰北. 北, 古之背字"라 함.
【西城】吳나라 도읍 蘇州의 서쪽 성문 밖.

참고 및 관련 자료

1.《左傳》哀公 17年 傳

三月, 越子伐吳, 吳子禦之笠澤, 夾水而陳. 越子爲左右句卒, 使夜或左或右,
鼓譟而進; 吳師分以御之. 越子以三軍潛涉, 當吳中軍而鼓之. 吳師大亂, 遂敗之.

2.《國語》越語(上)

果行, 國人皆勸, 父勉其子, 兄勉其弟, 婦勉其夫, 曰:「孰是君也, 而可無死乎?」
是故敗吳於囿, 又敗之於沒, 又郊敗之.

3.《國語》吳語

於是吳王起師. 軍至江北, 越王軍於江南. 越王乃中分其師以爲左右軍, 以其
私卒君子六千人爲中軍, 明日將舟戰於江, 及昏, 乃令左軍銜枚泝江五里以須,
亦令右軍銜枚踰江五里以須. 夜中, 乃命左軍, 右軍涉江鳴鼓中以須. 吳師聞之,
大駭, 曰:「越人分爲二師, 將以夾攻我師」乃不待旦, 亦中分其師, 將以禦越.
越王乃令其中軍銜枚潛涉, 不鼓不譟以襲攻之, 吳師大北. 越之左軍, 右軍乃
遂涉而從之, 又大敗之於沒, 又郊敗之, 三戰三北, 乃至於吳.

177(10-16)
오자서伍子胥의 머리

월왕은 도망치는 이들을 추격하며 오나라 군사를 공격하여 강의 북쪽 송릉松陵으로 들어가 서문胥門으로 들어가려 하였다.

아직 6, 7리쯤밖에 이르지 않았을 때 멀리 오나라 남쪽 성문을 보았더니 거기에 걸린 오자서伍子胥의 머리가 마치 수레바퀴처럼 컸으며 눈은 마치 번쩍이는 번갯불 같았고, 수염과 머리카락은 사방으로 퍼졌으며, 광채가 10리 밖까지 빛이 나는 것이었다.

월나라 군사들은 크게 두려워하여 병사들을 멈추게 하고 다른 길을 빌릴 참이었다.

한밤중이 되자 폭풍우가 몰아치며 우레와 번개가 들이쳐 돌이 날아오르고 모래가 휘날리기가 활과 뇌弩로 쏘는 것보다 빨랐다.

월나라 군사들은 무너지고 흩어져 송릉으로 퇴각하였으나 병사들이 엎어져 죽고 무리가 흩어져 어떻게 구하여 멈추게 할 수가 없었다.

범려范蠡와 문종文種이 이마를 조아리며 육단肉袒하여 오자서에게 절하며 사죄하고 길을 빌려줄 것을 빌었다.

자서는 이에 문종과 범려의 꿈에 나타나 이렇게 말하는 것이었다.

"나는 월나라가 틀림없이 오나라에 쳐들어 올 것을 알았다. 그 때문에 나의 머리를 남문에 걸어놓아 너희들이 오나라를 깨뜨리는 것을 보고자 하였던 것이다. 이는 오직 부차를 몰아붙이기 위한 것이었을 뿐이었다. 결국 너희들이 우리나라를 쳐들어오기는 하였지만 내 마음은 또한 차마 그럴

수는 없다. 그 때문에 비바람을 일으켜 너희 군사를 되돌리게 한 것이다. 그러나 월나라가 오나라를 정벌하는 것은 하늘로부터 시작된 것이다. 내 어찌 능히 저지할 수 있겠는가? 월나라가 만약 들어오고자 한다면 길을 바꿔 동문東門으로 들어가거라. 내 마땅히 너희를 위해 길을 열고 성을 뚫어 너희들의 길을 통하게 해 주겠다"

이에 월나라 군사들은 이튿날 다시 강으로부터 나서서 바다 남쪽으로 들어갔다가 삼강三江으로부터 적수翟水를 통해 동남쪽 귀퉁이를 뚫고 도달하여 월나라 군사들은 드디어 오나라를 포위하였다.

越王追奔, 攻吳兵, 入於江陽松陵, 欲入胥門.

未至六七里, 望吳南城, 見伍子胥頭, 巨若車輪, 目若耀電, 鬚髮四張, 輝於十數里.

越軍大懼, 留兵假道.

卽日夜半, 暴風疾雨, 雷奔電激, 飛石揚砂, 疾於弓弩.

越軍壞敗, 松陵却退, 兵士僵斃, 人衆分解, 莫能救止.

范蠡, 文種乃稽顙肉袒, 拜謝子胥, 願乞假道.

子胥乃與種, 蠡夢, 曰:「吾知越之必入吳矣, 故求置吾頭於南門, 以觀汝之破吳也. 惟欲以窮夫差. 定汝入我之國, 吾心又不忍, 故爲風雨以還汝軍. 然越之伐吳, 自是天也. 吾安能止哉? 越如欲入, 更從東門, 我當爲汝開道貫城, 以通汝路.」

於是, 越軍明日更從江出, 入海陽, 於三道之翟水, 乃穿東南隅以達, 越軍遂圍吳.

【江陽松陵】松江의 북쪽. 江陽은 江의 북쪽 山의 남쪽.《穀梁傳》僖公 28년에 "水北爲陽, 山南爲陽"이라 함. 松陵은 지명. 徐天祐 注에 "《吳地記》:「在松江. 松陌流溢至此, 故名.」"이라 함. 지금의 江蘇 吳江縣 시내. 淞江 남쪽 작은 언덕.

【胥門】吳城의 西門은 閶門과 胥門이 있었으며《越絶書》에 "胥門外有九曲路, 闔閭造以游姑胥之臺"라 하였으며,《吳郡志》(3)에는 "今蘇州城西猶有胥門之稱"이라 함. 伍子胥의 집 가까운 곳에 있어 胥門이라 하였다 함. 한편《吳地記》에 "胥門, ……西南五里有越來溪"라 하였고,《吳郡圖經續記》(中)에는 "越來溪, 在吳縣之境, 自太湖過黃山至於郡城之西, 蓋越王由此水至於吳, 故得名"이라 하였으며 越나라가 들어온 시내라 하여 지금의 蘇州市 서남쪽 '越來溪'라는 지명이 있음.

【未至六七里】〈四部叢刊〉에는 '來至六七里'로 되어 있으나《太平御覽》(329)에 의해 수정함.

【輝於十數里】〈四部叢刊〉에는 '射於十里'로 되어 있으나《太平御覽》(329)에 의해 수정함.

【僵斃】쓰러져 죽음.

【稽顙肉袒】'稽顙'은 跪拜의 일종. 이마가 땅에 닿도록 머리를 조아림. 請罪의 하나.《漢書》李廣傳에 "若迺免冠徒跣, 稽顙請罪, 豈朕之指哉?"라 함. '肉袒'은 웃옷을 벗고 어깨들 드러내어 죄를 청하는 것.

【夢】伍子胥의 혼령이 范蠡와 文種의 꿈에 나타남.《史記》吳太伯世家 "抉吾眼置之吳東門, 以觀越之滅吳也"의 〈正義〉에 "《吳俗傳》云:「子胥亡後, 越從松江北開渠至黃山東北, 築城伐吳. 子胥乃與越軍夢, 令從東南入破吳, 越王卽移向三江口岸, 立壇殺白馬祭子胥, 杯動酒盡, 越乃開渠. 子胥作濤, 蕩羅城東, 開入滅吳. 至今猶號示浦門, 曰鱓, 鮐.」"라 함.

【定汝入我之國】'定'은 '정확히, 틀림없이, 과연' 등의 뜻. '確定'의 의미.

【東門】지금의 蘇州市 남쪽의 葑門.《史記》伍子胥列傳 "而抉吾眼縣吳東門之上"의 〈正義〉에 "東門, 鱓門, 謂鮐門也. 今名葑門. 越軍開是浦, 子胥濤蕩羅城, 開此門, 有鱓, 鮐隨濤入, 故以名門. 顧野王云:「鱓魚, 一名江豚, 欲風則涌之也.」"라 함.

【海陽】三江口 근처의 上壇浦.《史記》伍子胥傳 "爲立祠於江上"의 〈正義〉에 "《吳地記》曰:「越軍於蘇州東南三十里三江口, 又向下三里, 臨江北岸立壇, 殺白馬祭子胥, 杯動酒盡, 後因立廟於此江上. 今其側有浦名上壇浦.」"라 함. 海陽이라 한 것은 三江口 동쪽을 옛날에는 '滬海'로 불렀으며 陽은 滬海 북쪽을 가리킴.

【三道】三江口.

【翟水】三江口에서 서북쪽으로 흘러 蘇州의 封門으로 통하는 물길. '示浦'라고도 부름.

참고 및 관련 자료

1. 《左傳》哀公 20年

十一月, 越圍吳, 趙孟降於喪食.

2. 《太平御覽》(329)

越王追攻吳, 兵欲入胥門, 未至六里, 望吳南城見伍子頭, 眉若車輪, 目垂光烈, 髮鬢四張, 耀於十數里, 大懼留兵. 卽日夜半, 暴風疾雨, 雷電鳴沙石, 飛射疾於弓弩, 越軍壞敗.

178(10-17)
부차의 최후

이렇게 포위한 채 1년을 지키자 오나라 군사들은 연이은 패배에 드디어 오왕은 고서산姑胥山에 들어가 버티었다.

그러면서 오왕은 왕손락王孫駱을 사신으로 보내어 육단肉袒에 무릎으로 기면서 앞으로 나서서 월왕에게 이렇게 화평을 청하도록 하였다.

"고신孤臣 부차夫差는 감히 가슴 속 깊은 마음을 진술하나이다. 지난 날 회계會稽에서 죄를 얻었으나 저 부차는 감히 명령을 거역하지 못하여 대왕과 화해의 맹약을 맺고 귀국하였던 것입니다. 지금 대왕께서 군사를 일으켜 저를 주벌하시니 저는 오직 명령을 따를 뿐입니다. 생각건대 지금의 고서는 지난날의 회계와 같습니다. 만약 하늘이 내려주시는 복을 맞이하여 죽음의 형벌에서 용서를 받을 수 있다면 오나라는 길이 대왕의 신첩臣妾이 되기를 원합니다."

구천은 그 말을 차마 들을 수 없어 장차 화평을 허락하려 하였다.

그러자 범려范蠡가 말하였다.

"회계의 사건은 하늘이 월나라를 오나라에 주었던 것인데 오나라가 이를 받지 않았습니다. 지금 하늘이 오나라를 우리 월나라에게 내리는데 월나라가 천명을 거역할 수 있겠습니까? 게다가 임금께서는 아침 일찍 조회하시고 밤 늦어서야 마치며 이를 갈고 뼈에 새기며 20여 년을 두고 모책을 짜신 것인데 어찌 하루아침을 연유로 해서 생긴 일이겠습니까? 지금 이런 기회를 얻었는데 버리신다면 그 계책이 옳은 것입니까? '하늘이 주는데도 받지 않으면 도리어 그 허물을 뒤집어쓴다'고 하였습니다. 임금께서는 어찌 회계에서의 곤액을 잊으려 하십니까?"

구천이 말하였다.

"내 그대의 말을 듣고자 하나 차마 사자를 마주 대할 수 없구려."

그러자 범려는 드디어 북을 울려 군대를 진군시키며 이렇게 말하였다.

"왕께서는 정사를 집사에게 위촉하셨으니 사신은 급히 떠나시오. 때를 놓치면 죄를 물을 것이오."

오나라 사신 왕손락은 눈물을 쏟으며 돌아갔다.

구천은 이를 불쌍히 여겨 사신을 오왕에게 보내어 이렇게 말을 전하도록 하였다.

"나는 그대를 용동勇東에 안치하고 그대 부부에게 3백여 가를 주어 죽을 때까지 살도록 하겠소. 좋겠소?"

오왕이 사양하여 말하였다.

"하늘이 우리 오나라에게 화를 내리셨으니 일찍 죽고 늦게 죽는 데에 있는 것이 아니라 바로 내 자신이 종묘와 사직을 파멸시킨자 입니다. 오나라의 토지와 백성, 신하들은 이미 월나라 소유이며 나는 늙어 능히 대왕의 신하가 될 수 없습니다."

그러고는 드디어 칼에 엎어져 자살하고 말았다.

守一年, 吳師累敗, 遂棲吳王於姑胥之山.

吳使王孫駱肉袒膝行而前, 請成於越王, 曰:「孤臣夫差, 敢布腹心. 異日得罪於會稽, 夫差不敢逆命, 得與君王結成以歸. 今君王擧兵而誅孤臣, 孤臣惟命是聽. 意者猶以今日之姑胥, 曩日之會稽也. 若徵天之中, 得赦其大辟, 則吳願長爲臣妾.」

句踐不忍其言, 將許之成.

范蠡曰:「會稽之事, 天以越賜吳, 吳不取; 今天以吳賜越, 越可逆命乎? 且君王早朝晏罷, 切齒銘骨, 謀之二十餘年, 豈不緣一朝之事耶? 今日得而棄之, 其計可乎? 『天與不取, 還受其咎.』君何忘會稽之厄乎?」

句踐曰:「吾欲聽子言, 不忍對其使者.」

范蠡遂鳴鼓而進兵, 曰:「王已屬政於執事, 使者急去, 不時得罪.」

吳使涕泣而去.

句踐憐之, 使令入謂吳王曰:「吾置君於甬東, 給君夫婦三百餘家, 以沒王世, 可乎?」

吳王辭曰:「天降禍於吳國, 不在前後, 正孤之身, 失滅宗廟社稷者. 吳之土地民臣, 越既有之, 孤老矣, 不能臣王.」

遂伏劍自殺.

【守一年】 다른 기록에는 대체로 3년으로 되어 있음. 이에 대해 徐天祜는《左傳》哀公二十年「越圍吳」, 是爲句踐二十二年, 哀公二十二年「越滅吳」, 爲句踐二十四年. 蓋首尾三年也. 國語曰:「居軍三年, 吳師自潰.」越世家亦曰:「留圍之三年, 吳師敗.」與左傳合. 此書繫其事於一(二)十一年, 以爲圍守一年而滅吳, 誤也" 라 함.

【姑胥山】 姑蘇山. 闔閭 때 姑蘇山에 지은 樓臺였으며 夫差가 改築함. 지금의 江蘇 蘇州市 서남쪽.

【王孫駱】 吳나라 司馬 벼슬의 신하.《史記》越王句踐世家에는 '公孫雄'으로 되어 있으며《國語》에는 '王孫雄'으로 되어 있고,《說苑》에는 '公孫雒'으로 되어 있음. 徐天祜 注에《史記》作公孫雄. 虞翻曰:「吳大夫.」《國語》作王孫雄, 韋昭曰:「王孫, 姓也.」라 함.

【肉袒膝行】 깊은 사죄를 뜻함.

【布腹心】‘布’는 펼쳐 보임. 陳述과 같음. ‘腹心’은 가슴 속 깊이 든 본심.

【得罪於會稽】夫差 2년(B.C.494) 吳王 夫差가 월왕 句踐을 패배시켜 會稽山으로 숨어들게 한 사건. 會稽之恥를 가리킴.

【結成】평화조약을 체결함.

【徼天之中】‘中’은 ‘衷’과 같음. ‘徼衷’은 ‘徼福, 邀福, 迎福’과 같음.《廣雅》釋詁에 “衷, 善也”라 하였으며,《國語》晉語에 “以君之靈, 鬼神降衷”이라 함.

【大辟】死刑. 고대 九刑으로 墨刑, 劓刑, 荆刑, 宮刑, 大辟, 流刑, 贖刑, 鞭刑, 扑刑이 있었음.

【甬東】甬江의 동쪽. 甬江은 四明山에서 발원하여 浙江 鄞縣과 鎭海縣을 거쳐 바다로 들어감.《一統志》에 “今浙江定海縣東三十里有翁山, 一名翁洲, 卽《春秋》之甬東”이라 하였으며 지금의 寧波 앞바다의 舟山列島를 가리키는 것으로 봄.《國語》에 의하면 越王 句踐은 吳王 夫差를 살려주어 이곳 외진 列島에 정착시킨 다음 편안히 살도록 해 줄 생각이 있었음.

【伏劍自殺】칼에 엎어져 자살함. 徐天祜 注에 “上卷夫差傳亦曰:「引劍以依(伏)之死」〈吳世家〉云:「自剄死」〈越世家〉止言「自殺」. 按《左傳》:「吳王曰:『孤老矣, 焉能事君?』乃縊」丘明, 春秋時人, 所聞當必不謬.《越絶》曰:「越王與之劍, 使自圖之. 吳王乃旬日而自殺.」意者句踐雖與之劍, 而夫差自以縊死耶?”라 하여 夫差의 마지막 죽음에 대해 여러 기록이 있음을 나열하였음.

> 참고 및 관련 자료

1.《左傳》哀公 22년

冬十一月丁卯, 越滅吳, 請使吳王居甬東. 辭曰:「孤老矣, 焉能事君?」乃縊. 越人以歸.

2.《國語》吳語

越師遂入吳國, 圍王臺. 吳王懼, 使人行成, 曰:「昔不穀先委制於越君, 君告孤請成, 男女服從. 孤無奈越之先君何, 畏天之祥, 不敢絶祀, 許君成, 以至於今. 今孤不道, 得罪於君王, 君以親辱於敝邑. 孤敢請成, 男女服爲臣御.」越王曰:「昔天以越賜吳, 而吳不受. 今天以吳賜越, 孤敢不聽天之命, 而聽君之令乎?」乃不許成. 因使人告於吳王曰:「天以吳賜越, 孤不敢不受. 以民生之不長, 王其無死! 民生於地上, 寓也. 其與幾何? 寡人其達王於甬句東. 夫婦三百, 唯王所安,以沒王年.」夫差辭曰:「天旣降禍於吳國, 不在前後, 當孤之身, 寔失宗廟社稷. 凡吳土地人民, 越旣有之矣, 孤何以視於天下!」夫差將死, 使人說於子胥曰: 「使死者無知, 則已矣. 若其有知, 吾何面目以見員也!」遂自殺.

3.《越絕書》(5)

居三年, 越興師伐吳, 至五湖, 太宰嚭率徒爲之曰:「若是, 越難成矣!」王曰: 「子制之斷之.」謝戰者五反, 越王不忍而欲許之. 范蠡曰:「君王圖之廊廟, 失之中野, 可乎? 謀之七年, 須臾棄之, 王勿許, 吳易兼也.」越王:「諾!」居軍三月, 吳自罷, 太宰嚭遂亡. 吳王率其有祿與賢良遁而去, 越追之, 至餘杭山, 禽夫差, 殺太宰嚭. 越王謂范蠡殺吳王, 蠡曰:「臣不敢殺主.」王曰:「刑之!」范蠡曰: 「臣不敢刑主.」越王親謂吳王曰:「昔者上蒼以越賜吳, 吳不受也. 夫申胥無罪而殺之, 進讒諛容身之徒, 殺忠信之士, 大過者三, 以至滅亡, 子知之乎?」吳王曰: 「知之.」越王與之劍, 使者圖之. 吳王乃旬日而自殺也. 越王葬於卑猶之山. 殺太宰嚭, 逢同與其妻子.

4.《史記》吳太伯世家

二十年, 越王句踐復伐吳. 二十一年, 遂圍吳. 二十三年十一月丁卯, 越敗吳. 越王句踐欲遷吳王夫差於甬東, 予百家居之. 吳王曰:「孤老矣, 不能事君王也. 吾悔不用子胥之言, 自令陷此.」遂自剄死. 越王滅吳, 誅太宰嚭, 以爲不忠, 而歸.

5.《史記》越王句踐世家

其後四年, 越復伐吳. 吳士民罷弊, 輕銳盡死於齊, 晉. 而越大破吳, 因而留圍之三年, 吳師敗, 越遂復棲吳王於姑蘇之山. 吳王使公孫雄肉袒膝行而前, 請成越王曰:「孤臣夫差敢布腹心, 異日嘗得罪於會稽, 夫差不敢逆命, 得與君王成以歸. 今君王舉玉趾而誅孤臣, 孤臣惟命是聽, 意者亦欲如會稽之赦孤臣之罪乎?」句踐不忍, 欲許之. 范蠡曰:「會稽之事, 天以越賜吳, 吳不取. 今天以吳賜越, 越其可逆天乎? 且夫君王蚤朝晏罷, 非爲吳邪? 謀之二十二年, 一旦而棄之, 可乎? 且夫天與弗取, 反受其咎. 『伐柯者其則不遠』, 君忘會稽之戹乎?」句踐曰: 「吾欲聽子言, 吾不忍其使者.」范蠡乃鼓進兵, 曰:「王已屬政於執事, 使者去, 不者且得罪.」吳使者泣而去. 句踐憐之, 乃使人謂吳王曰:「吾置王甬東, 君百家.」吳王謝曰:「吾老矣, 不能事君王!」遂自殺. 乃蔽其面, 曰:「吾無面以見子胥也!」越王乃葬吳王而誅太宰嚭.

179(10-18)
패자에 오른 월왕

구천은 이윽고 오나라를 멸하자 이에 군사를 북쪽 장강長江과 회수淮水를 건너 서주徐州에서 제齊나라, 진晉나라 군주와 회맹을 열고 공물을 주周나라에 바쳤다.

주 원왕元王은 구천에게 사신을 보내어 물건을 내려주었다.

이윽고 명호名號를 받자 그곳을 떠나 강남江南으로 돌아와 회수 북쪽의 땅은 초楚나라에게 돌려주고, 송宋나라에게는 오나라가 침탈했던 땅을 돌려주었으며, 노魯나라에게는 사수泗水의 동쪽 사방 1백 리 땅을 주었다.

이때에는 월나라 병사들은 장강과 회수를 횡행하였고 제후들은 모두가 치하를 올리며 패왕霸王이라 칭하였다.

句踐已滅吳, 乃以兵北渡江淮, 與齊, 晉諸侯會於徐州, 致貢於周.

周元王使人賜句踐.

已受命號, 去還江南, 以淮上地與楚, 歸吳所侵宋地, 與魯泗東方百里.

當是之時, 越兵橫行於江淮之上, 諸侯畢賀, 號稱霸王.

【江淮】長江과 淮水.

【齊, 晉】당시 齊나라 군주는 平公(姜驁)으로 B.C.480~B.C.456년 재위하였으며

晉나라는 出公(희착, 희착)으로 B.C.474~B.C.542년까지 재위하였음. 이들은 句踐의 요구에 의해 徐州에 가서 會盟을 맺고 구천을 패자로 인정함.

【徐州】지금의 山東 滕縣 남쪽.《左傳》에는 '舒'라 하였으며 '徐'는 '徐'와 같음. 徐天祐 注에 "〈索隱〉曰: 徐, 音舒. 徐州, 齊邑. 薛縣是也. 其字從人.《左氏》 作舒,〈大事記〉解題曰: 「徐州, 即舒州也.《史記》正義曰: 「音舒, 其字從人.」」 이라 하여 '徐州'로 표기해야 한다고 하였음.

【元王】東周 天子. 姓은 姬仁. 敬王 姬匄의 아들이며 B.C.475~B.C.469년까지 7년간 재위하고 貞定王(姬介)에게 이어짐.

【賜句踐】《史記》越王句踐世家에 "周元王使人賜句踐胙"라 하여 '胙'를 내려준 것이며 '胙'는 天子가 제사지낸 고기를 諸侯에게 내리는 것으로 공경을 의미 하며 구천을 패자로 인정한 것임.《左傳》僖公 24년 "宋, 先代之後也, 於周爲客. 天子有事, 膰焉"의 杜預 注에 "有事, 祭宗廟也. 膰, 祭肉. 尊之, 故賜以祭胙"라 함.

【命號】天子가 諸侯의 盟主에게 내리는 方伯의 稱號. 당시 周室에서는 越왕 구천 에게 '伯'의 작위를 내림.《史記》에 "名爲伯"이라 함.

【以淮上地與楚】《史記》楚世家에 楚 懷王 44년(B.C.445) "是時越已滅吳, 而不 能正江淮北, 楚東侵, 廣地至泗上"이라 하였는데 여기서는 B.C.475년의 일로 오류가 있는 듯함.

【江南】長江 남쪽의 吳나라와 越나라.

【泗】泗水. 山東省 泗水縣 陪尾山에서 發源함. 네 곳에서 發源한 물길이 합쳐져 흐른다 하여 泗水라 함.

【諸侯畢賀】《史記》越王句踐世家〈索隱〉에 "越在蠻夷, 少康之後, 地遠國小, 春秋之初, 未通上國. 國史旣微, 略無世系, 故《紀年》稱爲'於粤子'. 據此文, 句踐 平吳之後, 周元王始命爲伯, 後遂僭而稱王也"라 함. 徐天祐는 "《初學記》引《吳越 春秋》曰: 「越王平吳, 後立賀臺於越.」此書無之, 亦闕文也"라 함.

참고 및 관련 자료

1.《國語》吳語

越滅吳, 上征上國, 宋, 鄭, 魯, 衛, 陳, 蔡執玉之君皆入朝. 夫唯能下其羣臣, 以集其謀故也.

2.《史記》越王句踐世家

句踐已平吳, 乃以兵北渡淮, 與齊, 晉諸侯會於徐州, 致貢於周. 周元王使人賜 句踐胙, 命爲伯. 句踐已去, 渡淮南, 以淮上地與楚, 歸吳所侵宋地於宋, 與魯 泗東方百里. 當是時, 越兵橫行於江, 淮東, 諸侯畢賀, 號稱霸王.

180(10-19)
소녀지도素女之道

월왕은 오나라로 돌아오면서 돌아오는 길에 범려范蠡에게 물었다.

"어찌하여 그대의 말씀은 그리도 하늘의 뜻에 그리도 딱 맞습니까?"

범려가 대답하였다.

"이는 소녀素女의 이론 한 마디가 들어맞은 것입니다. 대왕의 일은《옥문
玉問》에 그 사실이 들어 있으며,《금궤金匱》의 요결이 그 위아래에 있었던
것입니다."

월왕이 말하였다.

"훌륭하오! 내가 왕을 칭할 것에 대해 그대는 알 수 있었습니까?"

범려가 말하였다.

"불가합니다. 지난 날 오나라가 왕을 칭할 때는 천자의 칭호를 참월僭越
한 것이기에 하늘이 위에서 변고를 내려 해가 어두워져 일식이 있었던
것입니다. 지금 임금께서는 드디어 왕호를 칭하시면서 군대를 되돌리지
않으면 아마 하늘의 변고가 다시 나타날 것입니다."

越王還於吳, 當歸而問於范蠡曰:「何子言之其合於天?」

范蠡曰:「此素女之道, 一言卽合. 大王之事, 王問爲實,
《金匱》之要, 在於上下.」

越王曰:「善哉! 吾不稱王, 其可悉乎?」

蠡曰:「不可. 昔吳之稱王, 僭天子之號, 天變於上, 日爲
陰蝕. 今君遂僭號不歸, 恐天變復見.」

【其合於天】 '其'는 '甚'의 오류가 아닌가 함.

【素女之道】 素女는 전설 속의 神女 이름. 黃帝와 같은 시기로 陰陽의 이치와
　　음악, 방중술 등을 黃帝에게 가르쳤다 함.《隋書》經籍志에《素女養生要方》,
　　《素女秘道經》,《素女方》등의 책 이름이 보임.

【王問爲實】 '王問'은 '玉門'의 오기. 徐天祜는 "爲當作焉"이라 하여 '王問焉. 實'
　　이어야 한다고 하였음. 그러나 孫詒讓은 "大王之事, 王問爲實"二語有誤. 徐改
　　'爲'爲'焉'而以實屬下讀, 於文仍難通. 以意推之, 疑當作「玉門爲實」. 玉門與金匱,
　　文正相對, 皆六壬式書名.〈句踐入臣外傳〉: 范蠡曰:「大王安心, 事將有意,
　　在玉門第一.」又子胥曰:「且大王初臨政, 負玉門之第九.」又本篇後文文種曰:
　　「吾見王時, 正犯玉門之第八也.」此越王訝蠡言何甚合天, 故蠡卽以六壬占式爲對.
　　今本玉門譌作王問, 遂不可通耳"라 함.

【金匱之要】《金匱》는 고대 점법서. 지금의《黃帝金匱經》은 아마 이 책의 전승일
　　것으로 보고 있음.

【不稱王】 '不'은 의미가 없는 虛辭. 王號를 僭稱함.《詩經》小雅 車攻篇 "徒御
　　不驚, 大庖不盈"의〈毛箋〉에 "舊說, 不驚, 驚也; 不盈, 盈也"라 함.

【僭天子之號】 '僭'은 '僭越'. 周代에는 天子만이 '王'을 칭할 수 있었으며 제후는
　　公侯伯子男의 작위를 칭함. 그러나 남방 楚나라는 일찍부터, 그리고 吳, 越은
　　춘추 말 왕호를 칭하였음.

【天變】 하늘이 보여주는 變故. 日蝕, 月蝕, 災異, 地震 등.

【陰蝕】 月蝕을 이르는 말.

【不歸】 돌아가지 않으면 하늘에 越王 당신에게도 變故를 내릴 것임을 경고한 것.

181(10-20)
다른 욕심을 품은 구천

월왕은 그의 말을 듣지 아니하고 오나라로 돌아와 문대文臺에서 주연을 마련하였다.

여러 신하들이 즐거워하자 이에 〈벌오곡伐吳曲〉을 짓도록 명하였다.

그러자 악사樂師가 말하였다.

"제가 듣기로 일이 있으면 그에 맞추어 음악을 지으며 공이 이루어지면 노래를 짓는다 하였습니다. 군왕께서는 덕을 높이셨고 가르침과 교화로써 도가 있는 나라를 만드셨으며 의롭지 못한 자를 주벌하고 원수에게 보복하고 치욕을 되돌려 제후들에게 그 위엄이 떨쳐 드디어 패왕霸王의 공을 이루셨습니다. 그 공적은 가히 도화圖畫에 그 도상을 그려 넣을 만하고 그 덕은 가히 금석金石에 새길 만하며 그 명성은 가히 현관絃管에 의탁할 수 있으며, 그 명예는 가히 죽백竹帛에 남길 만합니다. 청컨대 제가 금琴을 당겨 연주하겠습니다."

드디어 〈장창章暢〉이라는 곡을 만들었는데 그 가사는 다음과 같다.

"힘들고 어려웠도다!
이제 오나라를 치고자 하도다. 가히 되지 않을 수 있으랴?"

그 때 대부 문종과 범려가 나서서 말하였다.

"오나라는 충신 오자서伍子胥를 죽였으니
 지금 오나라를 치지 않고 다시 무엇을 기다리랴?"

그리고 대부 문종이 축하의 술잔을 올리며 이렇게 가사를 지어 읊었다.

"황천이 도우셔서
 우리 왕 복을 받으셨네.
 훌륭한 신하들 모여 모책을 짜니
 이 모두 우리 왕의 덕이었다네.
 종묘는 우리 정치의 앞길을 인도하고
 귀신은 이어가며 우리를 도우셨네.
 임금은 신하를 잊지 않으시고
 신하는 있는 힘을 다 바쳐 모시리라.
 위로는 하늘이 푸르고 푸르니
 덮을 수도 가릴 수도 없는 것일세.
 술 두 잔 들어 바쳐 올리오니
 만복의 끝없음을 길이 누리소서."

이에 월왕은 묵연히 말이 없었다.

대부 문종이 다시 노래하였다.

"우리 왕 현명하고 인자하사
 도 품으시고 큰 덕을 안으셨네.
 원수를 멸하여 오나라를 깨뜨리고는
 나라로 돌아오실 일 잊어본 적 없었다네.
 상을 베푸심이 인색함이 없으시고
 온간 사악함을 두루 막아 없애셨네.
 임금과 신하 함께 어울려 화락하니

그 복은 천 가지 억 가지 넘쳐날 걸세.
술 두 잔을 들어 바쳐 올리오니
만세토록 그 끝이 없으리로다."

누대에 있던 여러 신하들은 크게 기뻐하며 웃었지만 월왕은 여전히 얼굴에 기뻐하는 기색을 띠지 않는 것이었다.

越王不聽, 還於吳, 置酒文臺.
群臣爲樂, 乃命樂作〈伐吳之曲〉.
樂師曰:「臣聞卽事作操, 功成作樂. 君王崇德, 誨化有道之國, 誅無義之人, 復讎還恥, 威加諸侯, 遂霸王之功. 功可象於圖畫, 德可刻於金石, 聲可託於絃管, 名可留於竹帛. 臣請引琴而鼓之.」
遂作〈章暢〉, 辭曰:

『屯乎! 今欲伐吳, 可未耶?』

大夫種, 蠡曰:

『吳殺忠臣伍子胥, 今不伐吳, 又可須?』

大夫種進祝酒, 其辭曰:

『皇天祐助, 我王受福.
　良臣集謀, 我王之德.
　宗廟輔政, 鬼神承翼.
　君不忘臣, 臣盡其力.
　上天蒼蒼, 不可掩塞.
　觴酒二升, 萬福無極.』

於是, 越王黙然無言.
大夫種曰:

『我王賢仁, 懷道抱德.
　滅讎破吳, 不忘返國.
　賞無所恡, 群邪杜塞.
　君臣同和, 福祐千億.
　觴酒二升, 萬歲難極.』

臺上群臣大悅而笑, 越王面無喜色.

【越王不聽, 還於吳】越王 句踐은 자신의 故國 會稽로 돌아가지 않고, 范蠡의
귀국 종용(앞장)의 권고를 듣지 않은 채 점령지 吳나라에 머문 것임. 《四部叢刊》
에는 '不聽' 2글자가 없으나 顧廣圻의 〈宋鈔本〉에 의해 보입함.
【文臺】吳나라 궁궐의 누대 이름. 前出.
【卽事作操】일이 있으면 曲調를 지음. '操'는 琴曲 이름. 《後漢書》趙褒傳 "詩歌
　曲操"의 注에 劉向《別錄》을 인용하여 "君子因雅琴之適, 故從容以致思焉.

其道閉塞, 悲愁而作者, 名其曲曰操, 言遇災害不失其操也"라 함.

【金石】鐘이나 鼎은 금, 碑碣은 석이라 함. 長久히 남을 기록을 의미함.

【絃管】현악기와 관악기. 음악을 대신하는 말.

【竹帛】竹簡과 白絹. 고대 종이가 없을 때 竹簡, 木簡, 비단에 사실을 기록하였음을 말하며 흔히 역사 기록을 뜻하는 말로 널리 쓰임.

【章暢】월왕의 공로를 널리 펴서 칭송함. '章'은 '彰'과 같음. 暢은 琴曲名. 《風俗通》聲音琴에 "其道行, 和樂而作者, 命其曲曰暢"이라 함.

【屯乎】힘들고 어려움을 뜻함. 월왕이 오왕을 섬기면서 당한 고난을 상징한 것.

【今不伐吳, 又何須】〈四部叢刊〉에는 "今不伐吳人何須"로 되어 있으나 徐天祜는 "人, 當作又"라 하여 수정함. '須'는 '기다리다'의 뜻.

【賞無所恡】'恡'은 '吝'과 같음. 인색함.

【難極】끝이 없음.

182(10-21)
토사구팽兎死狗烹

범려는 구천이 땅만 아끼면서 신하들의 죽음은 애석히 여기지도 않은 채 자신의 계책에 의해 나라가 이미 안정되었으므로 반드시 신하들의 공을 더 기다릴 뿐, 귀국할 생각이 없기 때문에 얼굴에 근심 띤 표정에 기뻐하지 않는 것임을 알게 되었다.

범려는 지금 오나라에 있을 때 구천 곁을 떠나고자 하였지만 구천이 아직 귀국도 하지 않았을 때 신하로서의 의를 잃을까 걱정하여 이에 구천을 따라 월나라로 들어갔다.

가는 길에 그는 문종에게 이렇게 말하였다.

"그대는 떠나시오! 월왕은 틀림없이 그대를 죽여 없앨 거요."

문종은 그 말을 인정하지 않았다.

범려는 다시 문종에게 글을 써서 건네주었다.

"내 듣기로 '하늘에는 사시가 있어 봄에는 싹을 틔우지만 겨울이면 죽여 없애는 것이며, 사람에게는 성쇠盛衰가 있어 태평함이 끝나면 틀림없이 비색否塞해지고 마는 법'이라 하더이다. 진퇴와 존망을 알아 그 정확함을 놓치지 않는 것은 오직 현인賢人뿐이겠지요! 나 범려는 비록 재주가 없으나 진퇴에 대해서는 명확히 압니다. '높이 날던 새가 이윽고 흩어지면 좋은 활은 갈무리되는 것이요, 교활한 토끼가 이미 다 사라지고 나면 좋던 사냥개도 삶기고 마는 법'입니다. 무릇 월왕의 사람됨은 목은 길고 새 부리와 같은 모습이며 매눈매에 이리 걸음과 같아 환난患難은 함께 할 수 있으나 즐거움은 함께 할 수 없으며, 위험은 함께 밟고 갈 수 있으나 편안함을 함께 누릴 수 없는 상입니다. 그대가 만약 떠나지 않는다면 장차 그대를 해칠 것이 분명합니다."

문종은 그의 말을 믿지 않았다.

월왕은 음모에 뛰어난 자로서 범려는 문종과 상의하여 함께 떠나려 한 것이었으나 문종은 요행을 바라고 있었던 것이다.

范蠡知句踐愛壞土, 不惜群臣之死, 以其謀成國定, 必復不須功而返國也, 故面有憂色而不悅也.

范蠡從吳欲去, 恐句踐未返, 失人臣之義, 乃從入越.

行謂文種曰:「子來去矣! 越王必將誅子.」

種不然言.

蠡復爲書遺種曰:「吾聞:『天有四時, 春生冬伐, 人有盛衰, 泰終必否.』知進退存亡而不失其正, 惟賢人乎! 蠡雖不才, 明知進退.『高鳥已散, 良弓將藏; 狡兔已盡, 良犬熟烹.』夫越王爲人長頸鳥喙, 鷹視狼步; 可與共患難, 而不可共處樂; 可與履危, 不可與安. 子若不去, 將害於子, 明矣.」

文種不信其言.

越王陰謀, 范蠡議欲去, 徼倖.

【壞土】 큰 전투를 치른 만큼 공을 이룬 신하들에게 땅을 봉해야 함에도 땅을 아까워하여 시행하지 않음.

【以其謀成國定】 句踐이 자신의 모책으로써 성공을 거두어 나라가 안정된 것이라 여김.

【必復不須功而返國也】 句踐이 귀국하지 않고 오나라에서 머뭇거리는 것은 다른 공을 더 요구하고 있는 것임. 이 문장은 "必復須功而返國也"(모름지기 공을 더 요구하고 나서야 귀국하겠다)를 '不返國'으로 강조하여 표현한 것임.

【乃從入越】《國語》越語에는 "反至五湖, 范蠡辭於王曰:「王勉之. 臣不復入越國矣.」"라 하여 한 번 자신의 뜻을 구천에게 밝힌 것으로 되어 있음.

【泰終必否】《周易》泰卦와 비괘(否卦)처럼 太平이 다하면 否塞의 難局이 오게 마련임. '否'는 '비'로 읽음.

【狡兎已盡】이 구절은 널리 알려진 고사성어로 〈夫差內傳〉(104)에는 "狡兎以死, 良犬就烹; 敵國如滅, 謀臣必亡"이라 하였으며《史記》越王句踐世家에는 "蜚鳥盡, 良弓藏; 狡免死, 走狗烹"이라 하였고 〈淮陰侯列傳〉에는 "狡免死, 良狗亨(烹); 高鳥盡, 良弓藏; 敵國破, 謀臣亡"이라 하였으며《韓非子》六微篇에도 "狡免盡則良犬烹, 敵國滅則謀臣亡"이라 하여 당시 널리 쓰였던 성어임.

【長頸鳥喙】목이 길고 입술이 새처럼 뾰족함. '喙'는 새의 부리. 〈四部叢刊〉에는 '啄'으로 되어 있으나 〈四庫全書〉에 의해 수정함.

【鷹視狼步】매의 사나운 눈초리와 이리와 같은 조심스런 걸음걸이.

【句踐陰謀】句踐은 원래 음모에 뛰어난 인물임을 말한 것.

【議】문종과 상의하여 함께 떠나고자 한 것임.

【僥倖】문종은 범려의 말을 듣지 않고 구천 곁에 있어도 행운이 있을 것이라 여긴 것임.

참고 및 관련 자료

1.《韓非子》內儲說下(六微)

越王攻吳王, 吳王謝而告服, 越王欲許之. 范蠡·大夫種曰:「不可. 昔天以越與吳, 吳不受, 今天反夫差, 亦天禍也. 以吳予越, 再拜受之, 不可許也.」太宰嚭遺大夫種書曰:「狡免盡則良犬烹, 敵國滅則謀臣亡. 大夫何不釋吳而患越乎?」大夫種受書讀之, 太息而歎曰:「殺之, 越與吳同命.」越滅吳, 上征上國, 宋, 鄭, 魯, 衛, 陳, 蔡執玉之君皆入朝. 夫唯能下其羣臣, 以集其謀故也.

2.《史記》越王勾踐世家

范蠡遂去, 自齊遺大夫種書曰:「蜚鳥盡, 良弓藏; 狡兎死, 走狗烹. 越王爲人長頸鳥喙, 可與共患難, 不可與共樂. 子何不去?」種見書, 稱病不朝. 人或讒種且作亂, 越王乃賜種劍曰:「子教寡人伐吳七術, 寡人用其三而敗吳, 其四在子, 子爲我從先王試之.」種遂自殺.

3.《史記》淮陰侯列傳

信曰:「果若人言:『狡免死, 良狗亨; 高鳥盡, 良弓藏; 敵國破, 謀臣亡.』天下已定, 我固當亨!」上曰:「人告公反.」遂械繫信. 至雒陽, 赦信罪, 以爲淮陰侯.

183(10-22)
사라진 범려范蠡

월왕 24년(B.C.473) 9월 정미丁未 날, 범려는 월왕에게 물러날 것을 말하였다. "제가 듣기로 '임금에게 근심이 있으면 신하는 힘든 일을 마다하지 않아야 하고, 임금이 치욕을 당하면 신하는 죽어야 하는 것이 의義의 첫 번째'라 하더이다. 지금 저는 대왕을 섬겨 앞서서는 아직 싹이 트지 않았을 때 단서를 소멸시키지 못하였고 뒤에는 이미 기울어가는 재난을 구제하지 못하였습니다. 비록 그렇기는 하나 저는 끝내 임금을 패왕의 나라로 성취시키고자 하였습니다. 그 때문에 한 번 죽음도, 한 번 살아남도 사양하지 않았던 것입니다. 저는 스스로 생각건대 오나라에 사신으로 갔을 때 왕께서 치욕을 당하셨건만 제 자신이 죽지 않았던 이유는 진실로 태재 백비白嚭의 참언으로 오자서伍子胥가 당하던 그런 일을 당할까 두려워 그랬던 것입니다. 그 때문에 감히 앞서 죽지 아니하고 이렇게 잠시 살아 남게 된 것입니다. 무릇 치욕을 당하는 심정은 더 크게 키워도 안 되는 것이며 땀을 뻘뻘 흘리는 부끄러움이란 참기만 하고 있어도 안 되는 것이었 습니다. 다행스럽게도 종묘 신령의 도움과 대왕의 위엄스러운 덕 때문에 실패를 성공으로 바꿀 수 있었으니 이는 탕湯이 하夏나라를 이기고, 무왕 武王이 상商나라를 쳐부수고 왕업王業을 이룩한 것과 같습니다. 공을 확정 하고 치욕을 씻을 수 있었던 것은 제가 자리를 오랫동안 지켜냈기 때문 이겠지만 저는 이쯤에서 사양하고 떠나고자 청합니다."

월왕은 측연惻然히 눈물을 흘려 옷을 적시며 이렇게 말하였다.

"국내 사대부들은 그대가 옳았다고 여기고 있으며 나라 백성들도 그대를 옳았다고 여기고 있소. 나로 하여금 그대에게 몸과 호칭을 의탁하도록 해 주시어 그대의 명령을 기다리도록 해 주시오. 지금 그대가 떠나겠다면서 장차 멀리 가려 하시는구려. 이는 하늘이 월나라를 버리고 나를 버리는 것이며 또한 의지할 자도 없이 만드는 것이오. 내 몰래 말씀드리겠소. 그대는 자리를 원하오? 그렇다면 나라를 나누어 함께 가집시다. 떠나시겠소? 그러면 처자가 모두 죽임을 당할 것이오."

범려가 말하였다.

"제가 듣기로 '군자는 때를 기다리는 법이며 계책은 여러 번 세우는 것이 아니다. 죽을 때는 의심을 받지 말아야 하며 안으로 자신을 속여서는 안 된다'라고 하더이다. 저는 이미 떠날 준비를 하였습니다. 처자가 무슨 법을 범했습니까? 왕께서는 힘쓰시오! 저는 여기에서 사별辭別을 고합니다."

이에 편주扁舟를 타고 삼강구三江口를 나서서 오호五湖로 들어서서 사람들은 누구도 그가 어디로 갔는지 알 길이 없었다.

二十四年九月丁未, 范蠡辭於王曰:「臣聞:『主憂臣勞, 主辱臣死, 義一也.』今臣事大王, 前則無滅未萌之端, 後則無救已傾之禍. 雖然, 臣終欲成君霸國, 故不辭一死一生. 臣竊自惟, 乃使於吳, 王之慙辱, 蠡所以不死者, 誠恐讒於太宰嚭, 成伍子胥之事. 故不敢前死, 且須臾而生. 夫恥辱之心, 不可以大; 流汗之愧, 不可以忍. 幸賴宗廟之神靈, 大王之威德, 以敗爲成, 斯湯, 武克夏, 商而成王業者. 定功雪恥, 臣所以當席日久, 臣請從斯辭矣.」

越王惻然, 泣下霑衣, 言曰:「國之士大夫是子, 國之人民是子, 使孤寄身託號以俟命矣. 今子云去, 欲將逝矣.

是天之棄越而喪孤也, 亦無所恃者矣. 孤竊有言: 公位乎?
分國共之; 去乎? 妻子受戮.」

　范蠡曰:「臣聞:『君子俟時, 計不數謀, 死不被疑, 內不
自欺.』臣旣逝矣, 妻子何法乎? 王其勉之! 臣從此辭.」

　乃乘扁舟, 出三江之口, 入五湖之中, 人莫知其所適.

【二十四年九月丁未】B.C.473 9월 6일이며 이는 오류임. 본책 5권(104)을 볼 것.
《左傳》哀公 22년과 《史記》吳太伯世家에 모두 越이 吳를 멸한 것은 B.C.743년
11월 丁卯로 되어 있어 내용상 맞지 않음.

【范蠡】越나라 大夫. 字는 少伯. 文種과 함께 越나라를 승리로 이끈 대신. 越나라가
吳나라에 패했을 때 3년을 臣僕으로 고생하다가 돌아와 句踐을 도와 吳나라를
멸하는데 큰 공을 세웠음. 그리고 즉시 句踐을 피해 이름을 鴟夷子皮로 바꾸고
몸을 숨겨 三江口를 거쳐 五湖로 나서 齊나라 陶 땅으로 옮겨 陶朱公이라
칭하였으며 장사에 뛰어들어 큰 부자가 됨. 그의 많은 일화는 《國語》越語(下),
《左傳》,《史記》越王句踐世家, 貨殖列傳,《越絶書》등에 자세히 실려 있음.
徐天祜 注에 "范蠡, 楚三尸人也. 字少伯"이라 함.

【未萌之端】아직 싹이 나지 않았을 때. 아직 事端이 일어나기 전.《說苑》
689(17-1)에 '范蠡去越而易名, 智過去君弟而更姓, 皆見遠識微, 而仁能去富勢,
以避萌生之禍者也.'라고 하였다.

【誠恐讒於太宰嚭, 成伍子胥之事】태재 白嚭와 같은 참언으로 인해 伍子胥가
억울한 죽임을 당한 例가 이 나라에도 생기지 않을까 걱정이 되어 참고 끝까지
모신 것임. 太宰嚭는 白嚭(伯嚭). 그의 조부 白州犁는 원래 晉나라 출신으로
楚나라로 망명하였으나 費無忌에 의해 무고하게 죽임을 당하자 손자 白嚭는
다시 楚나라를 떠나 吳나라로 망명하여 伍子胥와 함께 吳王을 섬김. 夫差에게
신임을 얻어 太宰에 올라 흔히 '太宰嚭'로 부름. 뒤에 白嚭는 오자서와 틈이
벌어져 간악한 행동을 일삼았으며 결국 越王 句踐의 뇌물을 받는 등 오나라를
멸망의 길로 이끌었으며 이에 반대한 伍子胥도 그 와중에 그의 참소로 인해
죽임을 당함.

【不可以大】'大'는 '久'의 誤記가 아닌가 함. 徐天祜는 "承上文而言, 則大當作久"

라 함. 따라서 치욕에 대한 마음을 오래 가지고 있어서는 안 됨.

【流汗之愧】 吳나라의 노예가 되어 고역을 당한 일을 가리킴.

【湯武克夏商】 湯이 夏나라 桀을 이기고, 武王이 商(殷)의 말왕 紂를 없애고 王業을 이룬 예.

【公位乎】 徐天祜는 "位, 當作住"라 하여 "公住乎?", 즉 "그대는 이 나라에 남아 있겠는가?"의 뜻이어야 한다고 보았음.

【計不數謀】 계책은 자주 변경하여 도모하는 것이 아님. '數'은 '삭'으로 읽음. 徐天祜는 "數, 音朔"이라 함. 망설임이 길면 결단을 내릴 수 없음.

【扁舟】 작은 배. 片舟.《國語》越語에는 '輕舟'로 되어 있음.

【三江之口】〈四部叢刊〉에는 '之口' 두 글자가 없으나《水經注》(29)에 의해 보입함. 한편 三江은 松江, 錢塘江, 浦陽江을 가리키며 越나라 경내를 흐르는 세 강. 徐天祜는 "三江: 一說松江, 錢塘, 浦陽江也.〈吳郡賦〉注:「松江下七十里 分流, 東北入海者謂婁江, 東南流者謂東江, 并松江謂三江.」今其地亦名三江口, 卽范蠡乘舟所出之地"라 함. 그러나《史記》夏本紀 "震澤致定"의〈正義〉에는 "澤在蘇州西四十五里. 三江者, 在蘇州東南三十里, 名三江口. 一江西南上七十里 之太湖, 名曰松江, 古笠澤江; 一江東南上七十里, 名蜆湖, 名曰上江, 亦曰東江; 一江東北下三百餘里入海, 名曰下江, 亦曰婁江. 於其分處, 號曰三江口. 顧夷 《吳地記》云:「松江東北行七十里得三江口, 東北入海謂婁江, 東南入海謂東江, 并松江爲三江.」是也"라 함.

【五湖之中】〈四部叢刊〉에는 '之中' 두 글자가 없으나《水經注》(29)에 의해 보입함. 徐天祜는 "五湖: 一說貢湖, 游湖, 胥湖, 梅梁湖, 金鼎湖也. 韋昭曰:「胥湖, 蠡湖, 洮湖, 滆湖, 就太湖而五.」虞翻云:「太湖之水通五道, 謂之五湖.」張勃《吳錄》 云:「五湖者, 太湖之別名, 以其周行五百里, 故以五湖爲名.」又楊泉〈五湖賦〉止爲 太湖而作. 陸九蒙云:「太湖上稟咸池五車之氣, 故一水五名.」今并存之"라 하였고, 《史記》夏本紀 "震澤致定"의〈正義〉에는 "五湖者: 菱湖, 游湖, 莫湖, 貢湖, 胥湖, 蓋太湖東岸五灣, 爲五湖. 蓋古時應別, 今并相連. 菱湖在莫釐山東, 周廻三十餘里, 西口闊二里, 其口南則莫釐山, 北則徐侯山, 西與莫湖連. 莫湖在莫釐山西及北, 北與胥湖連. 胥湖在胥山西南, 與莫湖連, 各周廻五六十里, 西連太湖. 游湖在北 二十里, 在長山東, 湖西口闊二里, 其口東南岸樹里山, 西北岸長山, 湖周廻 五六十里. 貢湖在長山西, 其口闊四五里, 口東南長山, 山南卽山陽村, 西北連常州 無錫縣老岸湖, 周廻一百九十里已上, 湖身向東北長七十餘里, 兩湖西亦連太湖"라 하였으며《國語》越語(下) "戰於五湖"의 韋昭 注에는 "五湖, 今太湖"라고만 하였음.

1.《國語》越語(下)

反至五湖, 范蠡辭於王曰:「君王勉之, 臣不復入越國矣.」王曰:「不穀疑子之所謂者, 何也?」對曰:「臣聞之, 爲人臣者, 君憂臣勞, 君辱臣死. 昔者君王辱於會稽, 臣所以不死者, 爲此事也. 今事已濟矣, 蠡請從會稽之罰.」王曰:「所不掩子之惡, 揚子之美者, 使其身無終沒於越國. 子聽吾言, 與子分國; 不聽吾言, 身死, 妻子爲戮.」范蠡對曰:「臣聞命矣. 君行制, 臣行意.」遂乘輕舟以浮於五湖, 莫知其所終極.

2.《史記》越王句踐世家

范蠡事越王句踐, 旣苦身勠力, 與句踐深謀二十餘年, 竟滅吳, 報會稽之恥, 北渡兵於淮以臨齊, 晉, 號令中國, 以尊周室, 句踐以霸, 而范蠡稱上將軍. 還反國, 范蠡以爲大名之下, 難以久居, 且句踐爲人可與同患, 難與處安, 爲書辭句踐曰:「臣聞主憂臣勞, 主辱臣死. 昔者君王辱於會稽, 所以不死, 爲此事也. 今旣以雪恥, 臣請從會稽之誅.」句踐曰:「孤將與子分國而有之. 不然, 將加誅于子.」范蠡曰:「君行令, 臣行意.」乃裝其輕寶珠玉, 自與其私徒屬乘舟浮海以行, 終不反. 於是句踐表會稽山以爲范蠡奉邑. 范蠡浮海出齊, 變姓名, 自謂鴟夷子皮, 耕于海畔, 苦身勠力, 父子治産. 居無幾何, 致産數十萬. 齊人聞其賢, 以爲相. 范蠡喟然嘆曰:「居家則致千金, 居官則至卿相, 此布衣之極也. 久受尊名, 不祥.」乃歸相印, 盡散其財, 以分與知友鄕黨, 而懷其重寶, 閒行以去, 止于陶, 以爲此天下之中, 交易有無之路通, 爲生可以致富矣. 於是自謂陶朱公. 復約要父子耕畜, 廢居, 候時轉物, 逐什一之利. 居無何, 則致貲累巨萬. 天下稱陶朱公.

3.《史記》貨殖列傳

范蠡旣雪會稽之恥, 乃喟然而歎曰:「計然之策七, 越用其五而得意. 旣已施於國, 吾欲用之家.」乃乘扁舟浮於江湖, 變名易姓, 適齊爲鴟夷子皮, 之陶爲朱公. 朱公以爲陶天下之中, 諸侯四通, 貨物所交易也. 乃治産積居, 與時逐而不責於人. 故善治生者, 能擇人而任時. 十九年之中三致千金, 再分散與貧交疏昆弟. 此所謂富好行其德者也. 後年衰老而聽子孫, 子孫脩業而息之, 遂至巨萬. 故言富者皆稱陶朱公.

4.《太平御覽》(769)

范蠡旣滅吳, 乃乘扁舟出三江, 入五湖, 人莫知其所適.

5. 기타 참고 자료

《水經注》(29)

184(10-23)
범려范蠡의 소상塑像

범려가 이미 떠나자 월왕은 초연怊然히 얼굴색이 변하여 대부 문종文種을 불러 말하였다.

"범려를 뒤쫓을 수 있겠소?"

문종이 말하였다.

"미치지 못할 것입니다."

월왕이 물었다.

"어찌 그렇소?"

문종이 말하였다.

"범려가 떠난 때는 음효陰爻 육六과 양효陽爻 삼三이 합한 괘입니다. 일전신日前神이라 할지라도 그를 제지할 수가 없습니다. 현무玄武와 천공天空의 신이 위엄있게 실행에 옮긴 것인데 누가 감히 저지시킬 수 있겠습니까? 천관天關은 통과하여 천량天梁을 건너 뒤에 천일天一로 들어간 것이며 앞에서 신광神光을 가리고 있어 그를 말하는 자는 죽임을 당하고 그를 보는 자는 미치게 됩니다. 저는 원컨대 대왕께서는 더 이상 뒤쫓지 마시기를 바랍니다. 범려는 끝내 돌아오지 않을 것입니다."

월왕은 그 처자를 거두어 백 리의 땅에 封하며 "감히 이를 침범하는 자가 있다면 위에서 하늘이 재앙을 내릴 것"이라 하였다.

이에 월왕은 양공良工으로 하여금 범려의 형상을 주조하도록 하고 이를 왼쪽에 두고 아침저녁으로 그 형상과 정사를 논하였다.

范蠡旣去, 越王愀然變色, 召大夫種曰:「蠡可追乎?」

種曰:「不及也.」

王曰:「奈何?」

種曰:「蠡去時, 陰畫六, 陽畫三. 日前之神, 莫能制者, 玄武, 天空威行, 孰敢止者? 度天關, 涉天梁, 後入天一, 前翳神光, 言之者死, 視之者狂. 臣願大王勿復追也. 蠡終不還矣.」

越王乃收其妻子, 封百里之地:「有敢侵之者, 上天所殃.」

於是, 越王乃使良工鑄金象范蠡之形, 置之左側, 朝夕論政.

【種】大夫 文種. 자는 子禽, 혹 少禽, 會. 越나라 대부로 智謀가 있어 范蠡와 함께 句踐을 도와 吳나라에게 복수를 하고 句踐을 霸者로 만든 名臣. 그 뒤에 范蠡가 떠나고 句踐에게 죽임을 당함. 그러나 徐天祐 注에는 "大夫種, 姓文氏, 字會. 楚之鄒人"이라 함.

【陰畫六, 陽畫三】陰은 陰爻. 六은 陰爻를 대신하는 말.《易》小成卦 坤(☷). 地를 상징함. 陽은 陽爻. '三'은 세 개의 효. 즉 小成卦로 乾(☰). 天을 상징함.《周易》乾卦에 "乾卦本以象天, 天乃積諸陽氣而成天, 故此卦六爻, 皆陽畫成卦也"라 함. 이 두 괘가 下上으로 결합한 괘가 '泰卦'이며 64괘 중 가장 안정되고 태평함을 나타내어 어떤 일을 해도 亨通함.《周易》11번째 地天泰卦(乾下坤上: ☰下☷上)에 "泰: 小往大來, 吉, 亨. 象曰:「泰: 小往大來, 吉, 亨」則是天地交而萬物通也, 上下交而其志同也. 內陽而外陰, 內健而外順, 內君子而外小人. 君子道長, 小人道消也. 象曰: 天地交, 泰; 后以財成天地之道, 輔相天地之宜, 以左右民. 初九, 拔茅茹, 以其彙; 征吉. 象曰:「拔茅征吉」, 志在外也. 九二, 包荒, 用馮河, 不遐遺; 朋亡, 得尚于中行. 象曰:「包荒」,「得尚于中行」, 以光大也. 九三, 无平不陂, 无往不復; 艱貞无咎, 勿恤其孚, 于食有福. 象曰:「无往不復」, 天地際也. 六四, 翩翩, 不富, 以其鄰不戒以孚. 象曰:「翩翩不富」, 皆失實也;「不戒以孚」, 中心願也. 六五,

帝乙歸妹, 以祉元吉. 象曰:「以祉元吉」, 中以行願也. 上六, 城復于隍; 勿用師, 自邑告命, 貞吝. 象曰: 城復于隍, 其命亂也"라 하여 범려가 떠난 날을 막을 수 없다고 한 것.

【日前之神】 '日游神'으로 凶神이며 피해야 함. 《元曲選》 桃花女에 "今日他出門之時, 正與日游神相觸, 便下至死, 也要帶傷"이라 함.

【玄武】 北方 太陰神. 六壬天將貴神 중 癸亥에 해당하며 五行으로는 水. 겨울 석 달을 담당하는 凶將. 純陰의 水로 乾에 의해 坎을 보좌하고 陰位의 極으로 邪氣의 神이며 만물의 終에 해당함. 姦盜賊과 不祥事, 奸邪 등을 主宰함. 《楚辭》 遠游 "召玄武而奔屬"의 注에 "呼太陰神使承衛也"라 하였고, 補注에 "說者曰: 「玄武, 謂龜蛇. 位在北方, 故曰玄. 身有鱗甲, 故曰武.」 《文選》注云: "龜與蛇交 曰玄武.""라 함.

【天空】 神 이름. 六壬天將貴神 중 戊戌에 해당되며 五行으로는 土. 역시 凶將. 중앙의 가장 낮은 神으로 天地의 雜氣이며 사람 세상에서는 詐神. 玄武와 天后를 좋아하며 靑龍, 六合, 太陰, 朱雀을 두려워함. 奴婢, 公吏, 市井小人, 財帛 등을 主宰함. 《黃帝金匱玉衡經》에 "天空下賤, 主侍帝庭"이라 하여 신분이 천한 신이기는 하나 天庭을 지키는 일을 함.

【天關】 天庭으로 들어가는 하늘의 관문. 별자리로는 室女座의 角宿(각수)에 해당함. 《晉書》 天文志(上)에 "東方: 角星爲天關, 其間天門也, 其內天庭也"라 함.

【天梁】 하늘의 다리. 《晉書》 天文志(上)에 "北方: 南斗六星, 天廟也, 丞相太宰 之位. ……南二星魁, 天梁也"라 함. 별자리로는 斗宿의 人馬座에 해당함. 《黃帝 金匱玉衡經》에 "出天文, 登天關, 涉天梁, 見白虎必憂死喪"이라 함.

【天一】 天一神. 天乙神. 六壬天將貴神 중 첫 번째로 紫微宮(北極星) 밖의 右星 天帝의 神. 貴人에게는 金錢, 財寶, 詔命 등을, 庶人에게는 토지, 가옥, 재물 등을 주재함. 《史記》 天官書에 "中宮, ……皆曰紫宮. 前列直斗口三星, 隨北端兌, 若見 若不, 曰陰德, 或曰天一"이라 하였고, 〈正義〉에 "天一, 一星, 彊閶闔外, 天帝之神, 主戰鬪, 知人吉凶, 明而有光, 則陰陽和, 萬物成, 人主吉. 不然反是"라 함. 《晉書》 天文志(上)에 "天一星在紫宮門右星南, 天帝之神也, 主戰鬪, 知人吉凶者也"라 함. 한편 《星經》 上一天一에 "天一星, 在紫微宮門外右. 曰南爲天帝之神, 主戰鬪, 知吉凶, 星明吉, 暗凶. 若離本位而乘鬪, 後九十日, 必兵大起也, 萬物盛, 天子吉. 星亡, 天下亂, 大凶也"라 함.

【前翳神光】 앞에서 神光을 가리고 있음. '翳'는 '遮', '遏'과 같음. 혹 '神光'은 신비한 광채. 그러나 혹 신의 이름이라고도 함.

【收其妻子】兪樾은 "據此, 則范蠡之去, 妻子不從, 後世乃有載西子泛五湖之說, 非事實矣"라 함.

【封百里之地】《越絶書》에는 "苦竹城者, 句踐伐吳還封范蠡之子. ……去縣十八里"라 하였고, 《水經注》浙江水에는 "浙江又逕會稽山陰縣, 有苦竹里, 里有舊城, 言句踐封范蠡子之邑也"라 함.

参 참고 및 관련 자료

1. 《國語》越語(下)

王命工以良金寫范蠡之狀而朝禮之, 浹日而令大夫朝之, 環會稽三百里者以爲范蠡地, 曰:「後世子孫, 有敢侵蠡之地者, 使無終沒於越國, 皇天后土, 四鄉地主正之.」

2. 기타 참고 자료

《水經注》浙江水

185(10-24)
멀어져 가는 대부들

이로부터 뒤로 계예計硏는 미친 척하였고 대부 설용曳庸, 부동扶同, 고여皐如의 무리들은 날이 갈수록 소원해져서 조정에는 서로 친함이 없어지게 되었다.

대부 문종文種도 마음속으로 근심하며 조정에 나가지 않자 어떤 이가 구천에게 이렇게 참언하였다.

"문종은 재상의 높은 벼슬도 버린 채 대왕으로 하여금 제후에게 패자가 되도록 해 주었건만 지금 관직은 더 높여줌도 없고 지위도 더 봉해주는 것이 없어, 이에 원망의 마음을 품고 있습니다. 속으로 분한 마음을 끓이고 있으며 밖으로 변한 얼굴색을 드러내 보이고 있습니다. 그 때문에 조회에 나타나지 않는 것일 뿐입니다."

어느 날 문종이 이렇게 간언하였다.

"제가 아침 일찍 일을 시작하여 저녁 늦어서야 끝내고 내 몸을 고통스럽게 하면서 힘들게 일을 하였던 이유는 단지 오吳나라를 깨뜨리기 위한 것일 뿐이었습니다. 지금 이윽고 그 나라를 멸하였으니 왕께서는 무엇을 근심하십니까?"

그러나 월왕은 묵연히 말이 없었다.

이때 노魯나라 애공哀公은 삼환三桓이 걱정되어 제후들의 힘을 빌려 이를 토벌하려 하고 있었고, 삼환 역시 애공의 분노를 걱정하여 고의로 임금과 신하 사이에 분란을 일으켜 애공은 형陘으로 도망가 있었다.

삼환이 애공을 공격하자 애공은 다시 위衛나로 도망하였다가 다시 월나라로 도망을 왔다.

노나라는 텅 비게 되었고 나라 사람들은 비통해 하다가 월나라에 와서 애공을 맞이하여 함께 귀국하였다.

구천은 문종이 이 사건에 아무런 모책을 내놓지 않아 그 때문에 애공을 위해 삼환을 토벌하지 않게 되었음을 걱정하고 있었다.

自是之後, 計硯佯狂; 大夫曳庸, 扶同, 皐如之徒, 日益疏遠, 不親於朝.

大夫種內憂不朝, 人或讒之於王曰:「文種棄宰相之位, 而令君王霸於諸侯, 今官不加增, 位不益封, 乃懷怨望之心. 憤發於內, 色變於外, 故不朝耳.」

異日, 種諫曰:「臣所以在朝而晏罷, 若身疾作者, 但爲吳耳. 今已滅之, 王何憂乎?」

越王黙然.

時魯哀公患三桓, 欲因諸侯以伐之; 三桓亦患哀公之怒, 以故君臣作難, 哀公奔陘.

三桓攻哀公, 公奔衛, 又奔越.

魯國空虛, 國人悲之, 來迎哀公, 與之俱歸.

句踐憂文種之不圖, 故不爲哀公伐三桓也.

【計硯】越나라 대부.《越絕書》에는 '計倪'로 표기되어 있음. 이 경우 '계예'로 읽어야 하나 范蠡의 스승 '計然'과 동일인으로 볼 경우 '계연'으로 읽음.《史記》貨殖列傳 "乃用范蠡, 計然"의 〈集解〉에 "徐廣曰:「計然者, 范蠡之師也, 名研,

故諺曰: 硏, 桑心算.」 駰案: 范子曰:「計然者, 蔡丘濮上人, 姓辛氏, 字文子, 其先 晉國亡公子也, 嘗南游於越, 范蠡師事之.」라 하였고, 〈索隱〉에는 "韋昭云:「計然, 范蠡師也.」 蔡謨云:「蠡所著書名《計然》」 蓋非也.《吳越春秋》謂之計倪,《漢書》 古今人表計然列在第四, 則倪之與硏是一人, 聲相近而相亂耳"라 하여 서로 다른 인물로 보기도 하였음. 이에 '계예'로 읽음. 고대 人名은 흔히 雙聲, 疊韻이 많아 '계예'가 맞을 것으로 여겨짐. 〈三民本〉에도 'ní'로 읽고 있음.

【曳庸】 역시 越나라 大夫. '洩庸'으로도 표기하며《國語》吳語와《左傳》哀公 26年에는 '舌庸'으로 표기되어 있음. 따라서 '曳'는 '설'로 읽어야 함.

【扶同】《史記》에는 '逢同'으로 되어 있음. 徐天祜는 "《史記》作逢同"이라 함. 그러나《越絶書》에 보이는 '逢同'은 여기서의 扶同과 같은 인물로 보이지 않음.

【皇如】 越나라 大夫. 후에 文種을 모함에 빠뜨려 죽게 한 인물임.

【棄宰相之位】 원래 자신이 宰相이었으나 范蠡에게 그 지위를 양보하여 구천 으로 하여금 패업을 이룰 수 있도록 하였음을 말함.

【在朝而晏罷】 '在'는 '蚤'여야 함. 徐天祜 注에 "在, 當作蚤"라 함. '蚤'는 '早'와 같음. 일찍 조정에 나가 저녁 늦어서야 일을 마침. '夙興夜寐', '蚤朝晏退'와 같음. 《墨子》尚賢篇(中)에 "蚤朝晏退"라는 말이 있음.

【若身疾作】 '苦身疾作'이어야 함. 자신을 고통스럽게 하면서 힘들게 일을 꾸밈. '若'은 '苦'의 오류임.《莊子》至樂篇에 "失富者苦身疾作"이라 함.

【魯】 成王의 叔父 周公이 封을 받은 나라. 周公은 성왕을 섭정하느라 아들 伯禽을 대신 보냄.

【哀公】 魯나라 군주. 定公(宋)의 아들이며 이름은 蔣.《史記》魯周公世家에는 이름을 '將'이라 하였음. 어머니는 定姒. B.C.494~B.C.468년까지 27년간 재위함. 梁玉繩의《史記志疑》에는 "人表於魯悼公下注云「出公子」, 是哀公亦有出公之稱, 以孫于越故也"라 함. 〈謚法〉에 "恭仁短折曰哀"라 함.

【三桓】 춘추 말 魯나라의 세도가 대부 집안으로 모두 魯 桓公의 아들 仲慶父 (孟氏), 叔牙, 季友 후손이어서 三桓이라 부름. 孟孫氏(仲孫氏), 叔孫氏, 季孫氏를 가리킴.

【陘】 당시 楚나라 땅. 지금의 河南 郾城縣 동쪽. 有陘氏 씨족이 살던 곳. 그 때문에《左傳》哀公 27년과《史記》魯世家에는 有陘氏에게로 도망한 것으로 되어 있음. 徐天祜 注에 "哀公二十七年, 公如公孫有陘氏, 乃遂如越.《史記》曰: 「公如陘氏. 三桓攻公, 公奔於衛, 遂如越」 陘, 楚地也. 杜預曰:「有陘氏, 卽有山氏.」 라 함. 한편 이 사건은 哀公 27년(B.C.468)으로 본장의 句踐 24년(B.C.743)보다

5년 뒤의 일로 앞서 거론한 것은 논리적으로는 맞지 않음.

【衛】周初 武王의 아우 康叔을 封했던 나라.

【奔越】당시 越王 句踐이 霸者였으므로 제후를 거느리고 환난을 제거해주어야
할 의무와 명분을 가지고 있었음.

참고 및 관련 자료

1.《左傳》哀公 27年

公患三桓之侈也, 欲以諸侯去之; 三桓亦患公之妄也, 故君臣多間. 公游于陵阪,
遇孟武伯於孟氏之衢, 曰:「請有問於子, 余及死乎?」對曰:「臣無由知之」三問,
卒辭不對. 公欲以越伐魯而去三桓. 秋八月甲戌, 公如公孫有陘氏. 因孫於邾,
乃遂如越. 國人施公孫有山氏.

2.《史記》魯周公世家

二十七年春, 季康子卒. 夏, 哀公患三桓, 將欲因諸侯以劫之, 三桓亦患公作難,
故君臣多間. 公游于陵阪, 遇孟武伯於街, 曰:「請問余及死乎?」對曰:「不知也」
公欲以越伐三桓. 八月, 哀公如陘氏. 三桓攻公, 公奔于衛, 去如鄒, 遂如越. 國人
迎哀公復歸, 卒于有山氏. 子寧立, 是爲悼公.

186(10-25)
문종文種의 운명

25년(B.C.472), 병오丙午 날 이른 아침, 월왕이 상국相國 대부 문종文種을 불러 물었다.

"내 듣기로 '남을 아는 것은 쉬우나 자신을 아는 것은 어렵다'라 하던데 내가 그대 상국을 어떤 사람이라고 알고 있다고 여기시오?"

문종이 말하였다.

"슬픕니다! 대왕께서는 저의 용맹은 아시면서 저의 어짊은 모르시며, 저의 충성은 아시면서 저의 믿음은 모르십니다. 저는 진실로 음악과 색을 덜어야 하며 음락淫樂과 기이한 이야기, 괴상한 논리 등은 없애도록 말씀을 다 올리고 충성을 다하면서 누차 대왕을 범하면서 왕의 마음을 거역하고 귀를 거슬리게 하였으니 틀림없이 죄를 얻고야 말 것이라 여겼습니다. 저는 죽는 것이 아까워 감히 말씀드리지 않는 것이 아니라 말이나 하고 죽겠습니다. 옛날 오吳나라에서 자서子胥가 부차夫差에게 죽으면서 저에게 이렇게 말하였지요. '교활한 토끼가 죽고 나면 좋은 사냥개는 삶기는 것이요, 적국이 멸망하고 나면 모책을 세우던 신하는 죽고 만다'라고요. 범려范蠡 역시 그런 말을 하였습니다. 어찌하여 대왕께서는 《옥문玉門》의 제 8편을 범하는 질문을 하십니까? 저는 왕의 뜻이 무엇인지 알았습니다."

월왕은 묵연히 아무런 응답도 하지 않았고 문종 역시 더 이상 말을 하지 않고 끝을 맺었다.

二十五年丙午平旦, 越王召相國大夫種而問之:「吾聞:
『知人易, 自知難.』其知相國何如人也?」

　種曰:「哀哉! 大王知臣勇也, 不知臣仁也; 知臣忠也,
不知臣信也. 臣誠數以損聲色, 滅淫樂, 奇說怪論, 盡言
竭忠, 以犯大王, 逆心咈耳, 必以獲罪. 臣非敢愛死不言,
言而後死. 昔子胥於吳矣, 夫差之誅也, 謂臣曰:『狡兔死,
良犬烹; 敵國滅, 謀臣亡.』范蠡亦有斯言. 何大王問犯
《玉門》之第八? 臣見王志也.」

　越王默然不應, 大夫亦罷.

【平旦】 이른 아침.

【數以】 '數'은 '삭'으로 읽으며 '자주, 누차, 그 때마다, 여러 차례'의 뜻.

【滅淫樂】 '滅'은 盧文弨는 '減'이어야 한다고 보았음. 그래야 위의 '損聲色'의
'損'과 대칭이 됨. 淫은 지나침. 樂을 쾌락.

【奇說怪論】 기이한 이야기나 怪談. 임금의 귀를 유혹하는 기이한 이야기나 논리.

【咈耳】 귀에 저촉됨. 듣기 거북함. 귀를 거슬리게 함. '咈'은 '違背, 抵觸'의 뜻.

【狡兔死】 103을 참조할 것. '狡兔以死, 良犬就烹'으로도 표현함. '兔死狗烹'의
成語를 가리킴. 사냥감 토끼를 다 잡아 사냥개가 더 필요가 없게 되면 다음
차례는 개가 삶기게 됨. 句踐伐吳外傳에는 "狡兔以盡, 良犬就烹"이라 하였고
《史記》越王句踐世家에는 "蜚鳥盡, 良弓藏; 狡兔死, 走狗烹"이라 하였고 〈淮陰
侯列傳〉에는 "狡兔死, 良狗亨(烹); 高鳥盡, 良弓藏; 敵國破, 謀臣亡"이라 하였
으며 《韓非子》六微篇에도 "狡兔盡則良犬烹, 敵國滅則謀臣亡"이라 하여 당시
널리 쓰였던 성어임.

【玉門第八】 《玉門》은 점복서. 孫詒讓은 《玉門》과 《金匱》는 책 제목이 서로 상대
되는 것으로 보아 당시 《六壬十二經》 중의 하나였을 것이라 하였음. 錢大昕은
〈淮南天文訓補注序〉에서 "八會之占, 驗於吳楚; 玉門之策, 習於種蠡. 雖小道,
有可觀, 而夫子焉不學, 詎如後之學者未窺六甲, 便衍先天; 不辨五行, 乃汩洪範;
握算昧正負之目, 出門迷鉤繩之方也哉"라 함. 그 중 8편은 불길한 일을 자초
하는 내용이었을 것으로 봄.

810 **오월춘추**

187(10-26)
저승에서나 만날 운명

문종은 입에 음식을 넣고 씹기만 하여 성인의 인분과 같이 하였다.

그 아내가 말하였다.

"그대는 한 나라의 재상 자리를 천하게 보고 임금의 녹이 적다고 여기시는 것입니까? 음식을 대하고도 즐겁게 여기지 아니하시고 입에 물고 대변처럼 만들고만 있으니 어찌된 것입니까? 처자가 곁에 있고 필부의 능력으로 스스로 상국에까지 이르셨는데 아직도 무엇을 더 바라십니까? 너무 탐욕스러운 것 아닙니까? 어찌 그 뜻이 홀홀忽忽하기가 이와 같습니까?"

문종이 말하였다.

"슬프도다! 그대는 알지 못하는 일이오. 우리 왕께서 이윽고 환난患難에서 벗어났고, 오吳나라에 대한 치욕도 갚았으니 나는 모든 것이 스스로 집을 옮겨 죽음의 처지로 던져지게 될 것이오. 나는 구술九術의 모책을 다 바쳤으나 저들은 나를 참녕讒佞한 자로 여기고 있으니 임금에게 있어서는 충성이었건만 왕은 살펴주지 않은 채 이에 '남을 알기는 쉬워도 자신을 알기는 어렵다'라고 하기에 내가 이에 대답을 하였건만 더 이상 다른 말이 없으니 이는 흉요凶妖한 일이 벌어질 증거라오. 내 장차 다시 들어가면 아마도 다시 살아 돌아오지는 못할 것이오. 그대와 길이 이별하게 될 것이니 저승에서나 서로 찾아보도록 합시다."

그 처가 말하였다.

"어떻게 아십니까?"

문종이 말하였다.

"내가 왕을 만났을 시간은 마침 《옥문玉門》 제 8편의 내용을 범할 때였소. 진辰이 일日을 이기고 있으니 윗사람이 아랫사람에게 적해를 당하는 것으로 이는 난추亂醜로써 틀림없이 선량한 자가 해를 당하는 일이 벌어질 거요. 오늘은 일이 진을 이기는 날로 윗사람이 아랫사람을 적해하는 것이니 단지 내 생명도 잠깐일 뿐이라오."

哺其耳以成人惡.

其妻曰:「君賤一國之相, 少王祿乎? 臨食不亨, 哺以惡, 何? 妻子在側, 匹夫之能, 自致相國, 尚何望哉? 無乃爲貪乎? 何其志忽忽若斯?」

種曰:「悲哉! 子不知也. 吾王旣免於患難, 雪恥於吳, 我悉徙宅自投死亡之地. 盡九術之謀, 於彼爲佞, 在君爲忠, 王不察也. 乃曰:『知人易, 自知難.』吾答之又無他語, 是凶妖之證也. 吾將復入, 恐不再還, 與子長訣, 相求於玄冥之下.」

妻曰:「何以知之?」

種曰:「吾見王時, 正犯《玉門》之第八也. 辰剋其日, 上賊於下, 是爲亂醜, 必害其良. 今日剋其辰, 上賊下, 止吾命須臾之間耳.」

【哺其耳以成人惡】 이 구절은 완정한 문장이 아님. 盧文弨는 "此有脫文"이라 함. 〈貴州本〉에는 앞에 '歸而' 두 글자를 넣어 "歸而哺其耳以成人惡"이어야 하며 '哺'는 '먹이다'의 뜻으로 인신하여 '채우다'로 보았음. '耳'는 '鼎耳', 즉 鼎의 귀.

《說文》에 "鼎, 三足兩耳, 和五味之寶器也"라 한 것을 들고 있음. 鼎은 조리 기구
이며 동시에 종묘제사의 禮器. 그 때문에 처가 "臨食不亨"이라 한 것이라 하였음.
'惡'은 徐天祜 注에 '大溲'라 하여 人糞으로 보았음. 한편 정은 나라의 중신을
비유하여 재상을 뜻함. 《後漢書》陳球傳에 "公出自宗室, 位登台鼎"이라 하여
文種을 가리키는 것이라 하였음. 이를 종합하여 "문종은 相國府로 돌아온 뒤
어른의 대변을 鼎의 귀에 넣었다"로 풀이하였음. 그러나 〈三民本〉에는 '哺'는
'咀'로 "입안에 음식물을 넣고 씹다"이며 '耳'는 '餌'로 보아 '떡(餻餅)의 일종'
이라 하였음. 이에 따라 "문종은 조회에서 집으로 돌아와 밥을 먹으면서 다만
몇 덩이의 떡을 입에 넣고 씹기만 하여 그것이 어른의 대변처럼 되었다"로 풀이
하였음. 여기서는 잠정적으로 〈삼민본〉을 따라 풀이하였음.

【亨】徐天祜는 "亨, 當作享"이라 함. '享'은 享有함. 음식을 즐겁게 여김. 그러나
〈貴州本〉에는 歆享(歆饗)의 뜻으로 보았음.

【無乃】"오히려 -한 것이 아닌가?"의 反語法 疑問文을 구성함.

【忽忽】욕심이나 집착 때문에 마음이 어두워짐. 일을 가볍게 보고 마구 행동함.

【九術之謀】吳나라를 이길 수 있는 아홉 가지 術策. 150을 참조할 것.

【長訣】〈四部叢刊〉에는 '長訣'으로 되어 있음.

【玄冥之下】黃泉. 죽은 후. 玄冥은 어두운 세계. 죽은 이후의 세계. 九泉.

【辰剋其日】時辰이 日辰을 이기는 것. 日辰은 고대 天干(十干)과 地支(十二支)를
배합하여 年, 月, 日, 時를 따져 칭하는 것. 天干은 日이며 地支는 辰으로서 이를
묶어 '日辰'이라 함.

【上賊於下】上이 下에게 적해를 당함. 地盤이 天盤을 누름. 日이 時보다 더 큰
것이므로 아랫사람이 윗사람을 범함. 자신이 왕에게 바른 소리를 하였음을
말함.

【亂醜】고대 占術 용어. 九醜 중에서 다스림에 어지러운 治醜.

【日剋其辰】日辰이 時辰을 이기는 것. 丙午일은 五行의 火에 해당되고 平旦은
이른 아침 卯時에 해당됨. 그 때문에 火克木으로써 日辰이 時辰을 이기는 것임.

【須臾】잠시. 잠깐. 疊韻連綿語.

188(10-27)
문종文種의 최후

월왕은 다시 상국相國 문종을 불러 이렇게 물었다.

"그대는 음모와 병법兵法이 있어 적을 엎고 나라를 빼앗았소. 구술九術의 모책 중에 지금 세 가지를 써서 강한 오나라를 깨뜨렸으니 그 나머지 6개는 아직 그대에게 있소. 원컨대 나머지 술책으로써 나의 선왕들이 지하에서 오나라의 선인들을 도모할 수 있도록 해 주시오."

문종은 하늘을 우러러 탄식하여 말하였다.

"아! 내가 듣기로 '큰 은혜는 보답이 없는 법이며 큰 공은 보수를 받을 수 없는 법'이라 하였으니 이를 두고 하는 말이리라! 나는 범려范蠡를 모책을 따르지 않다가 월왕에게 죽임을 당하는 것을 후회스럽도다. 나는 좋은 말로 식언食言을 하지 않고자 사람의 대변을 입에 넣고 우물거렸던 것이다."

월왕은 마침내 문종에게 촉로검蜀盧劍을 내렸다.

문종은 검을 받아 다시 이렇게 탄식하였다.

"남양南陽의 읍재邑宰가 월왕에게 사로잡히고 말았구나."

그러고는 스스로 웃으며 말하였다.

"뒤에 백세百世가 지난 끝에 충신은 틀림없이 나를 두고 비유를 삼을 것이다."

문종은 마침내 칼에 엎어져 죽고 말았다.

월왕은 문종을 도성의 서산西山에 장례를 치르고 누선樓船의 병졸 3천여 명을 동원하여 삼공三公의 지위에 맞는 연도羨道를 만들도록 하였으며, 혹은 삼봉三峰 아래에 묻은 것이라고도 한다.

장례를 치른 지 1년, 오자서伍子胥가 바다로부터 산의 옆구리를 뚫고 문종을 가지고 사라져 함께 바다에 떠올랐다.

그러므로 앞에서 조수潮水가 빙빙 돌면서 살피고 있는 것은 오자서이며, 뒤에 있는 몇 겹의 물은 대부 문종이라는 것이다.

越王復召相國, 謂曰:「子有陰謀兵法, 傾敵取國. 九術之策, 今用三, 已破彊吳; 其六尚在子所, 願幸以餘術爲孤前王於地下, 謀吳之前人.」

於是種仰天歎曰:「嗟乎! 吾聞:『大恩不報, 大功不還』其謂斯乎! 吾悔不隨范蠡之謀, 乃爲越王所戮. 吾不食善言, 故哺以人惡.」

越王遂賜文種屬盧之劍.

種得劍, 又歎曰:「南陽之宰而爲越王之擒.」

自笑曰:「後百世之末, 忠臣必以吾爲喩矣.」

遂伏劍而死.

越王葬種於國之西山, 樓船之卒三千餘人, 造鼎足之羨, 或入三峰之下.

葬一年, 伍子胥從海上穿山脅而持種去, 與之俱浮於海.

故前潮水潘候者, 伍子胥也; 後重水者, 大夫種也.

【前王於地下】前王은 先王. 뒤의 前人도 역시 先人. 前王은 越王의 宣王. 前人은 吳나라 先人. 당시 오나라에게 당하기만 하고 죽어 지하에 있는 선대들이 6가지 술책을 써서 지하에서나마 당시 오나라 사람들에게 복수를 할 수 있도록 解冤해 달라는 뜻.

【屬盧劍】屬鏤劍. 검 이름. '屬'은 '鑭'과 같음. '촉'으로 읽음. 본책 105에는 '屬鏤劍'
으로 되어 있음.《廣雅》釋器에는 '屬鹿'으로,《太玄經》에는 '屬婁'로,《荀子》
成相篇에는 '獨鹿'으로 표기되는 등 여러 이름이 있으나 고대 같은 칼 이름
이었음. 徐天祜는 "盧, 當作鏤"라 함.

【南陽之宰】南陽의 관리. 宰는 邑宰. 南陽은 楚나라 도읍 郢. 따라서 '南郢'이어야
함. 지금의 湖北 江陵縣 북쪽 紀南城.《文選》豪士賦序 "文子懷忠敬而齒劍"의
注에 《吳越春秋》曰:「文種者, 本楚南郢人也. 姓文, 字少禽.」이라 함. 그러나
南陽은 고대 宛이었으며 文種이 宛邑의 邑宰를 지낸 것을 두고 한 말이라 함.

【伏劍而死】徐天祜는 "勾踐脫囚虜之辱, 苦身勞思, 君臣相與謀, 報吳者, 二十餘年,
卒以越霸. 諸臣雖與有力, 而種蠡之功, 居多. 蠡見幾而作, 可謂明且哲矣. 種之
死也, 無罪而越王誅之也. 無名其辭, 乃曰:「幸以餘術爲孤前王於地下謀吳之
前人」是何言歟? 令死者有知, 謀之地下何益? 如其無知, 焉用謀之? 夫大功不賞,
而淫刑以報, 此種所以仰天而歎, 又自笑也"라 함.

【西山】徐天祜는 "卽臥龍山, 又名種山. 一名重山.《太平御覽》曰:「種山之名.
因大夫種以語訛成重也.」"라 함.

【樓船】複層 이상의 軍艦.《史記》平準書에 "治樓船, 高十餘丈, 旗幟加其上, 甚壯"
이라 함.

【鼎足】三足兩耳의 鼎. 三公을 비유함. 따라서 여기서는 文種을 三公의 지위에
맞추어 장례를 치르고 무덤의 연도(羨道)를 만들어 준 것임.

【羨】羨道. 무덤 墓穴 入口의 길. 徐天祜는 《周禮》冢人「丘隧」注:「羨道也.」疏曰:
「天子有隧, 諸侯已下有羨道.」史衛世家:「共伯入釐侯羨.」索隱曰:「羨音延, 延,
墓道.」라 함.

【山脅】산의 옆구리. 가슴의 양쪽. 무덤이 있는 산을 뚫고 그 시신을 꺼냄.

【潘候】潘은 蟠, 瀿, 盤과 같음. 渦旋을 그리며 파도가 돎. 候는 앞에서 살핌. 斥候와
같음.《水經注》浙江水에는 "潮水之前揚波者, 伍子胥"라 하여 표현이 다름.

189(10-28)
공자孔子가 찾아간 월왕

월왕은 이윽고 충신을 죽이고 나서 관동關東의 패자가 되어 낭야琅邪로 도읍을 옮기고 관대觀臺를 세웠는데 둘레가 7리이며 동해東海를 조망할 수 있었다.

그에게는 죽음을 무릅쓴 병사 8천 명과 과선戈船이 3백 척이나 되었다. 얼마 지나지 않아 현사賢士를 찾았다.

공자孔子가 이를 듣고 제자들을 거느리고 선왕先王의 아금雅琴과 예악禮樂을 받들고 월나라에서 가서 연주해 줄 참이었다.

월왕은 당이갑唐夷甲을 입고 보광검步光劍을 차고 굴로모屈盧矛를 짚고 죽음을 무릅쓴 사졸 3백 명을 내세워 관문關門 아래에 진열시켜놓고 있었다.

공자가 잠시 후 도착하자 월왕이 말하였다.

"네네. 선생께서는 무엇으로 저를 가르켜주시겠습니까?"

공자가 말하였다.

"저는 능히 오제五帝와 삼왕三王의 도를 설명해 드릴 수 있습니다. 그 때문에 아금을 연주하여 이를 대왕에게 올리고자 합니다."

월왕은 위연喟然히 탄식하며 말하였다.

"월나라 사람들은 성품이 취약脆弱하고 우둔하여 물길로 다니며 산에서 삽니다. 배로 수레를 삼고 노를 말처럼 여기며 갈 때는 마치 돌개바람 같으며 떠나면 따라갈 수가 없을 정도로 싸움을 좋아하며 죽기를 겁내지 않습니다. 이것이 월나라의 일상입니다. 선생님께서는 어떤 말씀으로 가르치고자 하십니까?"

공자는 대답을 하지 않고 사양하고는 떠나버렸다.

越王旣已誅忠臣, 霸於關東, 徙都瑯邪, 起觀臺, 周七里以望東海.

死士八千人, 戈船三百艘.

居無幾, 射求賢士.

孔子聞之, 從弟子奉先王雅琴禮樂奏於越.

越王乃被唐夷之甲, 帶步光之劍, 杖屈盧之矛, 出死士以三百人爲陣關下.

孔子有頃到, 越王曰:「唯唯, 夫子何以敎之?」

孔子曰:「丘能述五帝三王之道, 故奏雅琴以獻之大王.」

越王喟然歎曰:「越性脆而愚, 水行山處, 以船爲車, 以檝爲馬, 往若飄然, 去則難從, 悅兵敢死, 越之常也. 夫子何說而欲敎之?」

孔子不答, 因辭而去.

【關東】 函谷關 동쪽 지역을 일컫는 말. 함곡관은 지금의 河南 寶靈縣 남쪽.

【徙都瑯邪】 '瑯邪'는 '琅邪', '琅琊', '瑯琊', '琅玡' 등 여러 표기가 있으며 지금의 山東 諸城縣 동남쪽. 〈四部叢刊〉에는 "從都瑯邪"로 되어 있으나 《太平御覽》(160)에 의해 수정함.

【觀臺】 觀望臺. 瑯琊臺를 가리킴. 《史記》 秦始皇本紀 "乃使黔首三萬戶琅玡臺下"의 〈集解〉에 "駰案: 《地理志》: 「越王勾踐嘗治琅玡縣, 起臺觀.」"이라

하였고, 〈正義〉에는 《括地志》云:「密州諸城縣東南百七十里有琅邪臺, 越王句踐觀臺也. 臺西北十里有瑯邪.」라 함.

【死士】 죽음을 각오한 병사.

【戈船】 배 아랫부분에 창날을 대서 무장한 戰船. 《文選》 吳都賦 "戈船掩乎江湖"의 劉向 注에 "戈船, 船下有戈也"라 함. 《西京雜記》(6)에는 "戈船, 上建戈矛, 四角悉垂幡旄, 旃葆麾蓋, 照灼涯涘"라 함.

【射求】 '射'는 '追求하다'의 뜻. 《管子》 國蓄篇에 "凡輕重之大利, 以重射輕, 以賤泄平"이라 함. 《越絶書》에는 '窮求'로 되어 있음.

【孔子】 孔丘. 字는 仲尼(B.C.551~B.C.479). 魯나라 사람. 아버지 叔梁紇과 어머니 顔徵在 사이에 태어남. 그 先祖 微子啓는 殷나라 왕족으로 姓은 子氏이며 宋나라에 봉해짐. 6代 煬公(熙) 때 조카 厲公에게 죽음을 당하자 熙의 아들 弗父何(불보하)가 孔子의 直系 조상임. 그 後孫 孔父嘉(공보가)의 처는 미인으로 華督이라는 권력자가 공보가에게 누명을 씌워 죽이고 빼앗음. 그러자 아들 子木金父(자목금보)가 魯나라로 옮겨와 孔氏로 성으로 삼아 공자의 고국이 되었으며 그가 孔子의 五代祖임.

【雅琴禮樂奏於越】 '雅琴'은 雅樂을 연주하는 琴. 현악기. 월나라에게 예악을 가르치기 위해 '求賢士'에 공자가 응한 것임. 그러나 徐天祜 注에는 "越滅吳之明年, 大夫種賜劍以死, 是爲勾踐二十五年, 卽魯哀公二十三年也. 此書謂已誅忠臣, 居無幾, 求賢士, 孔子聞之, 奉雅琴禮樂奏於越. 皆是年事也. 竊獨以爲不然, 昔者, 夫子將見趙簡子, 聞竇鳴犢, 舜華之死, 臨河而不濟, 爲其殺賢大夫而諱傷其類也. 至作爲陬操以哀之. 文種非賢大夫歟? 使夫子尙在, 聞種之死, 愚知其不入越也, 而況奏雅琴以干時君乎! 按《春秋》哀公十六年夏四月, 書孔子卒. 由文種之死, 上距夫子之卒, 已八年矣. 謂夫子以是年入越, 非也"라 하여 공자가 죽은 뒤 8년 후에 문종이 죽은 것으로 이러한 일이 있을 수 없다 하였음.

【唐夷之甲】 '棠銕之甲'. 棠은 棠谿. 지금의 河南 逐平縣 서북. 棠谿는 楚나라 지명으로 良質의 철이 생산되던 곳. 그 철로 만든 갑옷. '銕'은 '鐵'과 같음. 《戰國策》 韓策(1)에 "韓卒之劍戟, 皆出於冥山, 棠谿, 墨陽"이라 하였으며, '棠銕'은 '棠夷'로도 표기함. 본서 038을 참조할 것. 《越絶書》에는 '賜夷之甲'으로 되어 있음.

【步光劍】 명검 이름. 《越絶書》 吳王占夢篇에는 "越王撫步光之劍, 杖屈盧之弓, 瞋目謂范蠡曰:「子何不早圖之乎?」"라 함.

【屈盧矛】 屈盧는 창을 잘 만들던 矛匠. 《史記》 商君列傳 〈索隱〉에 "屈盧, 干將, 幷古良匠造矛戟者名"이라 함. 아주 훌륭한 창을 대신하여 일컫는 말. 혹 屈盧를

지명으로 보기도 함. 徐天祜 注에 "《典畧》曰:「周有屈盧之矛」《說文》:「矛, 酋矛也. 建於兵車, 長二丈」《周禮》:「酋矛, 長常有四尺. 蓋十六尺爲常, 益四尺, 則二丈也.」"라 함.《越絶書》에는 '物盧之矛'로 되어 있음.

【五帝】여러 說이 있으나《史記》五帝本紀에는 黃帝(軒轅氏), 顓頊(高陽氏), 帝嚳 (高辛氏), 帝堯(陶唐氏), 帝舜(有虞氏)을 들고 있음.

【三王】夏(禹), 殷(湯), 周(文武)를 가리킴. 모두 儒家에서 이상으로 받드는 고대 聖王들.

【悅兵敢死】전투를 좋아하고 감히 죽음을 마다하지 않음. 그러나《越絶書》에는 "銳兵敢死"로 되어 있음.

【夫子何說而欲敎之?】越나라에 맞는 것으로써 가르쳐 달라는 뜻.《越絶書》에는 "夫子異則不可"라 하여 표현이 훨씬 명확함.

참고 및 관련 자료

1.《越絶書》(8)

無餘初封大越, 都秦餘望南, 千有餘歲而至句踐, 句踐徙治山北, 引屬東海, 內外 越別封削焉. 句踐伐吳, 霸關東, 從琅琊起觀臺, 臺周七里, 以望東海. 死士 八千人, 戈船三百艘. 居無幾, 躬求賢聖. 孔子從弟子七十人, 奉先王雅琴, 治禮 往奏. 句踐乃身被賜夷之甲, 帶步光之劍, 杖物盧之矛, 出死士三百人, 爲陣關下. 孔子有頃姚稽到越. 越王曰:「唯唯, 夫子何以敎之?」孔子對曰:「丘能述五帝 三王之道, 故奉雅琴至大王所.」句踐喟然嘆曰:「夫越性脆而愚, 水行而山處, 以船爲車, 以楫爲馬, 往若飄風, 去則難從, 銳兵任死, 越之常性也, 夫子異則 不可.」於是孔子辭, 弟子莫能從乎.

2.《太平御覽》(160)

越王勾踐二十五年, 徙都琅 琊, 立觀臺, 周旋七里, 以望東海.

190(10-29)
조상의 묘

월왕은 사람을 시켜 목객산木客山에 가서 윤상元常의 묘를 파서 낭야
琅邪로 이장하고자 하였다.

원상의 묘를 세 번을 팠더니 묘 속에서 표풍熛風이 일어나더니 모래와
돌을 날려 사람을 쏘아 더 들어갈 수가 없는 것이었다.

구천이 말하였다.

"우리 전군前君께서 묘를 옮기지 못하게 하시는가?"

드디어 그대로 두고 떠났다.

越王使人如木客山, 取元常之喪, 欲徙葬瑯邪.

三穿元常之墓, 墓中生熛風, 飛砂石以射人, 人莫能入.

句踐曰:「吾前君其不徙乎?」

遂置而去.

【木客山】 句踐의 아버지 元常(允常)의 묘가 있는 곳. 徐天祜 注에 "木客山, 去會
稽縣十五里.《越絶》曰「木客大冢」者, 允常冢也"라 함.

【元常】 越나라 군주. 越王 句踐의 아버지.《左傳》과《史記》에는 모두 '允常'으로
표기되어 있음.

【喪】시신.

【熛風】불꽃을 함께한 바람. 그러나 飄風, 旋風과 같음. 徐天祜는 "熛, 火飛貌, 風, 熱如火飛也"라 함.《水經注》에 "冢中分風飛沙射人, 不得近"이라 함.

(참고 및 관련 자료)

1.《越絶書》(8)

木客大冢者, 句踐父允常冢也. 初徙瑯琊, 使樓船卒二千八百伐松柏以爲桴, 故曰
木客. 去縣十五里. 一曰: 句踐伐善材, 文刻獻於吳, 故曰木客.

2. 기타 참고 자료

《北堂書鈔》(160)

191(10-30)
그래도 패자

　구천은 사신을 시켜 제齊, 초楚, 진秦, 진晉나라들로 하여금 모두가 주실周室을 보필하도록 하여 혈맹을 맺고 떠났다.

　그런데 진秦 환공桓公이 월왕의 명령대로 하지 않자 구천은 이에 오월吳越의 장군과 병사를 선발하여 서쪽으로 하수河水를 건너 진나라를 공격하여 군사들이 고통스러워하였다.

　마침 진나라 군사들은 두려움에 떨며 잘못을 저질렀다고 하여 월나라 군사들은 되돌아갔다.

　군인들은 모두가 즐거워하면서 드디어 〈河梁詩〉를 지어 불렀다.

"하수의 다리를 건넘이여, 하수의 다리를 건넘이여
　군사를 일으켜 진왕을 공격하도다.
　맹동의 10월 눈과 서리 가득한데
　매서운 추위의 길에 감당하기 어렵도다.
　병사들 아직 강을 건너기도 전에 진나라 군사들이 항복해오니
　제후들이 두려워 모두가 벌벌 떠네.
　명성이 해내에 전하고 위세가 먼 나라까지 퍼지니
　패자를 칭함이 진 목공, 제 환공, 초 장왕과 같네.
　천하가 안녕을 얻어 목숨대로 길이 살게 되었으나
　슬프도다, 되돌아감에 어찌 다리가 없으리오?"

이처럼 월나라가 오나라를 멸한 후 중원은 모두가 월나라를 두려워하였다.

句踐乃使使號令齊, 楚, 秦, 晉, 皆輔周室, 血盟而去.

秦桓公不如越王之命, 句踐乃選吳越將士, 西渡河以攻秦, 軍士苦之.

會秦怖懼, 逆自引咎, 越乃還軍.

軍人悅樂, 遂作〈河梁之詩〉, 曰:

『渡河梁兮渡河梁, 擧兵所伐攻秦王.

孟冬十月多雪霜, 隆寒道路誠難當.

陣兵未濟秦師降, 諸侯怖懼皆恐惶.

聲傳海內威遠邦, 稱霸穆桓齊楚莊.

天下安寧壽考長, 悲去歸兮何無梁?』

自越滅吳, 中國皆畏之.

【秦】周나라 孝王 때 伯益의 자손 非子가 받은 나라. 嬴氏. 처음에는 甘肅 淸水縣 秦邑을 봉지로 받았는데 周 平王이 洛邑으로 東遷할 때 이를 호위한 공로로 B.C.771년 陝西 서부지역을 맡아 정식 제후가 됨.

【血盟】'歃血爲盟'을 뜻함. 구천이 패자로써 주도적으로 회맹을 열었음을 말함. 血盟은 《禮記》曲禮(下) "蒞牲曰盟"의 疏에 "盟者, 殺牲歃血, 誓於神也. ……盟之爲法, 先鑿地爲方坎, 上割牲牛耳, 盛以珠盤, 又取血, 盛以玉敦. 用血爲盟書, 成乃歃血而讀書"라 함.

【秦桓公】秦 厲共公의 오기. 徐天祜는 "按《史記》年表: 句踐二十五年, 是爲秦
　厲共公六年. 此書「爲秦桓公, 不如越王之命」, 非也. 由句踐二十五年上距秦桓公
　之卒, 蓋一百有六年矣. 桓公當作厲共公云"이라 함. 秦厲共公은 秦 悼公의 아들
　이며 B.C.476~B.C.443년까지 43년간 재위함.

【河】河水, 黃河.

【逆自引咎】도리어 자신의 과실이 있음을 미리 자인함. 逆은 '미리'의 뜻.

【孟冬】음력 10월. 고대 매 계절마다 孟仲季을 넣어 月稱을 삼았음.

【穆桓齊楚莊】穆은 秦 穆公(繆公). 齊 桓公, 楚 莊王. 모두 春秋五霸의 뛰어났던
　군주들. 여기에 월왕 구천이 해당됨을 말함.

【何無梁】〈四部叢刊〉에는 '河無梁'으로 되어 있으나 〈四庫全書〉에 의해 수정함.
　그러나 盧文弨는 이를 다시 '河'로 바꾸었음.

192(10-31)
노魯나라 삼환三桓

26年(B.C.471), 월왕은 주邾나라 군주가 무도하게 굴자 이를 잡아 귀국하면서 그 태자 하何를 군주로 세웠다.

겨울, 노魯 애공哀公이 삼환三桓의 핍박으로 인해 월나라로 도망쳐 왔다.

월왕은 제후들을 모아 삼환을 치고자 하였으나 제후들과 대부들이 명령을 따르지 않아 그 때문에 결과를 보지 못하였을 뿐이다.

二十六年, 越王以邾子無道而執以歸, 立其太子何.

冬, 魯哀公以三桓之逼來奔.

越王欲爲伐三桓, 以諸侯大夫不用命, 故不果耳.

【邾】周 武王이 祝融 八姓의 하나였던 邾俠(曹俠)을 封하여 부용국으로 삼았으며 '邾婁'로도 불렸음. 지금의 山東 鄒縣. 이 때문에 전국시대에 이름을 '鄒'로 바꾸었음. 曹姓이며 子爵 작위를 받았으나 魯나라에 예속되어 있었음. 그 때문에 주자로 부른 것이며 당시 군주는 邾 隱公. 이름은 益, 魯 哀公 8년(B.C.487) 때 주 은공이 무도하여 吳나라가 太宰 嚭를 보내어 隱公을 잡아가면서 태자 子革(뒤에 桓公)을 세우자 邾 隱公은 魯 哀公 10년(B.C.485)에 오나라로부터 월나라로 도망하여 구조를 청함. 이에 월나라가 隱公을 귀국시켜

복위시키자 태자 子革이 반대하다가 월나라로 도망옴. 魯 哀公 24년(B.C.471), 郳 隱公이 다시 무도한 짓을 저지르자 越王이 패자로서 이를 잡아들이고 公子 何를 세운 것임.《左傳》해당 연도를 참조할 것.

【太子何】郳나라 公子. 郳 隱公의 막내아들이며 子革의 아우. 따라서 '太子'는 '公子'여야 함.《左傳》哀公 24년에 "立公子何"라 하였고, 杜預 注에 "何, 大子 革弟"라 함.

【哀公】魯나라 군주. 定公(宋)의 아들이며 이름은 蔣.《史記》魯周公世家에는 이름을 '將'이라 하였음. 어머니는 定姒. B.C.494~B.C.468년까지 27년간 재위함. 梁玉繩의《史記志疑》에는 "人表於魯悼公下注云「出公子」, 是哀公亦有出公 之稱, 以孫于越故也"라 함.〈諡法〉에 "恭仁短折曰哀"라 함.

【三桓】춘추 말 魯나라의 세도가 대부 집안으로 모두 魯 桓公의 아들 仲慶父 (孟氏), 叔牙, 季友 후손이어서 三桓이라 부름. 孟孫氏(仲孫氏), 叔孫氏, 季孫氏를 가리킴. 한편 이일은 魯 哀公 27년(B.C.468)에 발생한 것으로 句踐 26년(B.C.471) 이므로 3년 전에 기록하여 시간적으로 맞지는 않음. 185를 참조할 것.

【諸侯大夫】제후는 다른 나라 제후들을 가리키며, 대부는 越나라 대부 즉 曳庸, 扶同, 皐如 등을 가리킴.

193(10-32)
구천句踐의 죽음

27년(B.C.470) 겨울, 구천은 병으로 자리에 누워 장차 죽음에 이르게 되자 태자 흥이興夷에게 이렇게 말하였다.

"나는 우禹임금의 후손으로 원상元常의 덕을 이어받고, 천령天靈의 도움과 신지神祇의 복을 받아 궁벽한 월나라 땅을 시작으로 초楚나라의 선봉先鋒을 바탕으로 오왕吳王의 간과干戈를 꺾어버리고, 강수江水를 뛰어넘고 회수淮水를 건너 진晉나라와 제齊나라 땅을 휘젓고 다녔으니 공적과 덕이 우뚝하여 스스로 여기에 이르렀으니 감계鑑誡로 삼을 만하지 않겠느냐? 무릇 패자의 후손이란 오래도록 우뚝 서 있을 수가 없는 것이니 신중히 하도록 하라!"

그러고는 드디어 숨을 거두었다.

二十七年冬, 句踐寢疾, 將卒, 謂太子興夷曰:「吾自禹之後, 承元常之德, 蒙天靈之祐, 神祇之福, 從窮越之地, 籍楚之前鋒, 以催吳王之干戈. 跨江涉淮, 從晉, 齊之地, 功德巍巍, 自致於斯, 其可不誡乎? 夫霸者之後, 難以久立, 其愼之哉!」

遂卒.

【二十七年】徐天祜는 "《通鑑外紀》: 「句踐三十三年薨.」"이라 하였고《竹書
紀年》(下) 貞定王에는 "四年十一月, 於越子句踐卒"이라 하여 貞定王 4년은
句踐 32년으로 B.C.465년에 해당함. 이에《通鑑外紀》와 근접하여 본서의 27년은
오류로 보임.

【興夷】句踐의 태자. 그러나 이름이 기록마다 다름.《左傳》哀公 24年에는 '適郢'
으로 되어 있으며《史記》越王句踐世家에는 '鼫與'로,《竹書紀年》에는 '鹿郢'
으로,《越絶書》에는 '與夷'로 되어 있음.

【元常】越나라 군주.越王 句踐의 아버지.《左傳》과《史記》에는 모두 '允常'으로
표기되어 있음. 越나라는《史記》越王句踐世家에 "其先禹之苗裔而夏后帝
少康之庶子也"라 함. 姒姓으로 지금의 浙江 紹興(옛 會稽)을 중심으로 句踐 때
크게 발전함.

【籍】'藉'와 같음. 그의 힘을 의지함. 혹 '바탕으로'의 뜻. 楚나라를 먼저 굴복
시키고 나서 중원으로 뻗어나감.

【前鋒】先鋒.

【從晉齊之地】'從'은 '縱'과 같음. '마음대로 휘젓고 다님'.

┌─────────────────┐
│ 참고 및 관련 자료 │
└─────────────────┘

1.《左傳》哀公 24년

閏月, 公如越, 得大子適郢, 將妻公而多與之地. 公孫有山使告于季孫. 季孫懼,
使因大宰嚭而納賂焉, 乃止.

194(10-33)
그 후의 월나라

흥이興夷는 즉위한 지 1년 만에 죽고 아들 옹翁이 올랐다.

옹이 죽고 아들 불양不揚이 올랐다.

불양이 죽고 아들 무강無彊이 이었다.

무강이 죽고 아들 옥玉이 뒤를 이었다.

옥이 죽고 아들 존尊이 올랐다.

존이 죽고 아들 친親이 이었다.

구천으로부터 친에 이르기까지 모두 여덟 명의 군주가 이어가면서 모두가 패자를 칭하였으며 모두 합하여 224년이었다.

친 때에 백성들이 모두 흩어지자 낭야琅邪를 떠나 오吳로 옮겨갔다.

興夷卽位一年卒, 子翁.

翁卒, 子不揚.

不揚卒, 子無彊.

無彊卒, 子玉.

玉卒, 子尊.

尊卒, 子親.

自句踐至於親, 共歷八主, 皆稱霸, 積年二百二十四年.
親衆皆失, 而去琅邪, 徙於吳矣.

【翁】興夷의 太子.

【不揚】翁의 太子.

【無彊卒】無彊은 不揚의 太子.〈四部叢刊〉에는 "彊卒"로 되어 있음.《越絶書》
에는 '無彊'으로 되어 있음.

【玉】無彊의 太子.

【尊】玉의 太子.

【親】尊의 太子.

【琅邪】'瑯琊'는 '琅琊', '瑯琊', '琅玡' 등 여러 표기가 있으며 지금의 山東 諸城縣
동남쪽.〈四部叢刊〉에는 "從都瑯邪"로 되어 있으나《太平御覽》(160)에 의해
수정함. 句踐 25년(B.C.472) 越나라는 이곳으로 도읍을 옮겼음.

【二百二十四年】구천 원년(B.C.496)부터 224년 이후는 B.C.227년이 되어 楚나라
가 越나라를 멸한 시기와 맞지 않음.

【徙於吳】吳는 지금의 江蘇 吳縣.《竹書紀年》에는 越王 翳가 周 安王 23년
(B.C.379)에 吳로 천도한 것으로 되어 있음.

참고 및 관련 자료

1.《史記》越王句踐世家

句踐卒, 子王鼫與立. 王鼫與卒, 子王不壽立. 王不壽卒, 子王翁立. 王翁卒, 子王
翳立. 王翳卒, 子王之侯立. 王之侯卒, 子王無彊立.

2.《越絶書》(8)

越王夫鐔以上至無餘, 久遠, 世不可紀也. 夫鐔子允常, 允常子句踐, 大霸稱王,
徙瑯琊都也. 句踐子與夷, 時霸. 與夷子子翁, 時霸. 子翁子不揚, 時霸. 不揚子
無彊, 時霸, 伐楚, 威王滅無彊. 無彊子之侯, 竊自立爲君長. 之侯子尊, 時君長.
尊子親, 失衆, 楚伐之, 走南山. 親以上至句踐, 凡八君, 都瑯琊二百二十四歲.
無彊以上, 霸, 稱王. 之侯以下微弱, 稱君長.

195(10-34)
월나라 세계世系

황제黃帝로부터 소강少康까지는 10세世이다.

우禹임금이 선양을 받고부터 소강이 즉위하기까지는 6세이며 144년의 기간이다.

소강은 전욱顓頊이 즉위한 이래로 424년이다.

월나라 세계世系는 다음과 같다.

황제黃帝 → 창의昌意 → 전욱顓頊 → 곤鮌 → 우禹 → 계啓 → 태강太康 → 중려仲廬 → 상相 → 소강少康 → 무여無余 → 무옥(無玉은 무여의 10世孫임) → 무호(無䋅, 無睪) → 부강(夫康, 夫譚) → 원상元常 → 구천勾踐 → 흥이興夷 → 불수不壽 → 불양不揚 → 무강無彊 → 노魯나라 목류穆柳가 유공幽公을 자신의 칭호로 삼았으며 왕王 지후之侯가 스스로 군君이라 칭함. → 존尊 → 친親, 낭야琅邪를 잃고 초楚나라에게 멸망함.

구천으로부터 왕 친親까지 모두 여덟 군주이며 패자를 칭한 것은 223년이었음.

무여 때 월나라가 비로소 봉을 받은 때로부터 여선餘善이 월나라로 돌아와 임금도 없이 소멸되기까지는 모두 1,924년이었음.

自黃帝至少康, 十世.

自禹受禪至少康卽位, 六世, 爲一百四十四年.

少康去顓頊卽位, 四百二十四年.

黃帝, 昌意, 顓頊, 鯀, 禹, 啓, 太康, 仲盧, 相, 少康, 無余, 無玉, 去無余十世, 無嗥, 夫康, 元常, 句踐, 興夷, 不壽, 不揚, 無彊, 魯穆柳有幽公爲名, 王侯自稱爲君. 尊, 親, 失瑯邪, 爲楚所滅.

句踐至王親, 歷八主, 格霸二百二十四年.

從無余越國始封, 至餘善返越國空滅, 凡一千九百二十二年.

【黃帝】중국 상고시대의 帝王. 中原 각 부족의 共同 先祖. 公孫氏이며 姬水 가에 살아 姬姓으로도 부름. 軒轅의 언덕을 근거지로 발전하여 軒轅氏로도 불리며 나라를 有熊이라 하여 有熊氏로도 부름. 姜姓의 炎帝(神農氏)와 九黎族의 受領 蚩尤를 물리치고 각 부락의 聯盟 首領이 되었으며 土德으로 왕이 되었다 하여 黃帝로 칭함. 道家의 시조로 여겨 黃老術의 원조가 되기도 함.《十八史略》(1)에 "黃帝: 公孫姓, 又曰姬姓, 名軒轅, 有熊國君, 少典子也. 母見大電繞北斗樞星, 感而生帝. 炎帝世衰, 諸侯相侵伐, 軒轅乃習用干戈以征不享, 諸侯咸歸之. 與炎帝戰于阪泉之野, 克之. 蚩尤作亂, 其人銅鐵額, 能作大霧, 軒轅作指南車, 與蚩尤戰於涿鹿之野禽之, 遂代炎帝爲天子. 土德王, 以雲紀官, 爲雲師. 作舟車以濟不通, 得風后爲相, 力牧爲將. 受河圖. 見日月星辰之象, 始有星官之書. 師大撓占斗建作甲子, 容成造曆, 隷首作算數. 伶倫取嶰谷之竹, 制十二律筩, 以聽鳳鳴. 雄鳴六, 雌鳴六. 以黃鐘之宮生六律六呂, 以候氣應, 鑄十二鐘, 以和五音. 嘗晝寢, 夢遊華胥之國, 怡然自得. 其後天下大治, 幾若華胥. 世傳: 黃帝采銅鑄鼎, 鼎成, 有龍垂胡髥下迎. 帝騎龍上天, 羣臣後宮從者七十餘人, 小臣不得上, 悉持龍髥, 髥拔, 墮弓, 抱其弓而號. 後世名其處曰鼎湖; 其弓曰烏號. 黃帝二十五子, 其得姓者十四"라 함. 여기서는 會稽山에 있는 '黃帝巖'이라는 바위를 가리키는 듯함.

【少康】夏나라 中興 임금. 有窮后羿와 寒浞에게 빼앗겼던 夏나라를 다시 찾아 하나라를 중흥시킴. 啓가 죽자 啓의 아들 太康이 이었으나 사냥과 놀이에 빠졌다가 有窮氏의 수령 后羿에게 붙들려 태강의 아우 仲康(中康)이 뒤를 이음. 仲康을 이어 그의 아들 相이 이었다가 后羿가 그 부하 寒浞에게 죽임을 당하자 그 아들 少康이 다시 자신의 씨족 有虞氏의 도움으로 寒浞을 몰아내고 夏나라를 되찾음.《史記》夏本紀를 참조할 것.

【禹】夏禹. 中國 최초의 왕조 夏나라의 시조. 夏后氏 부락의 領袖였으며 姒姓. 大禹, 夏禹 등으로도 불리며 이름은 文命. 鯀의 아들. 鯀이 물을 막는 방법으로 治水에 실패하여 죽임을 당한 뒤 禹는 물을 소통시키는 방법으로 성공을 거둔 다음 舜임금으로부터 천하를 물려받아 夏王朝를 세움. 뒤에 천하를 순시하다가 會稽에서 생을 마침. 그는 益에게 천하를 물려주려 하였으나 아들 啓의 무리가 난을 일으켜 益을 죽이고 世襲王朝를 시작함. 이로부터 禪讓(公天下)의 제도가 마감되고 世襲(家天下)의 역사가 시작됨. 이를 "傳子而不傳賢"이라 함.《史記》에서는 五帝本紀 다음 첫 왕조로 夏本紀가 시작됨.《史記》夏本紀에 "夏禹, 名曰文命. 禹之父曰鯀, 鯀之父曰帝顓頊, 顓頊之父曰昌意, 昌意之父曰黃帝. 禹者, 黃帝之玄孫而帝顓頊之孫也. 禹之曾大父昌意及父鯀皆不得在帝位, 爲人臣"이라 하였으며,《十八史略》(1)에 "夏后氏禹: 姒姓, 或曰名文命, 鯀之子, 顓頊孫也. 鯀湮洪水, 舜擧禹代鯀, 勞身焦思, 居外十三年, 過家門不入"이라 함.

【顓頊】古代 五帝의 하나. 호는 高陽氏. 黃帝의 후손이며 昌意의 아들. 若水에서 태어나 帝丘(지금의 河南 濮陽)을 근거지로 있었음.《十八史略》(1)에 "顓頊高陽氏: 昌意之子, 黃帝孫也. 代少昊而立. 少昊之衰, 九黎亂德, 民神雜糅, 不可方物. 顓頊受之, 乃命南正重, 司天以屬神; 火正黎, 司地以屬民, 使無相侵瀆. 始作曆, 以孟春爲元"이라 함. 한편 五帝는《史記》五帝本紀에는 黃帝(軒轅氏, 有熊氏), 顓頊(高陽氏), 帝嚳(高辛氏), 帝堯(陶唐氏), 帝舜(有虞氏)을 들고 있으며《十八史略》에는 少昊(金天氏), 顓頊(高陽氏), 帝嚳(高辛氏), 帝堯(陶唐氏), 帝舜(有虞氏)을 들고 있음.

【仲廬】《史記》夏本紀에는 '仲康'으로 되어 있음.

【無玉】無壬의 오기. 兪樾은 "以〈無余外傳〉證之, 則無'玉'當'爲'無壬'. 又其下有'無皁', '夫康'兩君. 以〈無余傳〉證之, '無皁'當作'無繹', '夫康'當作'夫譚'. 或傳刻之誤"라 함. 118을 참조할 것. 한편 '夫譚'은《越絶書》에는 '夫鐔'으로 되어 있음.

【元常】句踐의 아버지.《左傳》과《史記》에는 모두 '允常'으로 표기되어 있음.

【不壽】앞의 "興夷卽位一年卒, 子翁. 翁卒, 子不揚"으로 보아 '翁'과 '不壽'는 동일인

으로 여겨짐. 그러나《史記》에 의하면 '不壽'는 '甌與'의 아들이며 '翁'의 부친
으로 되어 있어 자세히 알 수 없음.

【魯穆柳有幽公爲名】구체적인 사실을 알 수 없음. 柳穆이 인명이 아닌가 함.
《史記》晉世家에 '幽公'이 있으며 이름은 柳. B.C.437~B.C.420년 재위하여
연대와 나라가 맞지 않음. 한편 魯 穆公은 B.C.407~B.C.375년까지 재위하였으나
이름이 顯이었음.

【王侯自稱爲君】徐天祜는 "無彊, 王之侯之子. 所謂王侯自稱爲君, 或者卽王之
侯也"라 하였으나 之侯는 玉이며 無彊의 아버지가 아니라 無彊의 아들임.
그러나《越絶書》에는 之侯가 無彊의 아들이라 하였음. 한편《史記》魯周公
世家에 魯 平公이 즉위할 때(B.C.314) "六國皆稱王"이라 하여 제후들이 모두
'君王'을 칭하기 시작하였음을 기록하고 있음. 따라서 지후가 군왕을 자칭하기
시작한 것을 말한 것으로 보임.

【爲楚所滅】월나라가 망한 것에 대해서는 두 가지 설이 있음.《史記》楚世家
"齊孟嘗君父田嬰欺楚"의〈集解〉에 의하면 楚 威王 7년(B.C.314) 이전이었음.
그러나 楊寬의《戰國史》에 의하면 楚 懷王 23년(B.C.306)이라 하였음.

【稱霸】〈四部叢刊〉에는 '格霸'로 되어 있으나 徐天祜는 "格, 當作稱"이라 하여
수정함.

【餘善】親(王親)의 별명이거나 자. 월나라가 吳로 옮긴 것은 이미 오래 전의 일로
王親 때가 아님.

【空】임금이 없이 나라가 비어 있는 상태.

【一千九百二十二年】徐天祜는 "此書載越世次, 自勾踐五傳至王無彊. 以〈世家〉
考之, 則七世矣. 無彊, 王之侯之子, 所謂「王侯自稱爲君」, 或者卽王之侯也.〈世家〉
曰:「王無彊時, 楚威王興兵大敗越, 殺無彊, 盡取越地, 越以此散.」徐廣曰:「周顯
王四十六年, 今自勾踐卒至越亡, 凡一百五十三年.」《通鑑》書之顯王三十五年.
此云「勾踐至於親, 歷八主, 稱霸二百二十四年, 親衆皆失, 去瑯琊, 徙於吳, 爲楚
所滅.」與《史記》世家及《紀年》皆不合. 若如〈世家〉所載, 則無彊之死, 衆散久矣.
非王親時失衆亡國也. 又《紀年》曰:「王翳三十三年, 遷於吳.」則越之徙吳已久,
亦非王親時也"라 함.

간기刊記

원元 대덕大德 10년(1306) 병오丙午 3월 음주音注.

6개월 넘겨 책이 완성되었으며 간판刊板 작업은 12월에 마침.

刊記:

大德十年歲在丙午三月音注.
越六月書成刊板十二月畢工

전前 문림랑文林郎 국자감서고관國子監書庫官 서천호徐天祜 음주함.

소흥로紹興路 유학학록儒學學錄 유성留聖

소흥로 유학학정儒學學正 진병백陳昺伯

소흥로 유학교수儒學敎授 양상梁相

정의대부正議大夫 소흥로 총관제조總管提調 학교관學校官 유극창劉克昌

前文林郎國子監書庫官徐天祜音注.

紹興路儒學學錄 留聖
紹興路儒學學正 陳昺伯
紹興路儒學教授 梁相
正議大夫紹興路總管提調學校官 劉克昌

부록

〈馬踏飛燕〉1969 甘肅 武威 雷臺 東漢墓 출토

I.《吳越春秋》佚文

《吳越春秋》는 원래 12권이었으나 지금은 10권으로 되어 있어 아마 누군가가 덜고 고치고 하여 현재의 모습이 되었을 것으로 보고 있다. 그 때문에 唐宋 이전에 편찬된 《太平御覽》,《藝文類聚》,《北堂書鈔》, 《初學記》,《事類賦注》,《說郛》 등 類書類와 著作,《文選》,《吳地記》, 《水經注》 등의 注釋에 인용된 문장이 지금과 다를뿐더러 지금의 판본에는 없는 것을 《吳越春秋》라고 한 것은 일문으로 볼 수 있다. 이에 顧廣圻 등은 다른 곳에 인용된 문장 14조를 모아 교정본의 끝에 부록으로 실었으며, 그 외 顧觀光은 《吳越春秋逸文》을 〈武陵山人遺書〉에 실어놓아 많은 도움을 주고 있다. 그리고 王仁俊의 《經籍佚文》에 실린 『吳越春秋佚文』과 徐乃昌의 《隨庵徐氏叢書》에 실린 『吳越春秋佚文』 등이 성과로 전하고 있다. 한편 역자가 확인한 《藝文類聚》80과 83은 내용이 차이가 있어 이를 더하여 모두 44조를 실어 참고로 삼는다.

1. 堯聽四嶽之語, 用鯀修水. 鯀曰:「帝遭天災, 厥黎不康」 乃築城造郭, 以爲國固.
   －《初學記》(24),《太平御覽(193)》

2. 鯀築城以衛君, 造郭以居人, 此城郭之始也.
   －《初學記》(24)

3. 楚王召風胡子而告之曰:「寡人聞吳有干將, 越有歐冶. 寡人欲因子請此二人作劍, 可乎?」 風胡子曰:「可」 爲往見二人, 作劍, 一曰龍淵, 二曰太阿.
   －《史記》蘇秦傳〈集解〉

4. 闔閭死, 葬於國西北, 名虎邱. 穿土爲川, 積壤爲邱, 發五郡之士
十萬人共治千里, 使象搉土鑿池, 四周水深丈餘, 銅椁三重, 澒水銀
爲池, 池廣六十步, 黃金珠玉爲梟雁, 扁渚之劍, 魚腸三千在焉. 葬之
已三日, 金精上揚爲白虎, 據墳, 故曰虎邱.
  一《吳郡志》(16, 39), 《藝文類聚》(8), 《太平寰宇記》(91)

5. 虎邱者, 吳王闔閭墓也. 下池廣六十步, 深一丈五尺, 銅棺三重, 中池
廣六尺, 金雁玉梟, 魚腸之劍以送焉. 取土臨海潮千萬人築治之.
  一《太平御覽》(558, 812), 《北堂書鈔》(94)

6. 越王旣棲會稽, 范蠡等曰:「臣竊見會稽之山, 有魚池, 上下二處, 水中
有三江四瀆之流, 九谿六谷之廣. 上池宜於君王, 下池宜於臣民. 畜魚
三年, 其利可以致千萬, 越國當富盈.」
  一《藝文類聚》(96), 《說郛》(2), 《太平御覽》(935), 《事類賦注》(29)

7. 吳亡後, 越浮西施於江, 令隨鴟夷以終.
  一《修文御覽》(96)

8. 越王平吳, 立賀臺於越.
  一《初學記》(24)

9. 文種者, 本楚南郢人也. 姓文, 名種, 字子禽. 荊平王時爲宛令, 之三戶
之里, 范蠡從犬竇蹲而吠之, 從吏恐文種慚, 令人引衣而障之. 文種曰:
「無障也. 吾聞犬之所吠者人. 今吾到此, 有聖人之氣, 行而求之, 來至
於此. 且人身而犬吠者, 謂我是人也.」乃下車拜, 蠡不爲禮.
  一《文選》〈豪士賦序〉注, 《史記》越王句踐世家〈正義〉

10. 蠡, 字少伯, 乃楚宛三戶人也.
  一《文選》〈豪士賦序〉注, 《史記》越王句踐世家〈正義〉

11. 文種, 荊平王時爲宛令, 不治官職, 有若狂顛, 惟嘆唉也.
　　—《北堂書鈔》(78)

12. 吳王既殺子胥, 問太宰曰:「子胥數以越諫, 遂以喪身. 從死以來, 若有所亡. 今欲祠之, 何日可也?」曰:「三月癸未可也.」及夫差帥諸群臣出國東門祀子胥於江水之濱, 諸臣幷在, 夫差乃言曰:「寡人蒙先王之遺恩, 爲千乘之主. 昔日不聽相國之言, 乃用讒侫之辭, 至令相國遠投江海. 自亡以來, 濛濛惑惑, 如霧蔽日, 莫誰與言」泣下沾矜, 哀不自勝. 左右郡僚莫不悲傷. 忽見樂自觸酒, 又言曰:「相國! 其可留神, 一與寡人相見.」胥卽從中出, 曰:「生時爲人, 死時爲神. 向遠大王復重祭臣.」諸臣持杯, 杯動酒盡, 左右群臣, 莫不見之.
　　—《太平御覽》(456, 526), 《北堂書鈔》(88)

13. 吳王夫差聞公子與子貢游於吳, 出, 求觀其形, 變服而行, 爲或人所戲而傷其指. 夫差還, 發兵索於國中, 欲誅或人. 子胥諫曰:「臣聞昔上帝之少子, 下游青泠之淵, 化爲鯉魚, 隨流而戲漁者, 豫且射而中之, 上訴天帝. 天帝曰:『汝方游之時, 何衣而行?』少子曰:『我爲鯉魚.』上帝曰:『汝乃白龍也, 而變爲魚. 漁者射汝, 是其宜也, 又何怨焉?』今夫大王棄萬乘之服, 而從匹夫之禮, 而爲或人所刑, 亦其宜也.」於是吳王默然不言.
　　—《群書治要》, 《太平御覽》(370)

14. 吳將伐齊, 北霸中國, 自廣陵掘江通淮.
　　—《太平寰宇記》(124), 《太平御覽》(169)

15. 子胥諫吳王, 王怒. 胥暮歸, 舉衣出宮. 宮中群臣皆驚曰:「天無霖雨, 宮中無泥露, 相君舉衣行高, 何爲?」子胥曰:「吾以越諫王, 王心迷, 不聽吾見. 宮中生草棘, 霧露沾我衣.」群臣聞之, 莫不悲傷.
　　—《事類賦注》(3), 《北堂書鈔》(152), 《太平御覽》(12)

16. 大夫種善圖始, 范蠡善慮終.
　　－《文選》〈五等論〉注

17. 范蠡曰:「夫人君, 勇者, 逆德也; 兵者, 凶器也; 爭者, 國之末也.」
　　－《文選》陸士衡〈樂府詩〉注

18. 賜以甘果.
　　－《北堂書鈔》(19)

19. 越雁, 陣名.
　　－《白帖》(54)

20. 海鹽縣淪爲柘湖, 徙居武原鄕, 故越地也.
　　－《初學記》(7)

21. 截骨之劍, 無削掇之利.
　　－《北堂書鈔》(122)

22. 練塘里, 句踐練冶銅錫之處.
　　－《水經注》浙江水　注

23. 鹿野山, 越之麋苑野.
　　－《水經注》浙江水　注

24. 越王都埤中.
　　－《水經注》浙江水　注

25. 眉間尺逃楚, 入山, 道逢一客. 客問曰:「子眉間尺乎?」答曰:「是也.」
　　「吾能爲子報讐」尺曰:「父無分寸之罪, 枉被荼毒. 君今惠念, 何所

用耶?」客曰:「須子之頭, 幷子之劍.」尺乃與頭. 客與王, 王大賞之,
卽以鑊煮其頭, 七日七夜不爛. 客曰:「此頭不爛者, 王親臨之.」王卽
看之. 客於後以劍斬王頭, 入鑊中. 二頭相齧, 客恐尺不勝, 自以其劍
擬頭入鑊中. 三頭相咬, 七日後, 一時俱爛, 乃分葬汝南宜春縣, 幷三冢.
—《太平御覽》(364)

26. 季札去徐而歸, 行於道, 逢男子五月被裘, 采薪於道, 傍有委金一器.
季札見之, 忽不入意, 顧謂薪者曰:「來取此金.」薪者曰:「君舉止何高,
視何下也? 五月被裘采薪, 寧是拾金者乎?」札慚於斯言, 下車禮之, 曰:
「何子衣之鄙而言之雅也? 予(子)姓爲何?」薪者曰:「皮相之士, 何足
以告姓字乎?」季札有慚色.
—《太平御覽》(491, 694),《說郛》(2)

27. 季札去徐而歸, 行道逢男子, 五月被裘, 採薪於道, 旁有委金, 季札
見之, 謂薪者曰:「子來取此金.」薪者曰:「君舉止何高, 視何下也?
五月被裘採薪, 寧是拾金者乎?」
—《藝文類聚》(80)

28. 延陵季子出遊於齊, 見路有遺金, 有披裘採薪者, 季呼薪者, 取彼地金.
薪者曰:「吾當夏五月, 披裘而薪, 豈取金者哉!」
—《藝文類聚》(83)

29. 吳師入郢, 闔閭既妻夫人, 又及於伯嬴. 伯嬴, 秦康公之女, 平公之
夫人, 昭王之母也. 伯嬴操刃曰:「妾聞:『天子, 天下之表也; 公侯,
一國之儀也. 天子失制則天下亂, 諸侯失節則國危.』今夫婦之道,
固人倫之始, 王教之端也. 今吳棄儀表之行, 從亂亡之欲, 犯誅絶之事,
何以行訓民乎? 妾聞:『生以辱者, 不如死以榮者.』使吳王棄儀表,
則無以生存, 一舉而兩儀辱, 妾以死守之, 不敢聞命也. 且凡欲近妾者,
爲樂也. 近妾而死, 何樂之有? 先殺妾, 又何益於君王?」於是吳王

慚耻, 遂退遷舍.

　　－《太平御覽》(491)

30. 异(早)平門外麋湖西城者, 麋王城也. 與越王遙戰, 越王殺麋王. 麋王
　　無頭, 騎馬還武里, 乃死, 因留葬武里城中. 以午日死, 至今武里午日
　　不舉火.

　　－《太平御覽》(556)

31. 獨女山者, 諸寡婦女淫泆犯過皆輸此山上. 越王將伐吳, 其士有憂思者,
　　令游山上, 以喜其意.

　　－《太平御覽》(47)

32. 婁門外鷄陂墟者, 吳王牧鷄處.

　　－《太平御覽》(833, 918), 《事類賦注》(18)

33. 太官舍, 春申君所造殿. 後殿名逃夏宮, 春申子假君宮也. 數失火,
　　因塗雌黄, 故曰黄堂.

　　－《太平御覽》(88)

34. 秦徙大越鳥語之人置潛.

　　－《太平寰宇記》(93)

35. 禹周行宇內, 竭洛涸濟, 瀝淮於澤.

　　－《文選》(27) 沈休文〈新安江水至清淺深見底貽京邑游好〉注

36. 禹乃登宛委之山, 發石, 乃得金簡玉字, 以水泉之脉. 山中又有一穴,
　　深不見底, 謂之禹穴.

　　－《史記》太史公自序〈正義〉

37. 至句踐遷都山陰, 立禹廟爲始祖廟, 越亡遂廢也.
  —《史記》太史公自序〈正義〉

38. 闔閭葬虎邱, 十萬人治葬. 經三日, 金精化爲白虎, 蹲其上, 因號虎邱.
  秦始皇東巡至虎邱, 求吳王寶劍, 其虎當墳而踞, 始皇以劍擊之, 不及,
  悞中於石, 其虎西走二十五里, 忽失於今虎嘐.
  —《吳地記》

39. (常州), 周改爲陽羨.
  —《太平御覽》(170)

40. 夏禹廟以梅木爲梁.
  —《太平御覽》(187)

41. 樂野者, 越王所弋獵處也. 故曰樂野.
  —《太平御覽》(832)

42. 山覆釜盎, 盎中有金簡玉書, 黃帝之遺讖也.
  —《事類賦注》(7)

43. 菜之美者, 有駱越之菌, 雲夢之茞.
  —《事類賦注》(24)

44. 《五月春秋》, 《吳地記》等書云:「闔閭城西有山號硯石山, 高三百
  六十丈, 去人烟三里, 在吳縣西三十里, 上有吳館娃宮, 琴臺, 響屧廊.
  山上有西施洞, 硯池, 玩月池. 山頂之池有葵蓴, 夏能去熱, 秋則去寒.
  —《吳郡志》(12)

Ⅱ. 序跋 등 관련 자료

1. 〈吳越春秋序〉 ·························· 元, 徐天祜

吳越, 古稱東南僻遠之邦, 然當其盛彊, 往往抗衡上國. 黃池之會, 夫差欲尊天子, 自去其僭號, 稱子以告令諸侯. 及越既有吳, 勾踐大盟四國, 以共輔王室. 要其志, 皆歸於尊周, 其知所天矣. 孔子作《春秋》, 雖小國猶錄而書之, 而況以世言則禹稷之裔, 以地言則會稽, 其區, 其川其浸, 《周》職方氏列爲九州之首, 皆足以望天下, 故記可闕而不傳乎?《吳越春秋》, 趙曄所著. 隋唐〈經籍志〉皆云十二卷, 今存者十卷, 殆非全書. 二志又云:「楊方撰《吳越春秋削繁》《唐志作煩》五卷, 皇甫遵撰《吳越春秋傳》十卷(隋志缺傳字)」此二書今人罕見, 獨曄書行於世. 曄傳在〈儒林〉中. 觀其所作, 乃不類漢文. 按邯鄲李氏《圖書十志目》, 亦謂楊方嘗刊削曄所爲書, 至皇甫遵遂合二家考正, 爲之傳註. 又按:《史記》註有徐廣所引《吳越春秋》語, 而〈索隱〉以爲今無此語者. 他如《文選》註引季子見遺金事,《吳地記》載闔廬時夷亭事, 及《水經註》嘗載越事數條, 類皆援據《吳越春秋》. 今曄本咸無其文, 亦無所謂傳註, 豈楊方所已刊削而皇甫所未考正者耶? 曄書最先出, 東都時去古未甚遠, 曄又山陰人, 故綜述視他書所紀二國事爲詳, 取節焉可也. 其言上稽天時, 下測物變, 明微推遠, 憭若著蔡. 至於盛衰成敗之迹, 則彼己君臣, 反覆上下. 其論議種蠡諸大夫之謀, 迭用則霸; 子胥之諫一不聽則亡; 皆鑿鑿然, 可以勸戒

萬世, 豈獨爲是邦二千年故實哉? 曄書越舊嘗鋟梓, 歲久不復存, 汴梁劉侯來治越, 奬厲學校, 蒐遺文, 修隆典, 乃輟義田, 廩羨財, 重刻于學. 不鄙諛聞, 屬以考訂, 且命序其左端. 夫越人宜知越之故, 則是擧也, 於所闕不爲無補, 遂不得辭. 厥旣刊正疑訛, 過不自量, 復爲之音註, 幷考其與傳記同異者, 附見于下而互存之. 惜其間文義, 猶有滯礙不可訓知, 不敢盡用臆見更定, 又無皇甫本可證, 姑從其舊, 以俟後之君子考焉. 侯名克昌, 世大其字云.

　郡人前進士徐天祐受之序.

2. 〈重刊吳越春秋序〉⋯⋯⋯⋯⋯⋯⋯⋯⋯ 明, 錢福

古者, 列國皆有史官, 以掌記時事, 若孔子因魯史以脩《春秋》者是也.
《吳越春秋》乃作於東漢趙曄, 後世補亡之書耳. 大抵本《國語》,《史記》, 而附
以所傳聞者爲之. 元徐天祐謂其「去古未遠」, 又「越人宜知越之故」,「視他書
所記二國事爲詳」, 得之矣. 天祐之所考註亦精當, 第謂其「不類漢文」者, 其字
句間或似小說家. 觀〈儒林傳〉, 稱其所著復有所謂《詩細》者, 蔡邕讀而歎息,
以爲長於《論衡》. 今《論衡》故在也, 鄙俚怪誕者不少, 則東漢末亦自有此文
氣矣. 謂其「非全書」, 則吳越顚末亦備矣. 隋唐〈經籍志〉多二卷, 意者西施之
至吳, 范蠡之去越乎? 若附會於讖緯夢卜之說, 則固當時所尚, 而《左氏傳
春秋》亦多述焉, 不可盡謂其無據也. 其大旨, 誇越之多賢, 以矜其故都;
而所編《傳》, 乃內吳而外越, 則又不可曉矣. 自科擧聲律之學興, 而古書散
佚無留意者, 雖好古博雅之士, 歷代〈經籍志〉所載, 亦或不能擧其篇目, 故有
志於集古者, 皆在所取也. 去年秋, 監察御史寧鄉袁公大倫奉命來按吳, 體正
以蠹剔, 威加而惠流, 乃本古觀風之法, 訪吳之故於吳邑侯任丘鄺廷瑞. 侯素
稱稽古尚文, 歷擧郡乘所載者以對, 公問其所本始, 侯辭焉. 公乃手出是編
授之, 侯讀之, 曰:「命之矣. 古者使於其國, 仕於其邦, 不能擧其地之故,
君子恥焉. 吾乃今知吳山川城郭之所名也, 吾乃今知封疆因革之所始也, 吾乃
今知民情土俗之所由也. 吾不忍自私, 當重梓以行於吳人, 俾無忘厥本」乃屬
郡史馮弋等錄而刻之. 既成, 走書屬予序. 蓋侯第進士時, 以予爲知已,
而袁公亦吾榜進士之傑也. 嗚呼! 孟軻氏稱:「入則無法家拂士, 出則無敵
國外患者, 國恒亡, 然後知生於憂患而死於安樂也」觀二國之興而僨, 僨而興,
斯昭昭矣. 驕畏之殊, 興亡所繫; 忠讒之判, 禍福攸分. 可畏哉! 予竊怃夫
大言無術自暇以怠人者曰「大數已定, 無庸人力」, 又曰「天子有道, 守在四夷」,

此英雄駕馭之言, 非臣子思患預防之策也. 禹, 益儆惕於三苗之師, 成, 康不忘乎戎兵之詰, 其見遠矣. 是書所載, 若胥之忠, 蠡之智, 種之謀, 包胥之論戰, 孫武之論兵, 越女之論劍, 陳音之論弩, 句踐之畏天自苦, 臣吳之別辭, 伐吳之戒語, 五大夫之自效, 世亦胡可少哉? 所載孔子, 子貢事不可據, 而其謀則在當時游說之至高者也. 相傳《越絕書》爲子貢撰, 抑亦有所本云. 噫! 書稱軾怒鼃, 尚足以激士, 而况讀其書, 論其世, 能不少動於衷者, 其亦非夫也夫! 至於司職方, 掌外史, 地里所在, 必有所因而名, 附會以成其說者, 多不可辯驗. 然與其信乎今, 不若傳諸古; 與其徵諸遠, 不若考乎近. 是又今日酈侯崇信此書之意, 而袁公博古之功, 不可誣也. 因附予所欲言爲序.

弘治十四年(1501) 歲在辛酉, 夏五朔旦.

賜進士及第翰林

國史脩撰儒林郎華亭錢福與謙序

3. 〈四庫全書總目〉 ······················ 淸, 永瑢(等)

《五月春秋》十卷: 漢趙煜(趙曄, '煜'으로 쓴 것은 淸 聖祖 康熙帝 愛新覺羅 玄燁의 이름을 諱한 것임)撰.

　煜, 山陰人, 見《後漢書》儒林傳. 是書前有舊序, 稱「《隋, 唐》經籍志皆云十二卷, 今存者十卷, 殆非全書」. 又云「楊方撰《吳越春秋削繁》五卷, 皇甫遵撰《吳越春秋傳》十卷. 此二書, 今人罕見, 獨煜書行於世. 《史記》注有徐廣所引《吳越春秋》語, 而〈索隱〉以爲今無此語. 他如《文選》注引季札見遺金事, 《吳地記》載闔閭時夷亭事, 及《水經注》嘗載越事數條, 類皆援據《吳越春秋》, 金煜本咸無其文」云云. 考證頗爲詳悉, 然不著名姓. 《漢魏叢書》所載, 合十卷爲六卷, 而削去此序幷注, 亦不題撰人, 彌失其初. 此本爲元大德十年丙午所刊, 後有題識云:「前有文林郎國子監書庫官徐天祜音注.」然後知注中稱「徐天祜曰」字, 卽注者之自名, 非援引他書之語. 惟其後又列紹興路儒學學錄留堅(聖), 學正陳昺伯, 教授梁相, 正議大夫紹興路總管提調學校官劉克昌四人, 不知序出誰手耳. 煜所述雖稍傷曼衍, 而詞頗豐蔚. 其中如伍尙占甲子之日, 時加於巳; 范蠡占戊寅之日, 時加日出, 有「螣蛇」, 「靑龍」之語; 文種占陰畫六, 陽畫三, 有「元武」(玄武를 元武로 쓴 것은 淸 聖祖 玄燁을 諱한 것), 「天空」, 「天梁」, 「天一」, 「神光」諸神名; 皆非三代卜筮之法, 未免多所附會. 至於處女試劍, 老人化猿, 公孫聖三呼三應之類, 尤近小說家言, 然自始漢晉間稗官雜記之體. 徐天祜以爲「不類漢文」, 是以馬班史法求之, 非其倫也. 天祜注於事迹異同頗有考證, 其中如季孫使越, 子期私與吳爲市之類, 雖猶有未及詳辨者, 而原書失實之處, 能糾正者爲多. 其旁核衆說, 不徇本書, 猶有劉孝標注《世說新語》之遺意焉.

4.〈吳越春秋跋〉⋯⋯⋯⋯⋯⋯⋯⋯⋯⋯⋯⋯ 徐乃昌(節錄)

　　《吳越春秋》十卷, 明繙元大德本, 題曰「後漢趙曄撰」, 前有徐天祜序,
卷十末有「大德十年歲在丙午三月音注」,「越六月書成刊板十二月畢工」兩行,
「前文林郎國子監書庫官徐天祜音注」一行,「正議大夫紹興路總管提調學
校官劉克昌」及「儒學梁相」等銜名四行. 每葉十八行, 行大小十七字, 板心分
十卷, 字樣, 款式, 題名均與大德本同, 訛字甚少, 佳刻也. 而與元刻不
同者, 一字數, 元小字二十六七字不等, 此大小十七字; 一板心, 元分上下
二冊, 此分十卷而已. 乃昌得此書. 愛其古雅, 變交鄂工繙雕, 并爲缺讐.
本書如餘祭, 夷昧之年, 鄭定公, 波太子之事, 均異他書, 則漢人所見之書,
非今日所能强證. 徐注亦時時訂之. (下略)

5. 〈四庫提要辨證〉⋯⋯⋯⋯⋯⋯⋯⋯⋯ 余嘉錫

嘉錫案: 吳壽暘〈拜經樓題跋記〉言其先人曾從元刻補鈔徐天祜序幷補注九條云云. 今案音注卽是徐天祜所作, 則序自宜出於天祜之手, 吳氏之說蓋是也. 至於後列之留堅(聖)等四人姓名, 不過因書刻於郡庠, 因而幸附驥尾耳, 惡得作此序乎? 〈提要〉於天祜事迹不詳, 考《寶慶續會稽志》卷六進士題名云:「嘉靖三年壬戌, 方山京榜徐天祜.」《萬姓統譜》卷七云:「徐天祜字受之. 父耟, 朝奉大夫知惠州. 天祜初有慧質, 穎悟夙成, 以惠州任爲將仕郎, 詮試爲詞賦第一. 注歸安尉, 地近事煩, 而尉職猶劇. 天祜旣試以吏事, 衆皆驚服. 貴人居邑者, 將囑事, 出謂人曰:『吾見尉, 自不敢有所請.』中進士第, 時年尙英妙, 聲華籍籍, 爲大州敎授, 日與諸生講經義, 聽者減發. 德祜二年, 以文林郞, 國庫書監召, 不赴, 退歸城南杜門讀書, 與人交終不變. 四方學者至越, 必進謁. 天祜高冠大帶, 議論卓卓, 見者咸以爲儀形.」《宋詩紀事》卷六十八云:「徐天祜, 字受之, 山陰人, 嘉靖三年進士, 與王修竹齊名.」至於天祜之序, 其所考證, 實不甚精, 今特擧正之於此. 案《隋書》經籍志有《吳越春秋》十二卷, 趙曄撰; 又有《吳越春秋削繁》五卷, 楊方撰;《吳越春秋》十卷, 皇甫遵撰. 天祜序謂「此二書今人罕見, 獨曄書幸於世」, 蓋因《隋》志楊及皇甫二書均題「撰」字, 遂疑二人別有所撰, 與趙書不同也. 今考皇甫遵之《吳越春秋》十卷,《唐》志作《吳越春秋傳》,《通考》經籍考同, 幷引《崇文總目》云:「唐皇甫遵注. 初, 趙曄爲《吳越春秋》十二卷, 其後有楊方者, 以曄撰爲煩, 又刊削之爲五卷. 遵乃合二家之書, 考定而注之」云云. 愚案: 楊方,《晉書》附〈賀循傳〉後, 云:「字方回, 會稽人, 官至高梁太守, 更撰《吳越春秋》, 行於世.」《崇文總目》題云「其後有楊方者」, 而不言方爲何時人, 殆未檢《晉書》歟?《傳》所言

「更撰」云者, 卽指削繁而言, 非別撰一書也. 皇甫遵之書, 名之爲傳, 卽是書之注, 第旣合曄與皇甫之書, 其意必以爲曄書太繁, 遵書太簡, 故合二書斟酌乎繁簡之間, 以求適乎其中, 故較原書少二卷. 二人之書卽曄書, 而云「獨曄書行於世」, 誤之甚矣. 此書十二卷之本, 至宋時尙存, 《新唐志》, 《讀書志》, 《通考》幷著於錄, 《宋史》藝文志別史類有此書, 已作十卷. 考蔣光煦《斠補偶錄》, 有所校影宋本亦止十卷, 則此二書, 當亡於宋末, 皇甫遵之書正是十卷. 宋本, 疑卽用皇甫之本, 而去其注. 然則當云「獨皇甫遵書行於世」, 不當如序所云「獨曄書行於世」也. 序又云:「徐廣《史記》注引《吳越春秋》, 而〈索隱〉以爲無其語.」考〈吳世家〉索隱云:「徐廣引《吳越春秋》云:『王僚, 夷昧子.』今檢《吳越春秋》, 無此語.」序蓋卽指此條. 考之本書〈吳王壽夢傳〉云:「吳人立餘昧子州于, 號爲吳王僚也.」餘昧卽夷昧, 徐廣所引, 殆卽因此二語而檃括之, 〈索隱〉以爲《吳越春秋》無此語, 已誤, 序從而疑此書, 更誤矣. 其餘若《文選》注諸書所引, 亦當在所佚二卷之內. 序乃云「今曄本咸無其文」, 若疑其在方, 遵書內也者, 何其漫無考證哉!〈提要〉乃稱其考證頗爲詳悉, 過矣! 余十五歲時, 嘗作《吳越春秋辨證》, 旣悔其少作, 原稿又毁, 故撮其大指如此.

6. 〈古今僞書考補證〉 ·························· 黃雲眉

眉案: 徐天祜曰:「《史記》注有徐廣所引《吳越春秋》語, 而〈索隱〉以爲今無此語; 他如《文選》注引季札見遺金事, 《吳地記》載闔閭時事, 夷亭事, 及《水經注》嘗載越事數條, 類皆援據《吳越春秋》, 今曄本咸無其文」孫志祖曰:「《隋》,《唐》志俱云《吳越春秋》十二卷; 今本止十卷, 則徐氏所舉佚文, 或在二卷之中, 未可知也. 余又考得《文選》〈豪士賦序〉注引「文種者, 本楚南郢人也, 姓文, 字少禽」及《太平御覽》吳王祠子胥事, 并今本所無, 則此書之闕佚者多矣.」王芑孫曰:「《晉書》楊方傳:『更撰《吳越春秋》, 行於世.』則《吳越春秋》當爲晉楊方所更撰; 而世歸趙曄者, 獨據《隋》志及馬貴與〈經籍考〉耳. 今是書參錯小說家言, 芑文筆不類漢人, 或竟出楊方之手.」余謂《晉書》謂楊方「更撰《吳越春秋》」,《隋》志「楊方《吳越春秋削繁》五卷」, 意所謂更撰者, 卽就趙曄所撰, 損益成書. 增者少而削者多, 故十二卷減爲五卷. 其書當名《削繁》,《晉書》蓋簡言之耳. 惟其削者多, 故諸書所引, 今本多不見; 惟其削而有增, 故今本文筆不類漢人. 皇甫遵《吳越春秋傳》,《崇文總目》稱遵合趙曄, 楊方二家之書, 考定而注之, 可證楊方更撰之書, 異同必多, 非僅削繁而已. 然則今世所傳之《吳越春秋》, 殆卽楊方更撰之本, 經後人析五卷爲十卷, 而又誤去其「削繁」之名; 自宋以後, 趙書既失, 遂以楊書歸之趙曄耳.

7.〈四庫全書總目提要〉 .... 紀昀(等)

欽定四庫全書: 史部九, 載記《吳越春秋》

臣等謹案《吳越春秋》六卷, 漢趙煜撰. 煜, 山陰人. 見《後漢書》儒林傳. 是書考《隋書》及《唐書》經籍志, 皆云十二卷. 今存者十篇. 殆非全書. 又有楊方撰《吳越春秋削繁》五卷, 皇甫遵撰《吳越春秋傳》十卷, 此二書今人罕見. 獨煜書行於世.《史記》註有徐廣所引《吳越春秋》語, 而〈索隱〉以爲今無此語. 他如《文選》註引季札見遺金事,《吳地記》載闔閭時, 夷亭事, 及《水經注》嘗載越事數條. 類皆援據《吳越春秋》. 今煜本咸無其文云云. 考證頗爲詳悉, 然不著名姓, 諸本往往佚之, 其註舊亦無撰人, 但註中時有徐天祐字, 惟此本爲元大德十年丙午所刊, 後有題識云「前文林郎國子監書庫官徐天祐臣音註」, 知出於天祐無疑. 惟其後又列紹興路儒學學錄留聖, 學正陳昺伯, 教授梁相, 正議大夫紹興路總管提調學校官劉克昌四人名, 不知究出誰手耳. 煜所述多曼衍, 如伍尚占甲子之日, 時加於巳, 范蠡占戊寅之日, 時加日出, 有螣蛇, 青龍之語; 文種占陰畫六, 陽畫三, 有玄武, 天空, 天關, 天梁, 天一, 神光諸神名, 皆非三代卜筮之法, 其多所附會, 可知天祐註於事跡, 異同多有駁正. 然如季孫使越, 子期私與吳爲市之類, 猶未詳辨也.

乾隆四十六年(1781) 十二月, 恭校上.

總纂官臣紀昀, 臣陸錫熊, 臣孫士毅.

總校官臣陸費墀.

Ⅲ.《後漢書》(儒林傳 下) 趙曄傳

    趙曄字長君, 會稽山陰人也. 少嘗爲縣吏, 奉檄迎督郵, 曄恥於斯役, 遂棄車馬去. 到犍爲資中, 詣杜撫受《韓詩》, 究竟其術. 積二十年, 絶問不還, 家爲發喪制服. 撫卒乃歸. 州召補從事, 不就. 擧有道. 卒於家. 曄著《吳越春秋》,《詩細历神淵》. 蔡邕至會稽, 讀《詩細》而歎息, 以爲長於《論衡》. 邕還京師, 傳之, 學者咸誦習焉.

IV. 《史記》 중 《吳越春秋》 관련 世家, 列傳

1. 〈吳太伯世家〉 ······························《史記》(31)

吳太伯, 太伯弟仲雍, 皆周太王之子, 而王季歷之兄也. 季歷賢, 而有聖子昌, 太王欲立季歷以及昌, 於是太佰, 仲雍二人乃奔荊蠻, 文身斷髮, 示不可用, 以避季歷. 季歷果立, 是爲王季, 而昌爲文王. 太伯之奔荊蠻, 自號句吳. 荊蠻義之, 從而歸之千餘家, 立爲吳太伯.

太伯卒, 無子, 弟仲雍立, 是爲吳仲雍. 仲雍卒, 子季簡立. 季簡卒, 子叔達立. 叔達卒, 子周章立. 是時周武王克殷, 求太伯, 仲雍之後, 得周章. 周章已君吳, 因而封之. 乃封周章弟虞仲於周之北故夏虛, 是爲虞仲, 列爲諸侯.

周章卒, 子熊遂立, 熊遂卒, 子柯相立. 柯相卒, 子彊鳩夷立. 鳩夷卒, 子餘橋疑吾立. 餘橋疑吾卒, 子柯盧立. 柯盧卒, 子周繇立. 周繇卒, 子屈羽立. 屈羽卒, 子夷吾立. 夷吾卒, 子禽處立. 禽處卒, 子轉立. 轉卒, 子頗高立. 頗高卒, 子句卑立. 是時晉獻公滅周北虞公, 以開晉伐虢也. 句卑卒, 子去齊立. 去齊卒, 子壽夢立. 壽夢立而吳始益大, 稱王.

自太伯作吳, 五世而武王克殷, 封其後爲二: 其一虞, 在中國; 其一吳, 在夷蠻. 十二世而晉滅中國之虞. 中國之虞滅二世, 而夷蠻之吳興. 大凡從太伯至壽夢十九世.

王壽夢二年, 楚之亡大夫申公巫臣怨楚將子反而奔晉, 自晉使吳, 教吳用兵乘車, 令其子爲吳行人, 吳於是始通於中國. 吳伐楚. 十六年, 楚共王伐吳, 至衡山.

二十五年, 王壽夢卒. 壽夢有子四人, 長曰諸樊, 次曰餘祭, 次曰餘眛, 次曰季札. 季札賢, 而壽夢欲立之, 季札讓不可, 於是乃立長子諸樊, 攝行事當國.

王諸樊元年, 諸樊已除喪, 讓位季札. 季札謝曰:「曹宣公之卒也, 諸侯與曹人不義曹君, 將立子臧, 子臧去之, 以成曹君, 君子曰『能守節矣』. 君義嗣, 誰敢干君! 有國, 非吾節也. 札雖不材, 願附於子臧之義」吳人固立季札, 季札棄其室而耕, 乃舍之. 秋, 吳伐楚, 楚敗我師. 四年, 晉平公初立.

十三年, 王諸樊卒. 有命授弟餘祭, 欲傳以次, 必致國於季札而止, 以稱先王壽夢之意, 且嘉季札之義, 兄弟皆欲致國, 令以漸至焉. 季札封於延陵, 故號曰延陵季子.

王餘祭三年, 齊相慶封有罪, 自齊來奔吳. 吳予慶封朱方之縣, 以爲奉邑, 以女妻之, 富於在齊.

四年, 吳使季札聘於魯, 請觀周樂. 爲歌周南, 召南. 曰:「美哉, 始基之矣, 猶未也. 然勤而不怨」歌邶, 鄘, 衛. 曰:「美哉, 淵乎, 憂而不困者也. 吾聞衛康叔, 武公之德如是, 是其衛風乎?」歌王. 曰:「美哉, 思而不懼, 其周之東乎?」歌鄭. 曰:「其細已甚, 民不堪也, 是其先亡乎?」歌齊. 曰:「美哉, 泱泱乎大風也哉. 表東海者, 其太公乎? 國未可量也」歌豳. 曰:「美哉, 蕩蕩乎, 樂而不淫, 其周公之東乎?」歌秦. 曰:「此之謂夏聲. 夫能夏則大, 大之至也, 其周之舊乎?」歌魏. 曰:「美哉, 渢渢乎, 大而寬, 儉而易, 行以德輔, 此則盟主也」歌唐. 曰:「思深哉, 其有陶唐氏之遺風乎? 不然, 何憂之遠也? 非令德之後, 誰能若是!」歌陳. 曰:「國無主, 其能久乎?」自鄶以下, 無譏焉. 歌小雅. 曰:「美哉, 思而不貳, 怨而不言, 其周德之衰乎? 猶有先王之遺民也」歌大雅. 曰:「廣哉, 熙熙乎, 曲而有直體, 其文王之德乎?」歌頌. 曰:「至矣哉, 直而不倨, 曲而不詘, 近而不偪, 遠而不攜, 而遷不淫, 復而不厭, 哀而不愁, 樂而不荒, 用而不匱, 廣而不宣, 施而不費, 取而不貪, 處而不底, 行而不流. 五聲和, 八風平, 節有度,守有序, 盛德之所同也.」見舞象箾, 南籥者, 曰:「美哉, 猶有感.」見舞大武, 曰:「美哉, 周之盛也其若此乎?」見舞韶護者, 曰:「聖人之弘也, 猶有慙德, 聖人之難也!」見舞大夏, 曰:「美哉, 勤而不德! 非禹其誰能及之?」見舞招箾, 曰:「德至矣哉, 大矣, 如天之無不燾也, 如地之無不載也, 雖甚盛德, 無以加矣. 觀止矣, 若有他樂, 吾不敢觀.」

去魯, 遂使齊. 說晏平仲曰:「子速納邑與政. 無邑無政, 乃免於難. 齊國之政將有所歸; 未得所歸, 難未息也.」故晏子因陳桓子以納政與邑, 是以免於欒高之難.

去齊, 使於鄭. 見子產, 如舊交. 謂子產曰:「鄭之執政侈, 難將至矣, 政必及子. 子爲政, 愼以禮. 不然, 鄭國將敗.」去鄭, 適衛. 說蘧瑗, 史狗, 史鰌, 公子荊, 公叔發, 公子朝曰:「衛多君子, 未有患也.」

自衛如晉, 將舍於宿, 聞鍾聲, 曰:「異哉! 吾聞之, 辯而不德, 必加於戮. 夫子獲罪於君以在此, 懼猶不足, 而又可以畔乎? 夫子之在此, 猶燕之巢于幕也. 君在殯而可以樂乎?」遂去之. 文子聞之, 終身不聽琴瑟.

適晉, 說趙文子, 韓宣子, 魏獻子曰:「晉國其萃於三家乎!」將去, 謂叔向曰:「吾子勉之! 君侈而多良, 大夫皆富, 政將在三家. 吾子直, 必思自免於難.」

季札之初使, 北過徐君. 徐君好季札劍, 口弗敢言. 季札心知之, 爲使上國, 未獻. 還至徐, 徐君已死, 於是乃解其寶劍, 繫之徐君 冢樹而去. 從者曰:「徐君已死, 尙誰予乎?」季子曰:「不然. 始吾心已許之, 豈以死倍吾心哉!」

七年, 楚公子圍弑其王夾敖而代立, 是爲靈王. 十年, 楚靈王會諸侯而以伐吳之朱方, 以誅齊慶封. 吳亦攻楚, 取三邑而去. 十一年, 楚伐吳, 至雩婁. 十二年, 楚復來伐, 次於乾谿, 楚師敗走.

十七年, 王餘祭卒, 弟餘眛立. 王餘眛二年, 楚公子棄疾弑其君靈王代立焉.

四年, 王餘眛卒, 欲授弟季札. 季札讓, 逃去. 於是吳人曰:「先王有命, 兄卒弟代立, 必致季子. 季子今逃位, 則王餘眛後立. 今卒, 其子當代.」乃立王餘眛之子僚爲王.

王僚二年, 公子光伐楚, 敗而亡王舟. 光懼, 襲楚, 復得王舟而還.

五年, 楚之亡臣伍子胥來奔, 公子光客之. 公子光者, 王諸樊之子也. 常以爲吾父兄弟四人, 當傳至季子. 季子卽不受國, 光父先立. 卽不傳季子, 光當立. 陰納賢士, 欲以襲王僚.

八年, 吳使公子光伐楚, 敗楚師, 迎楚故太子建母於居巢以歸. 因北伐, 敗陳, 蔡之師. 九年, 公子光伐楚, 拔居巢, 鍾離. 初, 楚邊邑卑梁氏之處女與吳邊邑之女爭桑, 二女家怒相滅, 兩國邊邑長聞之, 怒而相攻, 滅吳之邊邑. 吳王怒, 故遂伐楚, 取兩都而去.

伍子胥之初奔吳, 說吳王僚以伐楚之利. 公子光曰:「胥之父兄爲僇於楚, 欲自報其仇耳. 未見其利」於是伍員知光有他志, 乃求勇士專諸, 見之光. 光喜, 乃客伍子胥. 子胥退而耕於野, 以待專諸之事.

十二年冬, 楚平王卒. 十三年春, 吳欲因楚喪而伐之, 使公子蓋餘, 燭庸以兵圍楚之六, 潛. 使季札於晉, 以觀諸侯之變. 楚發兵絕吳兵後, 吳兵不得還. 於是吳公子光曰:「此時不可失也.」告專諸曰:「不索何獲! 我眞王嗣, 當立, 吾欲求之. 季子雖至, 不吾廢也.」專諸曰:「王僚可殺也. 母老子弱, 而兩公子將兵攻楚, 楚絕其路. 方今吳外困於楚, 而內空無骨鯁之臣, 是無奈我何」光曰:「我身, 子之身也.」四月丙子, 光伏甲士於窟室, 而謁王僚飮. 王僚使兵陳於道, 自王宮至光之家, 門階戶席, 皆王僚之親也, 人夾持鈹. 公子光詳爲足疾, 入于窟室, 使專諸置匕首於炙魚之中以進食. 手匕首刺王僚, 鈹交於匃, 遂弑王僚. 公子光竟代立爲王, 是爲吳王闔廬. 闔廬乃以專諸子爲卿.

季子至, 曰:「苟先君無廢祀, 民人無廢主, 社稷有奉, 乃吾君也. 吾敢誰怨乎? 哀死事生, 以待天命. 非我生亂, 立者從之, 先人之道也.」復命, 哭僚墓, 復位而待. 吳公子燭庸, 蓋餘二人將兵遇圍於楚者, 聞公子光弑王僚自立, 乃以其兵降楚, 楚封之於舒.

王闔廬元年, 擧伍子胥爲行人而與謀國事. 楚誅伯州犁, 其孫伯嚭亡奔吳, 吳以爲大夫.

三年, 吳王闔廬與子胥, 伯嚭將兵伐楚, 拔舒, 殺吳亡將二公子. 光謀欲入郢, 將軍孫武曰:「民勞, 未可, 待之」四年, 伐楚, 取六與潛. 五年, 伐越,敗之. 六年, 楚使子常囊瓦伐吳. 迎而擊之, 大敗楚軍於豫章, 取楚之居巢而還.

九年, 吳王闔廬請伍子胥, 孫武曰:「始子之言郢未可入, 今果如何?」二子對曰:「楚將子常貪, 而唐, 蔡皆怨之. 王必欲大伐, 必得唐, 蔡乃可.」闔廬從之, 悉興師, 與唐, 蔡西伐楚, 至於漢水. 楚亦發兵拒吳, 夾水陳. 吳王闔廬弟夫槩欲戰, 闔廬弗許. 夫槩曰:「王已屬臣兵, 兵以利爲上, 尙何待焉?」遂以其部五千人襲冒楚, 楚兵大敗, 走. 於是吳王遂縱兵追之. 比至郢, 五戰, 楚五敗. 楚昭王亡出郢, 奔鄖. 鄖公弟欲弒昭王, 昭王與鄖公奔隨. 而吳兵遂入郢. 子胥, 伯嚭鞭平王之尸以報父讎.

十年春, 越聞吳王之在郢, 國空, 乃伐吳. 吳使別兵擊越. 楚告急秦, 秦遣兵救楚擊吳, 吳師敗. 闔廬弟夫槩見秦越交敗吳, 吳王留楚不去, 夫槩亡歸吳二自立爲吳王. 闔廬聞之, 乃引兵歸, 攻夫槩. 夫槩敗奔楚. 楚昭王乃得以九月復入郢, 而封夫槩於堂谿, 爲堂谿氏. 十一年, 吳王使太子夫差伐楚, 取番. 楚恐而去郢徙.

十五年, 孔子相魯.

十九年夏, 吳伐越, 越王句踐迎擊之檇李. 越使死士挑戰, 三行造吳師, 呼, 自剄. 吳師觀之, 越因伐吳, 敗之姑蘇, 傷吳王闔廬指, 軍卻七里. 吳王病傷而死. 闔廬使立太子夫差, 謂曰:「爾而忘句踐殺汝父乎?」對曰:「不敢!」三年, 乃報越.

王夫差元年, 以大夫伯嚭爲太宰. 習戰射, 常以報越爲志. 二年, 吳王悉精兵以伐越, 敗之夫椒, 報姑蘇也. 越王句踐乃以甲兵五千人棲於會稽, 使大夫種因吳太宰嚭而行成, 請委國爲臣妾. 吳王將許之, 伍子胥諫曰:「昔有過氏殺斟灌以伐斟尋, 滅夏帝相. 帝相之妃緡方娠, 逃於有仍而生少康. 少康爲有仍牧正. 有過又欲殺少康, 少康奔有虞. 有虞思夏德, 於是妻之以二女而邑之於綸, 有田一成, 有衆一旅. 後遂收夏衆, 撫其官職. 使人誘之, 遂滅有過氏, 復禹之績, 祀夏配天, 不失舊物. 今吳不如有過之彊, 而句踐大於少康. 今不因此而滅之, 又將寬之, 不亦難乎! 且句踐爲人能辛苦, 今不滅, 後必悔之.」吳王不聽, 聽太宰嚭, 卒許越平, 與盟而罷兵去.

七年, 吳王夫差聞齊景公死而大臣爭寵, 新君弱, 乃興師北伐齊. 子胥諫曰：「越王句踐食不重味，衣不重采，弔死問疾，且欲有所用其衆．此人不死，必爲吳患．今越在腹心疾而王不先，而務齊，不亦謬乎！」吳王不聽，遂北伐齊，敗齊師於艾陵．至繒，召魯哀公而徵百牢．季康子使子貢以周禮說太宰嚭，乃得止．因留略地於齊魯之南．九年，爲騶伐魯，至與魯盟乃去．十年，因伐齊而歸．十一年，復北伐齊．

越王句踐率其衆以朝吳，厚獻遺之，吳王喜．唯子胥懼，曰：「是棄吳也．」諫曰：「越在腹心，今得志於齊，猶石田，無所用．且盤庚之誥有顚越勿遺，商之以興．」吳王不聽，使子胥於齊，子胥屬其子於齊鮑氏，還報吳王．吳王聞之，大怒，賜子胥屬鏤之劍以死．將死，曰：「樹吾墓上以梓，令可爲器．抉吾眼置之吳東門，以觀越之滅吳也．」

齊鮑氏弑齊悼公．吳王聞之，哭於軍門外三日，乃從海上攻齊．齊人敗吳，吳王乃引兵歸．

十三年，吳召魯，衛之君會於橐皋．

十四年春，吳王北會諸侯於黃池，欲霸中國以全周室．六月(戊)[丙]子，越王句踐伐吳．乙酉，越五千人與吳戰．丙戌，虜吳太子友．丁亥，入吳．吳人告敗於王夫差，夫差惡其聞也．或泄其語，吳王怒，斬七人於幕下．七月辛丑，吳王與晉定公爭長．吳王曰：「於周室我爲長．」晉定公曰：「於姬姓我爲伯．」趙鞅怒，將伐吳，乃長晉定公．吳王已盟，與晉別，欲伐宋．太宰嚭曰：「可勝而不能居也．」乃引兵歸國．國亡太子，內空，王居外久，士皆罷敝，於是乃使厚幣以與越平．

十五年，齊田常殺簡公．

十八年，越益彊．越王句踐率兵(使)[復]伐敗吳師於笠澤．楚滅陳．

二十年，越王句踐復伐吳．二十一年，遂圍吳．二十三年十一月丁卯，越敗吳．越王句踐欲遷吳王夫差於甬東，予百家居之．吳王曰：「孤老矣，不能事君王也．吾悔不用子胥之言，自令陷此．」遂自剄死．越王滅吳，誅太宰嚭，以爲不忠，而歸．

太史公曰：孔子言「太伯可謂至德矣，三以天下讓，民無得而稱焉」．余讀春秋古文，乃知中國之虞與荊蠻句吳兄弟也．延陵季子之仁心，慕義無窮，見微而知淸濁．嗚呼，又何其閎覽博物君子也！

2.〈越王句踐世家〉‥‥‥‥‥‥‥‥‥‥‥‥‥‥‥《史記》(41)

　越王句踐, 其先禹之苗裔, 而夏后帝少康之庶子也. 封於會稽, 以奉守
禹之祀. 文身斷髮, 披草萊而邑焉. 後二十餘世, 至於允常. 允常之時,
與吳王闔廬戰而相怨伐. 允常卒, 子句踐立, 是爲越王.

　元年, 吳王闔廬聞允常死, 乃興師伐越. 越王句踐使死士挑戰, 三行,
至吳陳, 呼而自剄. 吳師觀之, 越因襲擊吳師, 吳師敗於檇李, 射傷吳王
闔廬. 闔廬且死, 告其子夫差曰:「必毋忘越.」

　三年, 句踐聞吳王夫差日夜勒兵, 且以報越, 越欲先吳未發往伐之. 范蠡
諫曰:「不可. 臣聞兵者凶器也, 戰者逆德也, 爭者事之末也. 陰謀逆德,
好用凶器, 試身於所末, 上帝禁之, 行者不利.」越王曰:「吾已決之矣.」
遂興師. 吳王聞之, 悉發精兵擊越, 敗之夫椒. 越王乃以餘兵五千人保棲
於會稽. 吳王追而圍之.

　越王謂范蠡曰:「以不聽子故至於此, 爲之奈何?」蠡對曰:「持滿者與天,
定傾者與人, 節事者以地. 卑辭厚禮以遺之, 不許, 而身與之市.」句踐曰:
「諾.」乃令大夫種行成於吳, 膝行頓首曰:「君王亡臣句踐使陪臣種敢告下
執事: 句踐請爲臣, 妻爲妾.」吳王將許之. 子胥言於吳王曰:「天以越賜吳,
勿許也.」種還, 以報句踐. 句踐欲殺妻子, 燔寶器, 觸戰以死. 種止句踐曰:
「夫吳太宰嚭貪, 可誘以利, 請閒行言之.」於是句踐以美女寶器令種閒獻
吳太宰嚭. 嚭受, 乃見大夫種於吳王. 種頓首言曰:「願大王赦句踐之罪,
盡入其寶器. 不幸不赦, 句踐將盡殺其妻子, 燔其寶器, 悉五千人觸戰,
必有當也.」嚭因說吳王曰:「越以服爲臣, 若將赦之, 此國之利也.」吳王
將許之. 子胥進諫曰:「今不滅越, 後必悔之. 句踐賢君, 種, 蠡良臣, 若反國,
將爲亂.」吳王弗聽, 卒赦越, 罷兵而歸.

句踐之困會稽也, 喟然嘆曰:「吾終於此乎?」種曰:「湯繫夏臺, 文王囚羑里, 晉重耳奔翟, 齊小白奔莒, 其卒王霸. 由是觀之, 何遽不爲福乎?」

吳既赦越, 越王句踐反國, 乃苦身焦思, 置膽於坐, 坐臥卽仰膽, 飮食亦嘗膽也. 曰:「女忘會稽之恥邪?」身自耕作, 夫人自織, 食不加肉, 衣不重采, 折節下賢人, 厚遇賓客, 振貧弔死, 與百姓同其勞. 欲使范蠡治國政, 蠡對曰:「兵甲之事, 種不如蠡; 塡撫國家, 親附百姓, 蠡不如種.」於是舉國政屬大夫種, 而使范蠡與大夫柘稽行成, 爲質於吳. 二歲而吳歸蠡.

句踐自會稽歸七年, 拊循其士民, 欲用以報吳. 大夫逢同諫曰:「國新流亡, 今乃復殷給, 繕飾備利, 吳必懼, 懼則難必至. 且鷙鳥之擊也, 必匿其形. 今夫吳兵加齊, 晉, 怨深於楚, 越, 名高天下, 實害周室, 德少而功多, 必淫自矜. 爲越計, 莫若結齊, 親楚, 附晉, 以厚吳. 吳之志廣, 必輕戰. 是我連其權, 三國伐之, 越承其弊, 可克也.」句踐曰:「善」

居二年, 吳王將伐齊. 子胥諫曰:「未可. 臣聞句踐食不重味, 與百姓同苦樂. 此人不死, 必爲國患. 吳有越, 腹心之疾, 齊與吳, 疥癬也. 願王釋齊先越.」吳王弗聽, 遂伐齊, 敗之艾陵, 虜齊高, 國以歸. 讓子胥. 子胥曰:「王毋喜!」王怒, 子胥欲自殺, 王聞而止之. 越大夫種曰:「臣觀吳王政驕矣, 請試嘗之貸粟, 以卜其事.」請貸, 吳王欲與, 子胥諫勿與, 王遂與之, 越乃私喜. 子胥言曰:「王不聽諫, 後三年吳其墟乎!」太宰嚭聞之, 乃數與子胥爭越議, 因讒子胥曰:「伍員貌忠而實忍人, 其父兄不顧, 安能顧王? 王前欲伐齊, 員彊諫, 已而有功, 用是反怨王. 王不備伍員, 員必爲亂.」與逢同共謀, 讒之王. 王始不從, 乃使子胥於齊, 聞其子於鮑氏, 王乃大怒, 曰:「伍員果欺寡人!」役反, 使人賜子胥屬鏤劍以自殺. 子胥大笑曰:「我令而父霸, 我又立若, 若初欲分吳國半予我, 我不受, 已, 今若反以讒誅我. 嗟乎, 嗟乎, 一人固不能獨立!」報使者曰:「必取吾眼置吳東門, 以觀越兵入也!」於是吳任嚭政.

居三年, 句踐召范蠡曰:「吳已殺子胥, 導諛者衆, 可乎?」對曰:「未可」

至明年春, 吳王北會諸侯於黃池, 吳國精兵從王, 惟獨老弱與太子留守. 句踐復問范蠡, 蠡曰「可矣」乃發習流二千人, 敎士四萬人, 君子六千人, 諸御千人, 伐吳. 吳師敗, 遂殺吳太子. 吳告急於王, 王方會諸侯於黃池,懼天下聞之, 乃祕之. 吳王已盟黃池, 乃使人厚禮以請成越. 越自度亦未能滅吳, 乃與吳平.

其後四年, 越復伐吳. 吳士民罷弊, 輕銳盡死於齊, 晉. 而越大破吳, 因而留圍之三年, 吳師敗, 越遂復棲吳王於姑蘇之山. 吳王使公孫雄肉袒膝行而前, 請成越王曰:「孤臣夫差敢布腹心, 異日嘗得罪於會稽, 夫差不敢逆命, 得與君王成以歸. 今君王舉玉趾而誅孤臣, 孤臣惟命是聽, 意者亦欲如會稽之赦孤臣之罪乎?」句踐不忍, 欲許之. 范蠡曰:「會稽之事, 天以越賜吳, 吳不取. 今天以吳賜越, 越其可逆天乎? 且夫君王蚤朝晏罷, 非爲吳邪? 謀之二十二年, 一旦而棄之, 可乎? 且夫天與弗取, 反受其咎. '伐柯者其則不遠', 君忘會稽之戹乎?」句踐曰:「吾欲聽子言, 吾不忍其使者」范蠡乃鼓進兵, 曰:「王已屬政於執事, 使者去, 不者且得罪.」吳使者泣而去. 句踐憐之, 乃使人謂吳王曰:「吾置王甬東, 君百家.」吳王謝曰:「吾老矣, 不能事君王!」遂自殺. 乃蔽其面, 曰:「吾無面以見子胥也!」越王乃葬吳王而誅太宰嚭.

句踐已平吳, 乃以兵北渡淮, 與齊, 晉諸侯會於徐州, 致貢於周. 周元王使人賜句踐胙, 命爲伯. 句踐已去, 渡淮南, 以淮上地與楚, 歸吳所侵宋地於宋, 與魯泗東方百里. 當是時, 越兵橫行於江, 淮東, 諸侯畢賀, 號稱霸王.

范蠡遂去, 自齊遺大夫種書曰:「蜚鳥盡, 良弓藏; 狡兔死, 走狗烹. 越王爲人長頸鳥喙, 可與共患難, 不可與共樂. 子何不去?」種見書, 稱病不朝. 人或讒種且作亂, 越王乃賜種劍曰:「子教寡人伐吳七術, 寡人用其三而敗吳, 其四在子, 子爲我從先王試之」種遂自殺.

句踐卒, 子王鼫與立. 王鼫與卒, 子王不壽立. 王不壽卒, 子王翁立. 王翁卒, 子王翳立. 王翳卒, 子王之侯立. 王之侯卒, 子王無彊立.

王無彊時, 越興師北伐齊, 西伐楚, 與中國爭彊. 當楚威王之時, 越北伐齊, 齊威王使人說越王曰:「越不伐楚, 大不王, 小不伯. 圖越之所爲不伐楚者, 爲不得晉也. 韓, 魏固不攻楚. 韓之攻楚, 覆其軍, 殺其將, 則葉, 陽翟危; 魏亦覆其軍, 殺其將, 則陳, 上蔡不安. 故二晉之事越也, 不至於覆軍殺將, 馬汗之力不效. 所重於得晉者何也?」越王曰:「所求於晉者, 不至頓刃接兵, 而況于攻城圍邑乎? 願魏以聚大梁之下, 願齊之試兵南陽

莒地, 以聚常, 郯之境, 則方城之外不南, 淮, 泗之閒不東, 商, 於, 析, 酈,
宗胡之地, 夏路以左, 不足以備秦, 江南, 泗上不足以待越矣. 則齊, 秦,
韓, 魏得志於楚也, 是二晉不戰分地, 不耕而穫之. 不此之爲, 而頓刃於
河山之閒以爲齊秦用, 所待者如此其失計, 奈何其以此王也!」齊使者曰:
「幸也越之不亡也! 吾不貴其用智之如目, 見豪毛而不見其睫也. 今王知晉之
失計, 而不自知越之過, 是目論也. 王所待於晉者, 非有馬汗之力也, 又非
可與合軍連和也, 將待之以分楚衆也. 今楚衆已分, 何待於晉?」越王曰:
「奈何?」曰: 「楚三大夫張九軍, 北圍曲沃, 於中, 以至無假之關者
三千七百里, 景翠之軍北聚魯, 齊, 南陽, 分有大此者乎? 且王之所求者,
鬪晉楚也; 晉楚不鬪, 越兵不起, 是知二五而不知十也. 此時不攻楚, 臣以
是知越大不王, 小不伯. 復讎, 龐, 長沙, 楚之粟也; 竟澤陵, 楚之材也.
越窺兵通無假之關, 此四邑者不上貢事於郢矣. 臣聞之, 圖王不王, 其敝
可以伯. 然而不伯者, 王道失也. 故願大王之轉攻楚也.」

於是越遂釋齊而伐楚. 楚威王興兵而伐之, 大敗越, 殺王無彊, 盡取故
吳地至浙江, 北破齊於徐州. 而越以此散, 諸族子爭立, 或爲王, 或爲君,
濱於江南海上, 服朝於楚.

後七世, 至閩君搖, 佐諸侯平秦. 漢高帝復以搖爲越王, 以奉越後. 東越,
閩君, 皆其後也.

范蠡事越王句踐, 旣苦身勠力, 與句踐深謀二十餘年, 竟滅吳, 報會稽
之恥, 北渡兵於淮以臨齊, 晉, 號令中國, 以尊周室, 句踐以霸, 而范蠡稱
上將軍. 還反國, 范蠡以爲大名之下, 難以久居, 且句踐爲人可與同患, 難
與處安, 爲書辭句踐曰: 「臣聞主憂臣勞, 主辱臣死. 昔者君王辱於會稽,
所以不死, 爲此事也. 今旣以雪恥, 臣請從會稽之誅.」句踐曰: 「孤將與子
分國而有之. 不然, 將加誅于子.」范蠡曰: 「君行令, 臣行意.」乃裝其輕
寶珠玉, 自與其私徒屬乘舟浮海以行, 終不反. 於是句踐表會稽山以爲范
蠡奉邑.

范蠡浮海出齊, 變姓名, 自謂鴟夷子皮, 耕于海畔, 苦身戮力, 父子治產.
居無幾何, 致產數十萬. 齊人聞其賢, 以爲相. 范蠡喟然嘆曰: 「居家則致
千金, 居官則至卿相, 此布衣之極也. 久受尊名, 不祥.」乃歸相印, 盡散

其財, 以分與知友鄕黨, 而懷其重寶, 閒行以去, 止于陶, 以爲此天下之中, 交易有無之路通, 爲生可以致富矣. 於是自謂陶朱公. 復約要父子耕畜, 廢居, 候時轉物, 逐什一之利. 居無何, 則致貲累巨萬. 天下稱陶朱公.

朱公居陶, 生少子. 少子及壯, 而朱公中男殺人, 囚於楚. 朱公曰:「殺人而死, 職也. 然吾聞千金之子不死於市」告其少子往視之. 乃裝黃金千溢, 置褐器中, 載以一牛車. 且遣其少子, 朱公長男固請欲行, 朱公不聽. 長男曰:「家有長子曰家督, 今弟有罪, 大人不遣, 乃遣少弟, 是吾不肖.」欲自殺. 其母爲言曰:「今遣少子, 未必能生中子也, 而先空亡長男, 奈何?」朱公不得已而遣長子, 爲一封書遺故所善莊生. 曰:「至則進千金于莊生所, 聽其所爲, 愼無與爭事.」長男旣行, 亦自私齎數百金.

至楚, 莊生家負郭, 披藜藋到門, 居甚貧. 然長男發書進千金, 如其父言. 莊生曰:「可疾去矣, 愼毋留! 卽弟出, 勿問所以然」長男旣去, 不過莊生而私留, 以其私齎獻遺楚國貴人用事者.

莊生雖居窮閭, 然以廉直聞於國, 自楚王以下皆師尊之. 及朱公進金, 非有意受也, 欲以成事後復歸之以爲信耳. 故金至, 謂其婦曰:「此朱公之金. 有如病不宿誠, 後復歸, 勿動.」而朱公長男不知其意, 以爲殊無短長也.

莊生閒時入見楚王, 言「某星宿某, 此則害於楚」. 楚王素信莊生, 曰:「今爲奈何?」莊生曰:「獨以德爲可以除之」楚王曰:「生休矣, 寡人將行之」王乃使使者封三錢之府. 楚貴人驚告朱公長男曰:「王且赦」曰:「何以也?」曰:「每王且赦, 常封三錢之府. 昨暮王使使封之」朱公長男以爲赦, 弟固當出也, 重千金虛棄莊生, 無所爲也, 乃復見莊生. 莊生驚曰:「若不去邪?」長男曰:「固未也. 初爲事弟, 弟今議自赦, 故辭生去.」莊生知其意欲復得其金, 曰:「若自入室取金」長男卽自入室取金持去, 獨自歡幸.

莊生羞爲兒子所賣, 乃入見楚王曰:「臣前言某星事, 王言欲以修德報之. 今臣出, 道路皆言陶之富人朱公之子殺人囚楚, 其家多持金錢賂王左右, 故王非能恤楚國而赦, 乃以朱公子故也.」楚王大怒曰:「寡人雖不德耳, 奈何以朱公之子故而施惠乎!」令論殺朱公子, 明日遂下赦令. 朱公長男竟持其弟喪歸.

至, 其母及邑人盡哀之, 唯朱公獨笑, 曰:「吾固知必殺其弟也! 彼非不愛其弟, 顧有所不能忍者也. 是少與我俱, 見苦, 爲生難, 故重棄財. 至如少弟者, 生而見我富, 乘堅驅良逐狡兔, 豈知財所從來, 故輕棄之, 非所惜吝. 前日吾所爲欲遣少子, 固爲其能棄財故也. 而長者不能, 故卒以殺其弟, 事之理也, 無足悲者. 吾日夜固以望其喪之來也.」

故范蠡三徙, 成名於天下, 非苟去而已, 所止必成名. 卒老死于陶, 故世傳曰陶朱公.

太史公曰: 禹之功大矣, 漸九川, 定九州, 至于今諸夏艾安. 及苗裔句踐, 苦身焦思, 終滅彊吳, 北觀兵中國, 以尊周室, 號稱霸王. 句踐可不謂賢哉! 蓋有禹之遺烈焉. 范蠡三遷皆有榮名, 名垂後世. 臣主若此, 欲毋顯得乎!

3. 〈伍子胥列傳〉......................《史記》(66)

伍子胥者, 楚人也, 名員. 員父曰伍奢. 員兄曰伍尙. 其先曰伍擧, 以直諫事楚莊王, 有顯, 故其後世有名於楚.

楚平王有太子名曰建, 使伍奢爲太傅, 費無忌爲少傅. 無忌不忠於太子建. 平王使無忌爲太子取婦於秦, 秦女好, 無忌馳歸報平王曰:「秦女絶美, 王可自取, 而更爲太子取婦.」平王遂自取秦女而絶愛幸之, 生子軫. 更爲太子取婦.

無忌旣以秦女自媚於平王, 因去太子而事平王. 恐一旦平王卒而太子立, 殺己, 乃因讒太子建. 建母, 蔡女也, 無寵於平王. 平王稍益疏建, 使建守城父, 備邊兵.

頃之, 無忌又日夜言太子短於王曰:「太子以秦女之故, 不能無怨望, 願王少自備也. 自太子居城父, 將兵, 外交諸侯, 且欲入爲亂矣.」平王乃召其太傅伍奢考問之. 伍奢知無忌讒太子於平王, 因曰:「王獨奈何以讒賊小臣疏骨肉之親乎?」無忌曰:「王今不制, 其事成矣. 王且見禽.」於是平王怒, 囚伍奢, 而使城父司馬奮揚往殺太子. 行未至, 奮揚使人先告太子:「太子急去, 不然將誅.」太子建亡奔宋.

無忌言於平王曰:「伍奢有二子, 皆賢, 不誅且爲楚憂. 可以其父質而召之, 不然且爲楚患.」王使使謂伍奢曰:「能致汝二子則生, 不能則死.」伍奢曰:「尙爲人仁, 呼必來. 員爲人剛戾忍訽, 能成大事, 彼見來之幷禽, 其勢必不來.」王不聽, 使人召二子曰:「來, 吾生汝父; 不來, 今殺奢也.」伍尙欲往, 員曰:「楚之召我兄弟, 非欲以生我父也, 恐有脫者後生患, 故以父爲質, 詐召二子. 二子到, 則父子俱死. 何益父之死? 往而令讎不得報耳. 不如奔他國, 借力以雪父之恥, 俱滅, 無爲也.」伍尙曰:「我知往終不能全父命. 然恨父召我以求生而不往, 後不能雪恥, 終爲天下笑耳.」謂員: 「可去矣! 汝能報殺父之讎, 我將歸死.」尙既就執, 使者捕伍胥. 伍胥貫弓執矢嚮使者, 使者不敢進, 伍胥遂亡. 聞太子建之在宋, 往從之. 奢聞子胥之亡也, 曰:「楚國君臣且苦兵矣.」伍尙至楚, 楚并殺奢與尙也.

伍胥既至宋, 宋有華氏之亂, 乃與太子建俱奔於鄭. 鄭人甚善之. 太子建又適晉, 晉頃公曰:「太子既善鄭, 鄭信太子. 太子能爲我內應, 而我攻其外, 滅鄭必矣. 滅鄭而封太子.」太子乃還鄭. 事未會, 會自私欲殺其從者, 從者知其謀, 乃告之於鄭. 鄭定公與子産誅殺太子建. 建有子名勝. 伍胥懼, 乃與勝俱奔吳. 到昭關, 昭關欲執之. 伍胥遂與勝獨身步走, 幾不得脫. 追者在後. 至江, 江上有一漁父乘船, 知伍胥之急, 乃渡伍胥. 伍胥既渡, 解其劍曰:「此劍直百金, 以與父.」父曰:「楚國之法, 得伍胥者賜粟五萬石, 爵執珪, 豈徒百金劍邪!」不受. 伍胥未至吳而疾, 止中道, 乞食. 至於吳, 吳王僚方用事, 公子光爲將. 伍胥乃因公子光以求見吳王.

久之, 楚平王以其邊邑鍾離與吳邊邑卑梁氏俱蠶, 兩女子爭桑相攻, 乃大怒, 至於兩國擧兵相伐. 吳使公子光伐楚, 拔其鍾離, 居巢而歸. 伍子胥說吳王僚曰:「楚可破也. 願復遣公子光.」公子光謂吳王曰:「彼伍胥父兄爲戮於楚, 而勸王伐楚者, 欲以自報其讎耳. 伐楚未可破也.」伍胥知公子光有內志, 欲殺王而自立, 未可說以外事, 乃進專諸於公子光, 退而與太子建之子勝耕於野.

五年而楚平王卒. 初, 平王所奪太子建秦女生子軫, 急平王卒, 軫竟立爲後, 是爲昭王. 吳王僚因楚喪, 使二公子將兵往襲楚. 楚發兵絶吳兵之後, 不得歸. 吳國內空, 而公子光乃令專諸襲刺吳王僚而自立, 是爲吳王闔廬. 闔廬既立, 得志, 乃召伍員以爲行人, 而與謀國事.

楚誅其大臣郤宛, 伯州犁, 伯州犁之孫伯嚭亡奔吳, 吳亦以嚭爲大夫. 前王僚所遣二公子將兵伐楚者, 道絶不得歸. 後聞闔廬弑王僚自立, 遂以其兵降楚, 楚封之於舒. 闔廬立三年, 乃興師與伍胥, 伯嚭伐楚, 拔舒, 遂禽故吳反二將軍. 因欲至郢, 將軍孫武曰:「民勞, 未可, 且待之.」乃歸.

四年, 吳伐楚, 取六與灊. 五年, 伐越, 敗之. 六年, 楚昭王使公子囊瓦將兵伐吳. 吳使伍員迎擊, 大破楚軍於豫章, 取楚之居巢.

九年, 吳王闔廬謂子胥, 孫武曰:「始子言郢未可入, 今果何如?」二子
對曰:「楚將囊瓦貪, 而唐, 蔡皆怨之. 王必欲大伐之, 必先得唐, 蔡乃可.」
闔廬聽之, 悉興師與唐, 蔡伐楚, 與楚夾漢水而陳. 吳王之弟夫概將兵請從,
王不聽, 遂以其屬五千人擊楚將子常. 子常敗走, 奔鄭. 於是吳乘勝而前,
五戰, 遂至郢. 己卯, 楚昭王出奔. 庚辰, 吳王入郢.

昭王出亡, 入雲夢; 盜擊王, 王走鄖. 鄖公弟懷曰:「平王殺我父, 我殺
其子, 不亦可乎!」鄖公恐其弟殺王, 與王奔隨. 吳兵圍隨, 謂隨人曰:
「周之子孫在漢川者, 楚盡滅之.」隨人欲殺王, 王子綦匿王, 己自爲王以
當之. 隨人卜與王於吳, 不吉, 乃謝吳不與王.

始伍員與申包胥爲交, 員之亡也, 謂包胥曰:「我必覆楚」包胥曰:「我必
存之.」及吳兵入郢, 伍子胥求昭王. 既不得, 乃掘楚平王墓, 出其尸, 鞭之
三百, 然後已. 申包胥亡於山中, 使人謂子胥曰:「子之報讎, 其以甚乎!
吾聞之: 人衆者勝天, 天定亦能破人. 今子故平王之臣, 親北面而事之,
今至於僇死人, 此豈其無天道之極乎?」伍子胥曰:「爲我謝申包胥曰:『吾日
莫途遠, 吾故倒行而逆施之.』」於是申包胥走秦告急, 求救於秦. 秦不許.
包胥立於秦廷, 晝夜哭, 七日七夜不絕其聲. 秦哀公憐之, 曰:「楚雖無道,
有臣若是, 可無存乎?」乃遣車五百乘救楚擊吳. 六月, 敗吳兵於稷. 會吳王
久留楚求昭王, 而闔廬弟夫概乃亡歸, 自立爲王. 闔廬聞之, 乃釋楚而歸,
擊其弟夫概. 夫概敗走, 遂奔楚. 楚昭王見吳有內亂, 乃復入郢. 封夫概
於堂谿, 爲堂谿氏. 楚復與吳戰, 敗吳, 吳王乃歸.

後二歲, 闔廬使太子夫差將兵伐楚, 取番. 楚懼吳復大來, 乃去郢, 徙於鄀.
當是時, 吳以伍子胥, 孫武之謀, 西破彊楚, 北威齊晉, 南服越人.

其後四年, 孔子相魯.

後五年, 伐越. 越王句踐迎擊, 敗吳於姑蘇, 傷闔廬指, 軍卻. 闔廬病
創將死, 謂太子夫差曰:「爾忘句踐殺爾父乎?」夫差對曰:「不敢忘」是夕,
闔廬死. 夫差既立爲王, 以伯嚭爲太宰, 習戰射. 二年後伐越, 敗越於夫湫.
越王句踐乃以餘兵五千人棲於會稽之上, 使大夫種厚幣遺吳太宰嚭以請和,
求委國爲臣妾. 吳王將許之. 伍子胥諫曰:「越王爲人能辛苦. 今王不滅,
後必悔之.」吳王不聽, 用太宰嚭計, 與越平.

其後五年，而吳王聞齊景公死而大臣爭寵，新君弱，乃興師北伐齊．伍子胥諫曰：「句踐食不重味，弔死問疾，且欲有所用之也．此人不死，必為吳患．今吳之有越，猶人之有腹心疾也．而王不先越而乃務齊，不亦謬乎！」吳王不聽，伐齊，大敗齊師於艾陵，遂威鄒魯之君以歸．益疏子胥之謀．

其後四年，吳王將北伐齊，越王句踐用子貢之謀，乃率其眾以助吳，而重寶以獻遺太宰嚭．太宰嚭既數受越賂，其愛信越殊甚，日夜為言於吳王．吳王信用嚭之計．伍子胥諫曰：「夫越，腹心之病，今信其浮辭詐偽而貪齊．破齊，譬猶石田，無所用之．且《盤庚之誥》曰：『有顛越不恭，劓殄滅之，俾無遺育，無使易種于茲邑．』此商之所以興．願王釋齊而先越；若不然，後將悔之無及．」而吳王不聽，使子胥於齊．子胥臨行，謂其子曰：「吾數諫王，王不用，吾今見吳之亡矣．汝與吳俱亡，無益也．」乃屬其子於齊鮑牧，而還報吳．

吳太宰嚭既與子胥有隙，因讒曰：「子胥為人剛暴，少恩，猜賊，其怨望恐為深禍也．前日王欲伐齊，子胥以為不可，王卒伐之而有大功．子胥恥其計謀不用，乃反怨望．而今王又復伐齊，子胥專愎彊諫，沮毀用事，徒幸吳之敗以自勝其計謀耳．今王自行，悉國中武力以伐齊，而子胥諫不用，因輟謝，詳病不行．王不可不備，此起禍不難．且嚭使人微伺之，其使於齊也，乃屬其子於齊之鮑氏．夫為人臣，內不得意，外倚諸侯，自以為先王之謀臣，今不見用，常鞅鞅怨望．願王早圖之．」吳王曰：「微子之言，吾亦疑之．」乃使使賜伍子胥屬鏤之劍，曰：「子以此死．」伍子胥仰天歎曰：「嗟乎！讒臣嚭為亂矣，王乃反誅我．我令若父霸．自若未立時，諸公子爭立，我以死爭之於先王，幾不得立．若既得立，欲分吳國予我，我顧不敢望也．然今若聽諛臣言以殺長者．」乃告其舍人曰：「必樹吾墓上以梓，令可以為器；而抉吾眼縣吳東門之上，以觀越寇之入滅吳也．」乃自剄死．吳王聞之大怒，乃取子胥尸盛以鴟夷革，浮之江中．吳人憐之，為立祠於江上，因命曰胥山．

吳王既誅伍子胥，遂伐齊．齊鮑氏殺其君悼公而立陽生．吳王欲討其賊，不勝而去．其後二年，吳王召魯衛之君會之橐皋．其明年，因北大會諸侯於黃池，以令周室．越王句踐襲殺吳太子，破吳兵．吳王聞之，乃歸，使使厚幣與越平．後九年，越王句踐遂滅吳，殺王夫差；而誅太宰嚭，以不忠於其君, 而外受重賂, 與己比周也.

伍子胥初所與俱亡故楚太子建之子勝者. 在於吳. 吳王夫差之時, 楚惠王欲召勝歸楚. 葉公諫曰:「勝好勇而陰求死士, 殆有私乎!」惠王不聽. 遂召勝, 使居楚之邊邑鄢, 號爲白公. 白公歸楚三年而吳誅子胥.

白公勝旣歸楚, 怨鄭之殺其父, 乃陰養死士求報鄭. 歸楚五年, 請伐鄭, 楚令尹子西許之. 兵未發而晉伐鄭, 鄭請救於楚. 楚使子西往救, 與盟而還. 白公勝怒曰:「非鄭之仇, 乃子西也.」勝自礪劍, 人問曰:「何以爲?」勝曰:「欲以殺子西.」子西聞之, 笑曰:「勝如卵耳, 何能爲也.」

其後四歲, 白公勝與石乞襲殺楚令尹子西, 司馬子綦於朝. 石乞曰:「不殺王, 不可.」乃劫(之)王如高府. 石乞從者屈固負楚惠王亡走昭夫人之宮. 葉公聞白公爲亂, 率其國人攻白公. 白公之徒敗, 亡走山中, 自殺. 而虜石乞, 而問白公尸處, 不言將亨. 石乞曰:「事成爲卿, 不成而亨, 固其職也.」終不肯告其尸處. 遂亨石乞, 而求惠王復立之.

太史公曰: 怨毒之於人甚矣哉! 王者尚不能行之於臣下, 況同列乎! 向令伍子胥從奢俱死, 何異螻蟻. 弃小義, 雪大恥, 名垂於後世, 悲夫! 方子胥窘於江上, 道乞食, 志豈嘗須臾忘郢邪? 故隱忍就功名, 非烈丈夫孰能致此哉? 白公如不自立爲君者, 其功謀亦不可勝道者哉!

V.《國語》중《吳越春秋》관련 부분

1.〈吳語〉··《國語》(19)

226: 越王句踐命諸稽郢行成於吳

吳王夫差起師伐越, 越王句踐起師逆之.

大夫種乃獻謀曰:「夫吳之與越, 唯天所援, 王其無庸戰. 夫申胥, 華登簡服吳國之士於甲兵, 而未嘗有所挫也. 夫一人善射, 百夫決拾, 勝未可成也. 夫謀必素見成事焉, 而後履之, 不可以援命. 王不如設戎, 約辭行成, 以喜其民, 以廣侈吳王之心. 吾以卜之於天, 天若棄吳, 必許吾成而不吾足也, 將必寬然有伯諸侯之心焉. 旣罷弊其民, 而天奪之食, 安受其燼, 乃無有命矣.」

越王許諾, 乃命諸稽郢行成於吳, 曰:「寡君句踐使下臣郢不敢顯然布幣行禮, 敢私告於下執事曰: 昔者越國見禍, 得罪於天王. 天王親趨玉趾, 以心孤句踐, 而又宥赦之. 君王之於越也, 繄起死人而肉白骨也. 孤不敢忘天災, 其敢忘君王之大賜乎! 今句踐申禍無良, 草鄙之人, 敢忘天王之大德, 而思邊垂之小怨, 以重得罪於下執事? 句踐用帥二三之老, 親委重罪, 頓顙於邊.

今君王不察, 盛怒屬兵, 將殘伐越國. 越國固貢獻之邑也, 君王不以鞭箴使之, 而辱軍士使寇令焉. 句踐請盟: 一介嫡女, 執箕箒以眩姓於王宮; 一介嫡男, 奉槃匜以隨諸御; 春秋貢獻, 不解於王府. 天王豈辱裁之? 亦征諸侯之禮也.

夫諺曰:『狐埋之而狐搰之, 是以無成功.』今天王既封殖越國, 以明聞於天下, 而又刈亡之, 是天王之無成勞也. 雖四方之諸侯, 則何實以事吳? 敢使下臣盡辭, 唯天王秉利度義焉!」

227: 吳王夫差與越荒成不盟

吳王夫差乃告諸大夫曰:「孤將有大志於齊, 吾將許越成, 而無拂吾慮. 若越既改, 吾又何求? 若其不改, 反行, 吾振旅焉.」

申胥諫曰:「不可許也. 夫越非實忠心好吳也, 又非懾畏吾兵甲之彊也. 大夫種勇而善謀, 將還玩吳國於股掌之上, 以得其志. 夫固知君王之蓋威以好勝也, 故婉約其辭, 以從逸王志, 使淫樂於諸夏之國, 以自傷也. 使吾甲兵鈍獘, 民人離落, 而日以憔悴, 然後安受吾燼. 夫越王好信以愛民, 四方歸之, 年穀時熟, 日長炎炎. 及吾猶可以戰也, 為虺弗摧, 為蛇將若何?」

吳王曰:「大夫奚隆於越? 越曾足以為大虞乎? 若無越, 則吾何以春秋曜吾軍士?」

乃許之成.

將盟, 越王又使諸稽郢辭曰:「以盟為有益乎? 前盟口血未乾, 足以結信矣. 以盟為無益乎? 君王舍甲兵之威以臨使之, 而胡重於鬼神而自輕也?」

吳王乃許之, 荒成不盟.

228: 夫差伐齊不聽申胥之諫

吳王夫差既許越成, 乃大戒師徒, 將以伐齊.

申胥進諫曰:「昔天以越賜吳, 而王弗受. 夫天命有反, 今越王句踐恐懼而改其謀，舍其慾令，輕其征賦，施民所善，去民所惡，身自約也，裕其衆庶，其民殷衆，以多甲兵。越之在吳，猶人之有腹心之疾也。夫越王不忘敗吳，於其心也侙然，服士以伺吾間。今王非越是圖，而齊，魯以爲憂。夫齊，魯譬諸疾，疥癬也，豈能涉江，淮而與我爭此地哉？將必越實有吳土。

王其盍亦鑑於人？無鑑於水。昔楚靈王不君，其臣箴諫以不入。乃築臺於章華之上，闕爲石郭，陂漢，以象帝舜。罷弊楚國，以閒陳，蔡。不修方城之內，踰諸夏而圖東國，三歲於沮，汾以服吳，越。其民不忍饑勞之殃，三軍叛王於乾谿。王親獨行，屛營仿偟於山林之中，三日乃見其涓人疇。王呼之曰：『余不食三日矣。』疇趨而進，王枕其股以寢於地。王寐，疇枕王以墣而去之。王覺而無見也，乃匍匐將入於棘闈，棘闈不納，乃入芋尹申亥氏焉。王縊，申亥負王以歸，而土埋之其室。此志也，豈遽忘於諸侯之耳乎？

今王旣變鮌，禹之功，而高高下下，以罷民於姑蘇。天奪吾食，都鄙荐饑。今王將很天而伐齊，夫吳民離矣。體有所傾，譬如羣獸然，一個負矢，將百羣皆奔，王其無方收也。越人必來襲我，王雖悔之，其猶有及乎？」

王弗聽。

十二年，遂伐齊。

齊人與戰於艾陵，齊師敗績，吳人有功。

229: 夫差勝於艾陵使奚斯釋言於齊

吳王夫差旣勝齊人於艾陵，乃使行人奚斯釋言於齊，曰：「寡人帥不腆吳國之役，遵汶之上，不敢左右，唯好之故。今大夫國子興其衆庶，以犯獵吳國之師徒，天若不知有罪，則何以使下國勝！」

230: 申胥自殺

吳王還自伐齊，乃訊申胥曰：「昔吾先王體德明聖，達於上帝，譬如農夫作耦, 以刈殺四方之蓬蒿, 以立名於荊, 此則大夫之力也. 今大夫老, 而又不自安恬逸, 而處以念惡, 出則罪吾衆, 撓亂百度, 以妖孽吳國. 今天降衷於吳, 齊師受服. 孤豈敢自多, 先王之鍾鼓寔式靈之. 敢告於大夫.」

申胥釋劍而對曰:「昔吾先王世有輔弼之臣, 以能遂疑計惡, 以不陷於大難. 今王播棄黎老, 而孩童焉比謀, 曰:『余令而不違.』夫不違, 乃違也. 夫不違, 亡之階也. 夫天之所棄, 必驟近其小喜, 而遠其大憂. 王若不得志於齊, 而以覺寤王心, 而吳國猶世. 吾先君得之也, 必有以取之; 其亡之也, 亦有以棄之. 用能援持盈以沒, 而驟救傾以時. 今王無以取之, 而天祿亟至, 是吳命之短也. 員不忍稱疾辟易, 以見王之親爲越之擒也. 員請先死.」

遂自殺.

將死, 曰:「以懸吾目於東門, 以見越之入, 吳國之亡也.」

王慍曰:「孤不使大夫得有見也.」

乃使取申胥之尸, 盛以鴟鴺, 而投之於江.

231: 吳晉爭長未成句踐襲吳

吳王夫差旣殺申胥, 不稔於歲, 乃起師北征, 闕爲深溝, 通於商, 魯之間, 北屬之沂, 西屬之濟, 以會晉公午於黃池.

於是越王句踐乃命范蠡, 舌庸, 率師沿海泝淮以絕吳路. 敗王子友於姑熊夷.

越王句踐乃率中軍泝江以襲吳, 入其郛, 焚其姑蘇, 徙其大舟.

吳, 晉爭長未成, 邊遽乃至, 以越亂告.

吳王懼, 乃合大夫而謀曰:「越爲不道, 背其齊盟. 今吾道路修遠, 無會而歸, 與會而先晉, 孰利?」

王孫雒曰:「夫危事不齒, 雒敢先對. 二者莫利. 無會而歸, 越聞章矣, 民懼而走, 遠無正就. 齊, 宋, 徐, 夷曰:『吳旣敗矣!』將夾溝而廖我, 我無生命矣. 會而先晉, 晉旣執諸侯之柄以臨我, 將成其志以見天子. 吾須之不能, 去之不忍. 若越聞愈章, 吾民恐叛, 必會而先之.」

王乃步就王孫雒曰:「先之, 圖之將若何?」

王孫雒曰:「王其無疑, 吾道路悠遠, 必無有二命, 焉可以濟事.」

王孫雒進, 顧揖諸大夫曰:「危事不可以爲安, 死事不可以爲生, 則無爲貴智矣. 民之惡死而欲富貴以長沒也, 與我同. 雖然, 彼近其國, 有遷; 我絕慮, 無遷. 彼豈能與我行此危事也哉? 事君勇謀, 於此用之. 今夕必挑戰, 以廣民心. 請王勵士, 以奮其朋勢. 勸之以高位重畜, 備刑戮以辱其不勵者, 令各輕其死. 彼將不戰而先我, 我既執諸侯之柄, 以歲之不穫也, 無有誅焉, 而先罷之, 諸侯必悅. 既而皆入其地, 王安挺志, 一日惕, 一日留, 以安步王志. 必設以此民也, 封於江, 淮之間, 乃能至於吳.」

吳王許諾.

232: 吳欲與晉戰得爲盟主

吳王昏乃戒, 令秣馬食士.

夜中, 乃令服兵擐甲, 係馬舌, 出火竈, 陳士卒百人, 以爲徹行百行. 行頭皆官師, 擁鐸拱稽, 建肥胡, 奉文犀之渠. 十行一嬖大夫, 建旌提鼓, 挾經秉枹. 十旌一將軍, 載常建鼓, 挾經秉枹. 萬人以爲方陣, 皆白裳, 白旂, 素甲, 白羽之矰, 望之如茶. 王親秉鉞, 載白旗以中陣而立. 左軍亦如之, 皆赤裳, 赤旂, 丹甲, 朱羽之矰, 望之如火. 右軍亦如之, 皆玄裳, 玄旂, 黑甲, 烏羽之矰, 望之如墨. 爲帶甲三萬, 以勢攻, 雞鳴乃定.

既陣, 去晉軍一里. 昧明, 王乃秉枹, 親就鳴鍾鼓, 丁寧, 錞于, 振鐸, 勇怯盡應, 三軍皆譁釦以振旅, 其聲動天地.

晉師大駭不出, 周軍飭壘, 乃命董褐請事, 曰:「兩君偃兵接好, 日中爲期. 今大國越錄, 而造於弊邑之軍壘, 敢請亂故.」

吳王親對之曰:「天子有命, 周室卑約, 貢獻莫入, 上帝鬼神而不可以告. 無姬姓之振也, 徒遽來告. 孤日夜相繼, 匍匐就君. 君今非王室不安是憂, 億負晉衆庶, 不式諸戎, 狄, 楚, 秦; 將不長弟, 以力征一二兄弟之國. 孤欲守吾先君之班爵, 進則不敢, 退則不可. 今會日薄矣, 恐事之不集, 以爲諸侯笑. 孤之事君在今日, 不得事君亦在今日. 爲使者之無遠也, 孤用親聽命於藩籬之外.」

董褐將還, 王稱左畸曰:「攝少司馬茲與王士五人, 坐於王前.」

乃皆進, 自剄於客前以酬客.

董褐既致命, 乃告趙軮曰:「臣觀吳王之色, 類有大憂, 小則嬖妾, 嫡子死, 不則國有大難; 大則越入吳. 將毒, 不可與戰. 主其許之先, 無以待危, 然則不可徒許也.」

趙軮許諾.

晉乃令董褐復命曰:「寡君未敢觀兵身見, 使褐復命曰:『曩君之言, 周室既卑, 諸侯失禮於天子, 請貞於陽卜, 收文, 武之諸侯. 孤以下密邇於天子, 無所逃罪, 訊讓日至, 曰: 昔吳伯父不失, 春秋必率諸侯以顧在與一人. 今伯父有蠻, 荊之虞, 禮世不續, 用命孤禮佐周公, 以見我一二兄弟之國, 以休君憂. 今君掩王東海, 以淫名聞於天子. 君有短垣, 而自踰之, 況蠻, 荊則何有於周室? 夫命圭有命, 固曰吳伯, 不曰吳王. 諸侯是以敢辭. 夫諸侯無二君, 而周無二王, 君若無卑天子, 以干其不祥, 而曰吳公, 孤敢不順從君命長弟!』許諾.」

吳王許諾, 乃退就幕而會. 吳公先歃, 晉侯亞之. 吳王既會, 越聞愈章, 恐齊, 宋之爲己害也, 乃命王孫雒先與勇獲帥徒師, 以爲過賓於宋, 以焚其北郛焉而過之.

233: 夫差退于黃池使王孫苟告于周

吳王夫差既退于黃池, 乃使王孫苟告勞于周, 曰:「昔者楚人爲不道, 不承共王事, 以遠我一二兄弟之國. 吾先君闔廬不貫不忍, 被甲帶劍, 挺鈹搢鐸, 以與楚昭王毒逐於中原柏舉. 天舍其衷, 楚師敗績, 王去其國, 遂至于郢. 王總其百執事, 以奉其社稷之祭. 其父子, 昆弟不相能, 夫槪王作亂, 是以復歸於吳. 今齊侯壬不鑒於楚, 又不承共王命, 以遠我一二兄弟之國. 夫差不貫不忍, 被甲帶劍, 挺鈹搢鐸, 遵汶伐博, 簦笠相望於艾陵. 天舍

其衷, 齊師還. 夫差豈敢自多? 文, 武寔是舍其衷. 歸不稔於歲, 余沿江
泝淮, 闕溝深水, 出於商, 魯之間, 以徹於兄弟之國. 夫差克有成事, 敢使
苟告於下執事.」

周王答曰:「苟, 伯父令女來, 明紹享余一人, 若余嘉之. 昔周室逢天之
降禍, 遭民之不祥, 余心豈忘憂恤, 不唯下土之不康靖? 今伯父曰:『戮力
同德.』伯父若能然, 余一人兼受而介福. 伯父多歷年以沒元身, 伯父秉德
已侈大哉!」

234: 句踐滅吳夫差自殺

吳王夫差還自黃池, 息民不戒.

越大夫種乃唱謀曰:「吾謂吳王將遂涉吾地, 今罷師而不戒以忘我, 我不
可以怠. 日臣嘗卜於天, 今吳民既罷, 而大荒薦饑, 市無赤米, 而困鹿空虛,
其民必移就蒲嬴於東海之濱. 天占既兆, 人事又見, 我筮卜筮矣. 王若今
起師以會, 奪之利, 無使夫悛. 夫吳之邊鄙遠者, 罷而未至, 吳王將恥不戰,
必不須至之會也, 而以中國之師與我戰. 若事幸而從我, 我遂踐其地, 其至
者亦將不能之會也已, 吾用禦兒臨之. 吳王若愠而又戰, 奔遂可出. 若不
戰而結成, 王安厚取名而去之.」

越王曰:「善哉!」

乃大戒師, 將伐吳.

楚申包胥使於越, 越王句踐問焉, 曰:「吳國爲不道, 求踐我社稷宗廟,
以爲平原, 弗使血食. 吾欲與之徹天之衷, 唯是車馬, 兵甲, 卒伍既具,
無以行之. 請問戰奚以而可?」

包胥辭曰:「不知.」

王固問焉, 乃對曰:「夫吳, 良國也, 能博取於諸侯. 敢問君王之所以與之
戰者?」

王曰:「在孤之側者, 觴酒, 豆肉, 簞食, 未嘗敢不分也. 飲食不致味,
聽樂不盡聲, 以求報吳. 願以此戰.」

包胥曰：「善則善矣，未可以戰也.」

王曰：「越國之中，疾者吾問之，死者吾葬之，老其老，慈其幼，長其孤，問其病，求以報吳. 願以此戰.」

包胥曰：「善則善矣，未可以戰也.」

王曰：「越國之中，吾寬民以子之，忠惠以善之. 吾修令寬刑，施民所欲，去民所惡，稱其善，掩其惡，求以報吳. 願以此戰.」

包胥曰：「善則善矣，未可以戰也.」

王曰：「越國之中，富者吾安之，貧者吾與之，救其不足，裁其有餘，使貧富皆利之，求以報吳. 願以此戰.」

包胥曰：「善則善矣，未可以戰也.」

王曰：「越國南則楚，西則晉，北則齊，春秋皮幣，玉帛，子女以賓服焉，未嘗敢絕，求以報吳. 願以此戰.」

包胥曰：「善哉，蔑以加焉，然猶未可以戰也. 夫戰，智爲始，仁次之，勇次之. 不智，則不知民之極，無以銓度天下之衆寡；不仁，則不能與三軍共饑勞之殃；不勇，則不能斷疑以發大計.」

越王曰：「諾.」

越王句踐乃召五大夫，曰：「吳爲不道，求殘吳社稷宗廟，以爲平原，不使血食. 吾欲與之徼之衷，唯是車馬，兵甲，卒伍既具，無以行之. 吾問於王孫包胥，既命孤矣；敢訪諸大夫，問戰奚以而可？句踐願諸大夫言之，皆以情告，無阿孤，孤將以擧大事.」

大夫舌傭乃進對曰：「審賞則可以戰乎？」

王曰：「聖.」

大夫苦成進對曰：「審罰則可以戰乎？」

王曰：「猛.」

大夫種進對曰：「審物則可以戰乎？」

王曰：「辯.」

大夫蠡進對曰：「審備則可以戰乎？」

王曰：「巧.」

大夫皐如進對曰：「審聲則可以戰乎？」

王曰：「可矣.」

王乃命有司大令於國曰：「苟任戎者, 皆造於國門之外.」

王乃命於國曰：「國人欲諸來告, 告孤不審, 將爲戮不利, 及吾日必審之, 過吾日, 道將不行.」

王乃入命夫人. 王背屏而立, 夫人向屏.

王曰：「自今日以後, 內政無出, 外政無入. 內有辱, 是子也；外有辱, 是我也. 吾見子於此止矣.」

王遂出, 夫人送王, 不出屏, 乃闔左闔, 塡地以土, 去笄側席以坐, 不掃.

王背檻而立, 大夫向檻.

王命大夫曰：「食土不均, 地之不修, 內有辱於國, 是子也；軍士不死, 外有辱, 是我也. 自今日以後, 內政無出, 外政無入, 吾見子於此止矣.」

王遂出, 大夫送王, 不出檻, 乃闔左闔, 塡之以土, 側席而坐, 不掃.

王乃之壇列, 鼓而行之, 至於軍, 斬有罪者以徇, 曰：「莫如此以環瑱通相問也.」

明日徙舍, 斬有罪者以徇, 曰：「莫如此不從其伍之令.」

明日徙舍, 斬有罪者以徇, 曰：「莫如此不用王命.」

明日徙舍, 至於禦兒, 斬有罪者以徇, 曰：「莫如此淫逸不可禁也.」

王乃明有司大徇於軍, 曰：「有父母耆老而無昆弟者, 以告.」

王親命之曰：「我有大事, 子有父母耆老, 而子爲我死, 子之父母將轉於溝壑, 子爲我禮已重矣. 子歸, 歿而父母之世. 後若有事, 吾與子圖之.」

明日徇於軍, 曰：「有兄弟四五人皆在此者, 以告.」

王親命之曰：「我有大事, 子有昆弟四五人皆在此, 事若不捷, 則是盡也. 擇子之所欲歸者一人.」

明日徇於軍, 曰：「有眩瞀之病者, 以告.」

王親命之曰：「我有大事. 子有眩瞀之病, 其歸若已. 後若有事, 吾與子圖之.」

明日徇於軍, 曰：「筋力不足以勝甲兵, 志行不足以聽命者歸, 莫告.」

明日, 遷軍接龢, 斬有罪者以徇, 曰：「莫如此志行不果.」

於是人有致死之心.

王乃命有司大徇於軍, 曰：「謂二三子歸而不歸, 處而不處, 進而不進, 退而不退, 左而不左, 右而不右, 身斬, 妻子鬻.」

於是吳王起師.

軍至江北, 越王軍於江南. 越王乃中分其師以爲左右軍, 以其私卒君子六千人爲中軍, 明日將舟戰於江, 及昏, 乃令左軍銜枚泝江五里以須, 亦令右軍銜枚踰江五里以須. 夜中, 乃命左軍, 右軍涉江鳴鼓中以須.

吳師聞之, 大駭, 曰：「越人分爲二師, 將以夾攻我師.」

乃不待旦, 亦中分其師, 將以禦越.

越王乃令其中軍銜枚潛涉, 不鼓不譟以襲攻之, 吳師大北. 越之左軍, 右軍乃遂涉而從之, 又大敗之於沒, 又郊敗之, 三戰三北, 乃至於吳.

越師遂入吳國, 圍王臺.

吳王懼, 使人行成, 曰：「昔不穀先委制於越君, 君告孤請成, 男女服從. 孤無奈越之先君何, 畏天之祥, 不敢絶祀, 許君成, 以至於今. 今孤不道, 得罪於君王, 君以親辱於敝邑. 孤敢請成, 男女服爲臣御.」

越王曰：「昔天以越賜吳, 而吳不受. 今天以吳賜越, 孤敢不聽天之命, 而聽君之令乎?」

乃不許成.

因使人告於吳王曰：「天以吳賜越, 孤不敢不受. 以民生之不長, 王其無死! 民生於地上, 寓也. 其與幾何? 寡人其達王於甬句東. 夫婦三百, 唯王所安, 以沒王年.」

夫差辭曰：「天既降禍於吳國, 不在前後, 當孤之身, 寔失宗廟社稷. 凡吳土地人民, 越既有之矣, 孤何以視於天下!」

夫差將死, 使人說於子胥曰：「使死者無知, 則已矣. 若其有知, 吾何面目以見員也!」

遂自殺.

越滅吳, 上征上國, 宋、鄭、魯、衛、陳、蔡執玉之君皆入朝.

夫唯能下其羣臣, 以集其謀故也.

2. 〈越語〉 ·································《國語》(20, 21)

(1) 越語(上)

235: 句踐滅吳

越王句踐棲於會稽之上, 乃號令於三軍曰: 「凡我父兄昆弟及國子姓, 有能助寡人謀而退吳者, 吾與之共知越國之政.」

大夫種進對曰: 「臣聞之賈人, 夏則資皮, 冬則資絺, 旱則資舟, 水則資車, 以待乏也. 夫雖無四方之憂, 然謀臣與爪牙之士, 不可不養而擇也. 譬如蓑笠, 時雨既至必求之. 今君王既棲於會稽之上, 然後乃求謀臣, 無乃後乎?」

句踐曰: 「苟得聞子大夫之言, 何後之有?」

執其手而與之謀.

遂使之行成於吳, 曰: 「寡君句踐乏無所使, 使其下臣種, 不敢徹聲聞於天王, 私於下執事曰: 『寡君之師徒不足以辱君矣, 願以金玉, 子女賂君之辱, 請句踐女女於王, 大夫女女於大夫, 士女女於士. 越國之寶器畢從, 寡君帥越國之衆, 以從君之師徒, 唯君左右之. 若以越國之罪爲不可赦也, 將焚宗廟, 係妻孥, 沈金玉於江, 有帶甲五千人將以致死, 乃必有偶. 是以帶甲萬人事君也, 無乃卽傷君王之所愛乎? 與其殺是人也, 寧其得此國也, 其孰利乎?』」

夫差將欲聽與之成, 子胥諫曰: 「不可. 夫吳之與越也, 仇讎敵戰之國也. 三江環之, 民無所移, 有吳則無越, 有越則無吳, 將不可改於是矣. 員聞之, 陸人居陸, 水人居水. 夫上黨之國, 我攻而勝之, 吾不能居其地, 不能乘其車. 夫越國, 吾攻而勝之, 吾能居其地, 吾能乘其舟. 此其利也, 不可失也已, 君必滅之. 失此利也, 雖悔之, 必無及已.」

越人飾美女八人納之太宰嚭, 曰:「子苟赦越國之罪, 又有美於此者將進之.」

太宰嚭諫曰:「嚭聞古之伐國者, 服之而已. 今已服矣, 又何求焉?」

夫差與之成而去之.

句踐說於國人曰:「寡人不知其力之不足也, 而又與大國執讎, 以暴露百姓之骨於中原, 此則寡人之罪也, 寡人請更.」

於是葬死者, 問傷者, 養生者, 弔有憂, 賀有喜, 送往者, 迎來者, 去民之所惡, 補民之不足. 然後卑事夫差, 宧士三百人於吳, 其身親為夫差前馬.

句踐之地, 南至於句無, 北至於禦兒, 東至於鄞, 西至於姑蔑, 廣運百里. 乃致其父母昆弟而誓之曰:「寡人聞, 古之賢君, 四方之民歸之, 若水之歸下也. 今寡人不能, 將帥二三子夫婦以蕃.」

令壯者無取老婦, 令老者無取壯妻. 女子十七不嫁, 其父母有罪; 丈夫二十不娶, 其父母有罪. 將免者以告, 公令醫守之. 生丈夫, 二壺酒, 一犬; 生女子, 二壺酒, 一豚. 生三人, 公與之母; 生二人, 公與之餼. 當室者死, 三年釋其政; 支子死, 三月釋其政. 必哭泣葬埋之, 如其子. 令孤子, 寡婦, 疾疹, 貧病者, 納宧其子: 其達士, 絜其居, 美其服, 飽其食, 而摩厲之於義. 四方之士來者, 必廟禮之.

句踐載稻與脂於舟以行, 國之孺子之遊者, 無不餔也, 無不歠也, 必問其名. 非其身之所種則不食, 非其夫人之所織則不衣, 十年不收於國, 民俱有三年之食.

國之父兄請曰:「昔者夫差恥吾君於諸侯之國, 今越國亦節矣, 請報之.」

句踐辭曰:「昔者之戰也, 非二三子之罪也, 寡人之罪也. 如寡人者, 安與知恥? 請姑無庸戰.」

父兄又請曰:「越四封之內, 親吾君也, 猶父母也, 子而思報父母之仇, 臣而思報君之讎, 其敢不盡力者乎? 請復戰.」

句踐既許之, 乃致其眾而誓之曰:「寡人聞古之賢君, 不患其眾之不足也, 而患其志行之少恥也. 今夫差衣水犀之甲者億有三千; 不患其志行之少恥也,而患其衆之不足也. 今寡人將助天滅之, 吾不欲匹夫之勇也, 欲其旅進旅退. 進則思賞, 退則思刑, 如此則有常賞. 進不用命, 退而無恥, 如此則有常刑.」

果行, 國人皆勸, 父勉其子, 兄勉其弟, 婦勉其夫, 曰:「孰是君也, 而可無死乎?」

是故敗吳於囿, 又敗之於沒, 又郊敗之.

夫差行成, 曰:「寡人之師徒, 不足以辱君矣. 請以金玉, 子女賂君之辱.」

句踐對曰:「昔天以越予吳, 而吳不受命; 今天以吳予越, 越可以無聽天之命, 而聽君之令乎! 吾請達王甬句東, 吾與君爲二君乎!」

夫差對曰:「寡人禮先壹飯矣, 君若不忘周室, 而爲弊邑宸宇, 亦寡人之願也, 君若曰:『吾將殘汝社稷, 滅汝宗廟.』寡人請死, 余何面目以視於天下乎! 越君其次也!」

遂滅吳.

⑵ 越語(下)

236: 范蠡進諫句踐持盈定傾節事

越王句踐卽位三年而欲伐吳, 范蠡進諫曰:「夫國家之事, 有志盈, 有定傾, 有節事.」

王曰:「爲三者, 奈何?」

對曰:「持盈者與天, 定傾者與人, 節事者與地. 王不問, 蠡不敢言. 天道盈而不溢, 盛而不驕, 勞而不矜其功. 夫聖人隨時以行, 是謂守時. 天時不作, 弗爲人客; 人事不起, 弗爲之始. 今君王未盈而溢, 未盛而驕, 不勞而矜其功, 天時不作而先爲人客, 人事不起而創爲之始, 此逆於天而不和於人. 王若行之, 將妨於國家, 靡王躬身.」

王弗聽.

范蠡進諫曰:「夫勇者, 逆德也; 兵者, 凶器也; 爭者, 事之末也. 陰謀逆德, 好用凶器, 始於人者, 人之所卒也; 淫佚之事, 上帝之禁也, 先行此者, 不利.」

王曰:「無是貳言也, 吾已斷之矣!」

果興師而伐吳, 戰於五湖, 不勝, 棲於會稽.

王召范蠡而問焉, 曰:「吾不用子之言, 以至於此, 爲之奈何?」

范蠡對曰:「君王其忘之乎? 持盈者與天, 定傾者與人, 節事者與地.」

王曰:「與人奈何?」

對曰:「卑辭尊禮. 玩好女樂, 尊之以名. 如此不已, 又身與之市.」

王曰:「諾.」

乃命大夫種行成於吳, 曰:「請士女女於士, 大夫女女於大夫, 隨之以國家之重器.」

吳人不許.

大夫種來而復往, 曰:「請委管籥屬國家, 以身隨之, 君王制之.」

吳人許諾.

王曰:「蠡爲我守於國.」

對曰:「四封之內, 百姓之事, 蠡不如種也. 四封之外, 敵國之制, 立斷之事. 種亦不如蠡也.」

王曰:「諾.」

令大夫種守於國, 與范蠡入宦於吳.

三年, 而吳人遣之. 歸及至於國, 王問於范蠡曰:「節事奈何?」

對曰:「節事者與地. 唯地能包萬物以爲一, 其事不失. 生萬物, 容畜禽獸, 然後受其名而兼其利. 美惡皆成, 以養其生. 時不至, 不可彊生; 事不究, 不可彊成. 自若以處, 以度天下, 待其來者而正之, 因時之所宜而定之. 同男女之功, 除民之害, 以避天殃. 田野開闢, 府倉實, 民衆殷. 無曠其衆, 以爲亂梯. 時將有反, 事將有間, 必有以知天地之恒制, 乃可以有天下之成利. 事無間, 時無反, 則撫民保教以須之.」

王曰:「不穀之國家, 蠡之國家也, 蠡其國之!」

對曰:「四封之內, 百姓之事, 時節三樂, 不亂民功, 不逆天時, 五穀睦熟, 民乃蕃滋, 君臣上下交得其志, 蠡不如種也. 四封之外, 敵國之制, 立斷之事, 因陰陽之恒, 順天地之常, 柔而不屈, 彊而不剛, 德虐之行, 因以爲常; 死生因天地之刑, 天因人, 聖人因天; 人自生之, 天地形之, 聖人因而成之, 是故戰勝而不報, 取地而不反, 兵勝於外, 福生於內, 用力甚少而名聲章明, 種亦不如蠡也.」

王曰:「諾.」

令大夫種爲之.

237: 范蠡勸句踐無蚤圖吳

四年, 王召范蠡而問焉, 曰:「先人就世, 不穀卽位, 吾年旣少, 未有恒常, 出則禽荒, 入則酒荒, 吾百姓之不圖, 唯舟與車. 上天降禍於越, 委制於吳. 吳人之那不穀, 亦又甚焉. 吾欲與子謀之, 其可乎?」

對曰:「未可也. 蠡聞之, 上帝不考, 時反是守, 彊索者不祥. 得時不成, 反受其殃. 失德滅名, 流走死亡. 有奪, 有予, 有不予, 王無蚤圖. 夫吳, 君王之吳也, 王若蚤圖之, 其事又將未可知也.」

王曰:「諾.」

238: 范蠡謂人事至而天應未至

又一年, 王召范蠡而問焉, 曰:「吾與子謀吳, 子曰『未可也』. 今吳王淫於樂而忘其百姓, 亂民功, 逆天時, 信讒喜優, 憎輔遠弼, 聖人不出, 忠臣解骨, 皆曲相御, 莫適相非, 上下相偸, 其可乎?」

對曰:「人事至矣, 天應未也, 王姑待之.」

王曰:「諾.」

239: 范蠡謂先爲之征其事不成

又一年, 王召范蠡而問焉, 曰:「吾與子謀吳, 子曰『未可也』. 今申胥驟諫其王, 王怒而殺之, 其可乎?」

對曰:「逆節萌生. 天地未形, 而先爲之征, 其事是以不成, 雜受其刑. 王姑待之.」

王曰:「諾.」

240: 范蠡謂人事與天地相參乃可以成功

又一年, 王召范蠡而問焉, 曰:「吾與子謀吳, 子曰『未可也』. 今其稻蟹不遺種, 其可乎?」

對曰:「天應至矣, 人事未盡也, 王姑待之.」

王怒曰:「道固然乎, 妄其欺不穀邪? 吾與子言人事, 子應我以天時; 今天應至矣, 子應我以人事. 何也?」

范蠡對曰:「王姑勿怪. 夫人事必將與天地相參, 然後乃可以成功. 今其禍新民恐, 其君臣上下, 皆知其資財之不足以支長久也, 彼將同其力, 致其死, 猶尚殆. 王其且馳騁弋獵, 無至禽荒; 宮中之樂, 無至酒荒; 肆與大夫觴飲, 無忘國常. 彼其上將薄其德, 民將盡其力, 又使之望而不得食, 乃可以致天地之殛, 王姑待之.」

241: 越興師伐吳而弗與戰

至於玄月, 王召范蠡而問焉, 曰:「諺有之曰: 『觥飯不及壺飧.』今歲晚矣, 子將奈何?」

對曰:「微君王之言, 臣故將謁之. 臣聞從時者, 猶救火, 追亡人也. 蹶而趨之, 唯恐弗及.」

王曰:「諾.」

遂興師伐吳, 至於五湖.

吳人聞之, 出而挑戰, 一日五反. 王弗忍, 欲許之.

范蠡進諫曰:「夫謀之廊廟, 失之中原, 其可乎? 王姑勿許也. 臣聞之: 『得時無怠, 時不再來, 天予不取, 反爲之災.』嬴縮轉化, 後將悔之. 天節固然, 唯謀不遷.」

王曰:「諾.」

弗許.

范蠡曰:「臣聞古之善用兵者, 嬴縮以爲常, 四時以爲紀, 無過天極, 究數而止. 天道皇皇, 日月以爲常, 明者以爲法, 微者則是行. 陽至而陰, 陰至而陽; 日困而還, 月盈而匡. 古之善用兵者, 因天地之常, 與之俱行. 後則用陰, 先則用陽; 近則用柔, 遠則用剛. 後無陰蔽, 先無陽察, 用人無藝, 往從其所. 剛彊以禦, 陽節不盡, 不死其野. 彼來我從, 固守勿與. 若將與之, 必因天地之災, 又觀其民之饑飽勞逸以參之. 盡其陽節, 盈吾陰節而奪之. 宜爲人客, 剛彊而力疾, 陽節不盡, 輕而不可取. 宜爲人主, 安徐而重固, 陰節不盡, 柔而不可迫. 凡陳之道, 設右以爲牝, 益左而爲牡, 蚤晏無失, 必順天道, 周旋無究. 今其來也, 剛彊而力疾, 王姑待之.」

王曰:「諾.」

弗與戰.

242: 范蠡諫句踐勿許吳成卒滅吳

居軍三年, 吳師自潰.

吳王帥其賢良, 與其重祿, 以上姑蘇.

使王孫雒行成於越, 曰:「昔者上天降禍於吳, 得罪於會稽. 今君王其圖不穀, 不穀請復會稽之和.」

王弗忍, 欲許之.

范蠡進諫曰:「臣聞之, 聖人之功, 時爲之庸. 得時不成, 天有還形. 天節不遠, 五年復反. 小凶則近, 大凶則遠. 先人有言曰: 『伐柯者其則不遠.』
今君王不斷, 其忘會稽之事乎?」

王曰: 「諾.」

不許.

使者往而復來, 辭愈卑, 禮愈尊, 王又欲許之.

范蠡諫曰: 「孰使我蚤朝而晏罷者, 非吳乎? 與我爭三江, 五湖之利者,
非吳耶? 夫十年謀之, 一朝而棄之, 其可乎? 王姑勿許, 其事將易冀已.」

王曰: 「吾欲勿許, 而難對其使者, 子其對之.」

范蠡乃左提鼓, 右援枹, 以應使者, 曰: 「昔者上天降禍於越, 委制於吳,
而吳不受. 今將反此義以報此禍, 吾王敢無聽天之命, 而聽君王之命乎?」

王孫雒曰: 「子范子, 先人有言曰: 『無助天為虐, 助天為虐者不祥.』今吳
稻蟹不遺種, 子將助天為虐, 不忌其不祥乎?」

范蠡曰: 「王孫子, 昔吾先君固周室之不成子也, 故濱於東海之陂, 黿鼉
魚鼈之與處, 而鼃黽之與同渚. 余雖觍然而人面哉, 吾猶禽獸也, 又安知
是諓諓者乎?」

王孫雒曰: 「子范子將助天為虐, 助天為虐不祥. 雒請反辭於王.」

范蠡曰: 「君王已委制於執事之人矣. 子往矣, 無使執事之人得罪於子.」

使者辭反, 范蠡不報於王, 擊鼓興師以隨使者, 至於姑蘇之宮, 不傷越民,
遂滅吳.

243: 范蠡乘輕舟以浮於五湖

反至五湖, 范蠡辭於王曰: 「君王勉之, 臣不復入越國矣.」

王曰: 「不穀疑子之所謂者, 何也?」

對曰: 「臣聞之, 為人臣者, 君憂臣勞, 君辱臣死. 昔者君王辱於會稽,
臣所以不死者, 為此事也. 今事已濟矣, 蠡請從會稽之罰.」

王曰: 「所不掩子之惡, 揚子之美者, 使其身無終沒於越國. 子聽吾言,
與子分國; 不聽吾言, 身死, 妻子為戮.」

范蠡對曰:「臣聞命矣. 君行制, 臣行意.」

遂乘輕舟以浮於五湖, 莫知其所終極.

王命工以良金寫范蠡之狀而朝禮之, 浹日而令大夫朝之, 環會稽三百里者以爲范蠡地, 曰:「後世子孫, 有敢侵蠡之地者, 使無終沒於越國, 皇天后土, 四鄉地主正之.」

Ⅵ.《十八史略》관련 부분

(1) 延陵季子

吳: 姬姓, 太伯, 仲雍之所封也. 十九世至壽夢, 始稱王. 壽夢, 四子, 幼曰季札. 札賢, 欲使三子相繼立以及札, 札義不可. 封延陵, 號曰延陵季子. 聘上國過徐, 徐君愛其寶劍, 季子心知之. 使還, 徐君已歿, 遂解劍懸其墓而去.

(2) 伍子胥

壽夢後四君, 而至闔廬. 擧伍員謀國事. 員字子胥, 楚人伍奢之子, 奢誅而奔吳, 以吳兵入郢. 吳伐越, 闔廬傷而死. 子夫差立, 子胥復事之. 夫差志復讎, 朝夕臥薪中, 出入使人呼曰:「夫差, 而忘越人之殺而父邪?」周敬王二十六年, 夫差敗越于夫椒. 越王句踐, 以餘兵棲會稽山, 請爲臣, 妻爲妾. 子胥言:「不可.」太宰伯嚭受越賂, 說夫差赦越. 句踐反國, 懸膽於坐臥, 卽仰膽嘗之曰:「女忘會稽之恥邪?」擧國政屬大夫種, 而與范蠡治兵, 事謀吳. 太宰嚭譖:「子胥, 恥謀不用怨望.」夫差乃賜子胥屬鏤之劍, 子胥告其家人曰:「必樹吾墓檟, 檟可材也. 抉吾目懸東門, 以觀越兵之滅吳.」乃自剄. 夫差取其尸, 盛以鴟夷, 投之江. 吳人憐之, 立祠江上, 命曰胥山.

越十年生聚, 十年敎訓, 周元王四年, 越伐吳. 吳三戰三北, 夫差上姑蘇, 亦請成於越. 范蠡不可, 夫差曰:「吾無以見子胥!」爲幎冒乃死.

(3) 范蠡

越旣滅吳, 范蠡去之. 遺大夫種書曰:「越王爲人, 長頸烏喙. 可與共患難, 不可與共安樂. 子何不去?」種稱疾不朝, 或讒:「種且作亂.」

賜劍死. 范蠡裝其輕寶珠玉, 與私從乘舟江湖, 浮海出齊. 變姓名自謂鴟
夷子皮, 父子治產, 至數千萬. 齊人聞其賢, 以爲相. 蠡喟然曰:「居家致
千金, 居官致卿相. 此布衣之極也. 久受尊名不祥」乃歸相印, 盡散其財,
懷重寶閒行, 止於陶, 自謂陶朱公. 貲累鉅萬, 魯人猗頓往問術焉. 蠡曰:
「畜五牸」乃大畜牛羊於猗氏. 十年閒, 貲擬王公, 故天下言富者, 稱陶朱
猗頓.

임동석(茁浦 林東錫)

慶北 榮州 上茁에서 출생. 忠北 丹陽 德尙골에서 성장. 丹陽初中 졸업. 京東高 서울 敎大 國際大 建國大 대학원 졸업. 雨田 辛鎬烈 선생에게 漢學 배움. 臺灣 國立臺灣師範 大學 國文硏究所(大學院) 博士班 졸업. 中華民國 國家文學博士(1983). 建國大學校 敎授. 文科大學長 역임. 成均館大 延世大 高麗大 外國語大 서울대 등 大學院 강의. 韓國中國言語學會 中國語文學硏究會 韓國中語中文學會 會長 역임. 저서에《朝鮮 譯學考》(中文)《中國學術槪論》《中韓對比語文論》. 편역서에《수레를 밀기 위해 내린 사람들》《栗谷先生詩文選》. 역서에《漢語音韻學講義》《廣開土王碑硏究》《東北 民族源流》《龍鳳文化源流》《論語心得》〈漢語雙聲疊韻硏究〉등 학술 논문 50여 편.

임동석중국사상100

오월춘추吳越春秋

趙曄 撰 / 林東錫 譯註
1판 1쇄 발행/2015년 1월 2일
발행인 고정일
발행처 동서문화사
창업 1956. 12. 12. 등록 16-3799
서울강남구도산대로163(신사동,1층) ☎546-0331~6 (FAX)545-0331
www.dongsuhbook.com
잘못 만들어진 책은 바꾸어 드립니다.

*

*

사업자등록번호 211-87-75330
ISBN 978-89-497-0898-0 04080
ISBN 978-89-497-0542-2 (세트)